普通高等教育新形态教材

CAIWU GUANLIXUE

财务管理学

胡淑姣　卢智健　邵向霞◎主　编

赵　艺　王小年　郭晓燕
　　　　林　燕　叶小平◎副主编

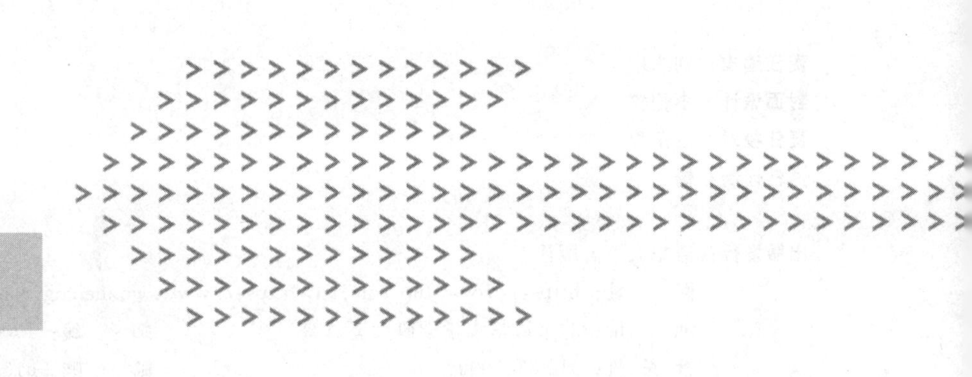

清华大学出版社

北　京

内容简介

本书以企业价值最大化为财务管理目标，以企业筹资、投资、营运资本和利润分配等一系列财务活动的管理为主线，深入浅出地介绍了财务管理基本理论知识和基本管理方法。本书共分 9 章，分别为财务管理总论、时间价值和风险报酬、企业筹资方式、资本成本与资本结构、项目投资管理、证券投资管理、营运资本管理、利润分配和财务分析。本书采用“互联网＋”新形态教学模式，将信息技术与纸质教材相结合，表现力丰富。各章正文前均有教学要求、名人名言、引导案例，正文中以二维码方式嵌入“知识链接”“典型案例”，正文后有本章小结、关键术语、线上课堂、知识问答及案例分析，并提供习题参考答案和案例分析提示。除此之外，本书还设有在线测试。本书内容翔实、结构合理、体系完整、实践性强，应用面广，为学生设计了一个科学的知识体系，为教师提供了完备的教学资源。

本书可作为以应用型人才为培养目标的普通高等学校、高职高专经济管理专业和工商管理专业财务管理课程的新形态教材，也适合会计、财务管理从业人员或企业管理者参考阅读。

图书在版编目(CIP)数据

财务管理学/胡淑姣，卢智健，邵向霞主编. —北京：清华大学出版社，2021.6（2024.8 重印）
普通高等教育新形态教材
ISBN 978-7-302-58137-6

Ⅰ.①财… Ⅱ.①胡… ②卢… ③邵… Ⅲ.①财务管理-高等学校-教材 Ⅳ.①F275

中国版本图书馆 CIP 数据核字(2021)第 088259 号

责任编辑：刘志彬
封面设计：李伯骥
责任校对：王荣静
责任印制：杨　艳

出版发行：清华大学出版社
网　址：https://www.tup.com.cn，https://www.wqxuetang.com
地　址：北京清华大学学研大厦 A 座　　邮　编：100084
社 总 机：010-83470000　　邮　购：010-62786544
投稿与读者服务：010-62776969，c-service@tup. tsinghua. edu. cn
质量反馈：010-62772015，zhiliang@tup. tsinghua. edu. cn
印 装 者：三河市东方印刷有限公司
经　销：全国新华书店
开　本：185mm×260mm　　**印　张**：18.5　　**字　数**：424 千字
版　次：2021 年 6 月第 1 版　　**印　次**：2024 年 8 月第 5 次印刷
定　价：49.80 元

产品编号：092339-01

前　言

随着社会发展和经济活动的日益繁荣，企业对财务管理水平的要求也进一步提高，财务管理理论和方法的研究及应用显得更加重要。在日趋激烈的市场竞争中，企业能否生存，继而有所发展并获得成功，实现企业价值最大化，很大程度上取决于其理财行为是否卓有成效，因为理财行为已渗透到企业的各个领域、各个环节中，直接关系到企业的生存与发展。因此，尽管企业财务学是一门年轻的学科，但是对财务学知识的学习已经成为经济生活中不可或缺的内容。21 世纪必然是以企业财务为核心的管理时代，随着财务管理的发展与完善，推动企业提高财务管理水平，加快财务管理的科学化和现代化进程，是财务管理学科发展和实践所面临的重要问题。

本书根据教育部〔2019〕3 号文件要求编写，共分 9 章，包含了财务学原理、财务管理观念和财务管理技能的系统性教学内容，具有很强的理论性和对财务管理实务工作的指导性。本书以财务管理目标为导向，以资金的时间价值和投资风险价值为基础，以筹资管理，投资管理、营运资本、经营管理和收益分配为基本内容，以财务预测、决策、计划、控制和分析为基本环节和方法，全面系统地阐述了财务管理基本理论和应用方法。读者通过本教材的学习，可对企业财务管理行为及其活动有清晰、科学、全面的认知，初步形成新的思维理念，系统掌握企业财务管理的基本方法与基本技能，为后续学习中级财务管理奠定理论基础。

初学企业财务的学生可能会发现，企业财务是建立在会计学和经济学等相关领域基础之上的。经济学为企业财务提供了许多理论基础，会计学则提供了财务决策的数据基础。初学者容易忽视财务理论的逻辑而一味死记公式和规则，不能很好地理解各章节之间的相互关系。加之经济学、会计学、金融学等相关领域的理论和实务不断更新和发展，使企业财务基础课的教学面临巨大的压力。教哪些内容，不教哪些内容，如何既保持教学的连贯性，又适当地取舍是一个无法回避的问题。针对以上问题，经过精心设计，本书主要具有以下四点特色：

第一，思路清晰，定位准确。本书始终以创造价值这一理财目标为核心，以现金流量、风险与收益为主线，突出价值管理导向的思想，系统地介绍了财务基本理论与基本方法，构建了基于价值创造的财务管理体系。

第二，强化基础，突出应用。在本书内容的安排和编写过程中，力求趣味性与科学性相结合，理论性与实践性相统一，从财务管理学科特点出发，有效激发学生学习兴趣。对基础理论的阐述以“必需，够用”为原则，无论是整体内容还是局部章节，都尽可能做到深入浅出、循序渐进、风格新颖、举例生动，贴近中国资本市场实践，以达到理想的教学效果。

第三，内容务实，案例丰富。在每章中均设有丰富的案例，总结、解析当今中外成功企业的财务管理经验和失败企业的财务管理教训，将理论阐述与案例解析融为一体。通过引导案例、节内的微型案例、章后中型案例的有机结合，强化了案例对知识点的牵引辅助解说及综合考察作用，突出了教材的趣味性、生活性和时代性。

第四，体例独特、形式灵活。本书采用“互联网＋”教学模式，将信息技术与纸质教材相结合，表现力丰富；在编排时充分考虑学生学习的需要，每章正文前均有教学要求、名人名言、引导案例，正文中以二维码方式嵌入知识链接、典型案例等趣味性教学内容模式，在每章最后设置了本章小结、关键术语、在线课堂和案例分析。另外，本书还配有在线自测，便于师生在教学时进行理论性思考、技术性练习与探索性讨论，并且可以根据个人的学习情况自行安排阅读与练习，有利于课堂知识的巩固与提高，促进和提高教学的总体效果。

总之，本书是在广泛收集资料和调查研究的基础上编写的，除了参阅大量的教材外，还参阅了网络资料和有关论文资料，有些案例是根据网络资料进行修改和编辑的，从而尽可能将现代财务管理理论与我国的现实情况相结合，为读者提供一种财务管理的思路或导向，引导读者分析理财实务中的成败得失和经验教训，使读者能学以致用。

本书由浙江师范大学行知学院胡淑姣、卢智健、邵向霞主编，负责总体框架结构设计、大纲制定和全书总纂定稿。叶小平、林燕、赵艺、王小年、郭晓燕任副主编，楼德华参与本书编写。

本书在编写过程中，参考了国内财务管理方面的有关书籍，并借用了其中的一些观点和图表，在此对其作者表示衷心的感谢！

由于编者水平有限，加之时间紧迫，书中难免有不足之处，恳请广大师生及其他读者对本书给予批评指正，并提出宝贵的意见和建议。

编　者

2021 年 3 月

目　录

第1章　财务管理总论

教学要求

知识要点	掌握程度	相关知识
财务管理的概述	·了解财务管理产生与发展 ·理解财务及其财务活动 ·掌握各种财务关系 ·掌握财务管理的内容 ·了解财务管理特点、环节	·财务管理的发展历程 ·资金、资金运动过程 ·财务活动 ·财务关系 ·财务管理的内容 ·财务管理特点、环节
财务管理的目标	·了解企业财务管理的目标 ·理解财务管理目标特点 ·掌握财务管理的目标及其协调 ·了解理财目标与企业社会责任	·企业财务管理的目标 ·财务管理目标的特点 ·财务管理目标及其协调 ·企业社会责任
财务管理的环境	·了解经济环境 ·了解法律环境 ·理解金融环境	·经济周期、经济发展水平、通货膨胀状况与经济政策 ·企业组织法规、公司治理和财务监督、财务会计法规和税法 ·了解企业组织形式 ·金融市场、金融机构、金融工具 ·利息率及其测算
财务管理体制	·理解财务管理体制 ·了解财务管理组织 ·了解财务管理方式 ·了解财务管理组织机构 ·了解财务管理职业生涯	·财务管理体制 ·财务管理组织 ·一级核算形式、二级核算形式 ·财务管理组织机构 ·财务职业生涯

开篇导语

会赚钱，又会花钱，更会管钱的人是最幸福的人，因为他享受三种快乐。

引言

欢迎大家来到这个财务的世界。

作为一名大学生，你是否发现，在每天的新闻资讯中，都会有公司发行股票、证券市场行情、投资理财等方面的报道；在朋友聚会、网络聊天时，大家也会谈起关于创业资金筹措、证券投资、房地产投资、购车贷款等方面的热门话题。财务正在渗入人们生活的每一个角落。

你作为财务管理或相近专业的一名优秀学生，假设决定创办经营一家公司。为此，你要按照有关法律规定去工商管理部门办理注册登记，还要到人才市场雇用一位经理，并招募一批员工为公司服务。为使公司正常高效运转，你需要通过一定渠道、利用不同方式筹集企业所需资金，并将这些资金投放于购买经营用房屋、机器设备、存货等诸方面。在这一过程中，你可能经常思考一些关系企业生存与发展的重要问题：需要筹措多少资金？是向银行进行短期借贷，还是发行长期债券？筹资成本有多高？如何有效地运用这些资金？应该将它们投放于何种资产上？其投放比例如何确定？未来的机会和风险怎样？怎样才能不断增加企业的价值？怎样合理地协调企业内部各部门间的利益关系？如何妥善处理企业与投资者、债权人、政府、客户、社区方面的关系？……一个企业所做的每一个决定都有其财务上的含义，而任何一个对企业财务状况产生影响的决定都是该企业的财务决策。因此，从广义上讲，一个企业所做的任何事情都属于财务管理的范畴。

财务管理是现代市场经济条件下企业管理的重要组成部分，直接关系到企业的生存与发展。市场经济越发展，财务管理越重要。

美国财务学博士罗伯特·希金斯教授在其经典著作《财务管理分析》一书中说：“不全懂得会计和财务管理工作的经营者，就好比是一个投篮而不得分的球手。”美籍华人任崎说：“美国人把财务管理比作方向盘，把生产比作发动机，把经营比作润滑剂。”这都充分说明了财务管理对现代企业管理的极端重要性。

1.1　财务管理概述

1.1.1　财务管理的产生与发展

1.1.1.1　财务管理的产生

财务管理作为人类经济活动的一种基本职能，涉及经济主体当前与未来行为所需资源的取得与分配。由于早期财务活动的单纯性和重要性，企业财务管理活动往往由企业主或经理人直接进行。直到19世纪末20世纪初，随着公司的兴起，财务管理才作为企业的一种独立经济活动，独立于企业的其他管理活动，并成为一门专门学科。

15—16世纪地中海一带商业蓬勃发展，很多城市发展成为欧洲与近东之间的贸易中心。随着商业的勃兴和企业规模的扩大，某些城市已经出现邀请公众入股的城市商业组织，这类组织已开始把筹集的资本用于商业经营，企业内部亦存在利润的分配和股本收回等问题。这时，财务管理活动已处于萌芽状态。

18 世纪发生的产业革命所产生的一个重要后果，就是工厂化的机器生产方式代替了手工作坊的生产方式，财务管理活动由此变得复杂起来。但由于采取的是独资、合伙等经营方式，企业组织结构比较简单，财务管理活动大多由企业主进行。到了 19 世纪末 20 世纪初，随着公司的迅速发展，规模不断扩大，企业所需资本大量增加，在股份公司内部，产生了一种新的职能，即怎样筹集资本、怎样使用筹集的资本、怎样分配股利等。显然，面对这些复杂的活动和财务关系，企业主已难以亲自从事财务管理活动，许多公司开始单独建立财务管理部门。随着管理职能的分离，独立的公司财务管理活动应运而生。

1.1.1.2 西方财务管理的发展

20 世纪之前，财务管理一直被认为是微观经济理论的应用学科，是经济学的一个分支。美国著名财务管理学者格林于 1897 年出版了《公司财务》一书，这是最早的财务管理著作。此后，米德、李恩等人又陆续出版了一些财务管理方面的著作，标志着财务管理学科的初步形成。

17—18 世纪，随着资本的原始积累和金融业的兴起以及生产规模的扩大，股份公司逐步发展成为一种典型的企业组织形式。尤其是 19 世纪 50 年代以后，随着欧美国家产业革命的完成，制造业迅速崛起，企业规模不断扩大，企业生产经营发展所需资金越来越多，股份公司得到了迅速发展，专业化的财务管理理论应运而生。

20 世纪是财务管理大发展的世纪，在这 100 年的时间里，近代和现代财务管理的发展，在不同时期表现出不同特征，其发展过程大体上划分为以下四个阶段。

▶ 1. 筹资财务管理阶段

19 世纪末 20 世纪初，股份公司迅速发展起来，并逐渐成为主要的企业组织形式。股份公司和托拉斯的发展引起了企业对资本需求量的急剧扩大，筹资成为制约企业发展的一个决定性因素，而且也使筹资渠道和方式发生了重大变化。如何选择筹资渠道和筹资方式以满足企业扩大生产经营的需要，成为大多数企业关注的焦点。

20 世纪初至 30 年代，这一阶段财务管理的主要职能是预测公司资金的需要量和筹集公司发展所需要的资金，该阶段故又称“传统财务管理阶段”。传统财务管理阶段的特征是筹资理论和方法得到迅速发展，为现代财务管理理论的产生和完善奠定了基础。

▶ 2. 内部财务管理阶段

20 世纪 30 年代的世界性经济危机爆发后，各国政府加强了对资本市场的运作和监控。政府监管的加强客观上要求企业把财务管理的重心转向内部控制及公司资产的使用效率上。同时，对企业而言，如何尽快走出经济危机的困境、适应政府的法律规定，其内部控制及资金使用效率也显得十分必要。在这种背景下，财务管理逐渐转向了以资本管理和内部控制为重心的阶段。

第二次世界大战以后，随着西方资本主义国家经济的复苏，科学技术的迅速发展，市场竞争的日益激烈，人们逐渐认识到，在残酷的竞争中要维持企业的生存和发展，财务管理仅仅关注资金的筹集是不够的，更重要的应该是管好、用好企业所掌握的资金，加强企业内部的财务管理与控制。在此阶段，资产负债表中的资产科目，如现金、应收账款、存货、固定资产等引起了财务管理人员的高度重视。公司内部财务决策被认为是财务管理的最重要的问题，而与筹资有关的事项已退居第二位。此间，资金的时间价值开始引起财务经理的普遍关注，以固定资产投资决策为研究对象的资本预算方法日益成熟，为以后的财务理论与实务的研究奠定了基础。

20 世纪 40 年代至 50 年代，这一阶段财务管理的主要问题不仅在于筹集资金，更在于有效的内部控制，管好用好资金，该阶段故又称“内部控制财务管理阶段”。

▶ 3. 投资财务管理阶段

第二次世界大战以后，市场竞争日趋激烈。投资成为企业增加收益的一条重要途径，从而构成企业的重要财务活动。企业管理者为了在竞争中维持生存和发展，越来越关注投资决策问题。投资决策在财务管理中逐渐取得了主导地位，投资管理受到空前重视，投资管理的思想和方法开始发生更大转变。

20 世纪 60 年代中期至 70 年代，这一阶段财务管理的主要内容由日常的内部财务管理转向投资决策管理，该阶段故又称“西方投资财务管理发展阶段”或“西方财务管理理论的成熟阶段”。投资财务管理阶段的特征是投资管理的思想和方法开始发生更大变化，组合投资思想与方法开始形成。

▶ 4. 强调综合管理的财务管理阶段

20 世纪 80 年代以后，随着市场经济特别是资本市场的不断发展，人们发现侧重于某一方面的财务管理已不能适应资本市场的要求，只有全方位的综合管理才能提高企业的财务管理水平，并保持良好的财务状况，争取有利的竞争态势。于是，财务管理开始朝着综合性管理的方向发展。

1.1.1.3 我国财务管理的发展历程

财务管理的发展是以市场经济为依托的。新中国成立以来，我国长期实行计划经济，财务管理的作用和地位没有充分显示出来，财务管理的发展也比较缓慢。与西方财务理论和财务管理实践的发展相比，我们还有一段距离。我国企业的财务管理活动可以划分为以下三个阶段。

▶ 1. 财务管理与会计合二为一的阶段

这一阶段是从新中国成立初期至 20 世纪 70 年代末期。在这段时期，我国实行高度集中的计划经济体制，国家统收统支、统负盈亏。企业在筹资、投资决策以及收益分配方面没有自主权，企业财务管理的重心在于内部财务管理与控制，突出地表现为对流动资金和资产的管理、对费用与成本的控制以及对经济核算的强化等方面。财务管理被视同为会计核算的组成部分。

▶ 2. 财务管理与会计一分为二的阶段

这一阶段是从 20 世纪 70 年代末期至 80 年代末期。在这段时期，中国共产党十一届三中全会确定了我国改革开放的方向。随着企业自主权的逐步扩大和投融资体制改革的深化，企业投资所需的资金不再简单地由国家财政无偿拨款，而是越来越多地由企业自己通过资金市场筹措。国家与企业之间的资金关系发生了变化，企业使用国家资金必须付出代价和承担责任。因此，从20世纪80年代中期起，企业财务管理的重心逐步转向了筹资管理、投资管理和收益分配管理。财务管理的地位有所提高，成为企业管理的重要组成部分；财务管理从会计中分离出来，上升为一门独立的学科。

▶ 3. 现代财务管理的确立

这一阶段始于20世纪90年代初。财务管理随着经济和企业改革的深化而不断得到拓展。首先，20世纪90年代，证券市场在我国得以恢复并发展迅速。企业融资渠道和融资方式发生了根本性的变化，证券市场成为越来越多的企业筹措资金的重要途径。长期筹资、长期投资以及股利分配这三大财务决策问题，成为上市公司财务管理的重心；其次，随着企业改革向纵深发展，企业的兼并、合并和重组活动层出不穷，如何优化资产结构、盘活存量资产和进行资本运营成为财务管理亟待考虑的问题；最后，知识经济时代的到来以及中国加入世界贸易组织后的进一步开放，改变了传统财务管理的目标、内容、方式以及体制。财务管理目标中利益相关者与价值创造的理念逐步在理论和实务中得到认可。财务管理的内容不断深入和扩展，新的财务管理方式逐步应用于企业。从这一时期开始，财务管理的作用越来越大，在企业中的主导地位逐渐凸显。

进入21世纪后，社会和经济环境发生了巨大变化，企业内部条件也有了根本性的改变。此时我们仍然强调要实现企业价值最大化这一财务目标，但是必须赋予它新的内容，同时考虑新的变化趋势。这些趋势也导致了竞争的加剧和新风险的产生。我们要充分分析企业和行业如何受到经济全球化和新技术变革的影响，并强调这种新趋势的重要性。

1.1.2 财务管理的概念

任何一个企业，从开始创办到开展正常的生产经营活动，甚至发生并购、破产清算和重组等特殊事项，都离不开资金。资金是社会再生产过程中物质价值的货币表现。只要企业一直存续下去，就会有资金的支出和收回。例如某公司在创办时，需要资金的投入，当资金不足时，公司通过银行贷款获得100万元资金，要生产产品，需要资金支付用于购买原材料和辅助材料的费用，支付工人工资、其他费用等；当把产品销售出去后，需要资金支付销售人员工资、运杂费等，同时获得销售收入，产生资金的收回；然后再将资金投入再生产过程中，又重复采购材料、生产产品、销售产品等活动。可见，只要企业的经营活动一直持续不断地进行下去，就会不断地发生资金的支出和收回。财务是经营者的眼睛，财务能反映企业的财务状况和经营成果，对财务的把握就是对企业命运的把握。而财务管理是以企业资金的循环和周转作为研究对象的。

财务管理是指组织企业财务活动，处理财务关系的一项经济管理工作。企业财务是企业在生产经营过程中客观存在的资金运动及其所体现的经济关系。前者称为财务活动，表明了企业财务的内容和形式特征；后者称为财务关系，揭示了企业财务的实质。它的基本构成要素是投入和运动于企业的资金。财务管理工作与其他经济管理工作的区别主要在于财务管理工作是对企业资金运动的管理。为此，要了解什么是财务管理，必须先分析企业的财务活动和财务关系。

1.1.3 企业财务活动

企业财务活动是指围绕资本的运作，实现企业资本增值的一系列活动。初始状态下的货币资本需要通过资本筹集活动来取得，企业资本的运用需要通过投资活动来实现。在企业取得资本以后，最大化的资本升值需要通过科学的经营决策做保障，而企业取得的收益则需要通过资本收益分配活动来完成。我们把这些企业财务活动分别称为筹资活动、投资活动、资金营运活动和收益分配活动。

▶ 1. 企业筹资引起的财务活动(筹资活动)

企业无论是新建、扩建，还是组织正常的生产经营活动，都必须以占有和能够支配一定数量的资金为前提。首先必须解决的是通过什么方式、在什么时间筹集多少资金。在筹资过程中，企业可以发行股票、债券，吸收直接投资等各种筹资方式筹集资金，表现为企业资金的收入；企业偿还借款，支付利息、股利以及支付各种筹资费用，则表现为企业资金的支出。这种由资金筹集而产生的资金收支，就是筹资引起的企业最基本的财务活动。企业筹资活动的结果，一方面表现为取得所需要的货币形态和非货币形态的资金；另一方面表现为形成了一定的资金结构。所谓的资金结构一般是指资金总额中借入资金与自有资金之间的比例关系。

▶ 2. 企业投资引起的财务活动(投资活动)

企业筹集资金的目的是为了把资金用于生产经营活动以便取得盈利，不断增加企业价值，否则，筹资就失去了目的和意义。所谓的投资可分为广义的投资和狭义的投资：广义的投资是指企业将筹集的资金投入使用的过程，包括企业将资金投入到企业内部使用的过程(如购置流动资产、固定资产、无形资产等)和对外投放资金的过程(如投资购买其他企业的股票、债券，与其他企业联营以及收购另一个企业等)；而狭义的投资仅指对外投资。

无论企业购买内部所需资产，还是购买各种有价证券，都需要支付资金，这表现为企业资金的流出，而当企业变卖其对内投资的各种资产或回收其对外投资时，则会产生企业资金的流入。这种因企业投资活动而产生的资金收付，便是由投资而引起的财务活动。

在进行投资活动时，由于企业的资金是有限的，因此应尽可能将资金投放在能带给企业最大收益的项目上。由于投资通常在未来才能获得回报，因此，财务人员在分析投资方案时，不仅要分析投资方案的资金流入与资金流出，同时还要分析公司为获得相应的回报还需要等待多久。当然，获得回报越早的投资项目越好。另外，投资项目很少是没有风险的，一个新的投资项目可能成功，也可能失败，因此，财务人员需要找到一种方法对这种风险因素加以计量，从而判断选择哪个方案，放弃哪个方案，或者是将哪些方案进行组合。企业投资活动的结果是形成各种具体形态的资产及一定的资产结构。所谓的资产结构是指资产内部流动资产与长期资产之间的比例关系。企业在投资过程中，必须考虑投资规模，以提高投资效益和降低投资风险为原则，选择合理的投资方向和投资方式。

▶ 3. 企业经营引起的财务活动(资金营运活动)

企业在正常的经营过程中，会发生一系列的资金收支。首先，企业要采购材料或商品，以便从事生产和销售活动，同时，还要支付工资和其他营业费用；其次，当企业把产品或商品售出后，便可取得收入收回资金；最后，如果企业现有资金不能满足企业经营的需要，还要采取短期借款方式来筹集所需资金。上述各方面都会产生企业资金的收支，此即属于企业经营而引起的财务活动。

在企业经营引起的财务活动中，主要涉及的是流动资产与流动负债的管理问题，其中关键是加速资金的周转。流动资金的周转与生产经营周期具有一致性，在一定时期内，资金周转越快，就可以利用相同数量的资金生产出更多的产品，取得更多的收入，获得更多的报酬。因此，如何加速资金的周转、提高资金利用效果是财务人员在这类财务活动中需要考虑的主要问题。

▶ 4. 企业收益分配引起的财务活动(资金分配活动)

企业在经营过程中会产生利润，也可能会因对外投资而分得利润，这表明企业有了资金的增值或取得了投资报酬。由于企业收益分配活动体现了企业、企业职工、债权人和投资者之间的不同利益格局，企业必须依据现行法律和法规对企业取得的各项收入进行分配。所谓的收益分配，广义地讲，是指对各项收入进行分割和分派的过程，这一分配的过程分为以下四个层次：

第一个层次，企业取得的投资收入(如销售收入)要用以弥补生产经营耗费，缴纳流转税，剩余部分形成企业的营业利润。

第二个层次，营业利润和投资净收益(投资收入弥补投资损失后的余额)、营业外收支净额(营业外收入弥补营业外支出后的净额)等构成企业的利润总额。

第三个层次，利润总额首先要按法律规定缴纳所得税，缴纳所得税后形成了净利润。

第四个层次，净利润首先要提取盈余公积金，然后向投资者分配利润。

狭义地说，收益分配仅指净利润的分派过程，即广义分配的第四个层次。值得说明的是，企业筹集的资金归结为所有者权益和负债资金两大类，在对这两类资金分配报酬时，前者是通过利润分配的形式进行的，属于税后利润分配：后者是通过将利息等计入成本费用的形式进行分配的，属于税前利润的分配。这种因利润分配而产生的资金收支便属于由利润分配而引起的财务活动。

在分配活动中，财务人员需要确定股利支付率的高低，即将多大比例的税后利润用来支付给投资人。过高的股利支付率，会使较多的资金流出企业，从而影响企业再投资的能力，一旦企业遇到较好的投资项目，将有可能因为缺少资金而错失良机；而过低的股利支付率，又有可能引起投资人的不满，对于上市公司而言，这种情况可能导致股价的下跌，从而使公司价值下降。因此，财务人员要根据公司自身的具体情况确定最佳的分配政策。

上述财务活动中的四个方面，不是相互割裂、互不相关的，而是相互联系、相互依存的。正是上述互相联系又有一定区别的四个方面，构成了完整的企业财务活动，进而构成了财务管理的基本内容：企业筹资管理、企业投资管理、营运资金管理、利润及其分配的管理。

1.1.4 企业财务关系

企业财务关系是指企业在组织各项财务活动过程中与各种相关利益主体所发生的经济关系，企业的筹资活动、投资活动、经营活动、利润及其分配活动与企业上下左右各方面有着广泛的联系。企业的财务关系可概括为以下几个方面。

▶ 1. 企业同其所有者之间的财务关系

这主要指企业的所有者向企业投入资金，企业向其所有者支付投资报酬所形成的经济关系。企业所有者主要有以下四类：①国家；②法人单位；③个人；④外商。企业的所有者要按照投资合同、协议、章程的约定履行出资义务，以便及时形成企业的资本金。企业利用资本金进行经营，实现利润后，应按出资比例或合同、章程的规定，向其所有者分配利润。企业同其所有者之间的财务关系，体现着所有权的性质，反映着经营权和所有权的关系。一般而言，所有者的出资不同，他们各自对企业承担的责任也不同，享有的权利和利益也不相同。

▶ 2. 企业同其债权人之间的财务关系

这主要指企业根据生产经营的需要向债权人借入资金，并按借款合同的规定按时支付利息和归还本金所形成的经济关系。企业除利用资本金进行经营活动外，还要借入一定数量的资金，以便降低企业资金成本，扩大企业经营规模。企业的债权人主要有债券持有人、贷款机构、商业信用提供者、其他出借资金给企业的单位或个人。企业利用债权人的资金后，要按约定的利息率，及时向债权人支付利息，债务到期时，要合理调度资金，按时向债权人归还本金。企业同其债权人的关系体现的是债务与债权关系。

▶ 3. 企业同其被投资单位的财务关系

这主要是企业将其闲置资金以购买股票或直接投资的形式向其他企业投资所形成的经济关系。随着经济体制改革的深化和横向经济联合的开展，这种关系将会越来越广泛。企业向其他单位投资，应按约定履行出资义务，参与被投资单位的利润分配。企业投资的最终目的是取得收益，但预期收益能否实现也存在投资风险。企业与被投资单位的关系是体现所有权性质的投资与受资的关系。

▶ 4. 企业同其债务人的财务关系

这主要是指企业将其资金以购买债券、提供借款或商业信用等形式出借给其他单位所形成的经济关系。企业将资金借出后，有权要求其债务人按约定的条件支付利息和归还本金。企业同其债务人的关系体现的是债权与债务关系。

▶ 5. 企业内部各单位的财务关系

这主要是指企业内部各单位之间在生产经营各环节中相互提供产品或劳务所形成的经济关系。企业在实行内部经济核算制的条件下，企业供、产、销各部门以及各生产单位之间，相互提供产品和劳务要进行计价结算。这种在企业内部形成的资金结算关系，体现了企业内部各单位之间的利益关系。

▶ 6. 企业与职工之间的财务关系

这主要是指企业向职工支付劳动报酬过程中所形成的经济关系。企业要用自身的产品销售收入，向职工支付工资、津贴、奖金等，按照提供的劳动数量和质量支付职工的劳动报酬。这种企业与职工之间的财务关系，体现了企业和职工在劳动成果上的分配关系。

▶ 7. 企业与税务机关之间的财务关系

这主要是指企业要按税法的规定依法纳税而与国家税务机关所形成的经济关系。任何企业，都要按照国家税法的规定缴纳各种税款，以保证国家财政收入的实现，满足社会各方面的需要。及时、足额地纳税是企业对国家的贡献，也是对社会应尽的义务。因此，企业与税务机关的关系反映的是依法纳税和依法征税的权利义务关系。

1.1.5 财务管理的内容

财务管理的内容是财务管理对象的具体化，财务管理的对象是企业在生产过程中的资金及其运动(资金活动)。所以，财务管理的内容就是企业资金活动所表现出来的各个具体的方面。因此，企业财务是指企业财务活动，即企业在生产经营过程中的资金运动及其所体现的企业同各方面的财务关系。企业财务管理是基于在生产过程中客观存在的财务活动和财务关系而产生的，是企业组织财务活动、处理与各方面财务关系的一项经济管理工作。企业筹资、投资、资金营运和收益分配构成了完整的企业财务活动；与此对应，企业筹资管理、投资管理、资金营运管理和收益分配管理便成为企业财务管理的基本内容。并且，这些财务管理内容之间与财务活动内容之间一样，并不是相互割裂、互不相关的，而是相互联系、相互依存的。

▶ 1. 筹资管理

筹资管理是企业财务管理的首要环节，是企业投资活动的基础。筹资管理主要解决的问题是如何取得企业所需要的资金，即指在何时向谁融通多少资金。事实上，在企业发展过程中，筹资及筹资管理是贯穿始终的。无论在企业创立之时，还是在企业成长过程中追求规模扩张，甚至日常经营周转过程中，都可能需要筹措资金。可见筹资是指企业为了满足投资和用资的需要，筹措和集中所需资金的过程。在筹资过程中，企业一方面要确定筹资的总规模，以保证投资所需要的资金；另一方面要选择筹资方式，降低筹资的代价和筹资风险。

企业的资金来源按产权关系可以分为权益资金和负债资金。一般来说，企业完全通过权益资金筹资是不明智的，不能得到负债经营的好处。但负债的比例大则风险也大，企业随时可能陷入财务危机。因此，筹资决策的一个重要内容是确定最佳的资本结构。

企业资金来源按使用的期限，可分为长期资金和短期资金。长期资金和短期资金的筹资速度、筹资成本、筹资风险以及借款时企业所受到的限制等均有所不同。因此，筹资决策要解决的另一个重要内容是安排长期资金与短期资金的比例关系。

▶ 2. 投资管理

投资是指企业资金的运用，是为了获得收益或避免风险而进行的资金投放活动。在投资过程中，企业必须考虑投资规模；同时，企业还必须通过投资方向和投资方式的选择，确定合理的投资结构，以提高投资效益、降低投资风险。投资是企业财务管理的重要环节。投资决策的成败，对企业未来经营的成败具有根本性影响。

投资按其方式可分为直接投资和间接投资。直接投资是指将资金投放在生产经营性资产上，以便获得利润的投资，如购买设备、兴建厂房、开办商店等；间接投资又称证券投资，是指将资金投放在金融商品上，以便获得利息或股利收入的投资，如购买政府债券、企业债券和企业股票等。

投资按其影响的期限长短可分为长期投资和短期投资。长期投资是指其影响超过一年以上的投资，如固定资产投资和长期证券投资，长期投资又称资本性投资；短期投资是指其影响和回收期限在一年以内的投资，如应收账款、存货和短期证券投资，短期投资又称流动资产投资或营运资金投资。由于长期投资涉及的时间长、风险大，直接决定着企业的生存和发展，因此，在决策分析时更重视资金时间价值和投资风险价值。

典型案例 1-1
史玉柱："巨人"的启示

投资按其活动范围分为对内投资和对外投资。对内投资是对企业自身生产经营活动的投资，如购置流动资产、固定资产、无形资产等。对外投资是以企业合法资产对其他企业或对金融资产进行投资，如企业与其他企业联营，购买其他企业的股票、债券等。

▶ 3. 营运资金管理

营运资金管理主要是对企业流动资产的管理，包括对现金、应收账款、交易性金融资产和存货的管理。流动资产在企业经营中随着经营过程的进行不断变换其形态，在一定时期内资金周转越快，利用相同数量的资金获得的报酬就越多，流动资产的周转速度和使用效率直接影响企业的经营收益。因此，企业必须对其流动资产周转速度和使用效率进行管理。

▶ 4. 收益分配管理

利润是指企业在一定会计期间内实现的收入减去费用后的净额，是企业最终经营成果的反映。企业实现的利润，必须在企业的各利益相关者之间进行合理的分配，这关系到国家、企业所有者、债权人、经理、职工及社会各方面的利益。一方面，企业取得的净利润(税后利润)主要是在所有者和企业之间进行分配，不同的所有者由于投资目的不同，对待分配的利润和企业留存利润的态度也不尽相同，这将直接影响企业的利润分配决策；另一方面，随着利润分配过程的进行，资金退出或者留存企业，必然会影响企业的资金运动，这不仅表现在资金运动的规模上，还表现在资金运动的结构上，如筹资结构。企业留存利润又是企业的内部筹资活动，对利润分配的管理又直接影响企业的筹资决策。因此，在国家法律、法规允许的范围内，如何合理确定企业税后利润的分配规模和分配方式，以提高企业的潜在收益能力，进而提高企业的总价值，是企业财务管理的又一项重要内容。

1.1.6 企业财务管理的特点

企业生产经营活动的复杂性，决定了企业管理必须包括多方面的内容，如生产管理、技术管理、劳动人事管理、设备管理、销售管理、财务管理等。各项工作是互相联系、紧密配合的，同时又有科学的分工，具有各自的特点。财务管理的特点有如下几个方面。

▶ 1. 财务管理侧重于价值管理

企业管理在实行分工、分权的过程中形成了一系列专业管理，有的侧重于使用价值的管理，有的侧重于价值的管理，有的侧重于劳动要素的管理，有的侧重于信息的管理。社会经济的发展，要求财务管理主要是运用价值形式对经营活动实施管理。财务管理与企业其他各项管理工作相比较，更侧重于价值管理。从组织财务活动到处理财务关系，都是通过资金收支、成本费用开销、利润的形成与分配而进行的。这与侧重于使用价值管理的其他管理工作所涉及的产销量、品种、质量、劳动生产率、物资消耗等项指标形成了比较明显的区别。

▶ 2. 财务管理是一项综合性管理工作

财务管理的综合性，一方面表现在财务工作所面对的相关指标具有一定的综合性，另一方面，也表现在财务管理工作需要与其他管理工作相互配合，以保证企业的各项工作不偏离财务管理的既定目标。通过价值形式，把企业的一切物质条件、经营过程和经营结果都合理地加以规划和控制，达到企业效益不断提高、财富不断增加的目的。因此，财务管理既是企业管理的一个独立方面，又是一项综合性的管理工作。

▶ 3. 财务管理与企业各方面具有广泛联系

在企业中，一切涉及资金的收支活动，都与财务管理有关。事实上，企业内部各部门与资金不发生联系的现象是很少见的。因此，财务管理的触角，常常伸向企业经营的各个角落。每一个部门都会通过资金的使用与财务部门发生联系。每一个部门也都要在合理使用资金、节约资金支出等方面接受财务部门的指导，受到财务制度的约束，以此来保证企业经济效益的提高。

▶ 4. 财务管理能迅速反映企业生产经营状况

在企业管理中，决策是否得当、经营是否合理、技术是否先进、产销是否顺畅，都可迅速地在企业财务指标中得到反映。例如，如果企业生产的产品适销对路，质量优良可靠，则可带动生产发展，实现产销两旺，资金周转加快，盈利能力增强，这一切都可以通过各种财务指标迅速地反映出来。这也说明，财务管理工作既有其独立性，又受整个企业管理工作的制约。财务部门应通过自己的工作，向企业领导及时通报有关财务指标的变化情况，以便把各部门的工作都纳入提高经济效益的轨道，努力实现财务管理的目标。

综上所述，可以把财务管理的概念概括为：企业财务管理是企业管理的一个组成部分，它是根据财经法规制度，按照财务管理的原则，组织企业财务活动，处理财务关系的一项经济管理工作。

1.1.7　财务管理的环节

财务管理的环节是指财务管理的工作步骤和一般程序。一般包括以下几个环节。

▶ 1. 财务预测

财务预测是财务人员根据历史资料，依据现实条件，运用特定的方法对企业未来的财务活动和财务成果所作出的科学预计和测算。其作用表现在以下几个方面：①财务预测是财务决策的基础；②财务预测是编制财务计划的前提；③财务预测是组织日常财务活动的必要条件；④财务预测有助于应变。

财务预测所采用的方法主要有两种：一是定性预测，是指企业缺乏完整的历史资料或有关变量之间不存在较为明显的数量关系时，专业人员进行的主观判断与推测；二是定量预测，是指企业根据比较完备的资料，运用数学方法，建立数学模型，对事物的未来进行的预测。实际工作中，通常将两者结合起来进行财务预测。

财务预测的工作过程一般包括以下几个方面：①明确预测的对象和目的；②搜集和整理有关信息资料；③选用特定的预测方法进行预测。

▶ 2. 财务决策

决策即决定。财务决策是企业财务人员按照企业财务管理目标，利用专门方法对各种备选方案进行比较分析，并从中选出最优方案的过程。它不是拍板决定的瞬间行为，而是提出问题、分析问题和解决问题的全过程。正确的决策可使企业起死回生，错误的决策可导致企业毁于一旦，所以财务决策是企业财务管理的核心，其成功与否直接关系到企业的兴衰成败。

财务决策一般包括以下四个步骤：①根据财务预测的信息提出问题；②确定解决问题的备选方案；③分析、评价、对比各种方案；④拟定择优标准，选择最佳方案。

▶ 3. 财务预算

财务预算是指企业运用科学的技术手段和数量方法，对未来财务活动的内容及指标进行综合平衡与协调的具体规划。财务预算是以财务决策确立的方案和财务预测提供的信息为基础编制的，是财务预测和财务决策的具体化，是财务控制和财务分析的依据，贯穿企业财务活动的全过程。

财务预算一般包括以下内容：①根据财务决策的要求，分析主、客观条件，全面安排预算指标；②对需要与可能进行协调，实现综合平衡；③调整各种指标，编制出预算表格。财务预算的编制过程，实际上就是确定预算指标，并对其进行平衡的过程。

▶ 4. 财务控制

财务控制是在财务管理过程中，利用有关信息和特定手段，对企业财务活动所施加的影响和进行的调节。实行财务控制是落实财务预算、保证预算实现的有效措施，也是绩效考核与奖惩的重要依据。

▶ 5. 财务分析与业绩评价

财务分析是根据企业核算资料，运用特定方法，对企业财务活动过程及其结果进行分析和评价的一项工作。财务分析既是本期财务活动的总结，也是下期财务预测的前提，具有承上启下的作用。通过财务分析，可以掌握企业财务预算的完成情况，评价财务状况，研究和掌握企业财务活动的规律，改善财务预测、财务决策、财务预算和财务控制，提高企业财务管理水平。财务分析的一般程序是：①确立题目，明确目标；②收集资料，掌握情况；③运用方法，揭示问题；④提出措施，改进工作。

业绩评价是通过运用一定手段和方法对企业一定经营期间的获利能力、资产质量、债务风险以及经营增长和努力程度的各方面进行的综合评判。科学地评价企业业绩，可以为出资人行使经营者的选择权提供重要依据；可以有效地加强对企业经营者的监督和约束；可以为有效地激励企业经营者提供可靠依据；还可以为政府有关部门、债权人、企业职工等利益相关方提供有效的信息支持。

1.2 财务管理的目标

目标是导向和标准。没有明确目标，就没有方向，也就无法判断一项决策的优劣。财务管理目标是企业理财活动所要达到的要求和最终结果，是评价企业理财活动是否合理的基本标准，决定着财务管理所采用的原则、程序和方法。因此，财务管理的目标是建立财务管理体系的逻辑起点。明确财务管理目标，对优化企业理财行为，实现财务管理的良性循环，具有重要意义。

1.2.1 财务管理整体目标

财务管理是企业管理的一部分，是有关资金的获得和有效使用的管理工作。财务管理的目标，取决于企业的总目标，并且受特定的社会经济环境所制约。企业是以营利为目的的经济组织，投资者创立公司的目的是营利。已经创立起来的公司，虽然有改善职工待遇、改善劳动条件、扩大市场份额、提高产品质量、减少环境污染等多种目标，但是营利是最基本、最一般、最重要的目标，体现了公司的出发点和归宿。公司最具综合性的计量是财务计量，公司的目标因而综合体现为公司的财务管理目标。

随着社会经济的不断发展，在不同时期人们对财务目标的认识存在一定差异。目前财务管理的目标主要有以下四种观点：利润最大化、资本利润率最大化或每股利润最大化、股东财富最大化和企业价值最大化。

1.2.1.1 利润最大化

利润最大化是西方微观经济学的理论基础。西方经济学家以往都是以利润最大化这一标准来分析和评价企业的行为和业绩。“利润最大化”观点的持有者认为：利润代表了企业新创造的财富，利润越多则企业的财富增加得越多，越接近企业的目标。其观点可用图 1-1来表述：利润额是企业在一定期间经营收入和经营费用的差额，是按照收入费用配比原则加以计算的，反映了当期正常经营活动中投入与产出对比的结果。股东权益是股东对企业净资产的所有权，包括股本、资本公积金、盈余公积金和未分配利润四个方面。其中股本是投资人已经投入企业的资本，如果不增发，它不可能再增大；资本公积金则来自股本溢价、资产重估增值等，一般来说，它的数额再大也不是企业自身的经营业绩所致；只有盈余公积金和未分配利润的增加，才是企业经营效益的体现，而这两部分又来源于利润最大化的实现，是企业从净利润中扣除股利分配后的剩余。因此，从会计的角度来看，利润是股东价值的来源，也是企业财富增长的来源。

目前，我国在许多情况下评判企业的业绩还是以利润为基础。如企业在增资扩股时，要考察公司最近三年的盈利情况；在考核国有企业经理人员的业绩时，也以利润为主。但

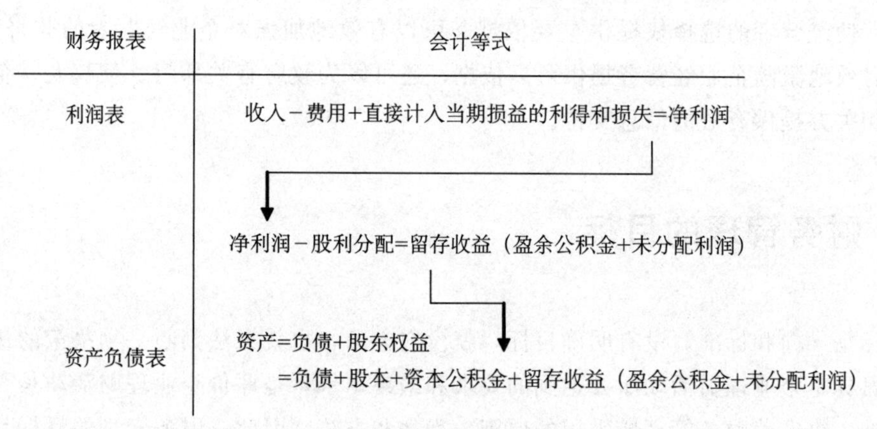

图 1-1　财务报表之间的勾稽关系

是，在长期的实践中，利润最大化目标暴露出许多缺点：

（1）利润最大化没有考虑利润实现的时间，没有考虑项目收益的时间价值。例如有 A、B 两个投资项目，其利润都是 100 万元，如果不考虑资金的时间价值，则难以正确判断哪一个更符合企业的目标。但如果说 A 项目的 100 万元是去年已赚取的，而 B 项目的 100 万元是今年赚取的，显然，对于相同的现金流入来说，A 项目的获利时间较早，也更具有价值。

（2）利润最大化没能有效地考虑风险问题。高风险往往伴随着高利润，如果为了利润最大化而选择高风险的投资项目，或进行过度的借贷，企业的经营风险和财务风险就会大大提高。仍以上面两个投资项目为例。假设 A，B 两个投资项目在今年都赚取了 100 万元利润，但 A 项目的利润全部为现金收入，而 B 项目的 100 万元全部是应收账款。显然，B 项目的应收账款存在着不能收回的风险，因此，A 项目的目标实现得更好一些。

（3）利润最大化没有考虑利润和投入资本的关系。假设 A，B 两个项目都于今年获得了 100 万元利润，并且取得的都是现金收入。但是，如果 A 项目只需投资 100 万元，而 B 项目需要投资 300 万元，显然 A 项目更好一些，而如果单从利润指标上却反映不出这样的问题。

（4）利润最大化是基于历史的角度，反映的是企业过去某一期间的盈利水平，并不能反映企业未来的盈利能力。在图 1-1 中，虽然净利润增加了股东权益和企业财富，但并不意味着企业持续经营和持久盈利能力的增强，以及股东在未来能够持续获得收益。

（5）利润最大化往往会使企业财务决策带有短期行为的倾向。利润最大化往往会诱使企业只顾实现目前的最大利润，而不顾企业的长远发展。比如企业可能通过减少产品开发、人员培训、技术装备水平方面的支出来提高当年的利润，但这显然对企业的长期发展不利。

（6）利润是企业经营成果的会计度量，而对同一经济问题的会计处理方法的多样性和灵活性可以使利润并不反映企业的真实情况。例如，有些企业通过出售资产增加现金收入，表面上增加了利润，但企业财富并没有增加。此外，其他会计政策的选择也可能影响企业的利润。

知识链接 1-1
美、日企业财务管理目标差异

可见，利润最大化目标只是对经济效益浅层次的认识，存在一定的片面性。所以，现代财务管理理论认为，利润最大化并不是财务管理的最优目标。

1.2.1.2　资本利润率最大化或每股利润最大化

资本利润率是利润额与资本额的比率。每股利润是利润额与普通股股数的比值。这里的利润额指税后净利润。

(1) 资本利润率最大化或每股利润最大化的优点：把企业实现的利润额同投入的资本或股本数进行对比，能够说明企业的盈利水平，可以在不同资本规模的企业或同一企业不同期间之间进行比较，揭示其盈利水平的差异。

(2) 资本利润率最大化或每股利润最大化的缺点：①仍然没有考虑资金的时间价值；②没有考虑风险因素。

1.2.1.3　股东财富最大化

股东财富最大化是指通过财务上的合理经营，为股东带来最多的财富。在股份公司中，股东财富由其所拥有的股票数量和股票市场价格两方面来决定。在股票数量一定的前提下，当股票价格达到最高时，股东财富也达到最大。所以，股东财富最大化，又演变为股票价格最大化。在运行良好的资本市场里，股东财富最大化目标可以理解为最大限度地提高现在的股票价格。

与利润最大化目标相比，股东财富最大化目标有其积极的方面，理由如下：

(1) 考虑了货币的时间价值和投资的风险价值，有利于选择投资方案，统筹安排长短期规划，有效筹集资金，合理制定股利政策。

(2) 反映了资产保值增值的要求，股东财富越多，企业资产的市场价值越大。

(3) 有利于克服管理上的片面性和短期行为。

(4) 有利于社会资源合理配置。社会资本通常流向企业价值最大化或股东财富最大化的企业或公司，从而实现社会效益最大化。

但应该看到，股东财富最大化目标也存在一些缺点，具体如下：

(1) 它只适用于上市公司，对非上市公司则很难适用。

(2) 它只强调股东的利益，而对企业其他关系人的利益重视不够。

(3) 股票价格受多种因素影响，并非都是公司所能控制的，把不可控因素引入理财目标是不合理的。

(4) 对于非上市公司只有对企业进行专门评估才能真正确定其价值。而在评估这些企业的资产时，容易受评估标准和评估方式的影响，不易做到客观、准确，也导致企业价值确定困难。

尽管股东财富最大化存在上述缺点，但如果一个国家的证券市场高度发达，市场效率极高，上市公司可以把股东财富最大化作为企业财务管理的最佳目标。

1.2.1.4　企业价值最大化

这是现代西方财务管理理论公认的财务管理目标，其认为这是衡量企业财务行为和财务决策的合理标准。企业价值，即企业的市场公允价值，是指企业未来收益的现值，其大小取决于企业未来的获利能力及风险的大小。企业价值是该企业预期自由现金流量以其加权平均资本成本为贴现率折现的现值，它与企业的财务决策密切相关，体现了企业资金的时间价值、风险以及持续发展能力。扩大到管理学领域，企业价值可定义为企业遵循价值规律，通过以价值为核心的管理，使所有企业利益相关者(包括股东、债权人、管理者、普通员工、政府等)均能获得满意回报的能力。显然，企业的价值越高，企业给予其利益相关者回报的能力就越高。而这个价值是可以通过其经济定义加以计量的。

现代企业是多边契约关系的集合，不能只考虑股东的利益，应以企业价值最大化作为理财目标。企业价值不是账面资产的总价值，而是企业全部财产的市场公允价值，它反映了企业潜在或预期获利能力。用公式表示如下：

企业价值＝权益价值＋债务价值

企业价值由公司未来的收益和风险决定，即由公司未来现金流量的大小及其时间分布、未来现金流量的风险大小来决定。

投资者在评价企业价值时，是以投资者预期投资时间为起点的，并将未来收入按预期投资时间的同一口径进行折现，未来收入的多少按可能实现的概率进行计算。可见，这种计算办法考虑了资金的时间价值和风险问题。企业所得的收益越多，实现收益的时间越近，应得的报酬越是确定，则企业的价值或股东财富越大。

企业应将长期稳定发展摆在首位，强调在企业价值增长中满足与企业相关各利益主体的利益，企业只有通过维护企业相关者的利益，承担起应有的社会责任(如保护消费者利益、保护环境、支持社会公众活动等)，才能更好地实现企业价值最大化这一财务管理目标。

1) 企业价值最大化目标的优点

(1) 该目标考虑了资金的时间价值和投资的风险价值，有利于统筹安排长短期规划、合理选择投资方案、有效筹措资金、合理制定股利政策等。

(2) 该目标反映了对企业资产保值增值的要求，企业市场价值越大，越会促使企业资产保值或增值。

(3) 该目标有利于克服管理上的片面性和短期行为。

(4) 该目标有利于社会资源合理配置。社会资金通常流向企业价值最大化的企业或行业，有利于实现社会效益最大化。

2) 企业价值最大化目标的缺点

(1) 对于股票上市企业，虽可通过股票价格的变动揭示其企业价值，但是股价受多种因素影响，特别在即期市场上的股价不一定能够直接揭示企业的获利能力，只有长期趋势才能做到这一点。

(2) 为了控股或稳定购销关系，现代企业不少采用环形持股的方式，相互持股。法人股东对股票市价的敏感程度远不及个人股东，对股价最大化目标没有足够的兴趣。

(3) 对于非股票上市企业，只有对企业进行专门的评估才能真正确定其价值。而在评估企业资产时，由于受评估标准和评估方式的影响，这种估价不易做到客观和准确，这也导致企业价值确定的困难。

因此，企业价值最大化目标，就是在权衡企业相关者利益的约束下实现所有者或股东权益的最大化。这一目标的基本思想就是在保证企业长期稳定发展的基础上，强调在企业价值增值中满足以股东为首的各利益群体的利益。

1.2.2 财务管理目标的特点

▶ 1. 财务管理目标具有相对稳定性

任何一种财务管理目标的出现，都是一定的政治、经济环境的产物，随着环境因素的变化，财务管理目标也可能发生变化。例如，西方财务管理目标就经历了“筹资数量最大化”“利润最大化”“股东财富最大化”等多种提法，这些提法虽然有相似之处，但也有很大的区别。在我国计划经济体制下，财务管理是围绕国家下达的产值指标来进行的，可以概括为“产值最大化”。改革开放以来，我国企业最关心的是利润的多少，企业财务管理工作围绕利润来进行，可以把财务管理目标概括为“利润最大化”。人们对财务管理目标的认识是不断深化的，凡是符合财务管理基本环境和财务活动基本规律的，就能被人们公认，否则就被摒弃，但在一定时期或特定条件下，财务管理目标是保持相对稳定的。

▶ 2. 财务管理目标具有多元性

多元性是指财务管理目标不是单一的，而是适应多因素变化的综合目标群。现代企业财务管理是一个系统，其目标也是一个多元的有机构成体系。在多元化目标中，有一个处于支配地位、起主导作用的目标，称为主导目标；其他一些处于被支配地位，对主导目标的实现有配合作用的目标，称为辅助目标。例如，企业在努力实现“企业价值最大化”这一主导目标的同时，还必须努力实现履行社会责任、加速企业成长、提高企业偿债能力等一系列辅助目标。

▶ 3. 财务管理目标具有层次性

层次性是指财务管理目标是由不同层次的系列目标组成的目标体系。财务管理目标之所以具有层次性，主要是因为财务管理的具体内容可以划分为若干层次。例如，企业财务管理的基本内容可以划分为筹资管理、投资管理、营运资金管理、利润及其分配管理等几个方面，而每一个方面又可以再进行细分。例如，投资管理就可以再分为研究投资环境、确定投资方式、做出投资决策等几个方面。财务管理内容的这种层次性和细分化，使财务管理目标成为一个由整体目标、分部目标和具体目标三个层次构成的层次体系。

(1) 整体目标是指整个企业财务管理所要达到的目标。

(2) 分部目标是指在整体目标的制约下，进行某一部分财务活动所要达到的目标。一般包括筹资管理目标、投资管理目标、营运资金管理目标、利润及其分配管理目标等几个方面。

(3) 具体目标是在整体目标和分部目标的制约下，从事某项具体财务活动所要达到的目标。比如，企业发行股票要达到的目标、进行证券投资要达到的目标等。

1.2.3 财务管理目标的矛盾与协调

企业财务管理目标是企业价值的最大化，在这一目标上，财务活动所涉及的利益主体如何进行协调是财务管理必须解决的问题。代理关系的存在使各方利益不尽一致并且有所冲突。委托—代理问题的存在及其利益冲突的有效协调直接关系到财务管理目标实现的程度。企业从事财务管理活动，必然发生企业与各个方面的经济利益关系，在企业财务关系中最为重要的关系是所有者、经营者与债权人之间的关系。企业必须处理、协调好这三者之间的矛盾与利益关系。

▶ 1. 所有者与经营者的矛盾与协调

企业是所有者的企业，企业价值最大化代表了所有者的根本利益。现代公司制企业所有权与经营权完全分离，经营者不持有公司股票或持部分股票，其经营的积极性就会降低，因为经营者拼命干的所得不能全部归自己所有。此时他会干得轻松点，不愿意为提高股价而冒险，并设法用企业的钱为自己谋福利，如坐豪华轿车、奢侈的出差旅行等，因为这些开支可计入企业成本由全体股东分担，甚至蓄意压低股票价格，以自己的名义借款买回，导致股东财富受损，自己从中渔利。由于两者行为目标不同，必然导致经营者利益和股东财富最大化的冲突，即经理个人利益最大化和企业价值最大化的矛盾。

为了协调所有者与经营者的矛盾，防止经理背离股东目标，一般有以下两种方法。

(1) 监督。经理背离股东目标的条件是信息不对称。经理掌握企业实际的经营控制权，对企业内部信息的掌握远远多于股东。为了协调这种矛盾，股东除要求经营者定期公布财务报表外，还应尽量获取更多信息，对经理进行必要的监督。但监督只能减少经理违背股东意愿的行为，因为股东是分散的，得不到充分的信息，全面监督实际上做不到，也会受到监督成本的制约。

(2) 激励。就是将经理的管理绩效与经理所得的报酬联系起来，使经理分享企业增加的财富，鼓励他们自觉采取符合股东目标的行为。如允许经理在未来某个时期以约定的固定价格购买一定数量的公司股票。股票价格提高后，经理自然获取股票涨价收益；或以每股收益、资产报酬率、净资产收益率以及资产流动性指标等对经理的绩效进行考核，以其增长率为标准，给经理以现金、股票奖励。但激励作用与激励成本相关，报酬太低，不起激励作用；报酬太高，又会加大股东的激励成本，减少股东自身利益。可见，激励也只能减少经理违背股东意愿的行为，不能解决全部问题。

通常情况下，企业采用监督和激励相结合的办法使经理的目标与企业目标协调起来，力求使监督成本、激励成本和经理背离股东目标的损失之和最小。

除了企业自身的努力之外，由于外部市场竞争的作用，也促使经理把公司股票价格最高化作为其经营的首要目标。其主要表现如下：

(1) 经理人才市场评价

经理人才作为一种人力资源其价值是由市场决定的。公司股价高价值大说明经理经营有方，股东财富增加，同时经理在人才市场上的价值也高，聘用他的公司会向其付出高报酬。此时，经理追求利益最大的愿望便与股东财富最大的目标一致。

(2) 经理被解聘的威胁

现代公司股权的分散使个别股东很难通过投票表决来撤换不称职的总经理。同时由于经理被授予了很大的权力，他们实际上控制了公司。股东看到他们经营企业不力、业绩欠佳而无能为力。进入 20 世纪 80 年代以来，许多大公司为机构投资者控股，养老基金、共同基金和保险公司在大企业中占有的股份，足以使他们有能力解聘总经理。由于高级经理会被解聘的威胁动摇了经理们稳固的地位，因而促使其不断创新、努力经营，为股东的最大利益服务。

(3) 公司被兼并的威胁

当公司经理经营不力或决策错误，导致股票价格下降到一定水平，就会有被其他公司兼并的危险。被兼并公司的经理在合并公司的地位一般都会下降或被解雇，这对经理利益的损害是很大的。因此，经理人员为保住自己的地位和已有的权力，会竭尽全力使公司的股价最高化，这是和股东利益一致的。

▶ 2. 大股东与中小股东的矛盾与协调

大股东通常是指控股股东，他们持有企业大多数股份，能够左右股东大会和董事会的决议，往往还委派企业的最高管理者，从而掌握企业的重大经营决策，拥有对企业的控制权。人数众多但持有股份数量很少的中小股东基本没有机会接触到企业的经营管理，尽管他们按照各自的持股比例对企业的利润具有索取权，但由于与控股股东之间存在严重的信息不对称，因此他们的权利很容易被控股股东以各种形式侵害。在这种情况下，所有者和经营者的委托代理问题就演变成为中小股东和大股东之间的代理冲突。大股东侵害中小股东利益的主要表现形式有：①利用关联交易转移上市公司的优质资产；②非法占用上市公司巨额资金，或以上市公司的名义进行各种担保和恶意筹资；③发布虚假信息，操纵股价，欺骗中小投资者；④为大股东派出的高级管理者支付过高的报酬和特殊津贴；⑤利用不合理的股利政策，掠夺中小股东的既得利益。

在我国，由于特殊的制度背景，大股东侵害中小股东利益的情况尤其突出，如何完善中小股东的利益保护成为亟待解决的问题。目前，主要有如下保护机制：

(1) 完善上市公司的治理结构，使股东大会、董事会和监事会三者有效运作，形成相互制约的机制。具体来说，首先，采取法律措施增强中小股东的投票权、知情权和裁决权。比如，《公司法》第一百零五条规定："股东大会选举董事、监事，可以依照公司章程的规定或者股东大会的决议，实行累积投票制。"实行累积投票制可以弥补"一股一票"表决制的弊端，防止大股东利用表决权优势控制董事、监事的选举。又如，第三十三条规定了股东查阅、复制公司有关决议、财务报告和会计账簿的权利。其次，提高董事会中独立董事的比重，独立董事可以代表中小股东的利益，在董事会中行使表决权。另外，建立健全的监事会，真正实现监事会对管理层的监督，保证监事会在实质上的独立性，并赋予监事会更大的监督和起诉权。

(2) 规范上市公司的信息披露制度，保证信息的完整性、真实性和及时性。信息的完整性是指所有影响投资者做出进入或退出决定的信息均应得到披露；真实性是指公开的信息应该如实反映上市公司运营的客观状况；及时性是指公开的信息传递速度要快，以利于投资者迅速做出决策。同时应完善会计准则体系和信息披露规则，加大对信息披露违规行为的处罚力度，对信息披露的监督也要有所加强。

▶ 3. 所有者与债权人的矛盾与协调

企业的资本来自股东和债权人。债权人作为企业信贷资本的供给者，有其自身的终极目标，即按期收回本息。因此，债权人会在平等协商的基础上与企业签订协议，除一般条款外，债权人都约定一些限制性条款，以控制债权风险，并按合同进行监督。除此之外，债权人设有约定条款以外的控制权和监督权。所有者可能要求经营者投资于比债权人预计风险要高的项目，这会增加负债的风险。若高风险的项目一旦成功，额外利润就会被所有者独享；但若失败，债权人却要与所有者共同负担由此而造成的损失。这对债权人来说风险与收益是不对称的。只有当企业出现财务危机，相机治理的前提条件才会出现，但相机治理的目标常常是保证信贷资本能够安全退出企业，这与所有者化解财务危机后实现企业持续发展并从这种发展中获取收益的目标相悖。当企业经营状况差陷入财务困境时，债权人同样承担了资本无法追回的风险，所有者和债权人之间的利益冲突加剧。

所有者与债权人的上述矛盾的协调，一般通过以下方式解决：

（1）限制性借款。它通过对借款的用途限制、借款的担保条款和借款的信用条件来防止和迫使股东不能损害债权人利益。

（2）收回借款不再借款。它是当债权人发现公司有侵蚀其债权价值的意图时，采取收回债权和不给予公司重新放款的措施，从而来保护自身的权益。

除债权人外，与企业经营者有关的各方都与企业有合同关系，都存在着利益冲突和限制条款。企业经营者若侵犯职工雇员、客户、供应商和所在社区的利益，都将影响企业目标的实现。所以说企业是在一系列限制条件下实现企业价值最大化的。

1.2.4 理财目标与企业社会责任

当每个企业以企业价值或股东财富最大化为财务目标时，还必须考虑整个社会是否受益，在实现其财务目标的过程中，是否考虑了其社会责任的履行。一般情况下，财务目标的制定和实现与社会责任的履行是基本一致的。首先，为了实现财务目标，企业必须生产出符合社会需要的产品，这不仅可以满足消费者的需求，而且也实现了企业产品的价值；其次，为了实现财务目标，企业必须不断引进与开发新技术，并拓展企业经营规模，这样就会引起新的就业需求，增加就业机会；最后，为了实现财务目标，企业必须不断扩大销售，为此它必须把产品出售给顾客，提供高效率和周到的服务。所以，在实现财务目标的过程中，自然地也实现了企业社会责任。

但是财务目标的实现并不总是与社会责任的履行保持一致，两者之间存在着一定的矛盾。如为了保护消费者权益、合理雇佣人员、防止环境污染等，企业会因此而付出代价，或损失些机会，从而减少企业价值或股东财富。所以企业财务目标完全以社会责任为前提是很困难的。那么，怎样才能使企业财务目标与社会责任协调一致呢？纵观各国的经验，对于企业必须履行的社会责任，应通过国家制定的法律和规定来强制企业承担。如反垄断法、反暴利法、环境保护法、保护消费者权益法等都是有助于企业履行社会责任的法律。

由此可见，拥有正确的社会责任观的企业能树立兼顾各方利益的财务目标，进而影响企业内部治理结构；同时社会责任的履行能大幅度提升企业的核心竞争力和企业社会形象，这些无疑为企业创造了价值。因此，企业应该把社会责任纳入企业财务目标的组成因素中，企业在这样一种目标下的行为才是与当今和谐社会相匹配的。所以，企业财务目标是追求“利润/价值最大化”，这是没有任何问题的；但企业追求目标的行为要受到社会责任的约束，符合社会和商业道德的规范。可以这样理解：对目标的追求保证企业不断发展壮大，而承担社会责任又保证着企业的可持续发展，从而企业的利益相关群体以及整个社会也越来越好，因此，这是一种企业与社会双赢的关系。

知识链接 1-2
一家好企业与一个伟大企业有何区别

1.3　财务管理的环境

企业的创立、生存和发展始终处于一定的环境之中，环境是某项事物周围的境况。财务管理的环境又称理财环境，是指对企业财务活动和财务管理产生影响作用的各种内外部客观情况和条件，是企业赖以生存和发展的基本条件。不同时期、不同国家、不同领域的财务管理需要面对不同的理财环境。研究财务管理环境，在于弄清企业财务当前所处环境的状况和将来的发展趋势，把握开展财务活动的有利条件，提高财务决策对环境的适应性、应变性和对环境变化的预见性，捕捉理财信息，提高财务管理水平，充分发挥财务管理的职能，实现财务目标。

企业财务管理环境按其存在的空间，可分为内部财务环境和外部财务环境。内部财务环境主要包括企业的性质、组织形式、企业资本实力、生产技术条件、经营管理水平和决策者的素质等方面。内部财务环境存在于企业内部，是企业可以从总体上采取一定的措施加以控制和改变的因素。而外部财务环境存在于企业外部，它们对企业财务行为的影响无论是有形的硬环境，还是无形的软环境，企业都难以控制和改变，更多的是适应和因势利导。外部财务环境主要包括经济环境、法律环境、金融环境、社会文化环境、科技教育环境等。其中，影响最大的是经济环境、法律环境、金融环境。

1.3.1　经济环境

财务管理的经济环境是影响企业财务管理的各种经济因素，如经济周期、经济发展水平、通货膨胀状况、政府的经济政策等。

▶ 1. 经济周期

在市场经济条件下，经济发展通常带有一定的波动性，大体上要循环经历复苏、繁荣、衰退、萧条等阶段，这种循环叫经济周期。我国的经济发展与运行也呈现出特有的周期特征，存在一定的经济波动，过去曾多次出现经济超高速增长，发展过快，而不得不进行治理整顿或宏观调控的情况。由于经济周期影响的严重性，财务学者探讨了企业在经济周期中的经营理财策略，如表 1-1 所示。

一般而言，在经济复苏阶段，社会购买力逐步提高，企业应及时确定合适的投资机会，开发新产品，采取扩大存货和放松信用的应收账款管理政策等理财策略，为企业今后的发展奠定基础；在经济繁荣阶段，市场需求旺盛，企业应采取扩张的策略，如扩大生产规模，增加投资，增添机器设备、存货和劳动力，这就要求财务人员迅速筹集所需要的资金；在衰退阶段，企业应收缩规模，减少风险投资，投资无风险资产，以获得稳定的收益；在萧条阶段，企业应维持现有的规模，并设置新的投资标准，适当考虑一些低风险的投资机会。总之，面对周期性经济波动，财务人员必须预测经济变化情况，适当调整财务政策。

表 1-1　经济周期中的理财策略

复　苏	繁　荣	衰　退	萧　条
增加厂房设备	扩充厂房设备	停止扩展	建立投资标准
实行长期租赁	继续建立存货	出售多余设备	保持市场份额
建立存货	提高产品价格	停止不利产品	压缩管理费用
开发新产品	开展营销规划	停止长期采购	放弃次要利益
增加劳动力	增加劳动力	消减存货	消减存货
		停止扩招雇员	裁减雇员

▶ 2. 经济发展水平

经济发展水平是一个相对概念，在世界范围内说明各个国家所处的经济发展阶段及其目前的经济发展水平，是一件困难的事情。所以，我们也只能按照通常的标准把不同的国家分别归于发达国家、发展中国家和不发达国家三大群组，并以此来说明经济发展水平对财务管理的影响。

发达国家经过了较长时间的经济发展，资本的集中和垄断已达到了相当的程度，经济发展水平在世界处于领先地位，这些国家的财务管理水平比较高。这是因为：①高度发达的经济水平必然要求进行完善的、科学的财务管理，这就决定了随着经济发展水平的提高，必然要创造出越来越先进的理财方法；②经济生活中许多新的内容、更复杂的经济关系以及更完善的生产方式，也往往首先出现于这些国家，这就决定了发达国家的财务管理内容要不断创新；③随着经济的发展，更新型的计算、通信设备的不断涌现，为财务管理采用更复杂的数学方法创造了条件。

发展中国家的经济发展水平不是很高，其经济状况一般呈现以下特征：经济基础较薄弱但发展速度比较快，经济政策变更频繁，国际交往日益增多。这些因素决定了发展中国家的财务管理具有以下特征：①财务管理的总体发展水平在世界上处于中间地位，但发展比较快；②与财务管理有关的法规政策频繁变更，给企业理财造成了许多困难；③财务管理实践中还存在着财务目标不明、财务管理方法简单等不尽如人意之处。

不发达国家是属于经济发展水平很低的那一部分国家群组，这些国家的共同特征一般表现为以农业为主要经济部门，工业特别是加工工业不很发达，企业规模小，组织结构简单，这就决定了这些国家的财务管理呈现水平低、发展慢等特征。

▶ 3. 通货膨胀状况

通货膨胀不仅降低了消费者的购买力，也给企业理财带来了很大困难。通货膨胀对企业财务活动的影响通常表现在以下几个方面：①引起资金占用的大量增加，从而增加企业的资金需求；②引起企业的利润虚增；③引起利率上升，加大企业的资金成本；④引起有价证券价格下降；⑤引起资金供应紧张，增加企业的筹资困难。

企业对通货膨胀本身无能为力，只有政府才能控制通货膨胀的速度。鉴于上述因素，财务人员需要分析通货膨胀对资金成本的影响以及对投资报酬率的影响。为了实现预期的报酬率，企业应该调整收入和成本。同时，使用套期保值等办法尽量减少损失，如买进现货、卖出期货或相反的办法等。

▶ 4. 经济政策

一个国家的经济政策，如经济的发展计划、国家的产业政策、财税政策、金融政策、外汇政策、外贸政策、货币政策以及政府的行政法规等，对企业的理财活动都有重大影响。顺应经济政策的导向，会给企业带来一些经济利益，因此财务人员应该认真研究政府的经济政策，按照政策导向行事，这样就能趋利除弊。当然，由于政府的经济政策可能会因经济状况的变化而变化，因此企业在进行财务决策时，也要为这种变化留有余地，甚至预见到政策的变化趋势，这样会更好地实现企业的理财目标。

1.3.2　法律环境

财务管理的法律环境是指影响企业财务活动的各种法律、法规和规章。

前面讨论企业的理财目标时，曾经提到企业的目标有时与其利益相关者的目标存在矛盾，这时政府将通过法律手段来规范企业的行为，如政府通过制定环境保护法与税法来约束企业由于生产而污染环境的行为。当然，企业财务活动作为一种社会行为，即使不是由于上述原因，也会在很多方面受到法律规范的约束和保护。影响企业财务管理的法律环境主要有企业组织法规、企业治理和财务监控、财务会计法规以及税法等。

1.3.2.1　企业组织法规

企业组织必须依法成立，不同类型的企业在组建过程中适用于不同的法律。在我国，这些法律包括《公司法》《个人独资企业法》《合伙企业法》《外商投资法》等。这些法规详细规定了不同类型的企业组织设立的条件、设立的程序、组织机构、组织变更及终止的条件和程序等。

例如公司的组建要遵循《公司法》中规定的条件和程序，公司成立后，其经营活动包括财务活动，都要按照《公司法》的规定来进行。因此，《公司法》是约束公司财务管理最重要的法规，公司的财务活动不能违反该法律。

从财务管理的角度来看，非公司制企业与公司制企业有很大的不同。例如个人独资企业和合伙企业都属于非公司制的企业，企业主承担的是无限责任，也就是说，一旦这样的企业经营失败，其个人的财产也将纳入偿债范围。而公司制企业的股东承担的则是有限责任，公司经营失败时，仅以股东以其认缴的出资额或认购的股份为限来偿债。

企业是市场经济的主体，不同类型的企业在所适用的法律方面有所不同。了解企业的组织形式，有助于企业财务管理活动的开展。按其组织形式不同，可将企业分为独资企业、合伙企业和公司。

▶ 1. 个人独资企业

个人独资企业是指依法设立，由一个自然人投资，财产为投资人个人所有，投资人以其个人财产对企业债务承担无限责任的经营实体。个人独资企业的特点包括以下几个方面。

(1) 只有一个出资者。

(2) 出资人对企业债务承担无限责任。在个人独资企业中，出资人直接拥有企业的全部资产并直接负责企业的全部负债，也就是说出资人承担无限责任。

(3) 独资企业不作为企业所得税的纳税主体。一般而言，独资企业并不作为企业所得税的纳税主体，其收益纳入所有者的其他收益一并计算交纳个人所得税。

独资企业具有结构简单、容易开办、利润独享、限制较少等优点。但也存在无法克服的缺点：一是出资者负有无限偿债责任；二是筹资困难，个人财力有限，企业往往会因信用不足、信息不对称而存在筹资障碍。

我国的国有独资公司不属于本类企业，要按有限责任公司对待。

▶ 2. 合伙企业

合伙企业是依法设立，由各合伙人订立合伙协议，共同出资，共同经营，共享收益，共担风险，并对合伙企业债务承担无限连带责任的营利性组织。合伙企业的法律特征包括以下几个方面。

(1) 有两个以上合伙人，并且都是具有完全民事行为能力，依法承担无限责任的人。

(2) 有书面合伙协议，合伙人依照合伙协议享有权利，承担责任。

(3) 有各合伙人实际缴付的出资，合伙人可以用货币、实物、土地使用权、知识产权或者其他属于合伙人的合法财产及财产权利出资，须经全体合伙人协商一致。合伙人也可以用劳务出资，其评估作价由全体合伙人协商确定。

(4) 有关合伙企业改变名称、向企业登记机关申请办理变更登记手续、处分不动产或财产权利、为他人提供担保、聘任合伙人以外的人员担任企业经营管理人员等重要事务，均须经全体合伙人一致同意。

(5) 合伙企业的利润和亏损，由合伙人依照合伙协议约定的比例分配和分担；合伙协议未约定利润分配和亏损分担比例的，合伙协议未约定或者约定不明确的，由合伙人协商决定；协商不成的，由合伙人按照实际出资比例分配、分担；无法确定出资比例的，由合伙人平均分配、分担。

(6) 各合伙人对合伙企业债务承担无限连带责任。

合伙企业具有开办容易、信用相对较佳的优点，但也存在责任无限、权力不易集中、有时决策过程过于冗长等缺点。

▶ 3. 公司

公司是指企业的组织形式，是以营利为目的的社会团体。公司是企业法人，有独立的法人财产，享有法人财产权。公司以其全部财产对公司的债务承担责任。公司股东作为出资者享有资产收益、参与重大决策和选择管理者等权利，并以其认缴的出资额或所持股份为限对公司承担有限责任。我国公司法所称公司是指在中国境内设立的有限责任公司和股份有限公司。

与个人独资企业和合伙企业相比，股份有限公司的特点如下。

(1) 有限责任。股东对股份有限公司的债务承担有限责任，倘若公司破产清算，股东的损失以其对公司认购的股份为限。而对独资企业和合伙企业，其所有者可能损失更多，甚至是个人的全部财产。

(2) 永续存在。股份有限公司的法人地位不受某些股东死亡或转让股份的影响，因此，其寿命较之独资企业或合伙企业更有保障。

(3) 可转让性。一般而言，股份有限公司的股份转让比独资企业和合伙企业的权益转让更为容易。

(4) 易于筹资。就筹集资本的角度而言，股份有限公司是最有效的企业组织形式。因其永续存在以及举债和增股的空间大，股份有限公司具有更大的筹资能力和弹性。

公司这一组织形式，已经成为西方大企业所采用的普遍形式，也是我国建立现代企业制度过程中选择的企业组织形式之一。本书所讲的财务管理，主要是指公司的财务管理。

1.3.2.2　公司治理和财务监控

公司治理是有关公司控制权和剩余索取权分配的一套法律、制度以及文化的安排，涉及所有者、董事会和高级执行人员等之间权力分配和制衡关系，这些安排决定了公司的目标和行为，决定了公司在什么状态下由谁来实施控制、如何控制、风险和收益如何分配等一系列重大问题。有效的公司治理取决于公司治理结构是否合理、治理机制是否健全、财务监控是否到位以及信息披露是否完善。

▶ 1. 公司治理结构

公司治理结构是指明确界定股东大会、董事会、监事会和经理人员职责和功能的一种企业组织结构。根据我国《公司法》，上市公司治理结构涉及：公司最高权力机构即股东大会、对股东大会负责的决策机构即董事会、对董事会负责的执行机构即高级管理机构、监督机构即监事会和外部独立审计；作为对《公司法》关于公司治理结构的补充，中国证监会在其颁布的《关于在上市公司建立独立董事制度的指导意见》和《上市公司治理准则》中引入和强化了独立董事制度。

▶ 2. 公司治理机制

公司治理机制是公司治理结构在经济运行中的具体表现，包括内部治理机制和外部治理机制。内部治理机制是指为保证投资利益在公司内部通过组织程序明确股东、董事会和高级管理人员的权力分配和制衡关系，具体表现为公司章程、董事会议事规则、决策权力分配等一系列内部控制制度；外部治理机制是通过企业外部主体如政府、中介机构和市场监督的约束发生作用的，这些外部的约束包括法律、法规、合同、协议等条款。外部治理机制常表现为事后保障机制，需要充分准确的公司信息披露。

▶ 3. 财务监控

公司治理结构和治理机制的有效实现是离不开财务监控的，公司治理结构中的每一个层次都有监控的职能。从监控的实务来看，最终要归结为包括财务评价在内的财务监控。因此，有效的公司治理体系必须有完整的财务监控来支持。国务院国有资产监督管理委员会制定的自2006年5月起实施的《中央企业综合绩效评价管理暂行办法》对国有企业的业绩评价和财务监控进行了规范和要求。

▶ 4. 财务信息披露

大量事实证明，信息披露特别是财务信息披露是公司治理的决定因素之一，而公司治理的体系和治理效果又直接影响信息披露的要求、内容和质量。一般而言，信息披露受内部和外部两种制度的制约。外部制度就是国家和有关机构对公司信息披露的各种规定，如我国2018年新修订的《公司法》以及财政部颁布的《企业会计准则》对公司信息特别是财务信息的披露进行了规范，在内容和形式上做出了具体的规定。

而内部制度是公司治理和内部控制对信息披露的各种要求，这些要求在信息披露的时间、内容、详细程度等各方面可能与外部信息披露的制度一样，也可能不一致。但无论如何，公司的信息披露存在着边界。通常，外部边界由政府、法律法规决定；而内部边界则由公司治理体系和内部控制制度来决定。公司信息披露具有内、外两种制度的约束和动力。

信息披露制度的完善直接关系到公司治理的成败。一个强有力的信息披露制度是股东行使表决权能力的关键，是影响公司行为和保护中小投资者利益的有力工具。有效的信息披露制度有利于吸收资金，维持公众对公司和资本市场的信心；而条理不清、缺失不全的信息会丧失公众的信任，导致企业资本成本的提高和筹资困难，影响企业的发展。

1.3.2.3 财务会计法规

财务会计法规主要包括《企业财务通则》《企业会计准则》《企业会计制度》。《企业财务通则》是各类企业进行财务活动、实施财务管理的基本规范。我国第一个《企业财务通则》于1994年7月1日起施行。随着经济环境的不断发展，2005年我国重新修订了财务通则，新的《企业财务通则》于2007年1月1日开始实施。新通则围绕企业财务管理环节，明确了资金筹集、资产营运、成本控制、收益分配、信息管理、财务监督等六大财务管理要素，并结合不同财务管理要素，对财务管理方法和政策要求做出了规范。《企业财务通则》具有三大特点。

(1) 建立具有开放性的企业财务制度体系。《企业财务通则》以企业投资者、经营者等为主体，以企业财务行为规范、财政资金监管办法为配套，以企业集团内部财务办法为补充，建立市场经济下的新型企业财务制度体系。

(2) 建立权责分明的企业财务管理规范。《企业财务通则》从政府宏观财务、投资者财务、经营者财务三个层次，构建资本权属清晰、财务关系明确、符合法人治理结构要求的企业财务管理体制，围绕企业财务管理要素，对企业财务行为进行规范。

(3) 建立健全企业财务运行机制。按照建立企业“激励规范、约束有效”的财务运行机制的要求，《企业财务通则》从企业财务决策、财务控制、财务激励和财务监督四个方面建立健全企业财务运行机制，以促进企业完善法人治理结构。

《企业会计准则》是针对所有企业制定的会计核算规则，分为基本准则和具体准则，实施范围是大中型企业，自2007年1月1日起在上市公司中实施，2008年1月1日起在国有大中型企业实施。为规范小企业会计行为，财政部颁发了《小企业会计准则》，自2013年1月1日起在全国小企业范围内实施。

近年来，财政部陆续出台了多项修订及解释，不断补充和完善我国的会计准则体系，解决会计准则在执行中的重点、难点问题。2010年4月，财政部发布了《中国企业会计准则与国际财务报告准则持续趋同路线图》，表达了我国与国际财务报告准则持续趋同的原则立场和明确态度。中国会计准则已经有95%以上实现了国际财务报告准则的趋同。2014年以来，财政部结合经济形势和企业经营的变化，陆续对企业会计准则——基本准则、职工薪酬、财务报表列报等准则进行了修订；2017年再次修订和印发收入、金融工具确认和计量等7项具体准则。

除了上述法规，与企业财务管理有关的经济法规还包括证券法规、结算法规等。财务人员要在守法的前提下完成财务管理的职能，实现企业的理财目标。

1.3.2.4 税法

税法是国家制定的用以调整国家与纳税人之间在征纳税方面的权利及义务关系的法律规范的总称。税法是国家法律的重要组成部分，是保障国家和纳税人合法权益的法律规范。按征收对象的不同，税法可做以下分类。

(1) 对流转额课税的税法，以企业的销售所得为征税对象。主要包括增值税、消费税和进出口关税。

(2) 对所得额课税的税法，包括企业所得税、个人所得税。其中，企业所得税适用于在中华人民共和国境内的企业和其他取得收入的组织(不包括个人独资企业和合伙企业)，上述企业在我国境内和境外的生产、经营所得和其他所得为应纳税所得额，按25%的税率计算缴纳税款。

(3) 对自然资源课税的税法，目前主要以矿产资源和土地资源为征税对象，包括资源税、城镇土地使用税等。

(4) 对财产课税的税法，以纳税人所有的财产为征税对象，主要有房产税。

(5) 对行为课税的税法，以纳税人的某种特定行为为征税对象，主要有印花税、城市维护建设税等。

企业在经营过程中有依法纳税的义务。税负是企业的一种支出，因此企业都希望在不违反税法的前提下减少税负。所谓纳税筹划，是指在法律许可的范围内，通过对经营、投资和其他财务活动的事先筹划和安排，尽可能地取得“节税”的税收利益。税负的减少只能靠财务人员在理财活动中精心安排、仔细筹划，而不能通过偷逃税款的方式来取得，因此就要求财务人员要熟悉并精通税法，为理财目标服务。

1.3.3 金融环境

企业总是需要资金从事投资和经营活动。而资金的取得，除了自有资金外，主要从金融机构和金融市场取得。金融政策的变化必然影响企业的筹资、投资和资金运营活动。所以，金融环境是企业财务管理的直接环境，也是最为重要的环境因素。

1.3.3.1 金融市场

金融市场是指资金筹集的场所。广义的金融市场，是指一切资本流动(包括实物资本和货币资本)的场所，其交易对象为货币借贷、票据承兑和贴现、有价证券的买卖、黄金和外汇买卖、办理国内外保险、生产资料的产权交换等。狭义的金融市场一般是指有价证券市场，即股票和债券的发行和买卖市场。

▶ 1. 金融市场的分类

(1) 金融市场按交易的期限分为短期资金市场和长期资金市场。短期资金市场是指期限不超过一年的资金交易市场，因为短期有价证券易于变成货币或作为货币使用，所以也叫货币市场。长期资金市场，是指期限在一年以上的股票和债券交易市场，因为发行股票和债券主要用于固定资产等资本货物的购置，所以也叫资本市场。

(2) 金融市场按交易的性质分为发行市场和流通市场。发行市场是指从事新证券和票据等金融工具买卖的转让市场，也叫初级市场或一级市场。流通市场是指从事已上市的旧证券或票据等金融工具买卖的转让市场，也叫次级市场或二级市场。

(3) 金融市场按交易的直接对象分为同业拆借市场、国债市场、企业债券市场、股票市场和金融期货市场等。

(4) 金融市场按交割的时间分为现货市场和期货市场。现货市场是指买卖双方成交后，当场或几天之内买方付款、卖方交出证券的交易市场。期货市场是指买卖双方成交后，在双方约定的未来某一特定的时日才交割的交易市场。

▶ 2. 金融市场对财务管理的影响

(1) 金融市场为企业提供了良好的投资和筹资的场所。金融市场能够为资本所有者提供多种投资渠道，为资本筹集者提供多种可供选择的筹资方式。企业需要资金时，可以到金融市场选择适合自己需要的方式筹资。企业有了剩余的资金，也可以在市场上选择合适的投资方式，为其资金寻找出路。

(2) 促进企业资本灵活转换。企业可通过金融市场将长期资金(如股票、债券)变现转为短期资金，也可以通过金融市场将短期资金转化为长期资金，如购进股票、债券等。金融市场为企业的长短期资金相互转化提供了方便。

(3) 金融市场为企业财务管理提供有意义的信息。金融市场的利率变动反映资金的供求状况，有价证券市场的行情反映投资人对企业经营状况和盈利水平的评价，这些都是企业生产经营和财务管理的重要依据。

1.3.3.2 金融机构

金融机构包括银行业金融机构和其他金融机构。社会资金从资金供应者手中转移到资金需求者手中，大多要通过金融机构。

▶ 1. 中国人民银行

中国人民银行是我国的中央银行，它代表政府管理全国的金融机构和金融活动，经理国库。其主要职责是制定和实施货币政策，保持货币币值稳定；依法对金融机构进行监督管理，维持金融业的合法、稳健运行；维护支付和清算系统的正常运行；持有、管理、经营国家外汇储备和黄金储备；代理国库和其他与政府有关的金融业务；代表政府从事有关的国际金融活动。

▶ 2. 政策性银行

政策性银行，是指由政府设立，以贯彻国家产业政策、区域发展政策为目的，不以营利为目的的金融机构。政策性银行与商业银行相比，其特点在于不面向公众吸收存款，而以财政拨款和发行政策性金融债券为主要资金来源；其资本主要由政府拨付；不以营利为目的，经营时主要考虑国家的整体利益和社会效益；其服务领域主要是对国民经济发展和社会稳定有重要意义，而商业银行出于营利目的不愿借贷的领域；一般不普遍设立分支机构，其业务由商业银行代理。但是，政策性银行的资金并非财政资金，也必须有偿使用，对贷款也要进行严格审查，并要求还本付息、周转使用。我国目前有三家政策性银行，即中国进出口银行、中国农业发展银行和国家开发银行。

▶ 3. 商业银行

商业银行是以经营存款、放款、办理转账结算为主要业务，以营利为主要经营目标的金融企业。商业银行的建立和运行，受《中华人民共和国商业银行法》规范。我国的商业银行可以分成三类：一类是国有独资商业银行，是由国家专业银行演变而来的，包括中国工商银行、中国农业银行、中国银行、中国建设银行，它们过去分别在工商业、农业、外汇业务和固定资产贷款领域中提供服务，近些年来其业务交叉进行，传统分工已经淡化；另一类是股份制商业银行，是1987年以后发展起来的，包括交通银行、中信银行、中国光大银行、华夏银行、招商银行、兴业银行、上海浦东发展银行、中国民生银行以及各地方的商业银行、城市信用合作社等；最后一类是外资银行，按照中国与世界贸易组织签订的协议，中国金融市场要逐渐对外开放，外资银行可以在中国境内设立分支机构或营业网点，可以经营人民币业务。

▶ 4. 非银行金融机构

目前，我国主要的非银行金融机构有金融资产管理公司、保险公司、信托投资公司、证券机构、财务公司、金融租赁公司。

金融资产管理公司的主要使命是收购、管理、处置商业银行剥离的不良资产。1999年4月20日，中国信达资产管理公司在北京成立，这是经中国人民银行批准的，中国第一家经营、管理、处置国有银行不良资产的公司。随后不久，我国又先后成立了长城、东方、华融三家金融资产管理公司。与国外相比，我国4家金融资产管理公司除了上述使命外，还同时肩负着推动国有企业改革的使命，即运用债权转股权、资产证券化、资产置换、转让和销售等市场化债权重组手段，实现对负债企业的重组，推动国有大中型企业优化资本结构、转变经营机制，最终建立现代企业制度，达到脱困的目标。

保险公司，主要经营保险业务，包括财产保险、责任保险、保证保险和人身保险。目前，我国保险公司的资金运用被严格限制在银行存款、政府债券、金融债券和投资基金范围内。

信托投资公司，主要是以受托人的身份代人理财。其主要业务有经营资金、财产委托、代理资产保管、金融租赁、经济咨询以及投资等。

证券机构，是指从事证券业务的机构，包括：①证券公司，其主要业务是推销政府债券、企业债券和股票，代理买卖和自营买卖已上市流通的各类有价证券，参与企业收购、兼并，充当企业财务顾问等；②证券交易所，提供证券交易的场所和设施，制定证券交易的业务规则，接受公司上市申请并安排上市，组织、监督证券交易，对会员和上市公司进行监管等；③登记结算公司，主要是办理股票交易中所有权转移时的过户和资金的结算。

财务公司，通常类似于投资银行。我国的财务公司是由企业集团内部各成员单位入股，向社会募集中长期资金，为企业技术进步服务的金融股份有限公司。它的业务被限定在本集团内，不得从企业集团之外吸收存款，也不得对非集团单位和个人贷款。自 1987 年我国第一家企业集团财务公司——东风汽车工业财务公司成立之日起，经过 30 多年的发展，财务公司资产质量逐渐提高，呈现出良好的发展势头，已经成为我国资本市场上一支重要而特殊的生力军。

金融租赁公司，是指经办筹资租赁业务的公司组织。金融租赁公司实际是一家金融机构，与银行不同之处在于，银行贷款给企业，企业用于购买设备，先付息后归还本金。金融租赁公司是先购买设备，再将设备租赁给企业，企业付租赁费，如支付五年的租赁费，五年租赁费的总和等于本金加利息。这样做的好处是，在企业未付清全部租赁费前，该设备的所有权归金融租赁公司，企业倒闭了，在清偿时，其先于其他债权人。其主要业务有动产和不动产的租赁、转租赁、回租租赁。金融租赁这种融资与融物相结合的资本设备投资方式，运作起来灵活多变，既能满足企业的资金需求并为企业拓宽融资空间，又能帮助企业加快技术改造，实现资产的合理配置和运营。

1.3.3.3 金融工具

财务管理人员必须熟悉各种金融工具。按发行和流通的场所，金融工具可划分为货币市场证券和资本市场证券。

(1) 货币市场证券。货币市场证券属于短期债务，到期日通常为一年或更短的时间，主要是政府、银行及工商企业发行的短期信用工具，具有期限短、流动性强和风险小的特点。货币市场证券包括商业本票、银行承兑汇票、国库券、银行同业拆借、短期债券等。

(2) 资本市场证券。资本市场证券是公司或政府发行的长期证券。到期期限超过 1 年，实质上是 1 年期以上的中长期资金市场。资本市场证券包括普通股、优先股、长期公司债券、国债、衍生金融工具等。

1.3.3.4 利息率及其测算

企业的财务活动均与利息率有一定的联系，离开了利息率因素，就无法正确作出筹资决策和投资决策。因此，利息率是进行财务决策的基本依据，利息率原理是财务管理中的一项基本原理。

利息率简称利率，是衡量资金增值量的基本单位，即资金的增值同投入资金的价值之比。从资金流通的借贷关系来看，利率是一个特定时期运用资金这一资源的交易价格。也就是说，资金作为一种特殊商品，其在资金市场上的买卖，是以利率作为价格标准的，资金的融通实质上是资源通过利率这个价格体系在市场机制作用下实行再分配。因此，利率在资金的分配及个人和企业作出财务决策的过程中起着重要作用。例如，一个企业拥有投资利润率很高的投资机会，它就可以发行较高利率的证券以吸引资金，投资者把过去投资的利率较低的证券卖掉，来购买这种利率较高的证券，这样，资金将从低利的投资项目不断向高利的投资项目转移。因此，在发达的市场经济条件下，资金从高收益项目到低收益项目的依次分配，是由市场机制通过资金的价格—利率的差异来决定的。

综上所述，利率在企业财务决策和资金分配方面非常重要，那么，究竟应该怎样测算特定条件下未来的利率水平呢？这就必须分析利率的构成。一般而言，资金的利率由纯利率、通货膨胀补偿和风险报酬三部分构成。其中，风险报酬又分为违约风险报酬、流动性风险报酬和期限风险报酬三种。这样，利率的一般计算公式就变为

$$K=K_0+IP+DP+LP+MP$$

式中，K 表示利率(指名义利率)；K_0 表示纯利率；IP 表示通货膨胀补偿(或称通货膨胀贴水)；DP 表示违约风险报酬；LP 表示流动性风险报酬；MP 表示期限风险报酬。

▶ 1. 纯利率

纯利率是指没有风险和没有通货膨胀情况下的均衡点利率。影响纯利率的基本因素是资金供应量和需求量，因而纯利率不是一成不变的，它随资金供求的变化而不断变化。精确测定纯利率是非常困难的，在实际工作中，通常以无通货膨胀情况下的无风险证券的利率来代表纯利率。

▶ 2. 通货膨胀补偿

通货膨胀已成为世界上大多数国家经济发展过程中难以医治的病症。持续的通货膨胀会不断降低货币的实际购买力，对投资项目的投资报酬率也会产生影响。资金的供应者在通货膨胀的情况下，必然要求提高利率水平以补偿其购买力损失，所以，无风险证券的利率，除纯利率之外还应加上通货膨胀因素，以补偿通货膨胀所遭受的损失。例如，政府发行的短期无风险证券(如国库券)的利率就是由这两部分内容组成的。

短期无风险证券利率＝纯利率＋通货膨胀补偿

即

$$R_F=K_0+IP$$

例如，假设纯利率 K_0 为 3%，预计下一年度的通货膨胀率是 7%，则 1 年期无风险证券的利率应为 10%。计入利率的通货膨胀率不是过去实际达到的通货膨胀水平，而是对未来通货膨胀的预期，当然，这是未来时期内的平均数。

知识链接 1-3
通货膨胀率预期和利率的关系

▶ 3. 违约风险报酬

违约风险是指借款人无法按时支付利息或偿还本金而给投资人带来的风险。违约风险反映了借款人按期支付本金、利息的信用程度。借款人如经常不能按期支付本息，则说明该借款人的违约风险高。为了弥补违约风险，必须提高利率，否则，借款人就无法借到资金，投资人也不会进行投资。国库券等证券由政府发行，可以视为没有违约风险，其利率一般较低。企业债券的违约风险则要根据企业信用程度来定，企业的信用程度可分若干等级。等级越高，信用越好，违约风险越低，利率水平也越低；信誉不好，违约风险高，利率水平自然也高。

▶ 4. 流动性风险报酬

流动性是指某项资产迅速转化为现金的可能性。如果一项资产能迅速转化为现金，则说明其变现能力强，流动性好，流动性风险小；反之，则说明其变现能力弱，流动性不好，流动性风险大。政府债券、大公司的股票与债券，由于信用好、变现能力强，所以流动性风险小，而一些不知名的中小企业发行的证券，流动性风险则较大。一般而言，在其他因素均相同的情况下，流动性风险小和流动性风险大的证券利率差距介于1%～2%之间，这就是所谓的流动性风险报酬。

▶ 5. 期限风险报酬

一项负债到期日越长，债权人承受的不确定因素就越多，承担的风险也越大。为弥补这种风险而增加的利率水平就叫期限风险报酬。例如，同时发行的国库券，5 年期的利率就比 3 年期的利率高，银行存贷款利率也一样。因此，长期利率一般要高于短期利率，这便是期限风险报酬。当然，在利率剧烈波动的情况下，也会出现短期利率高于长期利率的情况，但这种偶然情况并不影响上述结论。

综上所述，可以看到，影响某一特定借款或投资的利率主要有以上五大因素，只要能合理预测上述因素，便能比较合理地测定利率水平。

1.4 财务管理体制

1.4.1 财务管理体制概述

财务管理是企业管理的核心内容之一，就其本质而言是对各种财务关系的处理。财务关系的具体内容和表现形式是多种多样的，但从根本上说，财务关系的关键是如何正确处理好财务责任、财务权力集中与分散的关系，以及责权的相互配合。各种财务关系的处理必须有一定的规则。当这种规则制度化时，就形成了财务管理体制。因此，财务管理体制的实质，就是通过为财权和财力分配建立一定的制度化规则，以正确处理各方面的经济利益关系。

企业内部财务管理体制的建立，其根本目的是使企业内部纵向各层次之间、横向各部门之间以及企业与职工个人之间的财务关系得到妥善处理，以便实现责权利关系的制度化，从而促进企业财务目标的实现。

对于现代企业来说，企业内部财务关系的处理必须通过建立适当的财务管理体制方能有效进行，其原因主要有以下两个方面。

（1）企业经营规模的不断扩大。随着社会经济的发展，企业经营规模普遍地具有不断扩大的趋势。随着企业规模的扩大，企业内部的财务关系越发复杂，纵横交错。

（2）管理幅度限制。受到管理者精力及其素质的限制，管理的有效幅度是有限的。因此，随着企业规模的扩大，企业内部的部门划分和层次划分将越来越细，越来越多。怎样协调各部门、各层次之间的财务关系，对企业财务目标的实现关系重大。建立企业内部财务管理体制的基本原则，应该是在划清各部门之间、各层次之间的经济责任基础上，实行责权利结合。

1.4.2　财务管理组织

组织的基本含义是指挥和协调。财务管理组织所依据的基本原理，与企业管理组织原理是相通的。从事财务活动并处理财务关系的主体，是企业从事财务工作的人员，称为财务人员。财务管理的对象是财务活动及由此而引起的财务关系。因此，财务管理就不仅仅是对财务活动的管理，而且还是对从事财务活动的人的管理。只有借助于一定的指挥系统，将全体财务人员的行为加以协调，以人为中心，重视对人的管理，通过协调财务人员的行为才能实现财务活动的协调，保证财务活动按预定方向发展，最终实现财务目标。这与传统的财务管理组织只重视物的管理组织，而忽视人的管理组织方式，具有显著的区别。

根据以上分析，现代财务管理组织必须满足以下三个基本要求。

（1）应有明确的财务管理目标。人们从事任何经济活动都有其特定的目标，财务活动也是如此。财务管理目标是财务管理组织行动的指南，在企业目标体系中居于支配地位。只有在确定了财务管理目标之后，财务管理组织才能有目标地运行。所以，明确的财务目标既是财务管理组织运行的基本前提，同时又是财务管理组织运行是否切实有效的判断依据。

（2）应有合理的责权划分。对财务管理的职责和权力，必须做出合理的划分，否则，财务管理组织的运行将处于混乱状态。划清职责，就是要有一定的分工，并在此基础上明确每个工作岗位所承担的责任。职责划分是否合理，具体包括：设岗与工作内容是否吻合、岗位之间是否衔接、全部工作责任是否全部落实，以及岗位的人员配置与所承担工作责任是否适应等。划分权力，就是要根据每个岗位的责任范围，给予相应的自行处理财务问题的权力。权力划分是否合理，具体包括：各岗位的财务权力与财务责任是否对应、上下级之间财务权力划分是否清楚，以及各平行工作岗位之间的财务权力是否有冲突等。财务责任划分不合理，将会导致部分财务责任不能落实或不能很好完成；财务权力划分不合理，则会导致权力与责任的不对应或权力矛盾，从而影响财务管理组织的正常运行。

（3）建立科学的激励约束机制。作为现代企业制度典型代表的公司制企业，以剩余索取权相对分散，所有权与经营权相分离的产权结构为特征，形成了股东(股东会)—董事会—经理这样一种内部层级管理制度。其中，有关财务管理层次的特征是股东作为出资人，拥有对财务事项的最终决策权，处于第一管理层次；董事会作为出资人的代表及代理人，负责公司重大财务事项的决策和管理，处于第二管理层次；总经理作为受托管理公司的代理人，按照与董事会签订的合同规定的职责权限，行使经营权，处于第三管理层次；财务经理及其财务管理职能部门作为财务决策的执行者及日常管理者，处于第四管理层次。因此，建立何种财务激励约束机制，使各层次代理人有尽责尽力的激励与行为约束，也就构成了建立现代企业财务管理的一个重要问题。

1.4.3 企业内部财务管理方式

在小型企业中，通常采取一级核算方式。财务管理权集中于厂部，厂部统一安排各项资金、处理财务收支、核算成本和盈亏；二级单位(班组或车间)一般只负责管理、登记所使用的财产、物资，记录直接开支的费用，不负责管理资金，不核算成本和盈亏，不进行收支结算。

在大中型企业中，通常采取二级核算方式。除了厂部统一安排各项资金、处理财务收支、核算成本和盈亏以外，二级单位要负责管理一部分资金，核算成本，有的还要计算盈亏，相互之间的经济往来要进行计价结算，对于资金、成本等要核定计划指标，定期进行考核。

在实行厂内经济核算制的条件下，确定企业内部财务管理体制主要应研究以下几方面的问题：①资金控制制度；②收支管理制度；③内部结算制度；④物质奖励制度。

1.4.4 企业财务管理组织机构

健全的财务管理组织机构是企业有效开展财务管理活动，实现财务管理目标的重要条件。由于财务决策在企业战略决策中的重要地位，企业应单独设立财务管理机构，在企业总经理领导下设置财务副总经理来主管负责企业全面的财务工作。在财务副经理(或总会计)下面可分设财务处(科)和会计处(科)等具体管理机构，分别由财务主任和会计主任担任主管员，其下再根据工作内容设置若干专业科室。

企业财务管理机构的主要职责可规定为：①筹集资金；②负责固定资产投资；③负责营运资金管理；④负责证券的投资与管理；⑤负责利润的分配；⑥负责财务预测、财务计划和财务分析工作。

企业会计管理机构的主要职责可规定为：①按照企业会计准则的要求编制对外会计报表；②按照内部管理的要求编制内部会计报表；③进行成本核算工作；④负责纳税的计算和申报；⑤执行内部控制制度，保护企业财产；⑥办理审核报销等其他有关会计核算工作。

财务机构和会计机构分别设置、分别规定职责范围，才能明确财务工作和会计工作各自的主攻方向，各司其职，而不致顾此失彼，削弱任何一个方面的工作。

企业与企业之间的组织结构并不完全相同。不同的企业因业务差异而侧重点有所不同，不同的企业机构设置的层次也有不同。图 1-2 展示了一种典型的公司制企业的财务管理组织机构。首先，总裁是公司的首席执行官，直接负责管理企业的生产经营。总裁下面设副总裁(总监)，负责不同部门的经营与管理。负责向财务总监报告的是财务经理和会计经理。财务经理负责投资、筹资、分配和营运资金的管理，风险管理、保险、兼并与收购活动以及制定财务制度也是财务部门的职责。一般来说，财务经理通过以下方式创造价值：①通过投资活动创造超过成本的现金收入。②通过发行债券、股票以及其他方式筹集能够带来现金增量的资金。会计经理则主要负责会计和税务方面的活动。会计部门一般下设财务会计、管理会计和税务会计等分部。

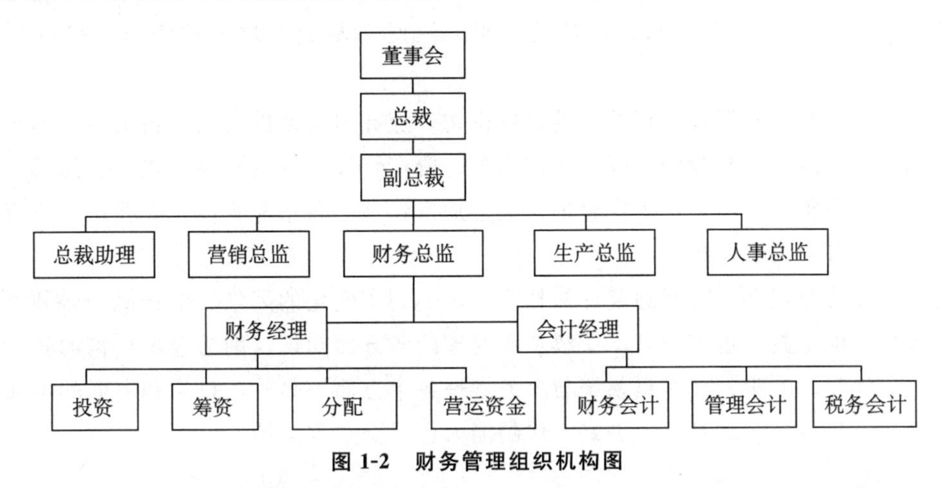

图 1-2　财务管理组织机构图

1.4.5　作为一种职业的财务管理

当然，并不是每个人刚毕业就能成为财务经理的，对于主修财务的学生来说，他们的职业生涯常常要从基础做起。

财务学包括三个相关的领域：其一，货币市场与资本市场，涉及证券市场和金融机构；其二，投资，主要关注个人投资者和机构投资者在选择证券投资组合时所作出的投资决策；其三，财务管理，或称为“企业财务”，涉及企业内部决策。每个领域涉及的职业机会有很多且各有不同，但是财务经理要做好企业财务管理工作，必须通晓所有这三个领域。

1. 货币市场与资本市场

许多财务学专业的毕业生都会到金融机构工作。金融机构指专门从事与货币信用相关的中介组织，大致分为银行类金融机构和非银行类金融机构，其中银行类金融机构主要指商业银行；非银行类金融机构则包括保险公司、基金管理公司、投资银行等。

商业银行是最大的财务人才需求机构，它要吸收存款，将贷款投向公司或个人。如果加入银行，通常要经历银行的整套运作程序以了解银行的业务，随后会被安排从事个人和小型公司的存款和贷款工作，也可能帮助分析对大型公司大笔贷款的业务。除此之外，银行还提供比其他金融机构更多的职位，比如个人及公司之间通过银行的付款结算。如果在现金管理部门，则要帮助公司电子划转大笔金额的现金，像工资、税金、货款等。当然，也可能在银行的外汇部门工作，或者从事期货或期权等金融衍生工具的业务。

保险公司也需要大量的财务人员。保险公司通常要将投保人的保险金投资于金融债券、投资基金，或者是中长期贷款。因此，财务人员要负责评价企业的经营能力，调查企业的信用，决定投资于哪家公司的股票或者如何设计投资组合，减少投资风险。

基金公司是从个人投资者手中筹集资金，投资于多种股票或债券投资组合，谋求所管理的基金资产不断增值，使基金持有人获取尽可能多的收益的机构。在基金公司工作，将主要负责分析证券的发展走势，决定何时买入或卖出何种证券。基金收益的好坏取决于基金管理人管理运用基金资产的水平，因此对基金管理人的任职资格有严格的限定。

投资银行是指经营资本市场业务的金融机构，业务包括帮助公司出售证券，为企业融资，协助公司完成兼并和收购，提供咨询服务、资产管理、自有资金的操作交易等。在投资银行工作会有很大的压力，工作繁忙，经常加班，但是薪水非常高。在我国，投资银行的业务主要由证券公司承担。

总之，要获得成功，需要通晓评估技巧、影响利率变化的因素、金融机构必须遵守的规定和各种金融工具，也需要基本了解企业管理的各方面知识，因为金融机构的管理同样包括会计、销售、人事、计算机系统与财务管理各个方面。另外，口头和书面的沟通能力也非常重要。还有，带动其他人做好工作的能力也是至关重要的。

▶ 2. 投资

从事投资的财务学专业毕业生常常会去证券公司，做销售或证券分析师；另外一些则会为银行、基金或保险公司管理证券投资组合；也有一些为财务顾问公司工作，为个人投资者或机构提供投资建议；还有一些在投资银行工作，帮助企业筹集资金，或作为财务筹划者为个人和机构提供长期财务目标和投资组合方面的帮助。总的看来，在投资领域主要有三种职业选择，即营销、证券分析和为特定的投资者提供最优的投资组合。

▶ 3. 财务管理

财务管理在这三个领域中，应用范围最广，工作机会也最多。财务管理对于各种企业都是很重要的，包括银行、其他金融机构，还有工业企业和商业企业。财务管理在非营利机构也很重要，如学校和医院。财务管理领域的工作机会涉及从生产扩张决策到财务扩张时选择何种证券的决策。财务经理也有责任决定：给予客户何种信贷条件，保持多少存货，应持有多少现金，是否要收购其他公司，以及公司盈余中应有多少用于再投资、多少用于股利发放等。

财务学专业的学生不论进入哪个领域，从事哪种财务工作，都需要具备以上三个领域的知识。例如，银行信贷人员必须能够判断公司运营的情况；证券分析师必须对资本市场有充分的了解；同样地，企业财务经理需要明白银行考虑的问题，知道投资者对公司和股价的评判。

知识链接 1-4
财务经理的角色

本章小结

财务管理作为一门学科产生于20世纪初。西方财务管理的发展经历了筹资财务管理、内部财务管理、投资财务管理、强调综合管理的财务管理四个阶段；而我国的财务管理活动可以划分为以下三个阶段：从中华人民共和国成立初期至20世纪70年代末期财务管理与会计合二为一的阶段；从20世纪70年代末期至80年代末期财务管理与会计一分为二的阶段；20世纪90年代初的现代财务管理的确立。

企业财务是指企业在生产经营过程中客观存在的资金运动及其所体现的经济关系。前者称为财务活动，表明了企业财务的内容和形式特征；后者称为财务关系，揭示了企业财务的实质。企业的财务活动包括资金的筹集、投放、营运及其收益分配等活动。企业财务关系是指企业在组织各项财务活动过程中与各种相关利益主体所发生的经济关系。

财务管理的对象是企业在生产过程中的资金及其运动(资金活动)。企业财务管理是基于在生产过程中客观存在的财务活动和财务关系而产生的，是企业组织财务活动，处理与各方面财务关系的一项经济管理工作。企业筹资管理、投资管理、资金营运管理和收益分配管理便成为企业财务管理的基本内容。财务管理侧重价值管理。

财务管理的环节是指财务管理的工作步骤和一般程序。包括：财务预测、财务决策、财务预算、财务控制、财务分析与业绩评价。

财务管理的目标，取决于企业的总目标。财务管理目标具有相对稳定性、多元性和层次性的特点。目前财务管理的目标主要有以下四种观点：利润最大化、资本利润率最大化或每股利润最大化、股东财富最大化和企业价值最大化。企业价值是指企业未来收益的现值，其大小取决于企业未来的获利能力及风险的大小。企业价值最大化目标，就是在权衡企业相关者利益的约束下实现所有者或股东权益的最大化。

财务管理目标的协调主要是协调所有者与经营者的矛盾和所有者与债权人的矛盾。前者采用监督和激励方法，后者采用限制性借款和收回借款不再借款方式解决。

财务管理的环境又称理财环境，是指对企业财务活动和财务管理产生影响作用的各种内外部客观情况和条件，是企业赖以生存和发展的基本条件。主要影响因素有：经济环境、法律环境、金融环境。资金的利率由三部分构成：①纯利率；②通货膨胀补偿；③风险报酬。其中，风险报酬又分为违约风险报酬、流动性风险报酬和期限风险报酬三种。

作为一种职业的财务管理要了解财务职业生涯和财务管理组织机构。

关键术语

企业财务　财务活动　财务关系　财务管理　企业价值　无风险报酬　风险报酬　纯利率　金融环境　财务管理体制

线上课堂——训练与测试

本章测试及案例分析

在线题库

第2章　时间价值和风险报酬

教学要求

知识要点	掌握程度	相关知识
资金时间价值	·理解资金时间价值的概念 ·掌握资金时间价值的计算方法及应用	·资金时间价值 ·单利终值和现值、复利终值和现值、各种年金形式的计算 ·折现率、期间和利率的推算
风险报酬的计算	·了解风险的含义 ·掌握风险的衡量方法 ·掌握风险报酬的概念和计算方法	·期望收益、方差、标准差、标准差率 ·风险种类：财务风险、经营风险等 ·无风险报酬、风险报酬(率)
证券投资组合的风险与报酬	·理解证券组合投资的含义与风险种类 ·理解证券组合投资的风险与报酬关系 ·掌握风险报酬计算方法	·证券组合投资 ·系统风险、非系统风险 ·证券组合投资的风险与风险报酬

名人名言

人生充满了风险。我们的任务不是消除风险，而是精确地预测风险并驾驭风险。

——威廉·A. 斯瑞驰

引导案例

老陆去年看到朋友炒股赚了不少钱，羡慕之余，也从多年的积蓄中拿出2万元投资股市。不幸的是刚入市就赶上大熊市，股价像坐滑梯一样往下掉，直到下半年才略见起色，但也起伏不定。经过股市一年的风风雨雨之后，老陆听从了夫人“股海无边，回头是岸”的劝告，终于在股价重又回到他当初入市的水平时，将手中股票全部抛出。拿着失而复得的2万元，老陆心有余悸地感慨：“还好，总算没赔。”

我们来看看老陆的遭遇，能说老陆这一年真的没赔吗？老陆夫人对股市风险的判断有道理吗？

前几年，横贯在房地产行业上空的彩虹五光十色，房价坚挺，精彩不断。可是谁又能料到宏观调控政策的效力呢？如何渡过政策关成为房地产产业链企业和市场的共同风险。有人戏称中国股市是“政策市”，不关注政策的变动与影响，你敢踏入股市一搏吗？就算敢，能在股市里立足吗？

在这一章里，我们将和大家一起来探讨财务管理的两个基础观念：时间价值和风险价值观念。

2.1 资金时间价值

资金时间价值以商品经济的高度发展和借贷关系的普遍存在为前提条件或存在基础，是资金所有者和使用者分离的结果。它是一个客观存在的经济范畴，是企业财务管理的重要基础观念。货币的时间价值原理揭示了在不同时点上资金之间的换算关系。企业财务管理活动的诸多领域(如筹资决策、投资决策、股票和债券的估价、资本性租赁等)都离不开资金时间价值观念，它是财务决策的基本依据。资金时间价值几乎渗透财务领域的每个细节，所以掌握现代财务管理工具就必须深刻理解资金时间价值。

2.1.1 资金时间价值的定义

资金时间价值，是指资金在生产和流通过程中随着时间推移而产生的增值。在商品经济中，有这样一种现象：即现在的 1 元钱和 1 年以后的 1 元钱其经济价值不相等，或者说其经济效用不同。现在的 1 元钱比 1 年以后的 1 元钱的经济价值要大一些，即使不存在通货膨胀也是如此。原因在于资金在生产经营及其循环、周转过程中，随着时间的延长而产生增值或带来利润。

【例 2-1】 某人今天把 10 000 元钱存入银行，在年利率为 10%的情况下，一年以后该笔存款的本金和利息之和就是 10 000＋10 000×10%＝11 000 元，这说明今天的 10 000 元钱和 1 年以后的 11 000 元钱等值，这多出来的 1 000 元钱就是这 10 000 元本金在 1 年内发生的增值，也就是这 10 000 元资金的时间价值。

由此可见，资金时间价值应从以下六个方面进行理解。

(1) 资金本身不会自行增值，只有将资金作为资本投放到营运过程中，才会实现资本增值，即体现出资金的时间价值。比如，一笔货币资金，如果把它锁在保险柜里，在不考虑通货膨胀和银根紧缩因素的前提下，无论经过多长时间之后取出，都仍然是同等数量的一笔货币资金，其价值丝毫没有改变，然而，如果把这笔货币资金作为资本投入到生产经营过程之中，情况就不同了。根据马克思政治经济学理论观点，资本运动全过程可简括为：$G—W\cdots P\cdots—W'—G'$(G 代表货币，W 代表商品，P 代表生产)。即在一个资本运动周期内，投入资本 G 经过使用，实现了资本增殖，即 $G'=G+\Delta G$，其增殖部分 ΔG 即为劳动者创造的剩余价值。因此，资金时间价值是资金在周转使用中产生的，是资金所有者让渡资金使用权而参与社会财富分配的一种形式。

(2) 从实质上看，资金的时间价值是劳动者创造的剩余价值的一部分。随着时间的延续，资本运动周而复始，不断循环周转。在扩大再生产条件下，累积的增殖额将越来越多，从资金总量上看，将随着时间的延长和周转次数的增加而不断增长。

(3) 资金的时间价值表现在数量方面，与时间长短成正比关系。因此，资金时间价值可以表述为：资金通过投资与再投资，一定时间后所实现的增值部分。且这些增值，作为剩余价值的一部分，是随着时间的延长而增加的。

(4) 资金时间价值一般表现为社会平均资金利润率。根据马克思主义政治经济学原理，部门之间的竞争使利润平均化，因此，投资于不同行业的资金会获得大体相当的投资报酬率或社会平均的资金利润率。在确定资金时间价值时，应以社会平均的资金利润率或平均投资报酬率为基础。当然，在市场经济条件下，投资都或多或少地带有风险，通货膨胀又是客观存在的经济现象，因此，投资报酬率或资金利润率除包含时间价值以外，还包括风险报酬和通货膨胀贴水，在计算时间价值时，后两部分不应包括在内。只有在购买国库券等政府债券时才几乎没有风险，如果通货膨胀率很低以至于可以忽略不计的话，这时就可以用政府债券的利率来表现货币时间价值。

(5) 时间价值应按复利方法计算。马克思认为，在利润不断资本化的条件下，资本的积累要用复利方法计算，因此，资本将按几何级数增长。

(6) 时间价值表现形式。衡量资金时间价值的尺度有两种：其一为绝对尺度，即利息、盈利或收益；其二为相对尺度，即利率、盈利率或收益率。时间价值虽有两种表示方法，但在实际工作中并不进行严格的区分。绝对数即时间价值额，是指资金与时间价值率的乘积。相对数即时间价值率，是指扣除风险收益和通货膨胀贴水后的社会平均资金利润率或平均投资报酬率。银行存款利率、贷款利率、各种债券利率、股票的股利率都可以看作投资收益率，它们与时间价值都是有区别的，只有在没有风险和通货膨胀的情况下，时间价值才与上述各收益率相等。为便于理解和计算，一般常以存款利息、利率或折现率等代表资金时间价值进行运算，以简化其数量描述。

典型案例 2-1
资金的时间价值

2.1.2 现金流量时间线

计算货币资金的时间价值，首先要清楚资金运动发生的时间和方向，即每笔资金在哪个时间点上发生，资金流向是流入还是流出。现金流量时间线提供了一种重要的计算货币时间价值的工具，它可以直观、便捷地反映资金运动发生的时间和方向。典型的现金流量时间线如图 2-1 所示。

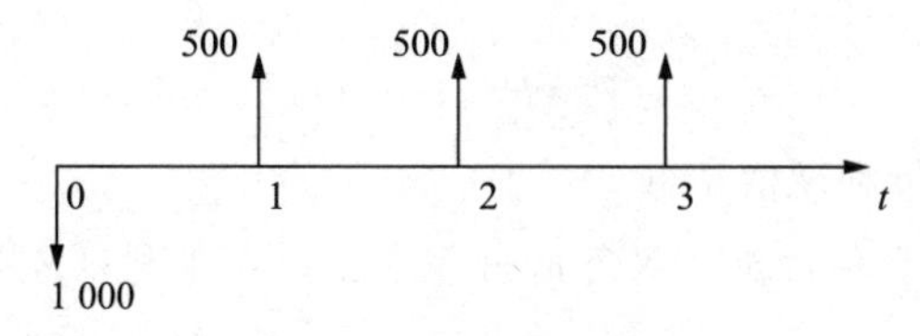

图 2-1 现金流量时间线

图 2-1 中横轴代表时间轴，箭头所指的方向表示时间的增加。横轴上的坐标代表各个时点，$t=0$ 表示现在，$t=1$，2，3，…，分别表示从现在开始的第 1 期期末、第 2 期期末，以此类推。如果每期的时间间隔为 1 年，则 $t=1$ 表示从现在开始第 1 年年末，$t=2$

表示从现在开始第 2 年年末。换句话说，$t=1$ 也表示第二年年初。

图 2-1 中的现金流量时间线表示 $t=0$ 时刻有 1 000 单位的现金流出，在 $t=1$，$t=2$ 及 $t=3$ 时刻各有 500 单位的现金流入。

2.1.3 资金时间价值的计算

终值又称将来值，是现在一定量的资金折算到未来某一时点所对应的金额，通常记作 F；现值是指未来某一时点上的一定量资金折算到现在所对应的金额，通常记作 P。

现值和终值是一定量资金在前后两个不同时点上对应的价值，其差额即为资金的时间价值。现实生活中计算利息时所称本金、本利和的概念相当于资金时间价值理论中的现值和终值，利率(用 i 表示)可视为资金时间价值的一种具体表现；现值和终值对应的时点之间可以划分为 n 期($n \geqslant 1$)，相当于计息期。

为计算方便，本章假定有关字母的含义如下：I 为利息；F 为终值；P 为现值；i 为利率(折现率)；n 为计算利息的期数。

利息的计算有单利和复利两种方法。单利是指一定期间内只根据本金计算利息，当期产生的利息在下一期不作为本金，不重复计算利息。例如，本金为 1 000 元、年利率为 3.6%的 5 年期单利定期存款，到期时的利息收入为 180 元，每年的利息收入为 36 元(1 000×3.6%)。而复利则是不仅本金要计算利息，利息也要计算利息，即通常所说的“利滚利”。复利的概念充分体现了资金时间价值的含义，因为资金可以再投资，而且理性的投资者总是尽可能快地将资金投入合适的方向，以赚取收益。在讨论资金的时间价值时，一般都按复利计算。

2.1.3.1 单利的终值和现值

▶ 1. 单利的终值

$$F=P(1+ni)$$

式中，$(1+ni)$为单利终值系数。

【例 2-2】 某人将 100 元存入银行，年利率 2%，求 5 年后的终值。

解：

$$F=P\times(1+ni)=100\times(1+5\times2\%)=110(\text{元})$$

▶ 2. 单利的现值

$$P=F/(1+ni)$$

式中，$1/(1+ni)$为单利现值系数。

【例 2-3】 某人为了 5 年后能从银行取出 500 元，在年利率 2%的情况下，目前应存入银行的金额是多少？

解：

$$P=F/(1+ni)=500/(1+5\times2\%)\approx454.55(\text{元})$$

综上所述，单利的终值和单利的现值互为逆运算；单利终值系数$(1+ni)$和单利现值系数 $1/(1+ni)$互为倒数。

2.1.3.2　一次性收付款项的复利终值和复利现值

▶ 1. 复利的终值

指一定量的本金按复利计算若干期后的本利和。计算公式为

$$F=P(1+i)^n$$

式中，$(1+i)^n$ 为复利终值系数，记作$(F/P, i, n)$或 $FVIF_{i,n}$，可直接查阅附录 A“复利终值系数表”。

【例 2-4】 某人将 100 元存入银行，复利年利率 2%，求 5 年后的终值。

解：

$$F=P(1+i)^n=100\times(1+2\%)^5=100\times(F/P, 2\%, 5)\approx110.4(\text{元})$$

▶ 2. 复利现值

它是复利终值的逆运算，指今后某一特定时间收到或付出的一笔款项，按折现率 i 所计算的现在时点价值。其计算公式为

$$P=F/(1+i)^n$$

式中，$1/(1+i)^n$ 为复利现值系数，记作$(P/F, i, n)$或 $PVIF_{i,n}$，可直接查阅附录 B“复利现值系数表”。

【例 2-5】 某人为了 5 年后能从银行取出 100 元，在复利利率 2%的情况下，求当前应存入金额。

解：

$$P=F/(1+i)^n=100\times(P/F, 2\%, 5)=90.57(\text{元})$$

综上所述，复利终值和复利现值互为逆运算；复利终值系数和复利现值系数互为倒数。

2.1.3.3　年金终值和年金现值

除了一次性收付款项外，在现实经济生活中，还存在一定时期内多次收付的款项，即系列收付款项，如果每期收付的金额相等，则这样的系列收付款项便称为年金。简言之，年金是指一定时期内每期相等金额的系列收付款项，通常记作 A。

年金的形式多种多样，如保险费、养老金、折旧、租金、等额分期付款赊购、等额分期收款销售以及零存整取或整存零取储蓄等，都属于年金收付形式。年金按照每次收付发生的时点和收付的次数划分，可分为后付年金(普通年金)、先付年金(即付年金)、递延年金(延期年金)和永续年金。

▶ 1. 普通年金的终值和现值

(1) 普通年金终值。

普通年金是指每期期末有等额收付款项的年金。在现实经济生活中这种年金最为常见，故称为普通年金。普通年金终值犹如零存整取的本利和，它是一定时期内每期期末等额收付款项的复利终值之和。

假设：A 代表年金数额；i 代表利息率；n 代表计息期数；F 代表年金终值。普通年金终值的计算就是在已知年金 A 的情况下，求终值 F。根据复利终值的方式计算普通年金

终值可用图 2-2 来说明。

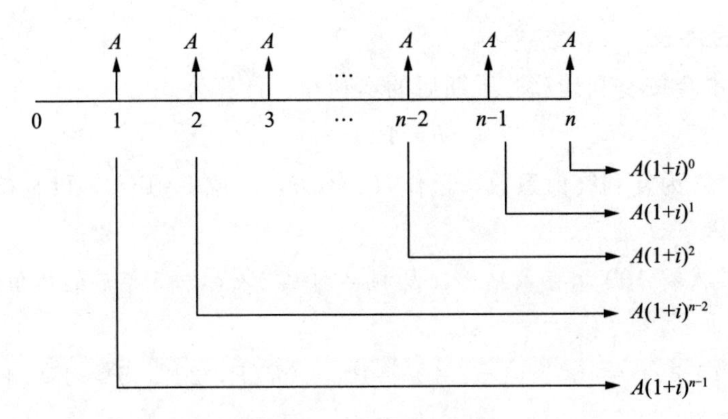

图 2-2 普通年金终值

由图 2-2 可知，普通年金终值的计算公式为

$$F=A+A(1+i)+A(1+i)^2+A(1+i)^3+A(1+i)^4+\cdots+A(1+i)^{n-1}$$

将两边同时乘以$(1+i)$得

$$F(1+i)=A(1+i)+A(1+i)^2+A(1+i)^3+A(1+i)^4+\cdots+A(1+i)^n$$

两者相减得

$$Fi=A(1+i)^n-A=A[(1+i)^n-1]$$

$$F=A\times\frac{(1+i)^n-1}{i}=A(F/A,\ i,\ n)$$

式中，$\frac{(1+i)^n-1}{i}$称为年金终值系数，记作$(F/A.\ i,\ n)$或 $\mathrm{FVIFA}_{i,n}$，可直接查阅附录 C“年金终值系数表”。普通年金终值的计算公式也可表示为

$$\begin{aligned}F&=A+A(1+i)+A(1+i)^2+A(1+i)^3+A(1+i)^4+\cdots+A(1+i)^{n-1}\\&=A[(1+i)^0+(1+i)^2+(1+i)^3+(1+i)^4+\cdots+(1+i)^{n-1}]\\&=A\sum_{t=1}^{n}(1+i)^{t-1}\end{aligned}$$

式中，$\sum_{t=1}^{n}(1+i)^{t-1}$ 即为年金终值系数。

【例 2-6】 小王是位热心于公益事业的人，自 2018 年 12 月底开始，他每年都要向一位失学儿童捐款。小王向这位失学儿童每年捐款 1 000 元，帮助这位失学儿童从小学一年级读完九年义务教育。假设每年定期存款利率是 2%，则小王 9 年间的捐款在 2027 年底相当于多少钱？

解：

$$\begin{aligned}F&=A\times\frac{(1+i)^n-1}{i}=A(F/A,i,n)=A\sum_{t=1}^{n}(1+i)^{t-1}\\&=1\ 000\times\frac{(1+2\%)^9-1}{2\%}=1\ 000\times(F/A,2\%,9)=1\ 000\times\sum_{t=1}^{9}(1+i)^{9-1}\\&=1\ 000\times9.754\ 6=9\ 754.6(\text{元})\end{aligned}$$

(2) 普通年金现值。

普通年金现值是指一定期间每期期末等额的系列收付款项的现值之和。普通年金现值的计算过程可用图 2-3 加以说明。

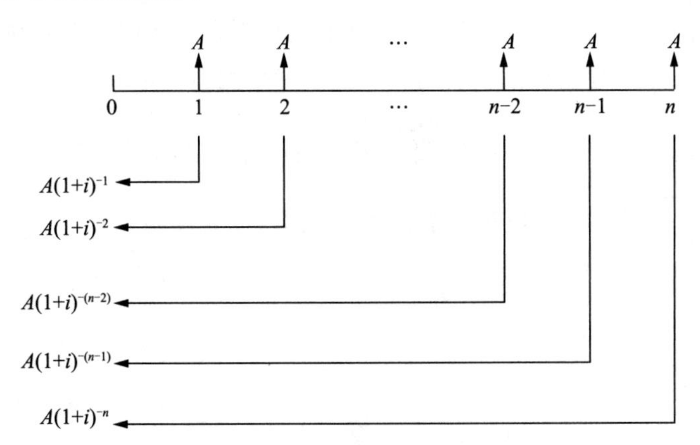

图 2-3　普通年金现值

普通年金现值的计算实际上就是已知年金 A，求普通年金现值 P。

根据复利现值的方法计算年金现值的公式为

$$P=A(1+i)^{-1}+A(1+i)^{-2}+A(1+i)^{-3}+\cdots+A(1+i)^{-n}$$

将两边同乘以$(1+i)$得

$$P(1+i)=A+A(1+i)^{-1}+A(1+i)^{-2}+\cdots+A(1+i)^{-(n-1)}$$

两式相减得

$$P=A\times\frac{1-(1+i)^{-n}}{i}=A(P/A,\ i,\ n)$$

式中，$\frac{1-(1+i)^{-n}}{i}$称为年金现值系数，记作$(P/A,\ i,\ n)$或 $\text{PVIFA}_{i,n}$，可直接查阅附录 D“年金现值系数表”。普通年金现值的计算公式也可表示为

$$\begin{aligned}P &= A(1+i)^{-1}+A(1+i)^{-2}+A(1+i)^{-3}+\cdots+A(1+i)^{-n}\\ &= A\times\frac{1}{(1+i)}+A\times\frac{1}{(1+i)^2}+\cdots+A\times\frac{1}{(1+i)^n}\\ &= A\sum_{t=1}^{n}\frac{1}{(1+i)^t}\end{aligned}$$

式中，$\sum_{t=1}^{n}\frac{1}{(1+i)^t}$ 即为年金现值系数。

【例 2-7】 某投资项目于 2019 年初动工，假设当年投产，从投产之日起每年可得收益 40 000 元，按年利率 6%，试计算预期 10 年收益的现值。

解：

$$\begin{aligned}P &= A\times\frac{1-(1+i)^{-n}}{i}=A(P/A,i,n)=A\sum_{t=1}^{n}\frac{1}{(1+i)^t}\\ &= 1\ 000\times\frac{1-(1+6\%)^{-10}}{i}=40\ 000\times(P/A,6\%,10)=40\ 000\times\sum_{t=1}^{10}\frac{1}{(1+i)^{10}}\end{aligned}$$

$= 40\ 000 \times 7.360\ 1 = 294\ 404$（元）

（3）年偿债基金的计算。

偿债基金是指为了在约定的未来某一时点清偿某笔债务或积聚一定数额的资金而必须分次形成的存款准备金。也就是为了使年金终值达到既定金额的年金数额（即已知终值 F，求年金 A）。在普通年金终值公式中解出 A，这个就是偿债基金。

$$A = F \times \frac{i}{(1+i)^n - 1}$$

式中，$\frac{i}{(1+i)^n - 1}$称为"偿债基金系数"，记作$(A/F，i，n)$

【例 2-8】 某人拟在5年后还清10 000元债务，从现在起每年末等额存入银行一笔款项。假设银行利率为10%，则每年需存入多少元？

解：

$$A = F \times \frac{i}{(1+i)^n - 1} = F(A/F，i，n)$$

$$= 10\ 000 \times \frac{10\%}{(1+10\%)^5 - 1} = 10\ 000 \times (A/F，10\%，5)$$

$$= 10\ 000 \times 0.163\ 8 = 1\ 638(\text{元})$$

综上所述，偿债基金和普通年金终值互为逆运算；偿债基金系数和普通年金终值系数互为倒数。

（4）年资本回收额的计算。

年资本回收额是指在约定年限内等额回收初始投入资本或清偿所欠债务的金额。年资本回收额的计算实际上是已知普通年金现值 P，求年金 A。

$$A = P \times \frac{i}{1-(1+i)^{-n}}$$

式中，$\frac{i}{1-(1+i)^{-n}}$称为"资本回收系数"，记作$(A/P，i，n)$

【例 2-9】 某企业借得1 000万元的贷款，在10年内以年利率12%等额偿还，则每年应付的金额为多少？

解：

$$A = P \times \frac{i}{1-(1+i)^{-n}} = P(A/P，i，n)$$

$$= 1\ 000 \times \frac{12\%}{1-(1+12\%)^{-10}} = 1\ 000 \times (A/P，12\%，10)$$

$$= 1\ 000 \times \frac{1}{5.650\ 2} \approx 177(\text{万元})$$

综上所述，资本回收额与普通年金现值互为逆运算；资本回收系数与普通年金现值系数互为倒数。

▶ 2. 先付年金终值和现值

先付年金是指在一定时期内，各期期初等额的系列收付款项。先付年金与后付年金的区别仅在于付款时间的不同。由于后付年金是最常用的，因此，年金终值和现值的系数表是按后付年金编制的，为了便于计算和查表，必须根据后付年金的计算公式，推导出先付年金的计算公式。

(1) 先付年金终值。

n 期先付年金终值和 n 期后付年金终值的关系可用图 2-4 加以说明。

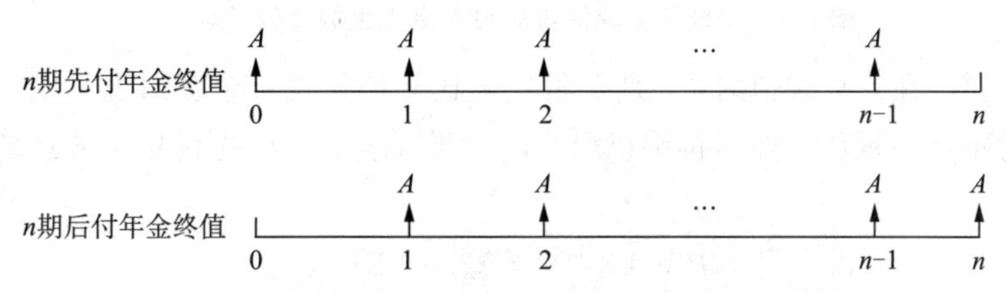

图 2-4　先付年金终值与后付年金终值的比较示意图

从图 2-4 可以看出，n 期先付年金与 n 期后付年金的付款次数相同，但由于付款时间的不同，n 期先付年金终值比 n 期后付年金终值多计算一期利息。所以，可先求出 n 期后付年金的终值，然后再乘以$(1+i)$，便可求出 n 期先付年金的终值。其计算公式为

$$F=A\cdot \text{FVIFA}_{i,n}\cdot(1+i)$$

此外，还可根据 n 期先付年金终值与 $n+l$ 期后付年金终值的关系推导出另一计算公式。n 期先付年金与 $n+1$ 期后付年金的计息期数相同，但比 $n+1$ 期后付年金少付一次款，因此，只要将 $n+1$ 期后付年金的终值减去一期付款额 A，便可求出 n 期先付年金终值，计算公式为

$$F=A\cdot \text{FVIFA}_{i,n+1}-A=A(\text{FVIFA}_{i,n+1}-1)$$

其实，先付年金终值是指把先付年金每个等额 A 都换算成第 n 期期末的数值，再来求和。

即

$$F=A(1+i)+A(1+i)^2+A(1+i)^3+A(1+i)^4+\cdots+A(1+i)^n$$

$$F=A\times\frac{(1+i)^n-1}{i}\times(1+i)=A(F/A,\ i,\ n)(1+i)$$

或$=A[(F/A,\ i,\ n+1)-1]$

【例 2-10】 某人每年年初存入银行 1 000 元，银行年存款利率为 8%，则第 10 年年末的本利和应为多少？

解：

$F=A\cdot \text{FVIFA}_{i,n}\cdot(1+i)=1\,000\cdot \text{FVIFA}_{8\%,10}\times(1+8\%)$

$\quad=1\,000\times14.487\times1.08=15\,646$(元)

或$=A[(F/A,\ i,\ n+1)-1]=1\,000\times[(F/A,\ 8\%,\ 11)-1]$

$\quad=1\,000\times(16.645-1)=15\,646$(元)

(2) 先付年金现值。

n 期先付年金现值与 n 期后付年金现值的关系，可以用图 2-5 加以说明。

从图 2-5 可以看出，n 期先付年金现值与 n 期后付年金现值的付款次数相同，但由于

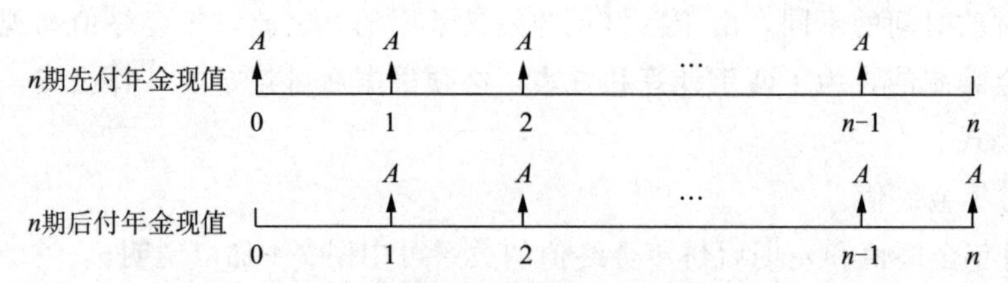

图 2-5　先付年金现值与后付年金现值的比较示意图

付款时间的不同，在计算现值时，n 期后付年金比 n 期先付年金多贴现一期。所以，可先求出 n 期后付年金的现值，然后再乘以$(1+i)$，便可求出 n 期先付年金的现值。其计算公式为

$$P=A\cdot \text{PVIFA}_{i,n}\cdot(1+i)$$

此外，还可根据 n 期先付年金现值与 $n-l$ 期后付年金的关系推导出另一计算公式。n 期先付年金现值与 $n-1$ 期后付年金现值的贴现期数相同，但比 $n-1$ 期后付年金多一期不用贴现的付款额 A，因此，只要将 $n-1$ 期后付年金的现值加上一期不用贴现的付款额 A，便可求出 n 期先付年金现值，计算公式为

$$P=A\cdot \text{PVIFA}_{i,n-1}+A=A(\text{PVIFA}_{i,n-1}+1)$$

其实，先付年金现值是指把先付年金每个等额 A 都换算成第一期期初的数值即为 0 期期末的数值，再求和。

即

$$\begin{aligned}P&=A+A(1+i)^{-1}+A(1+i)^{-2}+\cdots+A(1+i)^{-(n-1)}\\&=A\times\frac{1-(1+i)^{-n}}{i}\times(1+i)\\&=A(P/A,\ i,\ n)(1+i)\\&=A[(P/A,\ i,\ n-1)+1]\end{aligned}$$

【例 2-11】　某企业租用一套设备，在 10 年中每年年初要支付租金 5 000 元，年利息率为 8%，则这些租金的现值是多少？

解：

$$P=A\cdot \text{PVIFA}_{i,n}\cdot(1+i)=5\ 000\times 6.71\times(1+8\%)=36\ 234(\text{元})$$

或　$$P=A\cdot[(P/A,\ i,\ n-1)+1]=5\ 000\times(6.247+1)=36\ 235(\text{元})$$

▶ 3. 递延年金终值和现值

递延年金是指在最初若干期没有收付款项的情况下，后面若干期有等额的系列收付款项的年金。它是普通年金的特殊形式，凡不是从第一期开始收付的年金都是递延年金。递延年金与普通年金的关系如图 2-6 所示。

(1) 递延年金终值

通过图 2-6 可以看出，递延年金是一种特殊的普通年金，在前 m 期没有发生年金的收付，只发生了后$(n-m)$期的年金收付，因此，递延年金终值就是 $n-m$ 期普通年金的终值。其计算公式为

$$F=A(F/A,\ i,\ n-m)=A\cdot \text{FVIFA}_{i,n-m}$$

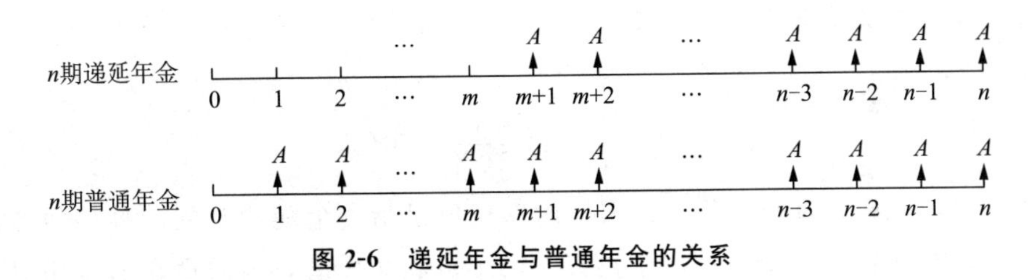

图 2-6　递延年金与普通年金的关系

（2）递延年金现值

计算方法一：可以先计算出 n 期普通年金的现值，然后减去前 m 期普通年金的现值，即得递延年金的现值。其计算公式为

$$P=A\cdot[(P/A,\ i,\ n)-(P/A,\ i,\ m)]=A\cdot(\mathrm{PVIFA}_{i,n}-\mathrm{PVIFA}_{i,m})$$

计算方法二：还可以先将此递延年金视为(n－m)期普通年金，求出其在第 m 期期末的现值，然后再把此现值折算至第一期期初，即可求出此递延年金的现值。其计算公式为

$$P=A\cdot(P/A,\ i,\ n-m)\cdot(P/F,\ i,\ m)=A\cdot\mathrm{PVIFA}_{i,n-m}\cdot\mathrm{PVIF}_{i,m}$$

计算方法三：先求递延年金终值再折现为现值。其计算公式为

$$P=A\cdot(F/A,\ i,\ n-m)\cdot(P/F,\ i,\ n)=A\cdot\mathrm{FVIFA}_{i,n-m}\cdot\mathrm{PVIF}_{i,n}$$

【例 2-12】　某企业向银行借入一笔款项，银行贷款的年利息率为 8%，银行规定前 10 年不需还本付息，但第 11～20 年每年年末偿还本息 1 000 元，则这笔款项的现值是多少？

解：

$$\begin{aligned}P&=A\cdot[(P/A,\ i,\ n)-(P/A,\ i,\ m)]\\&=1\ 000\times[(P/A,\ 8\%,\ 20)-(P/A,\ 8\%,\ 10)]\\&=1\ 000\times(9.818-6.710)=3\ 108(\text{元})\end{aligned}$$

或

$$\begin{aligned}P&=A\cdot(P/A,\ i,\ n-m)\cdot(P/F,\ i,\ m)\\&=1\ 000\times(P/A,\ 8\%,\ 20-10)\times(P/F,\ 8\%,\ 10)\\&=1\ 000\times6.710\times0.463=3\ 107(\text{元})\end{aligned}$$

▶ 4. 永续年金

永续年金是指无期限系列等额收付的特种年金，可视为普通年金的特殊形式，是一种期限趋于无穷的普通年金。英国和加拿大有一种国债就是没有到期日的债券，这种债券的利息可以视为永续年金。绝大多数优先股因为有固定的股利而又无到期日，因而其股利也可以视为永续年金。另外，期限长、利率高的年金现值，可以按永续年金现值的计算公式计算其近似值。

永续年金现值的计算公式为

$$P=A(P/A,\ i,\ n)=A\times\frac{1-(1+i)^{-n}}{i}$$

由于永续年金的期限 $n\to\infty$，$(1+i)^{-n}\to0$

所以

$$P=A\times\frac{1}{i}$$

【例 2-13】　某人持有某公司优先股，每年每股股利为 5 元，若此人想长期持有该优先股，在利率为10%的情况下，该股票投资的市价为多少？

解：

$$P=A\times\frac{1}{i}=5\times\frac{1}{10\%}=50(\text{元})$$

可见，资金是具有时间价值的。资金时间价值是指资金随着时间的推移而增值。把钱存入银行，有利息可以增值；用于投资，由于盈利而增值。因而现在的钱相对于未来的钱来讲更值钱，或现在较少的钱相当于将来较多的钱。在投资方案比较中，如果有两个投资方案投资总额相同，但投资额必须支付的时间分布不同，二者的经济效益也会不一样。

2.1.3.4 时间价值计算中的几个特殊问题

(1) 不等额现金流量现值的计算

年金是指每次收入或付出的款项相等的现金流量。但在财务管理中，经常会遇到不等额现金流量的现值的计算问题，这时就需要先对每笔现金流量进行贴现，然后再求它们的和。

(2) 年金和不等额现金流量混合情况下的现值

在年金和不等额现金流量混合的情况下，能用年金公式计算现值的部分使用年金公式计算，不能用年金公式计算的部分使用复利公式计算，然后把它们加总，便得出年金和不等额现金流量混合情况下的现值。

(3) 计息期短于一年时的时间价值的计算

终值和现值通常是按年来计算，但在有些时候，也会遇到计息期短于一年的情况。例如，债券利息一般每半年支付一次，这就出现了以半年、一季度、一个月甚至以天数为期间的计息期。当计息期短于一年，而使用的利率又是年利率时，计息期和计息率均应按下式进行换算

$$r=\frac{i}{m} \qquad t=m\times n$$

式中，r 为期利率；i 为年利率；m 为每年计息次数；n 为年数；t 为换算后的计息期数。

2.1.3.5 贴现率的计算

在前面计算现值和终值时，都假定利率是给定的，但在财务管理中，经常会遇到已知计息期数、终值和现值，求贴现率的问题。一般来说，求贴现率可以分为两步：第一步求出换算系数，第二步根据换算系数和有关系数表求贴现率。通过查有关系数表，能查出该系数所在列的 i 值，即为所求的 i(贴现率)。若没有对应的 i 值，就可采用内插法求得。内插法在财务管理中有着广泛的应用，其基本应用可以概括为：求利率时，利率差之比等于系数差之比；求年限时，年限差之比等于系数差之比；求内含报酬率时，报酬率差之比等于净现值差之比。

下面详细介绍利用年金现值系数表计算 i 的步骤。

(1) 计算出 P/A 的值，设其为 $P/A=\alpha$。

(2) 查普通年金现值系数表。沿着已知 n 所在的行横向查找，若恰好能找到某一系数值等于 α，则该系数值所在的列相对应的利率便为所求的 i 值。

(3)若无法找到恰好等于 α 的系数值，就应在表中 n 行中找与 α 最接近的两个左右临界系数值，设为 β_1、β_2($\beta_1>\alpha>\beta_2$，或 $\beta_1<\alpha<\beta_2$,)。读出 β_1、β_2 所对应的临界利率 i_1、i_2，然后进一步运用内插法。其公式为：

$$i=i_1+\frac{\beta_1-\alpha}{\beta_1-\beta_2}(i_2-i_1)$$

【例 2-14】 某公司于第一年年初借款 10 000 元，每年年末还本付利息额均为 2 000 元，连续 9 年还清。问借款利率为多少？

解：

根据题意，已知 $P=10\ 000$，$A=2\ 000$，$n=9$，则

$$(P/A,\ i,\ 9)=P/A=10\ 000\div 2\ 000=5$$

查 $n=9$ 的普通年金现值系数表。在 $n=9$ 行中无法找到恰好为 $\alpha(\alpha=5)$ 的系数值，于是在该行中找大于和小于的临界系数值，分别为 $\beta_1=5.3\ 282>5$，$\beta_2=4.9\ 464<5$。同时读出临界利率为 $i_1=12\%$，$i_2=14\%$。则

12%	5.328 2
i	5
14%	4.946 4

$$\frac{12\%-i}{12\%-14\%}=\frac{5.328\ 2-5}{5.328\ 2-4.946\ 4}$$

解方程得

$$i=12\%+\frac{5.328\ 2-5}{5.328\ 2-4.946\ 4}\times(14\%-12\%)\approx 13.72\%$$

期间 n 计算，其原理和步骤同利率 i 的计算相类似，在此不再赘述。

2.1.3.6　名义利率与实际利率

如果以“年”作为基本计息期，每年计算一次复利，这种情况下的年利率是名义利率。如果按照短于一年的计息期计算复利，并将全年利息额除以年初的本金，此时得到的利率是实际利率。名义利率与实际利率的换算关系如下

$$1+i=(1+\frac{r}{m})^m$$

$$i=(1+\frac{r}{m})^m-1$$

式中，i 为实际利率；r 为名义利率；m 为每年复利计息次数。

【例 2-15】 年利率为 12%，按季复利计息，试求实际利率。

解：

$$i=(1+\frac{r}{m})^m-1=(1+\frac{12\%}{4})^4-1=1.125\ 5-1=12.55\%$$

典型案例 2-2
某集团投资方案
的选择

2.2 风险报酬

2.2.1 风险概述

风险是一个非常重要的财务概念。任何决策都有风险，这使得风险观念在理财中具有普遍意义。

从财务管理的角度而言，风险是指在一定条件下和一定时期内预期结果的不确定性或实际结果偏离预期目标的程度。风险是客观存在的，按风险的程度，可以把公司的财务决策分为三种类型。

▶ 1. 确定性决策

决策者对未来的情况是完全确定的或已知的决策，称为确定性决策。例如，投资者将10万元投资于利息率为10%的短期国库券，由于国家实力雄厚，到期得到10%的报酬几乎是肯定的，因此，一般认为这种投资为确定性投资。

▶ 2. 风险性决策

决策者对未来的情况不能完全确定，但不确定性出现的可能性——概率的具体分布是已知的或可以估计的，这种情况下的决策称为风险性决策。

▶ 3. 不确定性决策

决策者对未来的情况不仅不能完全确定，而且对不确定性可能出现的概率也不清楚，这种情况下的决策为不确定性决策。

从理论上讲，不确定性是无法计量的，但在财务管理中，通常为不确定性规定一些主观概率，以便进行定量分析。不确定性规定了主观概率以后，与风险就十分近似了。因此，在实务上对风险与不确定性并不作严格区分，统称为风险。当谈到风险时，可能是风险，更可能是不确定性。

值得注意的是，风险具有两面性，其本身未必只能带来超出预计的损失，同样可以带来超出预期的收益。也就是风险不仅包括负面效应的不确定性，还包括正面效应的不确定性。负面效应可以称之为“危险”，对于危险，需要识别、衡量、防范和控制；正面效应可以称之为“机会”，对于机会，需要识别、衡量、选择和获取。理财活动不仅要管理危险，还要识别、衡量、选择和获取增加企业价值的机会。

2.2.2 风险的类型

2.2.2.1 筹资风险、投资风险和收益分配风险

从财务管理内容的角度来看，风险包括筹资风险、投资风险和收益分配风险。

▶ 1. 筹资风险

筹资风险指企业在筹集资本的过程中所具有的不确定性。其影响因素包括筹资时间、筹资数量、筹资渠道和筹资方式。具体的影响是筹资时间越长，不确定因素越多，筹资风

险越大，因此要在最短的时间内筹集到所需要的资金。筹资数量越大，则筹资风险越大。另外，筹资渠道与筹资方式的不同，也会影响到筹资风险，如股票筹资与债券筹资的风险就明显不同。

▶ 2. 投资风险

投资风险是指企业将筹集的资本投向某活动所具有的不确定性。投资风险主要由投资的行业和投资时间的长短来决定。一般企业的资本可选择多种行业进行投资，每种行业的利润率不同，决定了其投资风险不同。如投资于处于战争状态的国家和投资于和平国家的石油业所面临的风险会相差很大。一般来说，长期投资比中短期投资的风险要高。

▶ 3. 收益分配风险

收益分配风险是指企业在收益的形成与分配上所具有的不确定性。一方面，如果企业开发的是社会急需的且质量过硬的商品，可以使企业收益扩大从而降低收益形成所面临的风险；另一方面，就是企业如何分配收益的问题，即结转成本费用和确认收益所产生的风险以及对投资者进行分配收益的时间、形式和金额所产生的风险。

2.2.2.2　市场风险和企业特有风险

从投资主体的角度来看，风险分为市场风险和企业特有风险。

▶ 1. 市场风险

市场风险是指由那些对所有的企业都产生影响的因素引起的风险，如战争、国家政策调整、利率变化、经济衰退、通货膨胀等。市场风险源于公司之外，在其发生时，所有企业都受影响，表现为整个证券市场平均收益率的变化。由于这类风险涉及所有的投资对象，不能通过分散投资来加以分散，一般称之为不可分散风险或系统风险。市场风险包括经济周期风险、利率风险和购买力风险。

(1) 经济周期风险，是指由于经济周期的变化而引起的证券市场行情变动的风险。因为是经济周期的变化决定了企业的景气和效益，从而从根本上决定了证券行市，特别是股市的变动趋势。证券市场行情随经济周期的循环而起伏变化，总的趋势可分为看涨市场(即多头市场)和看跌市场(即空头市场)两大类。当然，看涨市场和看跌市场是股市行情变化的大趋势，实际上，股价并非直线上升或直线下降，而是涨中有跌，跌中有涨，盘整、反弹和回调不断出现。

(2) 利率风险，是指由于市场利率变动而使投资者遭受损失的风险。证券价格与市场利率的关系极为密切，两者呈反向变化。其原因在于，银行利率提高，会吸引一部分资金流向银行等储蓄机构，从而减少对证券的需求，致使证券价格下降；同时利率提高，企业融资成本提高，在其他条件不变的情况下，盈利减少，从而派发的股利也减少，导致股价下跌，反之亦然。

(3) 购买力风险，又称通货膨胀风险，是指由于通货膨胀而使货币的购买力下降的风险。在通货膨胀期间，虽然随着商品价格的普遍上涨，证券价格也会上涨，投资者的货币收入会有所增加，但由于货币贬值，购买力水平下降，投资者的实际收益可能没有增加反而有所下降。购买力风险对于不同证券的影响不同，受影响最大的是固定收益类证券，因其名义收益固定不变，当通货膨胀率提高时，按购买力计算的实际收益就会相对减少，尤其是长期债券，其购买力风险更大。与固定收益类证券相比，普通股的购买力风险相对较小，因为当发生通货膨胀时，股份公司的产品售价会随之上涨，名义收益会增加，特别是当公司的产品售价涨幅大于生产费用涨幅时，公司的净盈利会增加，此时股利会相应增加，股票价格也会提高，普通股股东的收益增加，从而可部分地减轻通货膨胀带来的损失。

▶ 2. 企业特有风险

企业特有风险是指发生于个别企业的特有事件造成的风险，如罢工、产品变质、诉讼失败等。企业特有风险为某一行业或某一企业所特有，它通常是由某一特殊因素引起，只对个别或少数证券的收益产生影响，而与整个证券市场的价格没有系统、全面的联系。这类风险是随机发生的，可以通过多元化投资来分散，即发生于一家公司的不利事件可以被其他公司的有利事件所抵消，企业的收益不会受到更大的影响，因而又称为可分散风险或非系统风险。非系统风险主要有经营风险、财务风险、违约风险、流动性风险与再投资风险等。

(1) 经营风险，亦称商业风险，是指因生产经营方面的原因给企业盈利带来的不确定性。企业的生产经营活动会受到来自企业外部和内部多方面的影响，具有很大的不确定性。外部的影响因素包括政治环境、经济结构、资源环境、财政环境、金融环境、市场环境等；内部的影响因素包括运营状况、经营管理状况、内部财务管理能力等。其中，内部因素是公司经营风险的主要来源，如决策失误导致投资失败，管理混乱导致产品质量下降、成本上升，产品开发能力不足导致市场需求下降，市场开拓不力导致竞争力减弱等，都会影响公司的盈利水平，增加经营风险。

(2) 财务风险，是指由于举债而给企业财务成果带来的不确定性，是筹资决策所产生的，又称筹资风险。公司的资本结构，即公司总资本中负债与权益(即股本)之比决定了企业财务风险的大小。如果公司的资本全部为权益资本，则销售收入的任何变动都会对股东的净收益产生同样的影响。而如果公司的资本中除普通股权益资本外，还有一部分来源于负债或优先股，则这些负债和优先股便使得公司有了财务杠杆，这种财务杠杆使公司股东净收益的变化幅度超过营业收入变化的幅度。负债资本在总资本中所占比重越大，公司的财务杠杆效应就越强，财务风险就越大。

(3) 违约风险，又称信用风险，是指证券发行人无法按时还本付息而使投资者遭受损失的风险。违约风险是债券的主要风险。一般认为，在各类债券中，违约风险从低到高排列依次为中央政府债券、地方政府债券、金融债券、公司债券。当然，不同企业发行的公司债券的违约风险也有所不同，它受到各企业的经营能力、盈利水平、规模大小以及行业状况等因素的影响。所以，信用评估机构要对中央政府以外发行的债券进行评价，以反映其违约风险。

(4) 流动性风险，又称变现力风险，是指无法在短期内以合理价格卖掉证券的风险。投资者在出售证券时，有两个不确定性：一是以何种价格成交，二是需要多长时间才能成交。若投资于像垃圾股或不知名公司的股票等流动性差的证券，当遇到另一更好的投资机会时，投资者想出售现有证券以便再投资时，往往在短期内很难找到愿意出合理价格的买主，他要么将售价降得很低，要么要等很长时间才能找到买主，于是他不是丧失新的投资机会就是蒙受降价损失。而像政府债券这类流动性强的证券就可随时变现。所以，投资者在投资于流动性差的资产时，总是要求获得额外的收益以补偿流动风险。

(5) 再投资风险，指所持证券到期时再投资时不能获得更好投资机会的风险。如年初长期债券的利率为10%，短期债券的利率为8%，某投资者为减少利率风险而购买了短期债券。在短期债券于年底到期收回现金时，若市场利率降至6%，这时就只能找到收益率约为6%的投资机会，不如当初买长期债券，现在仍可获得10%的收益率。

2.2.3 风险偏好

人们对风险的态度是不同的。假定一个投资者面临两种投资选择——政府债券和公司股票。A代表公司股票，B代表政府债券。买股票时，这个投资者并不知道将来确切的回报率，所知道的只是股票在过去几年里的平均回报率和回报的方差。但是买政府债券时，投资者可以确切地知道回报率。根据人们的效用函数的不同，可以按照其对风险的偏好分为风险回避者、风险追求者和风险中立者。

▶ 1. 风险回避者

风险回避者希望使风险最小化。例如，若公司股票回报率的期望值与政府债券的回报率相等，那么风险回避者会投资于政府债券，而不会投资于公司股票。当预期收益率相同时，他们都会偏好于具有低风险的资产；而对于同样风险的资产，他们则都会钟情于具有高预期收益的资产。但当面临以下两种资产时，他们的选择就要取决于其对待风险的不同态度：一项资产具有较高的预期收益率同时也具有较高的风险，而另一项资产虽然预期收益率低，但风险水平也低。

风险回避者在承担风险时，就会因承担风险而要求额外收益，额外收益要求的多少不仅与所承担的风险的大小有关(风险越高，要求的风险收益越大)，还取决于他们的风险偏好。对风险回避的愿望越强烈，要求的风险收益就越高。

一般的投资者和企业管理者都是风险回避者，因此财务管理的理论框架和实务方法都是针对风险回避者的，并不涉及风险追求者和中立者的行为。

▶ 2. 风险追求者

风险追求者愿意承担风险，若公司股票回报率的期望值与政府债券的回报率相等，但公司股票回报的标准差大，他们会投资于公司股票．而不是政府债券。与风险回避者恰恰相反，风险追求者主动追求风险，喜欢收益的动荡胜于喜欢收益的稳定。他们选择资产的原则是当预期收益相同时，选择风险大的，因为这会给他们带来更大的效用。

▶ 3. 风险中立者

风险中立者只看回报率的期望值，不管风险大小。若公司股票回报率的期望与政府债券的回报率相等，他们投资哪个都无所谓。风险中立者既不回避风险，也不主动追求风险。他们选择资产的唯一标准是预期收益的大小，而不管风险状况如何，这是因为所有预期收益相同的资产将给他们带来同样的效用。

2.2.4 风险报酬的概念

一般而言，投资者都讨厌风险，并力求回避风险。那么为什么还有人进行风险性投资呢？这是因为风险投资可得到额外报酬——风险报酬。

风险报酬是指投资者因承担风险而获得的超过时间价值的那部分额外报酬。而所谓的风险报酬率即为投资者因承担风险而获得的超过时间价值率的那部分额外报酬率，即风险报酬与原投资额的比率。在财务管理中，风险报酬通常采用相对数，即风险报酬率来加以计量。

风险报酬率是指投资者因冒风险进行投资而获得的超过时间价值率的那部分额外报酬率，即风险报酬/原投资额，是投资项目报酬率的一个重要组成部分，如果不考虑通货膨胀因素，投资报酬率就是时间价值率与风险报酬率之和。通过风险报酬率这一概念也可以看到，单纯的风险分析并没有多大意义，只有将风险与报酬联系起来，风险分析才具有实际意义。

2.2.5 单项资产的风险报酬

从财务管理的角度看，风险是企业在各项财务活动中，由于各种难以预料或无法控制的因素作用，使企业的实际收益与预期收益发生背离，从而蒙受经济损失的可能性。资产的风险是指资产收益率的不确定性，其大小可用资产收益率的离散程度来衡量。资产收益率的离散程度，是指资产收益率的各种可能结果与预期收益率的偏差。

典型案例 2-3
小张的选择

风险的衡量，是指通过一定的方法，计量特定项目或事件的风险程度，一般使用概率和统计方法来进行。

2.2.5.1 概率及其分布

在现实生活中，某一事件在完全相同的条件下可能发生也可能不发生，可能出现这样的结果也可能出现那样的结果，这类事件称为随机事件。概率就是用百分数或小数值表示的随机事件发生可能性大小的数值。通常，把必然发生的事件的概率定为1，把不可能发生的事件的概率定为0，而一般随机事件的概率是介于0和1之间的一个数值，即概率的数值大于等于0，小于等于1；并且所有事件的概率之和等于1。概率越大，表示随机事件发生的可能性就越大。

随机变量和相对应的概率，按一定的规则进行排列称为概率分布。

【例 2-16】 某企业拟投资于甲产品，预计收益情况和概率分布如表 2-1 所示。

表 2-1 投资项目预计收益情况表

市场情况(随机事件)	年收益(随机变量)X_i(万元)	概率 P_i
繁荣	50	0.2
一般	20	0.5
较差	−10	0.3

概率分布有两种类型，如果对于随机变量和相对应的概率只取有限个数值，在坐标上表现为有限个点，这种分布为离散型分布(图 2-7a)。如果对于所有的随机变量和相对应的概率都予以估计，并且在坐标上描述出来，表现为曲线，则为连续型分布(图 2-7b)，如果曲线为对称的钟形，则为正态分布。依照统计学的理论，不论总体分布是正态还是非正态，当选取的样本量很大时，其样本平均数都呈正态分布。只有在概率分布符合正态分布的前提下，我们才可以计算其标准差，衡量随机变量的离散程度即风险，如图 2-7(b)所示。

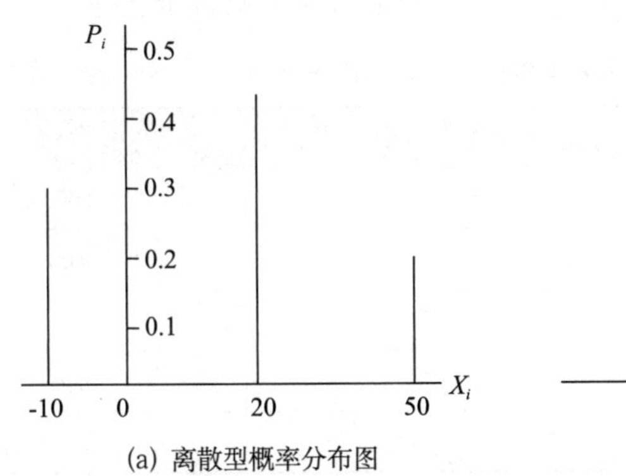

(a) 离散型概率分布图

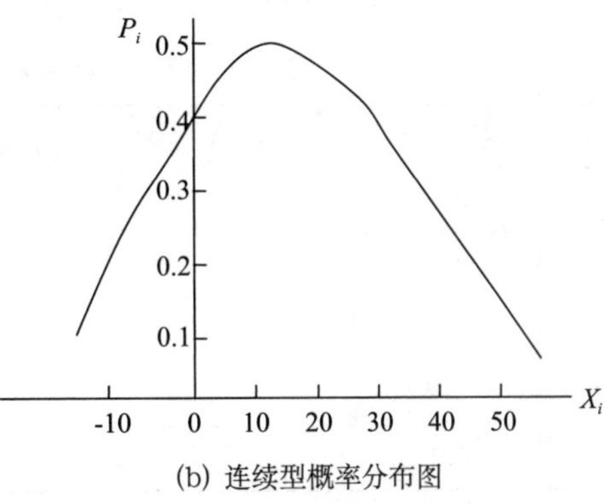

(b) 连续型概率分布图

图 2-7　概率分布图

2.2.5.2　期望值

期望值是随机变量以概率为权数的加权平均数。反映随机变量的平均化，代表着投资者的合理预期。通常用符号 $E(x)$表示。

$$E(x) = \sum_{i=1}^{n} x_i p_i$$

例 2-16 中

$$E(x)=50\times0.2+20\times0.5+(-10)\times0.3=17(\text{万元})$$

2.2.5.3　标准差

标准差是衡量随机变量脱离其期望值离散程度的指标。标准差越大，说明随机变量脱离其期望值的幅度越大，项目的风险程度越高。当对两个项目的风险程度进行比较，两个项目的期望值相同时，标准差越大，风险就越大；反之，标准差越小，风险就越小。标准差的计算公式为

$$\sigma = \sqrt{\sum_{i=1}^{n} [X_i - E(x)]^2 \cdot P_i}$$

本例中

$$\sigma=\sqrt{(50-17)^2\times0.2+(20-17)^2\times0.5+[(-10)-17]^2\times0.3}=21(\text{万元})$$

2.2.5.4　变异系数

变异系数又称标准差率，是标准差与期望值之比。通常用符号 V 表示。变异系数是以相对数形式反映决策方案的风险程度。标准差是绝对数，只适用于期望值相同的方案的比较，对于期望值不同的决策方案，只能通过比较变异系数来确定方案风险的大小。变异系

数的计算公式为

$$V=\frac{\sigma}{E(x)}$$

例 2-16 中

$$V=21/17=1.2353$$

【例 2-17】 某公司正在考虑以下三个投资项目，其中 A 和 B 是两只不同公司的股票，而 C 项目是投资于一家新成立的高科技公司，预测的未来可能的收益率情况如表 2-2 所示。试计算各项目的预期收益、标准差和标准差率，并比较各项目风险的大小。

表 2-2 投资项目未来可能的收益率情况表

经济形势	概　　率	项目 A 收益率 R_A	项目 B 收益率 R_B	项目 C 收益率 R_C
很不好	0.1	−22%	−10%	−100%
不太好	0.2	−2%	0%	−10%
正常	0.4	20%	7%	10%
比较好	0.2	35%	30%	40%
很好	0.1	50%	45%	120%

解：

首先计算每个项目的预期收益率，即概率分布的期望值如下

$$E(R_A)=(-22\%)\times0.1+(-2\%)\times0.2+20\%\times0.4+35\%\times0.2+50\%\times0.1=17.4\%$$

$$E(R_B)=(-10\%)\times0.1+0\times0.2+7\%\times0.4+30\%\times0.2+45\%\times0.1=12.3\%$$

$$E(R_C)=(-100\%)\times0.1+(-10\%)\times0.2+10\%\times0.4+40\%\times0.2+120\%\times0.1=12\%$$

根据上述项目收益率的分布，从直观上，我们很容易看出，项目 B 的收益率偏离程度比项目 C 的收益率偏离程度小。项目 B 可能发生的收益率相对集中，它的变动范围在 −10% 和 +45% 之间；而项目 C 可能的收益率则相对分散，在 −100% 到 +120% 之间，然而这两个项目的期望收益率却相差无几，因此，可以很快判断出两个项目有几乎同样的平均收益率，而项目 B 的风险却比项目 C 的风险小很多。

但是对于项目 A 和项目 B 风险大小的比较，却不是那么简单了。需要计算它们的标准差和变异系数。

项目 A 的标准差是

$$\sigma_A=\sqrt{(-22\%-17.4\%)^2\times0.1+(-2\%-17.4\%)^2\times0.2+(20\%-17.4\%)^2\times0.4+(35\%-17.4\%)^2\times0.2+(50\%-17.4\%)^2\times0.1}\approx20.03\%$$

项目 B 的标准差是

$$\sigma_B=\sqrt{(-10\%-12.3\%)^2\times0.1+(0\%-12.3\%)^2\times0.2+(7\%-12.3\%)^2\times0.4+(30\%-12.3\%)^2\times0.2+(45\%-12.3\%)^2\times0.1}\approx16.15\%$$

项目 A 的变异系数是

$$V_A=\frac{20.03\%}{17.4\%}\approx1.15$$

项目B的变异系数是

$$V_B=\frac{16.15\%}{12.3\%}\approx 1.31$$

从标准差的计算可以看出，项目A的标准差20.03%大于项目B的标准差16.15%，似乎项目A的风险比项目B的风险大，然而从变异系数的计算来看，由于项目A的预期收益率17.4%大于项目B的预期收益率12.3%，使得项目A的变异系数1.15小于项目B的变异系数1.31。这样一来，项目A的相对风险(即每单位收益所承担的风险)却小于项目B。

上例中两个表述风险的指标——收益率的标准差σ和变异系数V，都是利用未来收益率发生的概率以及未来收益率的可能值来计算的，然而，现实中管理人员要想准确地获得这些信息往往非常困难。

因此，当不知道或者很难估计未来收益率发生的概率以及未来收益率的可能值时，可以利用收益率历史数据近似地估算预期收益率及其标准差。其中预期收益率可以各期收益率出现的概率为权数，对收益率进行加权平均；标准差可以利用下列统计中的公式进行估算，即

$$\sigma=\sqrt{\left[\sum_{i=1}^{n}(R_i-\bar{R})^2\right]\div(n-1)}$$

式中，R_i表示数据样本中各期收益率的历史数据；$\bar{R}$是各历史数据的算术平均值；n表示样本中历史数据的个数。

【例2-18】 XYZ公司股票的历史收益率数据如表2-3所示，请用算术平均值估计其预期收益率，并估算标准差和变异系数。

表2-3　XYZ公司股票历史收益率

年　度	1	2	3	4	5	6
收益率	26%	11%	15%	27%	21%	32%

解：

收益率的期望值或预期收益率为

$$E(R)=(26\%+11\%+15\%+27\%+21\%+32\%)\div 6=22\%$$

标准差为

$$\sigma=\sqrt{\frac{(26\%-22\%)^2+(11\%-22\%)^2+(15\%-22\%)^2+(27\%-22\%)^2+(21\%-22\%)^2+(32-22\%)^2}{6-1}}=7.9\%$$

变异系数为

$$V=7.9\%\div 22\%\approx 0.36$$

资产的风险尽管可以用历史数据去估算，但由于不同资产的风险受资产特性的影响较大，并且环境因素多变，管理人员估算技术常常受到限制，这使得估计的结果往往不够可靠、不够准确。因此，在估计某项资产风险大小时，通常会综合采用各种定量方法，并结合管理人员的经验判断得出。

2.2.5.5 风险报酬率

▶ 1. 风险和报酬的基本关系

风险和报酬的基本关系是风险越大要求的报酬率越高。如前所述，各投资项目的风险大小是不同的，在投资报酬率相同的情况下，人们都会选择风险小的投资，结果，竞争使其风险增加、报酬率下降，最终，高风险的项目必须有高报酬，否则就没有人投资；低报酬的项目必须风险很低，否则也没有人投资。风险和报酬的这种联系，是市场竞争的结果。企业拿投资人的钱去做生意，最终投资人要承担风险，因此他们要求期望的报酬率与其风险相适应。风险和期望投资报酬率的关系可以表示如下：

期望投资报酬率＝无风险报酬率＋风险报酬率

由此可见，期望投资报酬率应当包括两部分，一部分是无风险报酬率，如购买国家发行的公债，到期连本带利肯定可以收回。这个无风险报酬率，可以吸引公众储蓄，是最低的社会平均报酬率。另一部分是风险报酬率。它与风险大小有关，风险越大则要求的报酬率越高，是风险的函数。如图 2-8 所示。

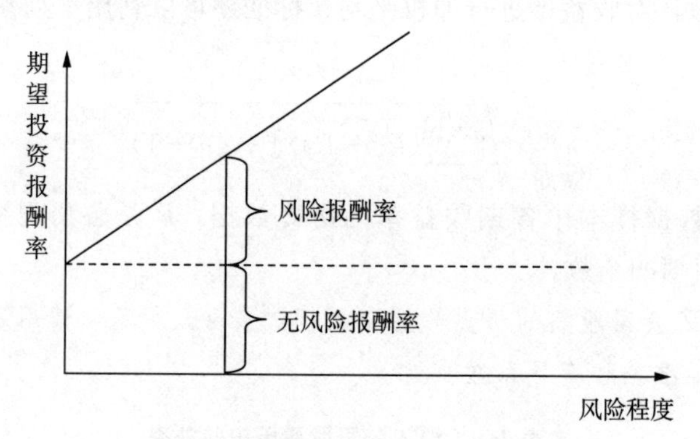

图 2-8 风险和报酬的基本关系图

假设风险和风险报酬率成正比，则有

风险报酬率＝风险报酬系数×风险程度

其中的风险程度用变异系数或标准差计量，风险报酬系数的确定，在很大程度上取决于各公司对风险的态度。

则期望投资报酬率的公式为

$$R=\text{无风险报酬率}+\text{风险报酬率}$$

$$R=R_F+R_R=R_F+bV$$

式中，R 为期望投资报酬率；R_F 为无风险报酬率；R_R 为风险报酬率；b 为风险系数；V 为风险程度(用变异系数表示)。

无风险报酬率是加上通货膨胀贴水以后的货币时间价值，一般以国债利率来表示。风险报酬率是风险的函数，风险越大则要求的报酬率就越高。

▶ 2. 风险报酬系数的确定

敢于冒险的决策者，往往把风险报酬系数定得低一些；反之，稳健的决策者，常常把风险报酬系数定得高些。风险系数 b 的确定方法有以下几种。

(1) 根据以往的同类投资项目确定。在公式 $R=R_F+R_R=R_F+bV$ 中，若某同类投资项目 $R=15\%$，$R_F=10\%$，$V=0.5$，则

$$b=(R-R_F)/V=(15\%-10\%)/0.5=0.1$$

(2) 由企业领导或企业组织专家确定。

(3) 由国家组织专家确定，定期公布，投资者可作为参考。若 b 值由企业领导确定为0.08，已知 $R_F=10\%$，$V=0.516$ 或51.6%，则该项目投资者的期望报酬率

$$R=10\%+0.08\times51.6\%\approx14.13\%$$

典型案例 2-4
诺贝尔基金会的启示

2.3　证券投资组合的风险与报酬

大多数可用于投资的证券具有不确定的收益，也就是说都有风险，因此，投资者在进行证券投资时，一般并不把其所有资金都投资于一种证券，而是同时持有多种证券，“不要把鸡蛋放在一个篮子里”，这种同时投资多种证券的方法叫证券的投资组合，简称为证券组合或投资组合。这种组合并非是若干个证券商品简单随意的拼凑，它应体现出投资者的意愿和所受的约束，是经过精心选择和科学搭配的，并可随时调整，使其不偏离投资者的预定目标，也就是在投资收益与风险的权衡中作出的最佳组合。银行、共同基金、保险公司和其他金融机构一般都持有多种有价证券，即使个人投资者，一般也持有证券组合，而不是投资于一家公司的股票或债券。所以，必须了解证券组合的风险报酬。

2.3.1　证券组合的风险

证券组合的风险可以分为两种性质完全不同的风险，即可分散风险和不可分散风险。

▶ 1. 可分散风险

可分散风险又称非系统风险或称公司特有风险，它是指某些因素给个别证券带来经济损失的可能性，这种风险只影响个别证券或板块，为“微观风险”。非系统风险与公司相关，它是由个别公司的一些重要事件引起的，它可通过证券持有的多样化来抵消。即多买几家公司的股票，其中某些公司的股票报酬上升，另一些股票的报酬下降，从而将风险抵消。因而，这种风险称为可分散风险。

现代资产组合理论证明，证券组合的风险随着其所含的证券数量的增加而降低。资产间关联性极低的多元化证券组合可以有效地降低风险。将各种资产按不同比例进行组合，其选择的余地大，在给定风险下可提供获取更高收益的机会。现举例说明如下。

【例 2-19】 假设W股票和M股票构成一证券组合，每种股票在证券组合中各占50%，它们的报酬率和风险情况如表2-4所示。

表 2-4 完全负相关($r=-1.0$)的两种股票以及由它们构成的证券组合的报酬情况

报酬率	W 股票	M 股票	WM 的组合
2014 年	50%	−10%	20%
2015 年	−10%	50%	20%
2016 年	60%	−20%	20%
2017 年	−20%	60%	20%
2018 年	20%	20%	20%
平均报酬率	20%	20%	20%
标准差(δ)	31.62%	31.62%	0

根据表 2-4 的资料可以看出，如果分别持有两种股票，都有很大风险，但如果把它们组合成一个证券组合，则没有风险。

W 股票和 M 股票之所以能结合起来组成一个无风险的证券组合，是因为它们报酬率的变化正好成相反的循环——当 W 股票的报酬下降时，M 股票的报酬正好上升；反之亦然。我们把股票 W 和 M 叫做完全负相关。这里相关系数 $r=-1.0$。

与完全负相关相反的是完全正相关($r=1.0$)，两个完全正相关的股票的报酬将一起上升或下降，这样的两种股票组成的证券组合，不能抵消任何风险。

从以上分析可知，当两种股票完全负相关($r=-1.0$)时，所有的风险都可以分散掉；当两种股票完全正相关($r=1.0$)时，从抵减风险的角度来看，分散持有股票没有好处。实际上，大部分股票都是正相关，但不是完全正相关的，一般来说，随机取两种股票，相关系数为 0.6 左右的最多，而对绝大多数的两种股票而言，r 将位于 0.5～0.7 之间。把两种股票组合成证券组合能抵减风险，但不能全部消除风险，不过，如果股票种类较多，则能分散掉大部分风险，而当股票种类足够多时，几乎能把所有的非系统风险分散掉。

▶ 2. 不可分散风险

不可分散风险又称系统风险或称市场风险，它是指某些因素给市场上所有的证券带来经济损失的可能性，为“宏观风险”。因此，这种风险是无法消除的，系统风险可以得到收益的补偿，而非系统风险不能，故称不可分散风险。但这种风险对不同企业、不同产品也有不同影响。例如，前面例 2-17 所举的甲公司 A 项目和 B 项目在经济情况发生变化时，两个项目的风险是不同的，A 项目的风险要大于 B 项目的风险。

不可分散风险的程度，通常用 β 系数来计量。β 系数在国内外金融市场上被广泛应用于测定某种证券或证券组合的相对风险，它代表了一种证券或证券组合在证券市场上其市场风险的相对大小。如果某种股票的风险情况与整个证券市场的风险情况一致，则这种股票的 β 系数就等于 1；如果某种股票的 β 系数大于 1，说明其风险大于整个市场的风险；如果某种股票的 β 系数小于 1，说明其风险小于整个市场的风险。在实际操作中，β 系数的重要性在于它代表了一种证券对于未来市场变化的敏感度，某种股票的 β 系数较大，说明该股票在证券市场发生变化时，其价格上下波动剧烈，也就是通常所说的风险较大。

为了分析方便，现代投资学将整个市场的风险定为1，以此衡量某一证券对市场风险的敏感度。例如，某一时期悦达投资(600805)的β系数值为1.43，表明市场指数收益率变动为1%时，悦达股份的收益率变动为1.43%。β系数越大，系统风险越大；β系数越小，系统风险越小。如果投资者对收益有较高的期望，同时也有能力并愿意为之承担较大的风险，就可以在证券市场上选择那些有较大β系数的证券加到其证券组合中；反之则可以选择市场上具有较小β系数的证券。β系数一般不需投资者自己计算，而由一些投资服务机构定期计算并公布。表2-5列示了我国几家上市公司2018年1月1日—2018年12月31日的β系数。

表2-5　2018年1月1日—2018年12月28日几家上市公司的β系数表

股票代码	股票名称	β系数
000002	万科A	0.925 3
000021	深科技	1.148 3
000020	深华发A	2.192
000031	中粮地产	1.141 1
000631	顺发恒业	1.872 1

证券组合的β系数是单个证券β系数的加权平均，权数为各种股票在证券组合中所占的比重，其计算公式是

$$\beta_p = \sum_{i=1}^{n} x_i \beta_i$$

式中，β_p为证券组合的β系数；X_i为证券组合中第i种股票的投资额占总投资额的比重；β_i为第i种股票的β系数；n为证券组合中股票的数量。

至此，可将上面的分析总结如下。

(1) 一种股票的风险由两部分组成，它们是可分散风险和不可分散风险。这可以用图2-8加以说明。

(2) 可分散风险可通过证券组合来消减，而大部分投资者正是这样做的。从图2-9中可以看到，可分散风险随证券组合中股票数量的增加而逐渐减少。

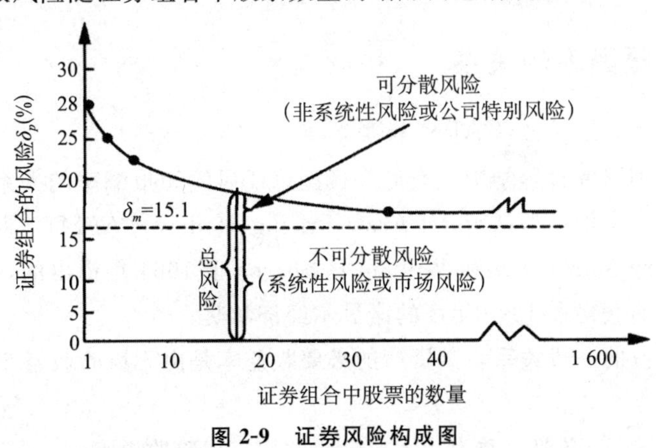

图2-9　证券风险构成图

(3) 股票的不可分散风险由市场变动而产生，它对所有股票都有影响，不能通过证券组合而消除。不可分散风险是通过β系数来测量的，一些标准的β值如下：

$\beta=0.5$，说明该股票的风险等于整个市场股票的风险的一半；

$\beta=1.0$，说明该股票的风险等于整个市场股票的风险；

$\beta=2.0$，说明该股票的风险是整个市场股票风险的2倍。

2.3.2 证券组合的风险报酬

证券组合的风险报酬是投资者因承担不可分散风险而要求的、超过时间价值的那部分额外报酬。与单项投资不同，证券组合投资要求补偿的风险只是不可分散风险，而不要求对可分散风险进行补偿。如果可分散风险的补偿存在，善于科学地进行投资组合的投资者将购买这部分股票，并抬高其价格，其最后的期望报酬率只反映不可分散的风险。证券组合的风险报酬可用下列公式计算：

$$R_P=\beta_P(K_m-R_F)$$

式中，R_P为证券组合的风险报酬率；β_P为证券组合的β系数；K_m为所有股票的平均报酬率，也就是由市场上所有股票组成的证券组合的报酬率，简称市场报酬率；R_F为无风险报酬率，一般用国库券的利息率来衡量。

【例2-20】 强盛公司持有由A、B、C三种股票构成的证券组合，它们的β系数分别是2.0、1.0和0.5，它们在证券组合中所占的比重分别为50%、40%和10%，股票的市场报酬率为12%，无风险报酬率为8%，试确定这种证券组合的风险报酬率。

解：

确定证券组合的β系数，即

$$\beta_P=\sum_{i=1}^{n}x_i\beta_i=50\%\times2.0+40\%\times1.0+10\%\times0.5=1.45$$

然后计算该证券组合的风险报酬率，即

$$R_P=\beta_P(K_m-R_F)=1.45\times(12\%-8\%)=5.8\%$$

从以上计算过程可以看出，调整各种证券在证券组合中的比重可改变证券组合的风险、风险报酬率和风险报酬额。

2.3.3 风险和报酬率的关系

▶ 1. 资本资产定价模型(CAPM模型)

在证券投资学和财务管理学中，有许多模型论述风险和报酬率的关系，其中一个最重要的模型为资本资产定价模型(Capital Asset Pricing Model，CAPM)。资本资产定价模型是由经济学家Harry Markowitz和William F. Sharpe于1964年提出的，后来由于他们在此方面作出的贡献而获得了1990年度的诺贝尔经济学奖。

根据风险与收益的一般关系，某资产的必要收益率是由无风险收益率和该资产的风险收益率决定的。即

必要收益率＝无风险收益率＋风险收益率

资本资产定价模型的一个主要贡献就是解释了风险收益率的决定因素和度量方法，并且给出了下面的一个简单易用的表达形式，即

$$R=R_F+\beta(R_m-R_F)$$

这是资本资产定价模型的核心关系式。式中，R 表示某资产的必要收益率；β 表示该资产的系统风险系数；R_F 表示无风险收益率，通常以短期国债的利率来近似替代；R_m 表示市场组合收益率，通常用股票价格指数收益率的平均值或所有股票的平均收益率来代替。

公式中(R_m-R_F)称为市场风险溢酬，它是附加在无风险收益率之上的，由于承担了市场平均风险所要求获得的补偿，它反映的是市场作为整体对风险的平均“容忍”程度，也就是市场整体对风险的厌恶程度，对风险越是厌恶和回避，要求的补偿就越高，因此，市场风险溢酬的数值就越大；反之，如果市场的抗风险能力强，则对风险的厌恶和回避就不是很强烈，因此，要求的补偿就越低，所以市场风险溢酬的数值就越小。不难看出，某项资产的风险收益率是该资产系统风险系数与市场风险溢酬的乘积，即

$$风险收益率=\beta(R_m-R_F)$$

2. 证券市场线(SML)

如果把资本资产定价模型公式中的 β 看作自变量(横坐标)，必要收益率 R 作为因变量(纵坐标)，无风险收益率(R_F)和市场风险溢酬(R_m-R_F)作为已知系数，那么这个关系式在数学上就是一个直线方程，叫作证券市场线，简称 SML，即以下关系式所代表的直线：

$$R=R_F+\beta(R_m-R_F)$$

证券市场线对任何公司、任何资产都是适用的。只要将该公司或资产的 β 系数代入上述直线方程中，就能得到该公司或资产的必要收益率。

在证券市场线关系式的右侧，唯一与单项资产相关的就是 β 系数，而 β 系数正是对该资产所含的系统风险的度量，因此，证券市场线一个重要的暗示就是“只有系统风险才有资格要求补偿”。该公式中并没有引入非系统风险即企业特有风险，也就是说，投资者要求的补偿只是因为他们“忍受”了市场风险即系统风险的缘故，而不包括企业特有风险，因为企业特有风险可以通过资产组合被消除掉。

将证券市场线描绘在以系统风险系数 β 为横坐标，以必要收益率 R 为纵坐标的平面上，得到一条直线，其截距是无风险收益率 R_F，斜率是市场风险溢酬(R_m-R_F)，如图 2-10 所示。

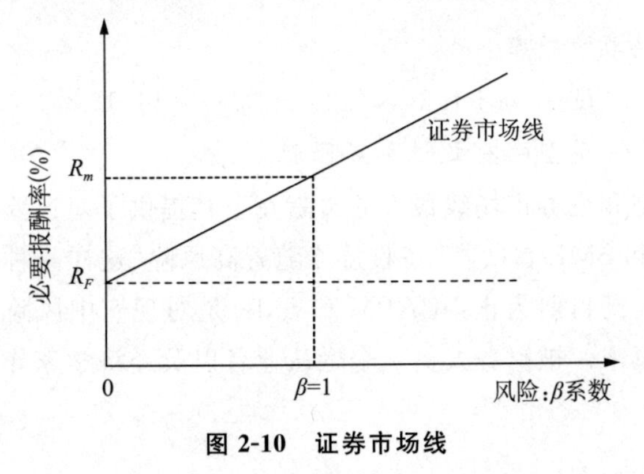

图 2-10 证券市场线

证券市场线上每个点的横、纵坐标值分别代表每一项资产(或资产组合)的系统风险系数和必要收益率。因此，证券市场上任意一项资产或资产组合的系统风险系数和必要收益率都可以在证券市场线上找到对应的一点。

市场风险溢酬(R_m-R_F)反映市场整体对风险的偏好，如果风险厌恶程度越高，要求的补偿就越高，(R_m-R_F)的数值就越大，那么证券市场线的斜率就越大，因此证券市场线会比较陡，这时一项资产的系统风险水平稍有变化，就会导致该资产的必要收益率以较大的幅度变化；相反，如果多数市场参与者对风险的关注程度较小，证券市场线将会变得平稳一些，这时资产的必要收益率受其系统风险的影响较小。

无风险收益率决定了证券市场线的截距，当无风险收益率变大而其他条件不变时，SML 会整体向上平移，也就是说，所有资产的必要收益率都会上涨，且增加同样的数值。反之，当无风险收益率下降且其他因素不变时，所有资产的必要收益率都会下降同样的数值。

在资本资产定价模型的理论框架下，假设市场是均衡的，那么资本资产定价模型还可以描述为

$$\text{预期收益率}=\text{必要收益率}=R_F+\beta(R_m-R_F)$$

【例 2-21】 某年由 MULTEX 公布的美国通用汽车公司的 β 系数是 1.17，短期国库券利率为 4%，标准普尔(S&P)股票价格指数的收益率是 10%，那么，通用汽车该年股票的必要收益率应是多少?

解：

$$R=R_F+\beta(R_m-R_F)=4\%+1.17\times(10\%-4\%)=11.02\%$$

▶ 3. 资产组合的必要收益率

资产组合的必要收益率也可通过证券市场线来描述，即

$$\text{资产组合的必要收益率}=R_F+\beta_P(R_m-R_F)$$

此公式与前面的资本资产定价模型公式非常类似，它们的右侧唯一不同的是 β 系数的主体，前面的 β 系数是单项资产或个别公司的 β 系数；而这里的 β_P 则是资产组合的 β 系数。

【例 2-22】 假设当前短期国债收益率为 3%，股票价格指数平均收益率为 12%，A、B、C 三种股票组合 β 系数为 1.24，计算 A、B、C 三种股票组合的必要收益率。

解：

三种股票组合的必要收益率

$$R=3\%+1.24\times(12\%-3\%)=14.16\%$$

▶ 4. 资本资产定价模型的有效性和局限性

资本资产定价模型和证券市场线最大的贡献在于其提供了对风险与收益之间的一种实质性的表述，CAPM 和 SML 首次将“高收益伴随着高风险”这样一种直观认识，用这样简单的关系式表达出来。到目前为止，CAPM 和 SML 是对现实中风险与收益关系的最为贴切的表述，因此长期以来，被财务人员、金融从业者以及经济学家作为处理风险问题的主要工具。

然而，将复杂的现实简化而得到的这一模型，必定会遗漏许多有关因素，也必定会限制在许多假设条件之下，因此也受到了一些质疑。直到现在，关于 CAPM 有效性的争论还在继续，支持者和批驳者的辩论相当激烈和生动。人们也一直在寻找更好的理论或方法，但尚未取得突破性进展。

尽管 CAPM 已得到了广泛的认可，但在实际运用中，仍存在着一些明显的局限，主要表现在以下几方面。

(1) 某些资产或企业的 β 值难以估计，特别是对一些缺乏历史数据的新兴行业。

(2) 由于经济环境的不确定性和不断变化，使得依据历史数据估算出的 β 值对未来的指导作用必然要打折扣。

(3) CAPM 是建立在一系列假设之上的，其中一些假设与实际情况有较大的偏差，使得 CAPM 的有效性受到质疑。这些假设包括：市场是均衡的、市场不存在摩擦、市场参与者都是理性的、不存在交易费用、税收不影响资产的选择和交易等。

由于以上局限，资本资产定价模型只能大体描述出证券市场运动的基本状况，而不能完全确切地揭示证券市场的一切。因此，在运用这一模型时，应该更注重它所揭示的规律，而不是它所给出的具体的数字。

本章小结

资金时间价值是指资金在生产和流通过程中随着时间推移而产生的增值。从量的规定性上看，资金时间价值是在没有风险和没有通货膨胀条件下的社会平均资金利润率。资金的时间价值有两种表现形式：相对数形式和绝对数形式。利息的计算有单利和复利两种方法。一般都按复利计算。复利计算包括一次性收付款项的计算和系列等额收付款项(年金的计算)。年金按照每次收付发生的时点和收付的次数划分，可分为后付年金(普通年金)、先付年金(即付年金)、递延年金(延期年金)和永续年金。

风险是指在一定条件下和一定时期内预期结果的不确定性或实际结果偏离预期目标的程度。风险的衡量，是通过使用概率和统计方法来进行的，主要有期望值、标准差和变异系数(又称标准差率)。在财务管理中，风险报酬通常采用相对数，即风险报酬率来加以计量。风险越大，要求的报酬率就越高，这就是风险与报酬的基本关系。投资者进行投资要求的报酬，是与其投资所承担的风险程度相匹配的必要报酬率。投资者的必要报酬率＝无风险报酬率＋风险报酬率

资本资产定价模型(CAPM)把资产的必要报酬表示为无风险报酬加上风险溢价。资产的风险溢价是该种资产的 β 值和市场风险溢价的乘积。β 系数可以测算一种证券的不可分散(系统)风险。按照资本资产定价模型，单一证券的系统风险可以用 β 系数来度量，而且其风险与收益之间可以由证券市场线来描述。与单项投资不同，证券组合投资要求补偿的风险只是不可分散风险，而不要求对可分散风险进行补偿。

关键术语

资金时间价值　年金　普通年金　风险收益(率)　系统风险　非系统风险　财务风险　经营风险　必要报酬率　β系数

线上课堂——训练与测试

本章测试及案例分析

在线题库

第3章　企业筹资方式

教学要求

知识要点	掌握程度	相关知识
企业筹资概述	· 理解筹资的概念、动机和种类 · 熟悉各种筹资渠道和方式 · 掌握资金需要量预测的基本方法	· 筹资 · 筹资渠道和方式 · 定性预测法 · 比率预测法 · 资金习性预测法
权益性筹资	· 了解注册资本制度 · 理解投入资本筹资的含义和优缺点 · 熟悉股票的含义、种类、发行条件、方式 · 掌握普通股的定价方法和筹资的优缺点	· 投入资本 · 股票(普通股) · 股票发行条件、发行价格等
债权性筹资	· 熟悉各种债权性筹资的种类 · 掌握债券发行的条件、发行价格的计算和筹资的优缺点，了解信用评级的内容 · 掌握银行借款的信用条件和筹资优缺点 · 掌握融资租赁租金的确定和筹资优缺点 · 掌握短期借款、商业信用的信用条件和信用成本确定	· 发行债券、长期借款、租赁、短期借款和商业信用 · 债券发行价格、债券信用等级 · 信贷限额、周转信贷协议、补偿性余额、借款抵押 · 经营租赁、融资租赁；融资租赁租金计算方法：平均分摊法和等额年金法 · 商业信用条件、放弃现金折扣成本率
混合性筹资	· 了解混合性筹资的种类、特点 · 了解各种混合性筹资的优缺点	· 优先股 · 可转换债券 · 认股权证

名人名言

金钱实际上属于使用它并使它增值的人，而不论它在名字上属于谁。企业家应该把银行的钱、他人的钱为自己所用，否则他就是不懂得理财。善借钱的人自己不必有钱就可以经营自己的企业。

——马克斯·韦尔

引导案例

央行“三箭”政策组合为民企小微企业“补血”

2019年中国人民银行工作会议于1月3日至4日召开，会议明确将进一步落实好金融服务实体经济各项政策措施，并将其列为今年重点工作之一。

中国人民银行指出，要按照市场化、法治化的原则，继续运用各种政策工具，从债券、信贷、股权等方面引导金融机构加大对民营企业小微企业支持力度；积极推广民营企业债券融资支持工具，鼓励地方政府成立支持民营企业融资基金，推动实施民营企业股权融资支持工具；进一步提升支付、征信行业及商业银行服务民营企业小微企业的能力和水平；同时，引导金融机构继续做好重点领域和其他薄弱环节的金融服务，加大对高新技术企业、新兴产业和制造业结构调整转型升级的支持；进一步做好雄安新区深化改革开放金融服务工作。

东方金诚首席宏观分析师王青对《证券日报》记者表示，受经济增速下行压力加大等因素影响，民营企业、小微企业融资难、融资贵问题凸显。为此，央行提出“三箭”政策组合，从信贷、债券、股权等方面，引导金融机构加大对民营企业、小微企业的支持力度。伴随相关措施逐步落地，预计更多资金将被引向民营企业小微企业，从而切实改善其融资环境。

王青表示，考虑到能够上市及发债融资的民营企业小微企业很少，信贷仍是广大民营企业小微企业外源性融资的主渠道。因此，监管机构在推行“尽职免责”，财政部门落实小微企业贷款免征增值税等激励措施的同时，还可通过监管手段，督促大银行调整完善面向民营企业小微企业的贷款审批和风险控制模式，做到“贷得出收得回”，起码做到保本微利，防止坏账风险累积。这样才能保障民营企业、小微企业贷款在商业上具有可持续性，从而在根本上改变大银行偏爱大中型企业，扎堆地方政府贷款、房地产企业贷款、央企贷款和信用资质优越的大型民营企业贷款的局面。

中信改革发展研究基金会研究员赵亚赟对《证券日报》记者表示，金融机构可以从普惠小额贷款、投贷联动、增信等方面加大对民营企业小微企业的支持。金融机构的支持首先给企业带来了资金，其次增加了信用。高新技术等领域的企业将重点受益，政策性贷款、投贷联动、债券融资等将是主要的支持形式。

（资料来源：中国证券网 http：//www. zqrb. cn/finance/hongguanjingji/2019-01-07/A1546876607533. html）

对于企业而言，要发展壮大，向外筹集资金是必要的财务活动。那么，对于现代企业，如何选择合法、合理的筹资方式？企业筹资要遵循哪些基本的原则？这是一个企业财务人员要面对的基本的财务管理问题。

本章提供的理论知识将有助于回答以上问题。

3.1　企业筹资概述

企业筹资就是企业根据生产经营、对外投资及调整资本结构等活动的需要，通过各种筹资渠道和资本(资金)市场，运用筹资方式，经济、有效地筹集企业所需资本的行为。企业持续的生产经营活动，会不断地产生对资金的需求，需要及时、足额筹措和集中所需资金。同时，企业因开展对外投资活动和调整资本结构，也需要经济有效地筹集和融通资金。企业进行筹资，首先必须了解筹资的动机与种类，把握筹资的渠道与方式，安排筹资方案，并做出正确的筹资决策。

3.1.1　筹资的动机

企业筹资的基本目的是为了自身的生存与发展。企业在持续的生存与发展中，其具体的筹资活动通常受特定的筹资动机所驱使。企业筹资的具体动机是多种多样的，譬如，为购置设备、引进新技术、开发新产品而筹资；为对外投资，并购其他企业而筹资；为现金周转与调度而筹资；为偿付债务和调整资本结构而筹资等。在企业筹资的实际活动中，这些具体的筹资动机有时是单一的，有时是复合的，归纳起来有三种基本类型，即扩张性筹资动机、调整性筹资动机和混合性筹资动机。企业筹资的动机对筹资行为及其结果产生直接的影响。

▶ 1. 扩张性筹资动机

扩张性筹资动机是企业因扩大生产经营规模或增加对外投资的需要而产生的追加筹资动机。处于成长时期、具有良好发展前景的企业通常会产生这种筹资动机。例如，企业产品供不应求，需要增加市场供应；开发生产适销对路的新产品；追加有利的对外投资规模；开拓有发展前途的对外投资领域等，往往都需要追加筹资。扩张性筹资动机所产生的直接结果，是企业资产总额和资本总额的增加。

例如，ABC公司扩张筹资前的资产和筹资规模如表3-1的A栏所示。该企业根据扩大生产经营和对外投资的需要，现追加筹资4 500万元。其中，长期借款2 500万元，企业所有者投入资本2 000万元，用于追加存货价值1 500万元，追加设备价值1 500万元，追加长期投资1 500万元，假定其他项目没有发生变动。在采取这种扩张筹资后，该公司的资产和资本总额如表3-1的B栏所示。

表3-1　ABC公司扩张筹资后资产和资本总额变动表　　单位：万元

资　　产	扩张筹资前(A)	扩张筹资后(B)	资　　本	扩张筹资前(A)	扩张筹资后(B)
现金	500	500	短期借款	2 000	2 000
应收账款	2 500	2 500	应付账款	1 000	1 000
存货	2 000	3 500	长期借款	1 000	3 500

续表

资　　产	扩张筹资前(A)	扩张筹资后(B)	资　　本	扩张筹资前(A)	扩张筹资后(B)
长期股权投资	1 000	2 500	应付债券	2 000	2 000
固定资产	4 000	5 500	股东权益	4 000	6 000
资产总额	10 000	14 500	筹资总额	10 000	14 500

通过对表 3-1 中 A 栏、B 栏的金额比较可以看出，该公司采取扩张筹资后，资产总额从 10 000 万元增至 14 500 万元，与此相应地，筹资总额也从 10 000 万元增至 14 500 万元，这是公司扩张筹资所带来的直接结果。

▶ 2. 调整性筹资动机

调整性筹资动机是企业因调整现有资本结构的需要而产生的筹资动机。简言之，资本结构是指企业各种筹资的构成及其比例关系，企业的资本结构是企业采取的各种筹资方式组合而形成的。一个企业在不同时期由于筹资方式的不同组合会形成不尽相同的资本结构，随着相关情况的变化，现有的资本结构可能不再合理，需要相应地予以调整，使之趋于合理。

企业产生调整性筹资动机的原因有很多。譬如，一个企业有些债务到期必须偿付，企业虽然具有足够的偿债能力偿付这些债务，但为了调整现有的资本结构，仍然举债，从而使资本结构更加合理。再如，一个企业由于客观情况的变化，现有的资本结构中债务筹资所占的比例过大，财务风险过高，偿债压力过重，需要降低债务筹资的比例，因而采取债转股等措施予以调整，使资本结构适应客观情况的变化而趋于合理。

例如，ABC 公司调整筹资前的资产和筹资情况如表 3-2 中的 C 栏所示。该公司经分析认为这种资本结构不再合理，需要采取债转股措施予以调整。调整筹资后的资产和资本情况见表 3-2 中的 D 栏。

表 3-2　ABC 公司调整筹资前后资产和资本总额变动表　　单位：万元

资　　产	调整筹资前(C)	调整筹资后(D)	资　　本	调整筹资前(C)	调整筹资后(D)
现金	500	500	短期借款	2 000	2 000
应收票据及应收账款	2 500	2 500	应付票据及应付账款	1 000	1 000
存货	2 000	2 000	长期借款	4 000	2 000
长期股权投资	1 000	1 000	应付债券	1 000	1 000
固定资产	4 000	4 000	股东权益	2 000	4 000
资产总额	10 000	10 000	筹资总额	10 000	10 000

如表 3-2 的 C 栏和 D 栏所示，ABC 公司调整筹资前的资本结构中债务筹资比例占 80%，权益筹资比例占 20%。调整筹资后的资本结构改变为债务筹资降至 60%，股权筹资升至 40%，该公司的资产和筹资规模并没有发生变化，纯粹是为调整资本结构而筹资。

▶ 3. 混合性筹资动机

企业同时既为扩张规模又为调整资本结构而产生的筹资动机，称为混合性筹资动机，即这种混合性筹资动机中兼容了扩张性筹资和调整性筹资两种筹资动机。在这种混合性筹资动机的驱使下，企业通过筹资，既扩大了资产和资本的规模，又调整了资本结构。

3.1.2　企业筹资种类

认识筹资种类，了解不同种类的筹资对企业筹资成本和筹资风险的影响，有利于保证企业作出正确的筹资决策。从不同的角度看，企业筹资通常有以下几类。

▶ 1. 权益资金和负债资金

资金按照属性及其偿还性质分为权益资金和负债资金。

(1) 权益资金是通过增加企业的所有者权益来获取的，是企业依法筹集并长期拥有、自主支配的资金。我国企业的权益资金，包括实收资本、资本公积金、盈余公积金和未分配利润，在会计中称“所有者权益”。权益资金筹资方式主要有投入资本筹资、发行普通股票、发行优先股票和利用留存收益。

负债资金又称借入资金或债务资金，是企业依法筹措并依约使用、按期偿还的资金，是通过增加企业的负债来获取的，例如向银行贷款、发行债券、向供货商借款等。债务性资金必须到期偿还，一般还需支付利息。

(2) 从出资者的角度金，企业的权益资金是出资者投入企业的资产及其权益准备。一般认为，作为投资者总是期望其投资能够保值并在一定程度上增值，由于预期经营风险不同，从而投资者期望得到的必要报酬并不相同，这种观念对出资者同样是适用的；再者，出资者作为企业法人财产责任的最后承担者，其出资风险更大，因而站在出资者立场，权益资金又是出资者的一项高风险资产。负债资金以还本付息为条件，作为资金的出借方，由于有到期还本付息作保障，其出借资金的风险较低，从而其相应的回报也较低；作为筹资的企业则相反，利用负债资金所形成的还本付息压力大，其相应的筹资成本较低，从而可以借助于债务筹资来提高收益及企业价值。

权益资金与负债资金的主要差异如表3-3所示。

表3-3　权益资金与负债资金的主要差异

权益资金	负债资金
剩余索取权	固定索取权
不可抵免税收	可抵免税收
在财务困境或破产时只有最后清偿权	在财务困境或破产时具有优先清偿权
无限期	固定期限
有管理控制权	无管理控制权
主要表现为所有者股权、风险资本、普通股、认购权证等	主要表现为银行借款、公司债券、商业票据等

▶ 2. 长期资金和短期资金

资金按照期限，可分为长期资金和短期资金。

长期资金是指使用期限在一年以上的资金，它是企业长期、持续、稳定地进行生产经营的前提和保证。长期资本主要通过投入资本筹资、发行股票、发行长期债券、长期银行借款、融资租赁等形式来筹集。短期资金是指使用期限在一年以内的资金，它是因企业在生产经营过程中短期性的资金周转需要而引起的。短期资金主要通过短期借款、商业信用、发行融资券等方式来筹集。

从资金的供应方来看，长期资金期限越长，未来的不可知性越大，因而其风险也增大，成本相对较高。企业借入长期资金，是因为这类资金能够被企业长期而稳定地占用，能够降低经营风险与短期财务风险。

短期资金的还本付息压力大，因为企业使用这类资金的时间较短。但另一方面，这类资金的成本相对较低，有些还是免费资金(如应付账款等)。

筹资的目的就是以较低的筹资成本和较小的筹资风险，获取较多的资金。因此，如何扬长避短，借助于长短期资金的组合与搭配，使得企业所占用的资金时间相对较长、风险较小，而又保持较低的综合成本，就成为筹资策略的一个重要课题。

▶ 3. 内部筹资和外部筹资

按照资金的取得方式，筹资可分为内部筹资和外部筹资。

内部筹资是指从企业内部所筹集的资本，是在企业内部自然形成的，如内部利润留存。外部筹资则是指从企业外部市场取得的资本，如发行股票、债券，银行借款，租赁，票据贴现，应收账款售让等。

企业内部自有资金是企业最为稳妥也最有保障的筹资来源。由于它是企业内部自己掌握的资金，因而使用起来最灵活，也最具优越性。利用自有资金这条渠道筹措资金，其最大的好处就是资金可以完全由自己安排支配，而且企业的筹资成本最低，投资时不需支付利息，因此投资代价较低。

筹资活动考虑的顺序应当是：充分利用内部资金在先，外部筹资措施在后。同时对于外部筹资要权衡各项筹资方式的资金成本，以便有效地防范财务风险。

▶ 4. 直接筹资和间接筹资

筹资活动按照是否通过金融机构，可分为直接筹资和间接筹资。

直接筹资是指企业不经过银行等金融机构，直接与资本所有者协商融通资本的一种筹资活动。直接筹资方式主要有发行股票、发行债券、投入资本筹资等。在直接筹资过程中，资金的供需双方借助于融资手段直接实现资金的转移，无须通过银行等金融机构。间接筹资是指企业借助于银行等金融机构进行的筹资，其主要形式为银行借款、非银行金融机构借款、融资租赁等，它是目前我国企业最为重要的筹资方式。从社会交易成本角度看，间接筹资被证明是相对节约的筹资方式。

3.1.3　企业筹资的渠道与方式

▶ 1. 企业筹资的渠道

筹资渠道是指所筹措资本的来源与通道，反映资本的源泉和流量。筹资渠道属客观范畴，即筹资渠道的多与少，企业无法左右，它主要是由社会资本的提供者及数量发布所决定的。企业了解筹资渠道的种类及每种渠道的特点，有助于正确利用筹资渠道。

我国企业目前筹资渠道主要有以下七种。

(1) 国家财政资本。国家财政资本是指国家以财政拨款、财政贷款、国有资产入股等形式向企业投入的资金。它是我国国有企业，包括国有独资公司的主要资金来源，今后也仍然是国有企业权益资本筹资的重要渠道。

(2) 银行信贷资本。银行信贷资本是指银行对企业的各种贷款，是各类企业重要的资金来源。银行以储蓄存款作后盾，财力雄厚，可以为企业提供多种多样的贷款，满足各类企业的需要。

(3) 非银行金融机构资本。非银行金融机构是指各种从事金融业务的非银行机构，主要有信托投资公司、租赁公司、保险公司、证券公司、财务公司等。它们可以为企业直接提供部分资金或为企业筹资提供服务。虽然非银行金融机构没有银行实力雄厚，但它们资金供应灵活，且可提供多种特定服务，具有广阔的发展前景。

(4) 其他法人资本。其他法人资本是其他法人向企业投资或由于业务往来而暂时占用在企业的资本。法人之间以闲置资金相互投资或者提供短期商业信用也是企业的一种资金来源。

(5) 民间资本。企业职工和城乡居民利用节余资金向企业投资，它也是企业资本的一种来源。随着城乡经济的发展和人们投资意识的增强，这部分资金的利用空间会越来越大。

(6) 企业内部资本。企业内部资本是指企业通过提取盈余公积和保留未分配利润而形成的资本。这是企业内部形成的筹资渠道，比较便捷，有盈利的企业通常都可以加以利用。

(7) 国外和我国港澳台地区资本。外国投资者以及我国港澳台地区投资者的资金是外商投资企业的主要资本来源。随着我国资本市场向着国际化发展，国外和我国港澳台资本为越来越多的企业所利用。

▶ 2. 企业筹资的方式

筹资方式是指企业筹措资本所采取的具体形式，反映资本在企业的具体存在形式。筹资方式属于主观范畴，可以由企业来选择。企业只有了解筹资方式的种类及每种方式的特点，才能灵活运用不同的筹资方式，降低资本成本，有效筹集所需资金。

一般而言，企业的筹资方式有以下七种。

(1) 投入资本筹资。投入资本筹资是企业按照“共同投资、共同经营，共担风险、共享利润”的原则直接吸收国家、法人、个人投入资金的一种筹资方式。该筹资方式不以股票为媒介，适用于非股份制企业，是非股份制企业取得权益资本的基本方式。

(2) 发行股票筹资。发行股票筹资是股份公司按照公司章程依法发售股票直接筹资形成公司股本的一种筹资方式。发行股票筹资要以股票为媒介，仅适用于股份公司，是股份公司取得权益资本的基本方式。

(3) 银行借款筹资。银行借款筹资是各类企业按照借款合同从银行等金融机构借入各种款项的筹资方式。银行借款筹资是最基本的筹资方式，小到日常生产经营，大到投资、基建、科研开发，银行借款始终是企业较快获得资金来源的重要途径。

(4) 商业信用筹资。商业信用筹资是企业通过赊购商品、预收货款等商品交易行为筹集短期债权资本的一种筹资方式。它是企业的一种重要筹资方式。该筹资方式一方面可以缓解企业短期资金周转困难，另一方面还可以加速商品流通。

(5) 发行债券筹资。债券是表明债权债务关系的一种凭证，是债务人向债权人出具的到期还本付息的有价证券。其自身优点决定了发行债券是一种自主高效的筹资方式。

(6) 发行短期融资券筹资。短期融资券是由大型工商企业发行的短期无担保本票，是一种新兴的短期筹资方式。发行短期融资券的条件比较严格，必须是信誉好、效益高、实力强的企业才能使用。

(7) 租赁筹资。租赁是指根据事先约定的条款，资产所有者(出租人)授予承租人在契约或合同规定的期限内使用其资产的权利。融资租赁一般由承租人向出租人提出正式申请，由出租人融通资金引进用户所需设备，长期租给用户的行为，其实质是用户得到一批用于购买设备的贷款。融资租赁是我国 20 世纪 80 年代以来较为重要的筹资方式。

3. 筹资渠道与方式的关系

筹资渠道与方式是两个不同的概念。筹资渠道反映企业资金的来源与方向，即资金从何而来；筹资方式反映企业筹资的具体手段，即如何取得资金。但在实际的筹资工作过程中，筹资渠道与方式之间又有着密切的关系。一定的筹资方式可能适用于某一特定的筹资渠道，但某种筹资方式可能适用于多种不同的渠道，而一种渠道的资金也可以采取多种不同的方式取得。企业筹资时应根据不同的筹资渠道选择合适的筹资方式。各种筹资渠道与方式的配合见表 3-4。

表 3-4　筹资渠道与方式的配合

筹资渠道	筹资方式						
	吸收直接投资	发行股票	银行借款	商业信用	发行债券	发行短期融资券	租赁
国家财政资本	√	√					
银行信贷资本			√				√
非银行金融机构资本	√	√	√	√	√	√	√
其他法人资本	√	√		√	√	√	
民间资本	√	√			√	√	
企业内部资本	√	√					
国外和我国港澳台资本	√	√		√	√	√	√

企业的筹资活动需要通过一定的渠道并采用一定的方式来完成。不同筹资渠道和筹资方式各有其特点和适应性，筹资渠道与筹资方式既有联系，又有区别。同一筹资渠道的资本往往可以采用不同的筹资方式取得，而同一筹资方式又往往可以筹集不同筹资渠道的资本。利用多种筹资渠道，选择合理筹资方式来筹集企业最佳规模的资金是企业筹资管理的关键所在。

3.1.4　资金需要量预测

企业在筹资之前，应当采用一定的方法预测资金需求量，只有这样，才能使筹集的资金既能保证满足生产经营的需要，又不会有太多的闲置。企业资金需要量的预测可以采用定性预测法、比率预测法和资金习性预测法。

3.1.4.1　定性预测法

定性预测法是指利用直观的资料，依靠个人的经验和主观分析、判断能力，对未来资金需要量作出预测的方法。其预测过程为：首先由熟悉财务情况和生产经营情况的专家，根据过去所积累的经验进行分析判断，提出预测的初步意见；然后，通过召开座谈会或发出各种表格等形式，对上述预测的初步意见进行修正补充。这样经过一次或几次以后，得出预测的最终结果。

定性预测法虽然十分实用，但它不能揭示资金需要量与有关因素之间的数量关系。例如，预测资金需要量应和企业生产经营规模相联系，生产规模扩大，销售数量增加，会引起资金需求增加；反之，则会使资金需求量减少。

3.1.4.2　比率预测法

比率预测法是指依据财务比率与资金需要量之间的关系，预测未来资金需要量的方法。用于资金预测的比率很多，如存货周转率、应收账款周转率等，但最常用的是资金与销售额(或称为营业额)之间的比率。

销售额比率法是指以资金与销售额的比率为基础，预测未来资金需要量的方法，也称为销售百分比法。

应用销售额比率法预测资金需要量时，是以下列假定为前提的：一是，企业的部分资产和负债与销售额同比例变化；二是，企业各项资产、负债与所有者权益结构已达到最优。

销售额比率法的计算公式为

$$对外筹资需要量=\frac{A}{S_1}\times\Delta S-\frac{B}{S_1}\times\Delta S-EPS_2$$

或

$$对外筹资需要量=\frac{\Delta S}{S_1}(A-B)-PES_2$$

式中，A 为随销售变化的资产(敏感资产)；B 为随销售变化的负债(敏感负债)；S_1 为基期销售额；S_2 预测期销售额；ΔS 销售的变动额；P 为营业净利率；E 为留存收益比率；$\frac{A}{S_1}$变动资产占基期销售额的百分比；$\frac{B}{S_1}$变动负债占基期销售额的百分比。

应用销售额比率法预测资金需要量通常需经过以下步骤：

(1) 预计销售额增长率；

(2) 确定随销售额变动而变动的资产和负债项目；

(3) 确定需要增加的资金数额；

(4) 根据有关财务指标的约束确定对外筹资数额。

需要说明的是，在运用销售百分比法时，应首先确定资产或负债方中与销售额间有固定不变比率关系的项目，即随着销售的变动而同步变动的项目，在财务上将这些项目统称为敏感项目。它包括敏感资产项目(如现金、应收票据及应收账款、存货等)和敏感负债项目(如应付票据及应付账款、其他经营负债等)两部分。与敏感项目相对应的属于非敏感项目，如交易性金融资产、固定资产、债权投资、长期股权投资、短期借款、长期借款、应付债券、实收资本和留存收益等，非敏感资产在短期内都不会随销售规模的扩大而相应改变，非敏感性负债主要是筹资性负债，与股东权益项目一样，其金额的多少在确定外部筹资额之后才予以考虑。

【例 3-1】 ABC 公司 2018 年 12 月 31 日的资产负债表如表 3-5 所示。假定 ABC 公司 2018 年的营业收入为 100 000 万元，营业净利率为 10%，股利支付率为 60%，公司现有生产能力尚未饱和，无须追加固定资产投资。经预测，2019 年公司营业收入将提高到 120 000万元，企业营业净利率和利润分配政策不变。试计算 2019 年该公司对外筹资数额。

表 3-5 ABC 公司资产负债表

2018 年 12 月 31 日　　单位：万元

资　　产	期末余额	负债与所有者权益	期末余额
现金	5 000	短期借款	25 000
应收票据及应收账款	15 000	应付票据及应付账款	10 000
存货	30 000	其他经营负债	5 000
固定资产净值	30 000	应付债券	10 000
		实收资本	20 000
		留存收益	10 000
资产合计	80 000	负债与所有者权益合计	80 000

解：

销售额比率法的预测程序如下。

(1) 预计销售额增长率为

$$销售额增长率=\frac{120\ 000-100\ 000}{100\ 000}\times 100\%=20\%$$

(2) 确定随销售额变动而变动的资产和负债项目。预计随销售增加而自动增加的项目列示在表 3-6 中。

表 3-6　销售额比率表

资　　产	占营业收入(%)	负债与所有者权益	占营业收入(%)
现金	5	短期借款	不适用
应收票据及应收账款	15	应付票据及应付账款	10
存货	30	其他经营负债	5
固定资产净值	不适用	应付债券	不适用
		实收资本	不适用
		留存收益	不适用
资产合计	50	负债与所有者权益合计	15

在表 3-6 中，不适用是指该项目是非敏感项目。表中的各项目占营业收入百分比反映的是企业资本(资产)的密集度，是以表 3-5 中有关项目的数字除以营业收入求得，如存货为 30 000÷100 000×100%＝30%。

(3)确定需要增加的资金数额。从表 3-6 中可以看出，营业收入每增加 100 元，必须增加 50 元的资金占用，但同时增加 15 元的资金来源。从 50%的资金需求中减去 15%自动产生的资金来源，还剩下 35%的资金需求。因此，每增加 100 元的营业收入，该公司必须取得 35 元的资金来源。本例中，营业收入从 100 000 万元增加到 120 000 万元，增加了 20 000 万元，按照 35%的比率可预测将增加 7 000 万元的资金需求。

(4)根据有关财务指标的约束条件，确定对外筹资数额。上述 7 000 万元的资金需求部分可通过企业内部来筹集。依题意，ABC 公司 2019 年净利润为 12 000 万元(120 000×10%)，公司股利支付率为 60%，则将有 40%的利润即 4 800 万元被留存下来(即留存收益率为 40%)，从 7 000 万元中减去 4 800 万元的留存收益，则还有 2 200 万元的资金必须向外部来筹集。

根据上述资料，可求得 2019 年该公司对外筹资数额为

20 000×50%－20 000×15%－120 000×10%×40%＝2 200(万元)

3.1.4.3　资金习性预测法

资金习性预测法是指根据资金习性预测未来资金需要量的方法。这里所说的资金习性，是指资金的变动与产销量(或业务量)变动之间的依存关系。按照资金习性，可以把资金分为不变资金、变动资金和半变动资金。

(1) 不变资金是指在一定的产销量范围内，不受产销量变动的影响而保持固定不变的那部分资金。也就是说，产销量在一定范围内变动，这部分资金保持不变。这部分资金包括为维持营业而占用的最低数额的现金，原材料的保险储备，必要的成品储备，以及厂房、机器设备等固定资产占用的资金。

(2) 变动资金是指随产销量的变动而同比例变动的那部分资金。它一般包括直接构成产品实体的原材料、外购件等占用的资金。另外，在最低储备以外的现金、存货、应收账款等也具有变动资金的性质。

(3) 半变动资金是指虽然受产销量变化的影响，但不成同比例变动的资金，如一些辅助材料所占用的资金。半变动资金可采用一定的方法划分为不变资金和变动资金两部分。

资金习性预测法有两种形式：一种是根据资金占用总额同产销量的关系来预测资金需要量；另一种是采用先分项后汇总的方式预测资金需要量。

设产销量为自变量 x，资金占用量为因变量 y，它们之间的关系为

$$y=a+bx$$

式中，a 为不变资金，b 为产销量所需变动资金，其数值可采用高低点法或回归直线法求得。

▶ 1. 高低点法

资金预测的高低点法是指根据企业一定期间资金占用的历史资料，按照资金习性原理和 $y=a+bx$ 方程式，选用最高收入期和最低收入期的资金占用量之差，同这两个收入期的销售额之差进行对比，先求 b，然后再代入直线方程，求出 a 的值，从而估计推测资金发展趋势。计算公式为

$$b=\frac{\text{最高收入期资金占用量}-\text{最低收入期资金占用量}}{\text{最高销售收入}-\text{最低销售收入}}$$

$$a=\text{最高收入期资金占用量}-b\times\text{销售收入}$$

或 $$=\text{最低收入期资金占用量}-b\times\text{低销售收入}$$

【例 3-2】 ABC 企业历史上现金占用与销售收入之间的关系如表 3-7 所示。如果 2019 年预计销售收入为 3 500 000 万元，试计算该企业 2019 年的资金需要量。

表 3-7 现金与销售收入变化情况表 单位：万元

年　度	销售收入(x_i)	现金占用(y_i)
2014	2 000 000	110 000
2015	2 400 000	130 000
2016	2 600 000	140 000
2017	2 800 000	150 000
2018	3 000 000	160 000

解：

根据以上资料采用高低点法计算如下

$$\text{每万元销售收入占用变动资金}=\frac{160\ 000-110\ 000}{3\ 000\ 000-2\ 000\ 000}=0.05$$

销售收入占用不变资金总额 $=160\ 000-0.05\times3\ 000\ 000=10\ 000$(万元)

或 $=110\ 000-0.05\times2\ 000\ 000=10\ 000$(万元)

存货、应收账款、流动负债、固定资产等也可根据历史资料作同样的划分，然后汇总列于表 3-8 中。

表 3-8　资金需要量预测表(分项预测)

项　　目	年度不变资金(a)(万元)	每元销售收入所需变动资金(b)
流动资产		
现金	10 000	0.05
应收票据及应收账款	60 000	0.14
存货	100 000	0.22
小计	170 000	0.41
减：经营负债	80 000	0.11
净营运资金占用	90 000	0.30
固定资产	510 000	0
所需资金合计	600 000	0.30

根据表 3-8 资料得出预测模型为

$$y=600\ 000+0.30x$$

如果 2019 年的预计销售收入为 3 500 000 万元，则

2019 年的资金需要量＝600 000＋0.30×3 500 000＝1 650 000（万元）

高低点法简便易行，在企业资金变动趋势比较稳定的情况下，较为适宜。

▶ 2. 回归直线法

回归直线法是根据若干期业务量和资金占用的历史资料，运用最小平方法原理计算不变资金和单位销售额变动资金的一种资金习性分析方法。其计算公式为

$$\begin{cases}\sum y_i = na + b\sum x_i \\ \sum x_i y_i = a\sum x_i + b\sum x_i^2\end{cases}$$

式中，y_i 为第 i 期的资金占用量；x_i 为第 i 期的产销量；n 为历史数据个数；a、b 含义同前。

【例 3-3】 ABC 企业产销量和资金变化情况如表 3-9 所示。2019 年预计销售量为 150 万件，试计算 2019 年的资金需要量。

表 3-9　产销量与资金变化情况表

年　　度	产销量(x_i)(万件)	资金占用(y_i)(万元)
2013	120	100
2014	110	95
2015	100	90
2016	120	100
2017	130	105
2018	140	110

解：

(1) 根据表 3-9 整理出表 3-10

表 3-10　资金需要量预测表(按总额预测)

年　度	产销量(x_i)(万件)	资金占用(y_i)(万元)	x_iy_i	x_i^2
13	120	100	12 000	14 400
2014	110	95	10 450	12 100
2015	100	90	9 000	10 000
2016	120	100	12 000	14 400
2017	130	105	13 650	16 900
2018	140	110	15 400	19 600
合计 $n=6$	720	600	72 500	87 400

(2) 把表 3-10 的有关资料代入公式

$$\begin{cases}600=6a+720b\\72\ 500=720a+87\ 400b\end{cases}$$

得：$a=40$、$b=0.5$

(3) 把 $a=40$、$b=0.5$ 代入 $y=a+bx$ 得

$$y=40+0.5x$$

(4) 把 2019 年预计销售量 150 万件代入上式，得出 2019 年资金需要量为

$$40+0.5\times150=115(\text{万元})$$

从理论上讲，回归直线法是一种计算结果最为精确的方法。

3.2　权益性筹资

企业的权益性筹资又称股权性筹资，主要有投入资本筹资和发行普通股筹资两种方式。因其涉及企业的注册资本制度，故此，本节首先介绍企业的注册资本制度，然后分别阐述投入资本筹资和发行普通股筹资。

3.2.1　注册资本制度

3.2.1.1　注册资本的含义

一般而言，注册资本是企业法人资格存在的物质要件，是股东对企业承担有限责任的界限，也是股东行使股权的依据和标准。具体而言，注册资本是指企业在工商行政管理部门登记注册的资本总额。

根据我国《公司法》的规定，股份有限公司可以采取发起设立或者募集设立的方式。发起设立是指由发起人认购公司应发行的全部股份而设立公司；募集设立是指由发起人认购

公司应发行股份的一部分，其余股份向社会公开募集或者向特定对象募集而设立公司。股份有限公司采取发起设立方式设立的，注册资本为在公司登记机关登记的全体发起人认购的股本总额；采取募集方式设立的，注册资本为在公司登记机关登记的实收股本总额。

有限责任公司的注册资本为在公司登记机关登记的全体股东认缴的出资额。

3.2.1.2 注册资本制度的模式

从世界各国的情况看，公司注册资本制度的模式主要有以下三种。

(1) 实缴资本制。实缴资本制有时又称实收资本制、法定资本制。这种注册资本制度规定公司的实收资本必须等于注册资本，否则公司不得设立。该制度由法国和德国首创，为多数大陆法系国家所采用，如欧洲大陆各国。实缴资本制一般规定公司注册资本的最低限额，并规定公司全体发起人或全体股东首次出资额的最低比例，其余部分限期缴足，有的还规定货币资本出资的最低比例。另外，规定由依法设定的验资机构出具验资证明。由此可见，实缴资本制对于注册资本的规定比较严格，其宗旨在于力图保护债权人的利益，维护公司经营的安全。

(2) 授权资本制。授权资本制是指公司在设立时，于公司章程中确定资本总额，但不要求股东一次全部缴足，只要缴付首次出资额，公司即可设立；其余部分可授权董事会根据需要随时发行。这种制度允许实收资本和注册资本不一致，公司增减资本比较灵活。授权资本制为英国和美国所创立，主要为英美法系的国家和地区所采用。

(3) 折中资本制。折中资本制是介于实缴资本制和授权资本制之间的一种注册资本制度。这种注册资本制度，一般规定公司在设立时应明确资本总额，并规定首次出资额或出资比例以及缴足资本总额的最长期限。由此可见，该制度吸收了法定资本制和授权资本制的优点，一方面允许公司根据实际需要发行资本，以适应公司的经营需要；另一方面规定缴足资本的期限，有利于降低公司的经营风险。

我国曾实行实缴资本制。2014 年国务院批准《注册资本登记制度改革方案》，推进工商注册制度便利化，加快政府职能转变，创新政府监管方式，建立公平开放透明的市场规则，保障创业创新。实行注册资本登记制度改革，将注册资本实缴登记制改为认缴登记制。除法律、行政法规以及国务院决定对公司注册资本实缴有另行规定的以外，取消了关于公司股东(发起人)应自公司成立之日起 2 年内缴足出资，投资公司在 5 年内缴足出资的规定；取消了一人有限责任公司股东应一次足额缴纳出资的规定。采取公司股东(发起人)自主约定认缴出资额、出资方式、出资期限等，并记载于公司章程的方式。

同时，放宽注册登记条件。除对公司注册资本最低限额有另行规定的以外，取消了有限责任公司、股份有限公司最低注册资本的限制；不再限制公司设立时股东(发起人)的首次出资比例和货币出资比例。此外，简化登记事项和登记文件。有限责任公司股东认缴出资额，公司实收资本不再作为登记事项。公司登记时，不需要提交验资报告。

3.2.2 投入资本筹资

投入资本筹资又称吸收直接投资，是非股份制企业筹资股权资本的基本方式。

3.2.2.1 投入资本筹资的含义和主体

▶ 1. 投入资本筹资的含义

按照国际惯例，企业的全部资本按其所有权的归属，可以分为股权资本和债务资本。企业的股权资本一般由投入资本(或股本)和留存收益构成。根据我国有关财务制度规定，企业的股权资本包括资本金、资本公积金、盈余公积金和未分配利润。

企业的资本金是企业所有者为创办和发展企业而投入的资本，是企业股权资本最基本的部分。企业资本金因企业组织形式的不同而有不同的表现形式，在股份制企业中称为股本，在非股份制企业中则称为投入资本。

投入资本筹资是指非股份制企业以协议等形式吸收国家、其他企业、个人和外商等直接投入的资本，形成企业投入资本的一种长期筹资方式。投入资本筹资不以股票为媒介，适用于非股份制企业，它是非股份制企业筹集股权资本的一种基本方式。

▶ 2. 投入资本筹资的主体

一般而言，投入资本筹资的主体是指进行投入资本筹资的企业。从法律上讲，现代企业主要有三种组织形式，也可以说是三种企业制度，即独资制、合伙制和公司制。在我国，公司制企业又分为有限责任公司和股份有限公司。可见，采用投入资本筹资的主体只能是非股份制企业，包括个人独资企业、个人合伙企业和有限责任公司。

3.2.2.2 投入资本筹资的种类

(1) 投入资本筹资按所形成股权资本的构成分类。①筹集国家投资，主要是国家财政拨款，形成企业的国有资本；②筹集其他企业、单位等法人的直接投资，由此形成企业的法人资本；③筹集本企业内部职工和城乡居民的直接投资，形成企业的个人资本；④筹集外国投资者和我国港澳台地区投资者的直接投资，形成企业的外商资本。

(2) 投入资本筹资按投资者的出资形式分类。①筹集现金投资是企业筹集投入资本所乐于采用的形式。企业有了现金，可用于购置资产、支付费用，比较灵活方便。因此，企业一般争取投资者以现金方式出资。各国法规大多对现金出资比例作出规定，或由融资各方协商确定。②筹集非现金投资主要有两类形式：一是筹集实物资产投资，即投资者以房屋、建筑物、设备等固定资产和材料、燃料、产品等流动资产作价投资；二是筹集无形资产投资，即投资者以专利权、商标权、商誉、非专利技术、土地使用权等无形资产作价投资。

3.2.2.3 投入资本筹资的程序

企业投入资本筹资，一般应依循以下程序。

(1) 确定投入资本筹资的数量。企业新建或扩大规模而进行投入资本筹资时，应当合理确定所需投入资本筹资的数量。国有独资企业的增资，须由国家授权投资的机构或国家授权的部门决定；合资或合营企业的增资须由出资各方协商决定。

(2) 选择投入资本筹资的具体形式。企业面向哪些方向、采用何种具体形式进行投入资本筹资，需要由企业和投资者双向选择，协商确定。企业应根据其生产经营等活动的需要以及协议等规定，选择投入资本筹资的具体方向和形式。

(3) 签署决定、合同或协议等文件。企业投入资本筹资，不论是为了新建还是为了增资的目的，都应当由有关方面签署决定或协议等书面文件。对于国有企业，应由国家授权投资的机构签署创建或增资拨款决定；对于合资企业，应由合资各方共同签订合资或增资协议。

(4) 取得资本来源。签署拨款决定或投资协议后，应按规定或计划取得资本来源。吸收国家以现金投资的，通常有拨款计划，确定拨款期限、每期数额及划拨方式，企业可按计划取得现金；吸收出资各方以实物资产和无形资产投资的，应结合具体情况，采用适当方法，进行合理估价，然后办理产权的转移手续，取得资产。

3.2.2.4 筹集非现金投资的估价

企业筹集的非现金投资，主要指流动资产、固定资产和无形资产，应按照评估确定或合同、协议约定的金额计价。

(1) 筹集流动资产的估价。企业筹集的流动资产，包括材料、燃料、产成品制品、自制半成品、应收款项和有价证券等。

1) 对于材料、燃料、产成品等，可采用现行市价法或重置成本法进行估价。

2) 对于在制品、自制半成品，可先按完工程度折算为相当于产成品的约当量，再按产成品的估价方法进行估价。

3) 对于应收款项，应针对具体情况，采用合理的估价方法，也就是说能够立即收回的应收账款，可以其账面价值作为评估价值；能够立即贴现的应收票据，可以其贴现值作为评估价值；不能立即收回的应收账款，应合理估计其坏账损失，并以其账面价值扣除坏账损失后的金额作为评估价值；能够立即变现的带息票据和计息债券，可以其面额加上持有期间的利息作为评估价值。

4) 对于有价证券，可采用成本法、成本与市价孰低法或市价法进行估价。

(2) 筹集固定资产的估价。筹集固定资产投资，主要是机器设备、房屋建筑物等。

1) 对于筹集的机器设备，一般采用重置成本法和现行市价法进行估价；对有独立生产能力的机器设备，也可采用收益现值法估价。评估价值应包括机器设备的直接成本和间接成本。

2) 房屋建筑物价值的高低，是由多方面因素决定的，主要受原投资额、地理位置、质量、新旧程度等因素的影响，可采用现行市价法并结合收益现值法进行估价。

(3) 筹集无形资产的估价。企业筹集的无形资产投资主要有专利权、专有技术、商标权、土地使用权、特许经营权、租赁权、版权等。

1) 对于能够单独计算自创成本或外购成本的无形资产，如专利权、专有技术等，可以采用重置成本法估价。

2) 对于在现时市场上有交易参照物的无形资产，如专利权、租赁权、土地使用权等，可采用现行市价法进行估价。

3) 对于无法确定研制成本或购买成本，又不能在市场上找到交易参照物，但能为企业持续带来收益的无形资产，如特许经营权、商标权等，可采用收益现值法估价。

3.2.2.5 投入资本筹资的优缺点

投入资本筹资是我国企业筹资中最早采用的一种方式，也曾经是我国国有企业、集体企业、合资或联营企业普遍采用的筹资方式。它既有优点，也有不足。

▶ 1. 投入资本筹资的优点

(1) 筹资风险小。投入资本筹资没有固定的利息费用，向投资者支付报酬的多少可根据企业经营状况的好坏而定，所以筹资风险较小。

(2) 能增强企业的举债能力。投入资本筹资使企业的自有资本增加，增加了企业的财务实力，为企业偿债提供保障，从而增强企业的举债能力。

(3) 能尽快形成生产能力。投入资本筹资不仅可以取得现金，还可直接利用投资者投入的先进设备和先进技术，尽快形成生产能力。

▶ 2. 投入资本筹资的缺点

(1) 资本成本较高。与发行债券或向银行贷款相比，投入资本筹资支付给投资者的报酬是从税后利润支付的，不能抵税。因此，其资本成本一般比较高。

(2) 由于没有证券为媒介，产权关系有时不够明晰，也不便于产权的交易。

3.2.3 发行普通股筹资

发行股票筹资是股份有限公司筹集股权资本的基本方式。本节阐述股票筹资中发行普通股的实务操作。本章最后，还会介绍发行优先股筹资的相关问题。

3.2.3.1 股票的含义和种类

▶ 1. 股票的含义

股票是股份有限公司为筹措股权资本而发行的有价证券，是持股人拥有公司股份的凭证，它代表持股人在公司中拥有的所有权。股票持有人即为公司的股东。公司股东作为出资人按投入公司的资本额享有所有者的资产收益、公司重大决策和选择管理者的权利，并以其所持股份为限对公司承担责任。

▶ 2. 股票的种类

股份有限公司根据筹资者和投资者的需要，发行各种不同的股票。股票的种类很多，可按不同的标准进行分类。

(1) 股票按股东的权利和义务，分为普通股和优先股。

普通股是公司发行的代表着股东享有平等的权利、义务，不加特别限制，股利不固定的股票。普通股是最基本的股票。通常情况下，股份有限公司只发行普通股。普通股在权利和义务方面的特点是：普通股股东享有公司的经营管理权；普通股股利分配在优先股之后进行，并依公司盈利情况而定；公司解散清算时，普通股股东对公司剩余财产的请求权位于优先股之后；公司增发新股时，普通股股东具有认购优先权，可以优先认购公司所发行的股票。

优先股是公司发行的优先于普通股股东分取股利和公司剩余财产的股票。优先股股东在股东大会上无表决权，在参与公司经营管理上受到一定限制，仅对涉及优先股权利的问题有表决权。多数国家公司法规定，优先股可以在公司设立时发行，也可以在公司增发新股时发行。但有些国家的法律则规定，优先股只能在特殊情况下，如公司增发新股或清理债务时才准许发行。

(2) 股票按票面有无记名，分为记名股票和无记名股票。

记名股票是在股票票面上记载股东的姓名或者名称的股票，股东姓名或名称要记入公司的股东名册。我国《公司法》规定，公司向发起人、法人发行的股票，应为记名股票；向社会公众发行的股票，可以为记名股票，也可以为无记名股票。记名股票一律用股东本名，其转让、继承要办理过户手续。

无记名股票是在股票票面上不记载股东的姓名或名称的股票，股东姓名或名称也不记入公司的股东名册，公司只记载股票数量、编号及发行日期。公司对社会公众发行的股票可以为无记名股票。无记名股票的转让、继承无须办理过户手续，即实现股权的转移。

(3) 股票按票面是否标明金额，分为有面额股票和无面额股票。

有面额股票是公司发行的票面标有金额的股票。持有这种股票的股东，对公司享有权利和承担义务的大小，以其所拥有的全部股票的票面金额之和占公司发行在外股票总面额的比例大小来定。我国《公司法》规定，股票应当标明票面金额。

无面额股票不标明票面金额，只有股票上载明所占公司股本总额的比例或股份数，故也称“分权股份”或“比例股”。其之所以采用无面额股票，是因为股票价值实际上是随公司财产的增减而变动的。发行无面额股票，有利于促使投资者在购买股票时，注意计算股票的实际价值。

(4) 股票按投资主体的不同，分为国家股、法人股、个人股和外资股。

国家股是有权代表国家投资的部门或机构以国有资产向公司投入而形成的股份。国家股由国务院授权的部门或机构持有，并向公司委派股权代表。

法人股是指企业法人依法以其可支配的资产向公司投入而形成的股份，或具有法人资格的事业单位和社会团体以国家允许用于经营的资产向公司投入而形成的股份。

个人股为社会个人或本公司职工以个人合法财产投入公司而形成的股份。

外资股是指外国和我国港澳台地区投资者购买的人民币特种股票(B股)。

(5) 股票按发行时间的先后，分为始发股和新股。

始发股是设立时发行的股票。新股是公司增资时发行的股票。始发股和新股发行的具体条件、目的、发行价格不尽相同，但股东的权利、义务是一致的。

(6) 股票按发行对象和上市地区，分为A股、B股、H股、N股和S股等。

A股是供我国个人或法人买卖的以人民币标明票面价值并以人民币认购和交易的股票。B股和H股是专供外国和我国港澳台地区的投资者买卖的，以人民币标明面值但以外币认购和交易的股票。B股在深圳、上海证券交易所上市，H股在我国香港联交所上市，依此类推，在纽约和新加坡上市的股票，就分别称为N股和S股。

(7) 股票按业绩不同，分为ST股、垃圾股、绩优股和蓝筹股。

ST股是指境内上市公司连续两年亏损，被进行特别处理的股票；*ST是指境内上市公司连续三年亏损的股票。摘帽是指某股票原来是ST股，现在去掉ST成为正常股票。垃圾股是指经营亏损或违规的公司的股票。绩优股就是业绩优良公司的股票，一般每股税后利润在全体上市公司中处于中地位，上市后净资产收益率连续三年超过10%的股票。蓝筹股是指那些在其所属行业内占有重要支配性地位、业绩优良、成交活跃、红利优厚的大公司股票。

3.2.3.2 股票发行的要求

股份有限公司发行股票，通常分为设立发行和增资发行。根据我国《公司法》《证券法》等法规规定，必须遵循下列基本要求。

(1) 股份有限公司的资本划分为股份，每一股的金额相等。

(2) 公司的股份采取股票的形式，股票是公司签发的证明股东所持股份的凭证。

(3) 股份的发行，实行公平、公正的原则，同种类的每一股份应当具有同等权利。

(4) 同次发行的同种类股票，每股的发行条件和价格应当相同；任何单位或者个人所认购的股份，每股应当支付相同价额。

(5) 股票发行价格可以按票面金额(即等价)，也可以超过票面金额(即溢价)，但不得低于票面金额(即折价)。

3.2.3.3 股票发行的条件

根据国家有关法律法规和国际惯例，股份有限公司发行股票以及可转换公司债券，必须具备一定的条件。

(1) 上市公司的组织机构健全、运行良好，包括公司章程合法有效，股东大会、董事会、监事会和独立董事制度健全，能够依法有效履行职责；公司内部控制制度健全，能够有效保证公司运行的效率、合法合规性和财务报告的可靠性；内部控制制度的完整性、合理性、有效性不存在重大缺陷；现任董事、监事和高级管理人员具备任职资格，能够忠实和勤勉地履行职务，不存在违反公司法第147条、第148条规定的行为，且最近36个月内未受到过中国证监会的行政处罚，最近12个月内未受到过证券交易所的公开谴责。上市公司与控股股东或实际控制人的人员、资产、财务分开，机构、业务独立，能够自主经营管理；最近12个月内不存在违规对外提供担保的行为。

(2) 上市公司的盈利能力具有可持续性，包括最近3个会计年度连续盈利，扣除非经常性损益后的净利润与扣除前的净利润相比，以低者作为计算依据；业务和盈利来源相对稳定，不存在严重依赖于控股股东、实际控制人的情形；现有主营业务或投资方向能够可持续发展，经营模式和投资计划稳健，主要产品或服务的市场前景良好，行业经营环境和市场需求不存在现实或可预见的重大不利变化；高级管理人员和核心技术人员稳定，最近12个月内未发生重大不利变化；公司重要资产、核心技术或其他重大权益的取得合法，能够持续使用，不存在现实或可预见的重大不利变化；不存在可能严重影响公司持续经营的担保、诉讼、仲裁或其他重大事项；最近24个月内曾公开发行证券的，不存在发行当年营业利润比上年下降50%以上的情形。

(3) 上市公司的财务状况良好，包括会计基础工作规范，严格遵循国家统一会计制度的规定；最近3年及1期财务报表未被注册会计师出具保留意见、否定意见或无法表示意见的审计报告；被注册会计师出具带强调事项段的无保留意见审计报告的，所涉及的事项对发行人无重大不利影响或者在发行前重大不利影响已经消除；资产质量良好，不良资产不足以对公司财务状况造成重大不利影响；经营成果真实，现金流量正常，营业收入和成本费用的确认严格遵循国家有关企业会计准则的规定，最近3年资产减值准备计提充分合理，不存在操纵经营业绩的情形；最近3年以现金方式累计分配的利润不少于最近3年实现的年均可分配利润的30%。

（4）上市公司最近36个月内财务会计文件无虚假记载，且不存在重大违法行为，包括违反证券法律、行政法规或规章，受到中国证监会的行政处罚，或者受到刑事处罚；违反工商、税收、土地、环保、海关法律、行政法规或规章、受到行政处罚且情节严重，或受到刑事处罚；违反国家其他法律、行政法规且情节严重的行为。

（5）公司募集资金的数额和使用符合规定，包括募集资金数额不超过项目需要量；募集资金用途符合国家产业政策和有关环境保护、土地管理等法律和行政法规的规定；除金融类企业外，本次募集资金使用项目不得为持有交易性金融资产和可供出售的金融资产、借予他人、委托理财等财务性投资，不得直接或间接投资于以买卖有价证券为主要业务的公司；投资项目实施后，不会与控股股东或实际控制人产生同业竞争或影响公司生产经营的独立性；建立募集资金专项存储制度，募集资金必须存放于公司董事会决定的专项账户。

3.2.3.4　股票的发行程序

各国对股票的发行程序都有严格的法律规定，未经法定程序发行的股票无效。根据我国《上市公司证券发行管理办法》的规定，上市公司申请发行股票以及可转换债券，应当依循下列程序。

（1）公司董事会应当依法就下列事项作出决议，包括本次证券发行的方案、募集资金使用的可行性报告和前次募集资金使用的报告以及其他必须明确的事项等，并提请股东大会批准。

（2）公司股东大会就发行股票作出的决定，至少应当包括本次发行证券的种类和数量，发行方式、发行对象及向原股东配售的安排，定价方式或价格区间，募集资金用途，决议的有效期，对董事会办理本次发行具体事宜的授权以及其他必须明确的事项。

（3）股东大会就发行证券事项作出决议，必须经出席会议的股东所持表决权的三分之二以上通过。向本公司特定的股东及其关联人发行证券的，股东大会就发行方案进行表决时，关联股东应当回避。

（4）上市公司申请公开发行股票或者非公开发行新股，应当由保荐人保荐，并向中国证监会申报。保荐人应当按照中国证监会的有关规定编制和报送发行申请文件。

（5）中国证监会依照下列程序审核发行证券的申请：收到申请文件后，5个工作日内决定是否受理；中国证监会受理后，对申请文件进行初审；发行审核委员会审核申请文件；中国证监会作出核准或者不予核准的决定。

（6）自中国证监会核准发行之日起，上市公司应在12个月内发行证券；超过12个月未发行的，核准文件失效，须重新经中国证监会核准后方可发行。上市公司发行证券前发生重大事项的，应暂缓发行，并及时报告中国证监会。该事项对本次发行条件构成重大影响的，发行证券的申请应重新经过中国证监会核准。

（7）证券发行申请未获核准的上市公司，自中国证监会作出不予核准的决定之日起6

个月后，可再次提出证券发行申请。

3.2.3.5 股票的发售方式

股票的发售方式，指的是股份有限公司向社会公开发行股票时所采取的股票销售方式，有自销和承销两种方式。股票的发行是否成功，最终取决于能否成功地将股票全部销售出去。根据我国《上市公司证券发行管理办法》的规定，上市公司公开发行股票，应当由证券公司承销；非公开发行股票，发行对象均属于原前十名股东的，可以由上市公司自行销售。

(1) 自销方式。股票发行的自销方式，是指股份有限公司在非公开发行股票时，自行直接将股票出售给认购股东，而不经过证券经营机构承销。非公开发行股票，发行对象均属于原前十名股东的，公司可以采用自销方式。自销方式可由发行公司直接控制发行过程，实现发行意图，并可节约发行成本，但发行风险完全由发行公司承担，主要由知名度高、有实力的公司向现有股东推销股票时采用。

(2) 承销方式。股票发行的承销方式，是指发行公司将股票销售业务委托给证券承销机构代理。证券承销机构是指专门从事证券买卖业务的金融中介机构，在我国主要为证券公司、信托投资公司等，在美国一般是投资银行，在日本则是称为"干事公司"的证券公司。承销方式是发行股票所普遍采用的推销方式。我国《上市公司证券发行管理办法》规定，公司向社会公开发行股票，应由依法设立的证券经营机构承销。

承销方式包括包销和代销两种办法。

1) 股票发行的包销，是由发行公司与证券经营机构签订承销协议，全权委托证券承销机构代理股票的发售业务。采用这种办法，一般由证券承销机构买进股份公司公开发行的全部股票，然后将所购股票转销给社会上的投资者。在规定的募股期限内，若实际招募股份数达不到预定发行股份数，剩余部分由证券承销机构全部承购下来。发行公司选择包销办法，可促进股票顺利出售，及时筹足资本，还可免于承担发行风险；不利之处是要将股票以略低的价格售给承销商，且实际付出的发行费用较高。

2) 股票发行的代销，是由证券经营机构代理股票发售业务，若实际募股份数达不到发行股数，承销机构不负承购剩余股份的责任，而是将未售出的股份归还给发行公司，发行风险由发行公司自己承担。

3.2.3.6 股票的发行价格

▶ 1. 股票发行价格的意义

股票发行价格是股份公司发行股票时，将股票出售给认购者所采用的价格，也就是投资者认购股票时所支付的价格。股票发行价格对于发行公司和新老股东以及承销机构具有重要意义。它关系到发行公司与投资者之间、新股东与老股东之间以及发行公司与承销机构之间的利益关系。股票发行价格如果过低，可能难以满足发行公司的筹资需求，甚至会损害老股东的利益；股票发行价格如果太高，可能加大投资者的风险，增大承销机构的发行风险和发行难度，抑制投资者的认购热情。因此，发行公司及承销机构需要对有关因素进行综合考虑，合理确定股票的发行价格。

2. 股票发行价格的种类

股票发行价格通常有等价、时价和中间价三种。

(1) 等价。等价就是以股票面值为发行价格发行股票，即股票的发行价格与其面值等价，亦称平价发行。等价发行股票一般比较容易推销，但发行公司不能取得溢价收入。在股票市场不甚发达的情况下，设立公司首次发行股票时，选用等价发行可确保及时足额地募集资本。

(2) 时价。时价也称市价，即以公司原发行同种股票的现行市场价格为基准来选择增发新股的发行价格。选用时价发行股票，考虑了股票的现行市场价值，可促进股票的顺利发行。综观世界股市的现状与趋势，时价发行股票颇为流行。美国已完全推行时价，德国、法国也经常采用，日本正在步美国后尘。

(3) 中间价。中间价是以股票市场价格与面额的中间值作为股票的发行价格。例如，某种股票的现行市价为75元，每股面额为50元，如果发行公司按每股62.5元的价格增发该种新股票，就是按中间价发行。可见，中间价兼具等价和时价的特点。

以时价或中间价发行股票，可能属于溢价发行，也可能属于折价发行。溢价发行是指按超过股票面额的价格发行股票；折价发行是指按低于股票面额的价格发行股票。如属溢价发行，则发行公司获得发行价格超过股票面额的溢价款列入资本公积金。

按照国际惯例，股票通常以溢价发行或等价发行，很少折价发行，即使在特殊情况下折价发行，也要施加严格的折价幅度和时间等限制。我国《公司法》规定，股票发行价格可以按票面金额(即等价)，也可以超过票面金额(即溢价)，但不得低于票面金额(即折价)。在美国，很多州规定折价发行股票为非法。英国公司法规定只有在特殊情况下，公司可以折价发行股票，但必须经公司全体股东会议通过，并经法院批准，而且增发新股决议必须限定折价的最大幅度，必须自公司开业后至少若干年以后方可折价发行股票。

3. 股票发行的定价原则

我国《公司法》等法规规定了股票发行定价的原则要求，主要有同次发行的股票，每股发行价格应当相同；任何单位或个人所认购的股份，每股应当支付相同的价款；股票发行价格可以等于票面金额，也可以超过票面金额，但不得低于票面金额。

4. 股票发行的定价方式

综合国内外股票市场，股票发行定价的方式主要有固定价格方式和累积订单方式两种。其中，累积订单方式是美国等股票市场通常采用的股票发行定价方式，其基本做法是首先由承销团与发行公司商定定价区间，通过市场促销征集在每个价位上的需求量；然后分析需求数量分布，由主承销商与发行公司确定最终发行价格。

固定价格方式是英国、日本和我国香港等股票市场通常采用的股票发行定价方式，其基本做法是：在公开发行前，先由承销商与发行公司商定固定的股票发行价格，然后按照该价格公开发售股票。

我国上市公司股票的发行定价方式经历了行政定价向市场化定价演变的过程。最初采用固定价格方式，随后改为固定市盈率和控制市盈率的方式，后来试行询价方式。询价方式实质上属于累积订单的股票定价方式。询价分为两个阶段：第一阶段为发行公司及其保荐人向专业机构投资者初步询价，征询发行价格区间；第二阶段是发行公司和主承销商在确定的发行价格区间内向机构投资者征询发行价格，最终确定股票发行价格。

3.2.3.7 股票上市

▶ 1. 股票上市的意义

股票上市是指股份有限公司公开发行的股票，符合规定条件，经过申请批准后在证券交易所作为挂牌交易的对象。经批准在证券交易所上市交易的股票，称为上市股票，公司称为上市公司。

股份有限公司申请股票上市，基本目的是为了增加公司股票的吸引力，形成稳定的资本来源，能在更大范围内筹措大量资本。股票上市对上市公司而言，主要有如下意义：

(1) 提高公司所发行股票的流动性和变现性，便于投资者认购、交易；

(2) 促进公司股权的社会化，避免股权过于集中；

(3) 提高公司的知名度；

(4) 有助于确定公司增发新股的发行价格；

(5) 便于确定公司的价值，利于促进公司实现财富最大化目标。

因此，不少公司都积极创造条件，争取股票上市。

但也有人认为，股票上市对公司不利，主要表现在：①各种信息公开的要求可能会暴露公司的商业秘密；②股市的波动可能歪曲公司的实际情况，损害公司的声誉；③可能分散公司的控制权。因此，有些公司即使已符合上市条件，也宁愿放弃上市机会。

▶ 2. 股票上市的条件

股票上市条件也称股票上市标准，是指对申请上市公司所作的规定或要求。按照国际惯例，股票上市的条件一般有开业时间、资产规模、股本总额、持续盈利能力、股权分散程度、股票市价等。各国对股票上市条件都规定了具体的数量标准。

我国《证券法》规定，申请证券上市交易，应当符合证券交易所上市规则规定的上市条件。证券交易所上市规则规定的上市条件，应当对发行人的经营年限、财务状况、最低公开发行比例和公司治理、诚信记录等提出要求。

根据《上海证券交易所股票上市规则(2020)》，发行人首次公开发行股票后申请其股票在本所上市，应当符合下列条件：

(1) 股票经中国证监会核准已公开发行；

(2) 具备健全且运行良好的组织机构；

(3) 具有持续经营能力；

(4) 公司股本总额不少于人民币 5 000 万元；

(5) 公开发行的股份达到公司股份总数的 25%以上；公司股本总额超过人民币 4 亿元的，公开发行股份的比例为 10%以上；

(6) 公司及其控股股东、实际控制人最近 3 年不存在贪污、贿赂、侵占财产、挪用财产或者破坏社会主义市场经济秩序的刑事犯罪；

(7) 最近3个会计年度财务会计报告均被出具无保留意见审计报告；

(8) 该所要求的其他条件。

▶ 3. 股票上市的决策

股份公司为实现其上市目标，须在申请上市前对公司状况进行分析，对上市股票的股利政策、上市方式和上市时机作出决策。

(1) 公司状况分析。申请股票上市的公司，须分析公司及其股东的状况，全面分析权衡股票上市的各种利弊及其影响，确定关键因素。例如，如果公司面临的主要问题是资本不足，现有股东风险过大，则可通过股票上市予以解决；倘若公司目前存在的关键问题是，一旦控制权外流，就会导致公司的经营不稳定，从而影响公司长期稳定发展，则可放弃上市计划。

(2) 上市股票的股利决策。股利决策包括股利政策和股利分派方式的抉择。股利决策既影响上市股票的吸引力，又影响公司的支付能力，因此，必须作出合理的选择。

股利政策通常有固定股利额、固定股利率、正常股利加额外股利等。固定股利额能给市场以稳定的信息，有利于保持上市股票价格的稳定性，增强投资者的信心，有利于投资者有计划地安排股利的使用，但这也成为公司的固定财务负担。固定股利率可与公司盈利水平相衔接，但股利额不稳定。正常股利加额外股利的政策既能保持股利的稳定性，又能实现股利与盈利之间的配合，故为许多上市公司所采用。

股利分派方式主要有现金股利、股票股利、财产股利等。现金股利适合于公司具有充足的现金时采用；股票股利可在公司现金短缺时选用；财产股利一般是指公司以其投资的短期有价证券代替现金分派股利，这种证券变现能力强，股东可以接受，而公司不必立即支付现金，可以暂时弥补公司现金的不足。

(3) 股票上市方式的选择。股票上市的方式一般有公开出售、反向收购等。申请上市的公司需要根据股市行情、投资者和本公司的具体情况进行选择。

公开发售是股票上市的最基本方式，申请上市的公司通常采用这种上市方式，这种方式有利于满足公司增加现金资本的需要，有利于原股东转让其所持有的部分股份。

反向收购是指申请上市的公司收购已上市的较小公司的股票，然后向被收购的公司股东配售新股，以达到筹资的目的。

(4) 股票上市时机的选择。股票上市的最佳时机，是在公司预计来年会取得良好业绩的时间。当然，还须考虑当时的股市行情是否适宜。

3.2.3.8 普通股筹资的优缺点

股份有限公司运用普通股筹集股权资本，与优先股、公司债券、长期借款等筹资方式相比，有优点也有缺点。

▶ 1. 普通股筹资的优点

(1) 普通股筹资没有固定的股利负担。公司有盈利，并认为适于分配股利，可以分给股东；公司盈利较少，或虽有盈利但资本短缺或有更有利的投资机会，也可以少支付或者不支付股利。而债券或借款的利息无论企业是否盈利及盈利多少，都必须予以支付。

(2) 普通股股本没有规定的到期日，无须偿还。它是公司的永久性资本，除非公司清算，才予以清偿。这对于保证公司对资本的最低需要，促进公司长期持续稳定经营具有重要作用。

(3) 利用普通股筹资的风险小。由于普通股股本没有固定的到期日，一般也不用支付固定的股利，不存在还本付息的风险。

(4) 发行普通股筹集股权资本能提升公司的信誉。普通股股本以及由此产生的资本公积金和盈余公积金等，是公司筹措债务资本的基础。拥有较多的股权资本，将有利于提高公司的信用价值，同时也为利用更多的债务筹资提供强有力支持。

▶ 2. 普通股筹资的缺点

(1) 资本成本较高。一般而言，普通股筹资的成本要高于债务资本。这主要是由于投资于普通股风险较高，相应要求较高的报酬，并且股利应从所得税后利润中支付，而债务筹资方式的债权人风险较低，支付利息允许在税前扣除。此外，普通股发行成本也较高。一般来说，发行证券费用最高的是普通股，其次是优先股，再次是公司债券，最后是长期借款。

知识链接 3-1
A股年内再融资，创造业成主力军

(2) 利用普通股筹资，出售新股票，增加新股东，可能会分散公司的控制权；此外，新股东对公司已积累的盈余具有分享权，会降低普通股的每股收益，从而可能引起普通股股价的下跌。

(3) 如果以后增发普通股，可能引起股票价格的波动。

3.3 债权性筹资

负债是企业一项重要的资金来源方式，几乎没有一家企业是只靠股权资本而不运用负债就能做大的。与股权性筹资相比，债权性筹资所筹集的负债资金具有使用上的时间性，需到期偿还；不论企业经营好坏，需固定支付债务利息，从而形成企业固定的负担。但债权性筹资的成本一般比普通股筹资成本低，且不会分散投资者对企业的控制权。

按照所筹资金可使用时间的长短，债权性筹资可分为长期债务筹资和短期债务筹资两类。长期债务筹资一般有发行债券筹资、长期借款筹资和融资租赁三种方式；短期债务筹资常采用的有银行短期借款和商业信用等方式。

3.3.1 发行债券筹资

债券是债务人为筹集借入资本而发行的，约定在一定期限内向债权人还本付息的有价证券。

3.3.1.1 债券的种类

(1) 按债券有无特定财产担保，分为担保债券和信用债券。

担保债券是指以抵押方式担保发行人按期还本付息的债券，主要是指抵押债券。抵押债券按其抵押品的不同，又分为不动产抵押债券、动产抵押债券和证券信托抵押债券。

信用债券是无担保债券，是仅凭公司自身的信用发行的、没有抵押品作抵押担保的债券。在公司清算时，信用债券的持有人因无特定的资产做担保品，只能作为一般债权人参与剩余财产的分配。这种债券通常由信誉良好、实力较强的企业发行，一般利率略高于抵押债券。

(2) 按是否记名，分为记名债券和无记名债券。

记名债券要在券面上记有持券人的姓名或名称及住所，并记入公司债券存根簿。公司只对记名人偿还本金，持券人凭印鉴支取利息。记名债券由债券持有人以背书方式或者法律、行政法规规定的其他方式转让，并由公司将受让人的姓名或者名称及住所记载于公司债券存根簿。

无记名债券是指券面上无持券人姓名或名称，债券本息直接向债券持有人支付。其转让由债券持有人在依法设立的证券交易所将该债券交付给受让人后即发生转让的效力。

(3) 按债券利率是否固定，分为固定利率债券和浮动利率债券。

固定利率债券是利率水平在发行债券时即已确定并载于债券券面的债券。

浮动利率债券的利率水平在发行债券之初不固定，而是根据有关利率(如政府债券利率、银行存款利率等)的变化而同方向调整。

(4) 按偿还方式，分为到期一次债券和分期债券。

到期一次债券是发行公司于债券到期日一次集中清偿本金的债券。

分期债券是指一次发行而分期、分批偿还的债券。公司发行这类债券的目的就是分散债券偿付期，减轻企业财务压力。

(5) 按能否转换为公司股票，分为可转换债券与不可转换债券。

可转换债券是指发行公司依据法定程序发行的，在一定期间内依据约定的条件可以转换成公司股份的债券；与之相反，不能转换成公司股份的债券即为不可转换债券，大多数公司债券属于这种类型。

(6) 按能否提前收兑，分为可提前收兑债券和不可提前收兑债券。

可提前收兑债券是企业按照发行时的条款规定，依一定条件和价格在企业认为合适的时间可收回的债券，这类债券的益处就在于当利率降低时，企业可用“以新换旧”的办法，收回已发行的利率较高的债券，代之以新的、利率相对较低的债券，以降低债务成本。不可提前收兑债券是指不能依条款从债权人手中提前收回的债券，它只能在证券市场上按市场价格买回，或等到债券到期后收回。

(7) 按能否上市，分为上市债券与非上市债券。

上市债券是指在证券交易所挂牌交易的债券。上市债券的信用度高，流通性好，容易吸引投资者，也有利于提高发行公司的声誉，但债券上市有严格的要求，而且要负担较高的发行费用。非上市债券是指不能在证券交易所挂牌交易的债券。其发行可由发行公司直接向社会发行，也可由证券经营机构承销，但根据我国有关法律规定，公司发行债券须由证券经营机构承销。

3.3.1.2 债券的发行

▶ 1. 债券的发行条件

按照我国《证券法》规定，公开发行公司债券，应当符合下列条件：

(1) 具备健全且运行良好的组织机构；

(2) 最近三年平均可分配利润足以支付公司债券一年的利息；

(3) 国务院规定的其他条件。

公开发行公司债券筹集的资金，必须按照公司债券募集办法所列资金用途使用；改变资金用途，必须经债券持有人会议作出决议。公开发行公司债券筹集的资金，不得用于弥补亏损和非生产性支出。

上市公司发行可转换债券，还应当满足持续经营条件。但是，按照公司债券募集办法，上市公司通过收购本公司股份的方式进行公司债券转换的除外。

发行公司发生下列情形之一的，不得再次发行公司债券：

(1) 对已公开发行的公司债券或者其他债务有违约或者延迟支付本息的事实，仍处于继续状态；

(2) 违反本法规定，改变公开发行公司债券所募资金的用途。

▶ 2. 债券的发行程序

(1) 作出发行债券的决议或决定。公司发行债券，首先需要就债券发行总额、票面金额、票面利率、偿还期限、发行价格、发行方式、发行起止日期等内容作出决议或决定。

(2) 提出发行债券申请。在作出发行债券的决议或决定后，公司应当向国务院证券管理部门提出发行债券的申请，并提交公司营业执照、公司章程、公司债券募集办法、国务院授权的部门或者国务院证券监督管理机构规定的其他文件。依照规定聘请保荐人的，还应当报送保荐人出具的发行保荐书。

(3) 公告募集办法。发行公司债券的申请经批准后，应当公告公司债券的募集办法。募集办法中应载明公司名称、债券总额和债券的票面金额、利率、还本付息的期限和方式、债券发行的起止日期、公司净资产额、已发行的尚未到期的债券总额、承销机构等主要事项。

(4) 募集债券款。债券的募集有私募发行和公募发行两种。私募发行是以少数特定的投资者为募集对象，发行公司直接向投资者发售债券，收取债券款；公募发行是通过证券经营机构承销，向社会公众公开发行。

▶ 3. 债券的发行价格

债券的发行价格是发行公司发行债券时所使用的价格，即投资者认购债券时实际支付的价格。

(1) 影响债券发行价格的因素。

1) 债券面额。它是债券券面上所标明的金额，是债券到期日发行公司应偿付债权人的本金，也是确定债券发行价格的基础。一般来说，面值越大，发行价格越高。

2) 债券期限。它是指从债券发行日至债券到期日的期间。债券的偿债期限越长，则投资风险越大，投资者要求的报酬也越高，债券的发行价格会相对降低。

3）票面利率。它是发行公司发行债券时约定向债券持有人支付的投资报酬率。通常以年利率表示，是债券的名义利率。一般来说，债券的票面利率越高，发行价格也越高。债券的面值与利率的乘积为债券的年利息额。

4）市场利率。债券发行价格的高低还受债券的票面利率与市场利率差异的影响，票面利率一定时，市场利率越高，债券的发行价格越低；反之，则债券的发行价格越高。

此外，债券利息的支付方式也在一定程度上影响债券的发行价格。因此，债券的发行价格是各种因素综合作用的结果。

（2）债券发行价格的确定方法。

我国有关法规规定债券可以按面值平价发行，也可高出债券票面金额溢价发行或低于票面金额折价发行。债券发行价格可按下式计算确定

$$\text{债券发行价格}=\frac{\text{票面金额}}{(1+\text{市场利率})^n}+\sum_{t=1}^{n}\frac{\text{票面金额}\times\text{票面利率}}{(1+\text{市场利率})^t}$$

式中，n 为债券期限；t 为付息期数。

债券的票面金额、票面利率、债券期限在债券发行前已经确定，并载明于债券券面上，不易变动。因此，在发行债券时，决定债券发行价格的关键是市场利率。当市场利率与票面利率一致时，应平价发行；当市场利率低于票面利率时，应溢价发行；当市场利率高于票面利率时，应折价发行。

【例 3-4】 ABC 公司发行债券，面额为 1 000 元，票面利率 10%，每年末付息一次，期限 5 年，当市场利率变动时，债券的发行价格分别计算如下。

解：

（1）市场利率为 8%时，票面利率高于市场利率，溢价发行。债券发行价格计算为

$$\text{债券发行价格}=\frac{1\,000}{(1+8\%)^5}+\sum_{t=1}^{5}\frac{1\,000\times10\%}{(1+8\%)^t}$$

$$\approx1\,000\times0.681+100\times3.993=1\,080.3(\text{元})$$

（2）市场利率为 10%时，票面利率等于市场利率，平价发行。债券发行价格计算为

$$\text{债券发行价格}=\frac{1\,000}{(1+10\%)^5}+\sum_{t=1}^{5}\frac{1\,000\times10\%}{(1+10\%)^t}$$

$$\approx1\,000\times0.621+100\times3.791\approx1\,000(\text{元})$$

（3）市场利率为 12%时，票面利率低于市场利率，折价发行。债券发行价格计算为

$$\text{债券发行价格}=\frac{1\,000}{(1+12\%)^5}+\sum_{t=1}^{5}\frac{1\,000\times10\%}{(1+12\%)^t}$$

$$\approx1\,000\times0.567+100\times3.605=927.5(\text{元})$$

3.3.1.3　债券的信用评级

▶ 1. 债券信用评级的意义

债券的信用等级无论对债券发行公司还是投资者都有十分重要的影响。对发行公司而言，债券信用级别的高低直接影响筹资成本、债券发行价格和债券发行的结果。债券信用级别高，则投资者要求的风险补偿少，筹资成本低；债券信用级别高，债券的价值相对也

高，可以较高的价格发行；债券信用级别高，说明投资风险小，容易吸引投资者。对投资者而言，债券信用级别是进行投资决策的重要依据：信用级别高的债券，风险小，其风险报酬也低；反之，信用级别低的债券，风险大，其风险报酬也高。投资者可根据其对风险的承受能力和偏好选择不同级别的证券。

债券的评级制度最早源于美国。1909年，美国人约翰·穆迪(John Moody)在《铁路投资分析》(*Analysis of Railroad Investment*)一文中，首先运用了债券评级的分析方法。从此，债券评级的方法推广开来，并逐渐形成评级制度，为许多国家所采用。实际中，一般并不强制债券发行者必须取得债券评级，但在发达的证券市场上，没有经过评级的债券往往难以被投资者接受，因此，发行债券的公司一般都自愿向债券评级机构申请评级。

我国国务院于1993年发布的《企业债券管理条例》规定，企业发行公司债券，可以向经认可的债券评级机构申请信用评级。根据中国人民银行的有关规定，凡是向社会公开发行的企业债券，需由中国人民银行及其授权的分行指定资信评级机构或公正机构进行评级。

▶ 2. 债券的信用等级

目前国际上广泛采用的是美国著名的信用评定机构穆迪公司和标准普尔公司制定的等级标准。一般将信用等级分为3等9级，如表3-11所示。

表3-11　债券信用评级表

穆迪公司		标准普尔公司	
级　别	信用程度	级　别	信用程度
Aaa	最优等级	AAA	最优等级
Aa	高等级	AA	高级
A	较高等级	A	中等偏上等级
Baa	一般等级	BBB	中等
Ba	具有投机因素的等级	BB	中等偏下
B	一般不宜考虑投资的等级	B	投机性等级
Caa	容易失败的等级	CCC、CC	完全投机性等级
Ca	高度投机的等级	C	失败的等级
C	最差的投资等级	DDD、DD	失败的等级

从表3-11中可以看出，穆迪公司将债券分为9个等级：Aaa/Aa/A/Baa/Ba/B/Caa/Ca/C。

(1) Aaa是最高等级。这个级别的债券质量最高，其投资风险最小，被称为“金边债券”。这种债券的利息支付有很高的、稳定的利润作为基础，本金的偿还也有可靠的抵押品作为保证。当某些外部条件变化时，债券的偿还能力几乎不受影响。

(2) Aa为高等级。从各方面看，这种债券的质量都是很好的，它与Aaa级别的债券一起构成高级别的债券。它与Aaa级别债券的差距主要在于作为利息支付基础的利润，或者是利润额较低一些，或者是稳定性较差一些。另外，通常这种债券的长期风险要高于Aaa级别的债券。

(3) A为较高等级。这种债券是很好的投资选择，债券的本金和利息支付都有足够的保证。但同时有迹象表明，这种能力在将来可能有被削弱的危险。

(4) Baa为一般等级。这种债券的本金和利息支付能力一般，其可靠性也一般。从发债时点看，这种债券具备偿付本金和利息的能力，并有一定的保证。但从长期来看，其可靠性较差。这种债券具备一定的投资特性，同时也显示出一定的投机性。

(5) Ba为投机性等级。这种债券有强烈的投机性质，其未来状况难以判断，缺乏保证，对本金和利息的支付能力的保证程度一般。

(6) B为一般不宜考虑的等级。这种债券对未来如期支付利息和本金，以及履行债务事项的保证能力很差。

(7) Caa为容易失败的等级。这种债券目前可能处于危险之中，或者已经表现出难以支付利息和本金的危险迹象。

(8) Ca为高度投机的等级。这种债券通常是已经陷于破产境地或有其他严重问题的公司发行的债券。

(9) C是最差的等级。这种债券各方面质量都很差，不具备任何进行投资购买的价值。

标准普尔公司的等级评定与穆迪公司相似，也分为9个等级：AAA为最高等级，AA为高等级，A为中等偏上，BBB为中等，BB为中等偏下，B为投机性等级，CCC和CC为完全投机性等级，C为失败等级。另外，标准普尔公司还设有DDD和DD等级，也为失败等级，但状况比C级更差。

一般来说，Baa和BBB以上级别的债券都是正常投资级别的债券。

▶ 3. 债券评级的标准

债券信用等级的评估，是评估机构作出的主观判断，这种判断是建立在对许多客观因素进行定性和定量分析基础上的。评级中需要分析的主要有以下几种因素。

(1) 公司的财务指标。包括公司的资本实力、债务状况、偿债能力、获利能力、营运能力等财务指标以及这些指标的变动趋势。财务指标综合评价高且发展趋势稳定的公司，其债券等级高。

(2) 公司的发展前景。包括分析判断债券发行公司所处行业的状况，如是“朝阳产业”，还是“夕阳产业”，分析评级公司的发展前景、竞争能力、资源供应的可靠性等。

(3) 公司债券的约定条件。包括分析评价公司发行债券有无担保及其他限制条件、债券期限、付息还本方式等。

(4) 公司的财务政策。财务政策稳健的公司，其资本结构中负债程度较低，计算的收益较保守，财务质量较高，有利于债券等级提升。

3.3.1.4 债券筹资的优缺点

▶ 1. 债券筹资的优点

(1) 债券成本较低。与股票的股利相比较而言，债券的利息允许在所得税前支付，发行公司可享受税收利益，公司实际负担的债券成本一般低于股票成本。

(2) 可利用财务杠杆。无论发行公司的盈利有多少，债券持有人一般只收取固定的利息，而更多的收益可用于分配给股东或留用于公司经营，从而增加股东和公司的财富。

(3) 保障股东控制权。债券持有人无权参与发行公司的管理决策，因此，公司发行债券不会像增发新股那样可能会分散股东对公司的控制权。

(4) 便于调整资本结构。在公司发行可转换债券以及可提前赎回债券的情况下，便于公司主动且合理地调整资本结构。

▶ 2. 债券筹资的缺点

利用债券筹集资金，也有明显的不足。

(1) 财务风险较高。债券有固定的到期日，并需定期支付利息，发行公司必须承担按期付息偿本的义务。在公司经营不景气时，也需要向债券持有人还本付息，这会给公司带来更大的财务困难，有时甚至导致破产。

典型案例 3-1
中国中铁成功发行
2019 年公司债券

(2) 限制条件较多。发行债券的限制条件一般要比长期借款、租赁筹资的限制条件多且严格，从而限制了公司对债券筹资方式的使用，甚至会影响公司以后的筹资能力。

(3) 筹资数量有限。公司利用债券筹资一般有一定额度的限制。多数国家对此都有限定。

3.3.2 长期借款筹资

长期借款是指企业向银行等金融机构以及向其他单位借入的、期限在 1 年以上的各种借款。长期银行借款与短期银行借款在借款信用条件方面基本相同。企业举借长期借款主要用于购建固定资产和满足长期流动资金使用的需要。

3.3.2.1 长期借款的种类

▶ 1. 按提供贷款的机构分类

按提供贷款的机构，长期借款可分为政策性银行贷款、商业性银行贷款和非银行金融机构贷款。

(1) 政策性银行贷款是指由国家开发银行、中国进出口银行、中国农业发展银行等执行国家政策性贷款业务的银行提供的贷款，如国家重点建设项目资金贷款、进出口设备买方或卖方信贷等。

(2) 商业性银行贷款，是指由中国银行、中国工商银行、中国农业银行、中国建设银行、交通银行、招商银行等股份制商业银行提供的贷款。这类贷款主要是为满足企业生产经营的资金需要。

(3) 非银行金融机构贷款是指从信托投资公司取得的实物或货币形式的信托投资贷款，以及从财务公司取得的各种中长期贷款等。其他金融机构对企业的贷款一般较商业银行贷款的期限更长，相应地利率也较高，对借款企业的信用要求和担保的选择也比较严格。

▶ 2. 按机构对贷款有无担保要求分类

按机构对贷款有无担保要求，长期借款可分为信用贷款和担保贷款。

信用贷款是指以借款人的信誉或保证人的信用为依据而获得的贷款。企业取得这种贷款，无须以财产做抵押。对于这种贷款，由于风险较高，银行通常要收取较高的利息，往往还附加一定的限制条件。

担保贷款是指由借款人或第三方依法提供担保而获得的贷款。担保包括保证责任、财产抵押、财产质押，由此，担保贷款包括保证贷款、抵押贷款和质押贷款三种基本类型。

(1) 保证贷款，是指保证人和债权人约定，当债务人不履行债务时，保证人按照约定履行债务或者承担责任的贷款。具有代为清偿债务能力的法人、其他组织或者公民，可以作保证人。学校等以公益为目的的事业单位、社会团体不得为保证人；企业法人的分支机构、职能部门不得为保证人。

(2) 抵押贷款，是指债务人或者第三人不转移抵押财产，将该财产作为债权担保的贷款。可以抵押的财产主要有机器、交通运输工具、房屋和其他地上附着物等。

(3) 质押贷款，是指债务人或者第三人以其动产或权利作质押，将该动产或权利作为债权担保的贷款。质押的动产应移交债权人。可以质押的权利主要有汇票、支票、本票、债券、存款单、仓单、提单，依法可以转让的股份、股票，依法可以转让的商标专用权、专利权、著作权中的财产权。

▶ 3. 按贷款的用途分类

按用途，长期借款可分为基本建设贷款、更新改造贷款、科研开发和新产品试制贷款等。

3.3.2.2 取得长期借款的条件

企业申请贷款应具备以下条件：

(1) 独立核算、自负盈亏、具有法人资格；

(2) 经营方向和业务范围符合国家产业政策，借款用途属于银行贷款办法规定的范围；

(3) 借款企业具有一定的物资和财产保证，担保单位具有相应的经济实力；

(4) 有偿还贷款的能力；

(5) 财务管理和经济核算制度健全，资金使用效益及企业经济效益良好；

(6) 在银行设有账户，办理结算。

3.3.2.3 长期借款合同的内容

借款合同是借贷当事人双方在平等互利协商一致的基础上签订的，明确各方权利和义务的契约。借款合同依法签订后，即有法律效力，签约各方必须信守合同，履行合同约定的义务。

▶ 1. 借款合同的基本条款

按照我国有关法规，借款合同中应载明的基本条款包括：①借款种类；②借款用途；

③借款金额；④借款利率；⑤还本付息的期限及还款方式；⑥还款的资金来源；⑦保证条件；⑧违约责任等。其中，保证条件是银行为保证按时足额收回贷款，对借款企业自有资金比例、抵押贷款的抵押品及其处置权、信用担保贷款担保人的条件及责任等约定的条款。

▶ 2. 借款合同的保护性条款

长期借款的金额高、期限长、风险大，除借款合同的基本条款之外，债权人通常还在借款合同中附加各种保护性条款，以确保企业按要求使用借款和按时足额偿还借款。保护性条款一般有以下三类。

(1) 例行性保护条款。这类条款作为例行常规，在大多数借款合同中都会出现。主要包括：①定期向提供贷款的金融机构提交公司财务报表，以使债权人随时掌握公司的财务状况和经营成果；②保持存货储备量，不准在正常情况下出售较多的非产成品存货，以保持企业正常生产经营能力；③及时清偿债务，包括到期清偿应缴纳税金和其他债务，以防被罚款而造成不必要的现金流失；④不准以资产作其他承诺的担保或抵押；⑤不准贴现应收票据或出售应收账款，以避免或有负债等。

(2) 一般性保护条款。一般性保护条款是对企业资产的流动性及偿债能力等方面的要求条款，这类条款应用于大多数借款合间，主要包括：①保持企业的资产流动性。要求企业需持有一定最低额度的货币资金及其他流动资产，以保持企业资产的流动性和偿债能力，一般规定了企业必须保持的最低营运资金数额和最低流动比率数值。②限制企业非经营性支出。如限制支付现金股利、购入股票和职工加薪的数额规模，以减少企业资金的过度外流。③限制企业资本支出的规模。控制企业资产结构中的长期性资产的比例，以减少公司日后不得不变卖固定资产以偿还贷款的可能性。④限制公司再举债规模。目的是防止其他债权人取得对公司资产的优先索偿权。⑤限制公司的长期投资。如规定公司不准投资于短期内不能收回资金的项目，不能未经银行等债权人同意而与其他公司合并等。

(3) 特殊性保护条款。这类条款是针对某些特殊情况而出现在部分借款合同中的条款，只有在特殊情况下才能生效。主要包括：要求公司的主要领导人购买人身保险；借款的用途不得改变；违约惩罚条款等。

上述各项条款结合使用，将有利于全面保护银行等债权人的权益。但借款合同是经双方充分协商后决定的，其最终结果取决于双方谈判能力的大小，而不是完全取决于银行等债权人的主观愿望。

3.3.2.4 长期借款的偿还方式

按合同约定的期限和方式偿还贷款，是借款人必须履行的义务。长期借款的偿还方式一般有以下几种。

(1) 定期支付利息，到期一次性还本。在这种偿还方式下，企业要承受集中还款的压力，在借款到期日前要做好资金准备，以保证如期足额清偿借款。

(2) 定期等额偿还。在借款存续期内，定期以相等的金额偿还借款本息。这种偿还方式可减轻企业还款时的财务负担，降低企业的拒付风险，但企业实际支付的借款利率将高于其名义利率，即高于借款合同上标明的借款利率。

(3) 不等额分次偿还。在借款期内分数次偿还本金和利息，每次偿还的金额不等，到借款到期日全部还清。

3.3.2.5 长期借款筹资的优缺点

▶ 1. 长期借款筹资的优点

(1) 筹资迅速。长期借款所要办理的手续相对于股票、债券等方式较为简单，具有程序简便、迅速快捷的特点。

(2) 借款弹性较大。无论是用款进度或是还款安排，由于只和某一银行进行一对一的协商，因此，有利于企业按照自身的要求和能力来变更借款数量与还款期限，对企业来说具有一定的灵活性。

(3) 成本低。由于借款利息在税前开支，且间接筹资费用低，因此其成本相对较低。

(4) 发挥财务杠杆作用。长期借款与债券筹资一样，其利息支付是固定的，可发挥财务杠杆作用。

(5) 易于企业保守财务秘密。向银行办理借款，可以避免向公众提供公开的财务信息，因而易于减少财务信息的披露面，对保守财务秘密有好处。

▶ 2. 长期借款筹资的缺点

(1) 筹资风险大。尽管借款具有某种程度的弹性，但还本付息的固定义务仍然存在，企业偿付的压力大，筹资风险较高。

(2) 使用限制多。银行为保证贷款的安全性，对借款的使用附加了很多约束性条款，这些条款在一定意义上限制了企业自主调配与运用资金的功能。

(3) 筹资数量有限。长期借款与股票、债券等直接筹资方式相比，筹资数量相对有限。

3.3.3 租赁筹资

租赁是出租人以收取租金为条件，在契约或合同规定的期限内，将资产的使用权让渡给承租人的一种经济行为。同银行贷款一样，租赁也是一种信用活动，在实质上具有借贷性质，所不同的是银行贷款的标的物是货币，而租赁的标的物是实物。租赁物大多是各种机器设备和房屋等固定资产。

3.3.3.1 租赁的种类

▶ 1. 经营租赁

经营租赁又称营业租赁或业务租赁，是由出租人向承租企业提供租赁设备，并提供设备维护保养和人员培训等的服务性业务。经营租赁一般为短期租赁，是承租企业为取得设备的短期使用权而采取的筹资行为。

经营租赁通常有以下特点：

(1) 承租企业可随时根据需要向出租人承租资产；

(2) 租赁期短，只是资产使用寿命的一小部分；

(3) 它是一种可解约的租赁，在合理的条件下，承租人有权在租赁期间预先通知出租人后解除租约，或要求更换租赁物；

(4) 出租人提供维修保养和技术指导等专门性服务；

(5) 一次租赁其租金不足以弥补其资产成本，租赁期满后资产由出租人收回自用或多次出租；

(6) 租赁资产的风险由出租人承担。

▶ 2. 融资租赁

融资租赁又称财务租赁、资本租赁，是由租赁公司按照承租企业的要求融资购买设备，并在契约或合同规定的较长期限内提供给承租企业使用的信用性业务；融资租赁属长期租赁，是承租企业为融通资金而采用的集融资与融物于一身的特殊筹资方式。

融资租赁与经营租赁相比，其特点主要表现在：

(1) 承租人对设备和供应商具有选择的权利和责任，一般由承租企业向出租方提出正式申请，由出租方根据承租的要求融通资金购入设备给承租企业使用；

(2) 租赁期限较长，大多为设备耐用年限的一半以上；

(3) 它是一种不可解约的租赁，在规定的租期内非经双方同意，任何一方不得中途解约；

(4) 由承租企业负责租赁物的维修保养和管理，但不能自行拆卸改装；

(5) 出租人几乎可以通过一次出租，就可收回在出租资产上的全部投资；

(6) 租约期满后，租赁资产可作价转让给承租人，也可由出租人收回或续租。

融资租赁按其业务上的不同特点，又可细分为直接租赁、售后租回和杠杆租赁三种具体形式。

(1) 直接租赁是指承租人直接向出租人租入所需要的资产并支付租金。它是融资租赁的典型形式，其出租人一般为设备制造厂商或租赁公司。

(2) 售后租回是租赁企业将其设备卖给租赁公司，然后再将所售资产租回使用并支付租金的租赁形式。承租企业出售资产可得到一笔现金，同时租回资产不影响企业继续使用，但其所有权已经转移到租赁公司。

(3) 杠杆租赁是当前国际上流行的一种特殊形式的融资性租赁。在这一租赁方式中，出租人一般出资相当于租赁资产价款20%～40%的资金，其余60%～80%的资金由其将购置的租赁物作抵押向金融机构贷款，然后将购入的设备出租给承租人，并收取租金。这种方式一般要涉及承租人、出租人和贷款人三方当事人。从承租方看，这一租赁方式跟前两种租赁方式没有什么差别。但从出租方看，出租人只垫付部分资金便获得租赁资产的所有权，而且租赁收益大于贷款成本支出，出租方能够取得财务杠杆收益，故这种方式称为杠杆租赁。

3.3.3.2 租金的确定

融资租赁的租金包括租赁设备的购置成本、租息和预计设备的残值三部分。租赁设备的购置成本包括设备买价、运杂费、途中保险费等，它是租金的主要组成部分。租息包括租赁公司的融资成本和租赁手续费，其中，融资成本是指租赁公司为购买租赁设备所筹资金的成本，即设备租赁期间的利息；租赁手续费包括租赁公司承办租赁设备的营业费用和一定的盈利。租赁手续费的高低一般没有固定标准，由承租企业与租赁公司协商确定。预计设备的残值即设备租赁期满时预计的可变现的净值，如果归租赁公司，它是租金构成的减项。

租金的支付方式决定着每次支付租金的时间间隔和每期租金的大小。租金按支付期长短可分为年付、半年付、季付和月付；按在期初和期末支付则可分为先付租金和后付租金；按每次是否等额支付，又可分为等额支付和不等额支付。实践中，大多为后付等额年金。

在我国租赁实务中，租金一般采用平均分摊法与等额年金法。

(1) 平均分摊法。它是指按事先确定的利息率和手续费率计算租赁期间的利息和手续费总额，然后连同设备成本按支付次数进行平均。这种方法不考虑时间价值因素，计算较为简单，即

$$\text{每次支付的租金}=\frac{(\text{设备成本}-\text{预计残值})+\text{租期内利息}+\text{租赁手续费}}{\text{租期}}$$

【例 3-5】 ABC 企业 2021 年 1 月向租赁公司租入设备一套，价值为 100 万元。租期为 6 年，预计残值为 5 万元(归出租方所有)，租期年利率为 10%，租赁手续费率为设备价值的 3%。租金为每年末支付一次。试求该设备每年支付的租金。

解：

$$\text{租期内利息}=100\times(1+10\%)^6-100\approx77.2(\text{万元})$$

$$\text{租期内手续费}=100\times3\%=3(\text{万元})$$

$$\text{每年支付租金}=(100-5+77.2+3)/6=29.2(\text{万元})$$

(2) 等额年金法。它是将利息率与手续费率综合成贴现率，运用年金现值方法确定的，每年应付租金。其计算公式为

$$\text{每年支付租金}=\frac{\text{等额租金现值总额}}{\text{等额租金的现值系数}}$$

租金的支付分为两种情况：一种是每期租金在年初支付，即采用先付年金方式；另一种是每年末支付租金，即采用后付年金方式。

【例 3-6】 承例 3-5，租赁费率综合率为 13%。如果采用每年末付租金，则租金计算为

$$\text{每年支付租金}=\frac{100-5\times(P/F,13\%,6)}{(P/A,13\%,6)}$$

$$=\frac{100-5\times0.4803}{3.9976}=24.41(\text{万元})$$

知识链接 3-2
融资租赁

本例如果采用先付年金，则每年年初支付的租金额为

$$\text{每年支付租金}=\frac{100-5\times(P/F,13\%,6)}{(P/A,13\%,6)\times(1+13\%)}=21.60(\text{万元})$$

从上述两种计算方法看，平均分摊法没有考虑资金时间价值因素，因此它每年支付的租金比等额年金法要多。可见在选择租金计算方法时，年金法对承租人有利。

3.3.3.3 融资租赁筹资的优缺点

▶ 1. 融资租赁筹资的优点

(1) 融资与融物为一体，可迅速获得所需资产。租赁筹资不需进行机器设备的购置过程，能使企业所需设备尽快投入使用。

(2) 避免债务的限制性条款。与其他负债筹资方式相比，租赁筹资的限制性条件较少，能使企业经营决策更具灵活性。

(3) 转嫁设备陈旧过时的风险。企业采取租赁方式，既取得了资产的使用权，又不承担设备陈旧过时的风险，尤其对一些技术进步较快、无形损耗较大的固定资产，采用这种方式对承租企业更有利。

▶ 2. 融资租赁筹资的缺点

(1) 租赁成本高。与通过银行借款筹资自行购建资产相比，融资租赁的租金要比借款利息高得多。

(2) 丧失资产残值。租赁期满，除非承租企业购买该项资产，其残值一般归租赁公司所有。

典型案例 3-2
融资租赁助海南航空腾飞

3.3.4 短期借款筹资

短期借款是指企业向银行和其他非银行金融机构借入的期限在一年以内的借款。从金融机构取得短期借款是企业经常采用的一种短期筹资方式。我国目前为企业提供短期借款的金融机构主要有商业银行、信托投资公司、信用合作社及其他经营贷款业务的金融机构。

3.3.4.1 短期借款的种类

▶ 1. 按借款目的和用途划分

按借款目的和用途划分，短期借款可分为生产周转借款、临时借款、结算借款和卖方信贷。

(1) 生产周转借款是指企业在生产经营过程中因流动资金周转计划额度内的自有流动资金不足而向银行申请取得的借款。

(2) 临时借款是企业在生产经营过程中由于临时性或季节性原因造成超过核定的资金周转计划占用额时向银行取得的借款。

(3) 结算借款是企业采用托收承付结算的方式向异地发出商品，在委托银行收款期间为解决在途结算资金占用的需要，以托收承付结算凭证为保证向银行取得的借款。

(4) 卖方信贷是在销货企业赊销商品和购货单位分期付款的条件下，银行向销货企业发放的贷款。在买方付款后，卖方应向银行归还贷款。卖方信贷实际上是银行用贷款支持制造先进设备的卖方，并用赊销方式支持使用设备的买方，鼓励企业更新陈旧设备。

▶ 2. 按借款人提供借款的保障程度划分

按借款人提供借款的保障程度划分，短期借款可分为信用借款、担保借款和票据贴现三类。

(1) 信用借款是指以借款人的信誉取得的借款。它最大的特点是不需要担保和抵押，凭借款人的信用就可取得贷款。这种借款一般是为规模较大、信誉较好的企业提供的。

(2) 担保借款是指有一定的保证人作保证或利用一定的财产作抵押而取得的借款。担保借款目前是贷款发放的一种普遍形式，其目的是为了确保贷款的安全性。

(3) 票据贴现是指票据持有人将未到期的票据在背书后送交银行，银行受理后，从票据到期值中扣除按银行贴现率计算确定的贴息，然后将余额付给持票人，作为银行对企业的短期贷款。采用票据贴现结算，企业一方面给购买单位以临时资金融通，另一方面在本身需要资金时又可及时向银行贴现取得资金，有利于企业把业务搞活，把资金用活。

3.3.4.2 短期借款的信用条件

按照国际通行做法，银行发放短期借款往往带有一些信用条件，主要有以下几个方面。

▶ 1. 信贷额度

信贷额度亦即贷款限额，是借款企业与银行在协议中规定的借款最高限额，信贷额度的有限期限通常为1年。一般情况下，在信贷额度内，企业可以随时按需要支用借款。但是，银行并不承担必须支付全部信贷数额的义务。如果企业信誉恶化，即使在信贷限额内，企业也可能得不到借款。此时，银行不会承担法律责任。即信贷额度并不是银行向企业提供的具有法律义务的信用。如果借款企业信用不断恶化，即使银行曾经同意按信贷额度提供贷款，企业也可能无法得到借款，银行以后也可能不再提供这类信用，银行不会因此而承担法律责任。但是在大多数情况下，银行希望遵守信贷额度。

▶ 2. 周转信贷协定

周转信贷协定是银行具有法律义务地承诺提供不超过某一最高限额的贷款协定。在协定的有效期内，只要企业借款总额未超过最高限额，银行必须满足企业任何时候提出的借款要求。企业要享用周转信贷协定，通常要对贷款限额的未使用部分付给银行一笔承诺费用。例如，如果周转信贷额度是150万元，企业已经借了100万元，那么在协定期限内的任何时候企业都可以再借50万元。正因为企业享有周转信贷协定赋予的特权，企业就应该在协定到期时，为没使用但可以使用的信贷余额支付一定的承诺费。承诺费率(即周转协定利率)一般等于银行基本贷款利率加上一个额定比率。

【例3-7】 ABC企业与银行签订周转信贷协定，贷款额度为500万元，企业年度内使用400万元，若贷款年利率7%，承诺费为0.5%，试计算企业应付银行利息及承诺费。

解：

$$年利息=400\times7\%=28(万元)$$

$$承诺费=100\times0.5\%=0.5(万元)$$

则应付利息与承诺费用总额为28.5万元。

周转信贷协定的有效期通常超过1年，但实际上贷款每几个月发放一次，所以这种信贷具有短期借款和长期借款的双重特点。

▶ 3. 补偿性余额

补偿性余额是银行要求借款企业在银行中保持按贷款限额或实际借用额一定百分比

（一般为10%～20%）的最低存款余额。从银行的角度讲，补偿性余额可降低贷款风险，补偿可能遭受的贷款损失。对于借款企业来讲，补偿性余额则提高了借款的实际利率，加重了企业的负担。

【例3-8】 某企业向银行借款50万元，年利率为8%，银行要求保留20%的补偿性余额，则企业实际可动用的贷款为40万元，则该借款的实际年利率为

$$\frac{50\times 8\%}{50\times(1-20\%)}\times 100\%=10\%$$

▶ 4. 借款抵押

银行向财务风险较大的企业或对其信誉没有把握的企业发放贷款，有时需要有抵押品担保，以减少自己蒙受损失的风险。短期借款的抵押品经常是借款企业的应收账款、存货、股票、债券等。银行接受抵押品后，将根据抵押品的面值决定贷款金额，一般为抵押品面值的30%～90%。这一比例的高低，取决于抵押品的变现能力和银行的风险偏好。企业向贷款人提供抵押品，会限制其财产的使用和将来的借款能力。

需特别注意的是，对于应收账款抵押融资而言，抵押的应收账款可以转让，也可以代理。采用应收账款转让方式时，银行如果不能到期收回贷款，不但对抵押的应收账款有置留权，而且对借款者有追索权。应收账款代理是指银行在不能收回到期贷款时，有权将抵押的应收账款出售给代理人（即第三方购买者），由代理人对应收账款收账，并由其承担全部坏账风险。

存货抵押借款以存货为抵押品，一般有三种类型：①设置存货抵押贷款置留权，使借款方所有存货的置留权都转移到贷款银行。②借贷双方签订信托收据，该文件规定借款方以贷款方名义持有抵押品，抵押的存货一旦出售，收入必须立即送交贷款方。③现场仓储融资。在这种方式下，由第三方仓储公司为贷款者监视存货。

3.3.4.3 短期借款的利率及其支付方法

▶ 1. 短期借款利率的种类

短期借款的利率多种多样，利息支付方法亦不同，银行将根据借款企业的情况选用。借款利率有以下几种。

（1）优惠利率。优惠利率是银行向财力雄厚、经营状况好的企业贷款时收取的名义利率，为贷款利率的最低限。

（2）浮动优惠利率。这是一种随其他短期利率的变动而浮动的优惠利率，即随市场条件的变化而随时调整变化的优惠利率。

（3）非优惠利率。银行向一般企业贷款时收取的高于优惠利率的利率。比如，银行按高于优惠利率0.8%的利率向某企业贷款，若当时的最优利率为8%，向该企业贷款收取的利率即为8.8%。非优惠利率与优惠利率之间差距的大小，由借款企业的信誉，与银行的往来关系及当时的信贷状况所决定。

▶ 2. 短期借款利息的支付方式

（1）收款法。收款法是在借款到期时向银行支付利息的方法。银行向企业发放的贷款大都采用这种方法收息。

(2) 贴现法。贴现法是银行向企业发放贷款时，先从本金中扣除利息部分，等到期时由借款企业偿还贷款全部本金的一种计息方法。采用这种方法，企业可利用的贷款额只有本金减去利息部分后的差额，因此贷款的实际利率高于名义利率。

【例 3-9】 ABC 企业从银行取得借款 50 000 元，期限 1 年，年利率(即名义利率)8%，利息额 4 000 元，按照贴现法付息，企业实际可利用的贷款为 46 000(50 000－4 000)元，则该项贷款的实际利率为

$$\frac{50\ 000\times 8\%}{50\ 000-50\ 000\times 8\%}\times 100\%=\frac{8\%}{1-8\%}\times 100\%\approx 8.7\%$$

(3) 加息法。加息法是银行发放分期等额偿还贷款时采用的利息收取方法。在分期等额偿还贷款的情况下，银行要将根据名义利率计算的利息加到贷款本金上，计算出贷款的本息和，要求企业在贷款期内分期偿还本息和的金额。由于贷款分期均衡偿还，借款企业实际上平均使用了贷款本金的半数，却支付全额利息。这样，企业所负担的实际利率便高于名义利率大约 1 倍。

【例 3-10】 ABC 企业借入年利率 12% 的贷款 300 000 元，分 12 个月等额偿还本息，则该借款的实际利率为

解：

该借款的实际利率为

$$\frac{300\ 000\times 12\%}{300\ 000\div 2}=24\%$$

3.3.4.4　短期借款筹资的优缺点

▶ 1. 短期借款的优点

(1) 筹资效率较高。企业获得短期借款所需的时间要比长期借款短得多，因为银行在发放长期借款前，通常要对借款企业进行比较全面的调查分析，花费时间较长。

(2) 筹资的弹性大。借款企业可以按需随时借款，在资金充裕时及早还款，便于企业灵活安排。

▶ 2. 短期借款的缺点

短期借款筹资突出的缺点是短期内要归还，筹资风险高，实际利率较高。

3.3.5　商业信用筹资

商业信用是企业在商品购销活动过程中因延期付款或预收货款而形成的借贷关系，它是由商品交易中货与钱在时间与空间上的分离而形成的企业间的直接信用行为。因此，西方国家又称之为自然筹资方式。商业信用是企业间相互提供的，在大多数情况下，商业信用筹资往往属于免费资金。

3.3.5.1　商业信用的形式

商业信用是企业短期资金的重要来源，其主要形式有应付账款、应付票据、预收货款等。

（1）应付账款。它是由赊购商品形成的，以记账方法表达的商业信用形式。在这种形式下，账款的支付主要依赖于买方的信用。卖方为促使买方及时支付贷款，一般会给对方现金折扣。

（2）应付票据。应付票据是企业进行延期付款商品交易时开具的反映债权债务关系的票据。根据承兑人的不同，应付票据分为商业承兑汇票和银行承兑汇票两种，支付期最长不超过6个月。应付票据可以带息，也可以不带息。如果计息的话，其利率一般比银行借款的利率低，且不用保持相应的补偿余额和支付协议费，所以应付票据的筹资成本低于银行的借款成本。

（3）预收货款。它是指卖方按合同或协议规定，在交付商品之前向买方预收部分或全部货款的信用方式。通常买方对于紧俏商品乐意采用这种结算方式办理贷款结算。对于生产周期长、售价高的商品，生产者也经常要向订货者分次预收贷款，以缓和本企业经营收支不平衡的矛盾。

此外，企业在生产经营活动中往往还形成一些应计未付款，如应付职工薪酬、应交税费、应付利息等。这些项目的发生受益在先，支付在后，支付期晚于发生期，因此它们也属于“自然筹资”的范围。应计未付款随着企业规模扩大而增加，企业使用这些自然形成的资金无须付出任何代价。但企业不是总能控制这些款项，因为其支付是有一定时间的，企业不能总拖欠这些款项。所以，企业尽管可以充分利用应计未付款项，但并不能控制这些账目的水平。

3.3.5.2 商业信用条件

信用条件是指销货人对付款时间和现金折扣所做的具体规定，如“2/10，*N*/30”，便属于一种信用条件。信用条件从总体上来看，主要有以下几种形式。

（1）预付货款。这是指买方在卖方发出货物之前支付贷款。在这种信用条件下销货单位可以得到暂时的资金来源，但购货单位不但不能获得资金来源，还要预先垫支一笔资金。

（2）延期付款，但不提供现金折扣。在这种信用条件下，卖方允许买方在交易发生后一定时期内按发票面额支付货款，如“*N*/45”，是指在45天内按发票金额付款。这种条件下的信用期间一般为30～60天，买方可因延期付款而取得资金来源。

（3）延期付款，但提前付款有现金折扣。在这种条件下，买方若提前付款，卖方可给予一定的现金折扣，如买方不享受现金折扣，则必须在一定时期内付清账款，如“2/10，*N*/30”便属于此种信用条件。这种信用条件，有利于卖方加速收款，对买方来说，如果在折扣期内付款，则可得到相应的现金折扣。

延迟应付账款虽然能为企业获得额外的短期融资，但是企业可能会因此而承担以下成本：①如果是有现金折扣的商业信用，企业延迟付款会承担放弃现金折扣的成本；②推迟付款可能会遭到起诉或罚息；③推迟付款可能会损害企业将来获得信用的能力；④推迟付款可能会使卖方在以后交易中提供严格的商业条件或提高商品价格；⑤推迟付款可能使企业以后更难获得其他短期融资渠道。企业延迟付款的成本虽然难以数量化，但是机会成本确实存在。周期性或季节性地延迟付款并非都是坏事。因此，企业应认真衡量延迟付款的收益和相关成本，并将它与其他融资来源进行比较，选择合适的融资方式。

3.3.5.3 商业信用的成本

商业信用的成本是指企业因放弃现金折扣而产生的商业信用筹资的机会成本。倘若买方企业购买货物后在卖方规定的折扣期内付款，享受了现金折扣，这种情况下企业就没有商业信用成本。只有当买方放弃了现金折扣时，商业信用才有成本。可按下式计算：

$$\text{放弃现金折扣的机会成本}=\frac{\text{现金折扣率}}{1-\text{现金折扣率}}\times\frac{360}{\text{信用期}-\text{折扣期}}\times100\%$$

一般情况下，放弃现金折扣的成本率要高于银行的借款利率，所以，在可能的情况下，买方会尽可能地享受现金折扣。

【例 3-11】 某企业购进一批价值 100 000 元的材料，对方开出的信用条件是“3/10，N/60”，假设企业在购货后的第 10 天、第 60 天付款，试分别计算商业信用的成本率。

解：

如果企业在购货后的第 10 天付款，便享受了 10 天的免费信用期，并获得折扣 3 000 元(100 000 元×3%)，只需支付 97 000 元(100 000 元－3 000 元)，此时，商业信用没有成本。

如果企业不享受这一现金折扣，在购货后第 60 天付款，则需支付 100 000 元，这就比享受现金折扣多付 3 000 元，可以理解为企业为占用对方货款 97 000 元，期限为 50 天支付了 3 000 元的利息，折算成年利率为

典型案例 3-3
中宏公司的现金折扣成本

$$\frac{3\,000}{97\,000}\times\frac{360}{50}\times100\%\approx22.27\%$$

或直接用公式计算为

$$\text{放弃现金折扣成本率}=\frac{3\%}{1-3\%}\times\frac{360}{60-10}\times100\%\approx22.27\%$$

3.3.5.4 商业信用筹资的优缺点

▶ 1. 商业信用筹资的优点

(1) 筹资方便。商业信用的使用权由买方自行掌握，买方什么时候需要、需要多少等，在限定的额度内由其自行决定。多数企业的应付账款是一种连续性的货款，无须做特殊的筹资安排，也不需要事先计划，随时可以随着购销行为的产生而得到该项资金。

(2) 限制条件少。商业信用比其他筹资方式条件宽松，无须担保或抵押，选择余地大。

(3) 成本低。大多数商业信用都是由卖方免费提供的，因此与其他筹资方式相比，成本低。

▶ 2. 商业信用筹资的缺点

(1) 期限短。它属于短期筹资方式，不能用于长期资产占用。

(2) 风险较大。由于各种应付款项目经常发生、次数频繁，因此需要企业随时安排现金的调度。

3.4 混合性筹资

混合性筹资是指兼有权益性筹资和债权性筹资双重属性的筹资。通常包括发行优先股筹资和发行可转换债券筹资。本节附带介绍发行认股权证筹资。

3.4.1 发行优先股筹资

3.4.1.1 优先股的特征

优先股是介于普通股与债券之间的一种有价证券，它兼有股权性资本和债券的双重特征。

一是从法律角度看，优先股属于权益性证券。优先股没有到期日，一般情况下，股东不能要求公司收回优先股股票，优先股的股利要从税后利润中支付；同时，优先股与普通股一样，构成公司股权的一部分。从这些方面看，优先股与普通股是相似的。

二是在某些方面优先股具有债券的特征。通常优先股有固定的股利率，在公司清算时，以股票的面值为限，要先于普通股获得清偿；同时优先股股东也没有参与公司经营与投票的权利。从这些方面看，其性质又与债券相同。

相对于普通股股东而言，优先股的“优先权”体现在以下两个方面。

(1) 优先分配股利。按利润分配的顺序，企业净利润在进行各项扣减和提取盈余公积后，要先满足优先股股息分配的需要，然后才能向普通股股东分配股利。优先股股息一般是根据面值按固定的股利率计算的。

(2) 优先分配剩余财产。企业破产或解散清算时，对满足清偿债权人后的剩余财产的分配，优先股先于普通股。其金额仅限于优先股票面值，加上累积未支付的股利。优先股股东在利润分配上有优先于普通股股东的权利。

3.4.1.2 优先股的种类

与普通股不同，优先股的种类较多，不同类型的优先股具有一些不同的特点。

▶ 1. 累积优先股与非累积优先股

累积优先股是指公司过去年度未支付的股利，可以累积计算由以后年度的利润补足付清，公司只有在发放完累积的全部优先股股利以后，才能发放普通股的股利。非累积优先股则没有这种权利，公司盈利时，只需在付清当年的优先股股利后就可以发放普通股股利，而对以前积欠的优先股股利不再补发。

▶ 2. 参加优先股与非参加优先股

参加优先股是指在获取定额的股利后还有权与普通股一起参加剩余利润分配的优先股。它包括全部参加优先股和部分参加优先股。非参加优先股则指只能获取定额的股利的优先股。

▶ 3. 可转换优先股与不可转换优先股

可转换优先股是指有权根据优先股发行的规定，在将来一定时期内转换为普通股的股票。即如果公司经营情况较好，普通股价格上升，优先股股东便可行使这一权利将其股票转为普通股，从中获利。如果普通股价格下跌，则可转换优先股的股东便不行使这一权利，继续享受优先股的原有优惠。不可转换优先股则没有这种权利。

▶ 4. 可赎回优先股和不可赎回优先股

可赎回优先股是指股份公司出于减轻股利负担的目的，可按规定以原价赎回的优先股。公司不能赎回的优先股，则属于不可赎回优先股。

3.4.1.3　优先股发行的目的及发行时机

股份有限公司发行优先股主要出于筹集自有资本的需要。但是，由于优先股固定股利的基本特征，使优先股的发行具有出于其他动机的考虑。

(1) 防止股权分散化。优先股不具有公司表决权，因此，公司出于普通股发行会稀释其股权的需要，在资本额一定的情况下，发行一定数额的优先股，可以保护原有普通股股东对公司经营权的控制。

(2) 维持举债能力。由于优先股筹资属于股权资本筹资的范围。因此，它可作为公司举债的基础，以提高其负债能力。

(3) 增加普通股股东的权益。由于优先股的股息固定，且优先股对公司留存收益不具有要求权，因此，在公司收益一定的情况下，提高优先股的比重，会相应提高普通股股东的权益，提高每股净收益额，从而具有杠杆作用。

(4) 调整资本结构。由于优先股在特定情况下，具有“可转换性”和“可赎回性”，因此在公司安排自有资本与负债比例关系时，可借助于优先股的这些特性，来调整公司的资本结构，从而达到公司的目的。

一般来说，优先股的发行时机多选择以下几种情况：公司初创，急需资金时期；公司财务状况欠佳，不能追加债务时；公司进行财务重整，为避免股权稀释时等。

3.4.1.4　优先股筹资的优缺点

▶ 1. 优先股筹资的优点

(1) 与普通股相比，优先股的发行没有增加能够参与经营决策的股东人数，不会导致原有的普通股股东对公司的控制能力下降。

(2) 与债券相比，优先股的发行不会增加公司的债务，只增加了公司的股权，所以不会像公司债券那样增加公司破产的压力和风险；同时，优先股的股利不会像债券利息那样，成为公司的财务负担，优先股的股利在没有条件支付时可以拖欠，在公司资金困难时不会进一步加剧公司资金周转的困难。

(3) 发行优先股增强了企业的借款能力。

▶ 2. 优先股筹资的缺点

(1) 发行优先股的成本较高。通常债券的利息可以起到抵税的作用，而优先股股利属于资本收益，要从公司的税后利润中开支，不能使公司得到税收上的好处，因而其成本较高。

(2) 由于优先股在股利分配、资产清算等方面具有优先权，所以会使普通股股东在公司经营不稳定时的收益受到影响。

3.4.2 发行可转换债券筹资

3.4.2.1 可转换债券的特性

从筹资公司的角度看，发行可转换债券具有债务与权益筹资的双重属性，属于一种混合性筹资。利用可转换债券筹资，发行公司赋予可转换债券的持有人可将其转换为该公司股票的权利。因而，对发行公司而言，在可转换债券转换之前需要定期向持有人支付利息。如果在规定的转换期限内，持有人未将可转换债券转换为股票，发行公司还需要到期偿付债券，在这种情形下，可转换债券筹资与普通债券筹资相类似，属于债权筹资属性。如果在规定的转换期限内，持有人将可转换债券转换为股票，则发行公司将负债转化为股东权益，从而具有股权筹资的属性。

3.4.2.2 可转换债券的基本内容

可转换债券一般包括如下要素。

(1) 面值、期限与票面利率。面值指发行人规定每份可转换债券的票面价值，面值是债券到期归还的本金，也是据以计算每期利息的基数。期限指从可转换债券计息日到还本付息日的时间。票面利率是指债券规定的利息率。在实际操作中，可转换债利率一般比普通债券低2～4个百分点。

(2) 转换期限。它是指合同规定可转换债券实施转换的有效期间，转换期限的长短直接与债券期限相关。在我国，根据《上市公司证券发行管理办法》的规定，可转换债券的期限最短为1年，最长为6年。

(3) 转换价格。即在约定的期限内可转换债券换成股票需支付的每股价格。转换价格是影响可转换债券的收益和转换能否成功的关键因素。转换价格定得低，对投资者有利，可转换债券易于发行，但会影响公司及现有股东的利益；转换价格定得高又会影响公司潜在投资者的积极性，使可转换债券难以顺利实现。

(4) 转换比率。它是指可转换债券在实际转换时，一个单位的债券能够转换成的股票的数量。它与转换价格的关系为：转换比率＝转换面值/转换价格。例如，面值100元的债券，如果转换价格为50元，则转换比率为2股。

(5) 赎回条款与回售条款。为了保护投资者或发行公司的利益，使转换的风险降到最小，在合同中应该制定相应的赎回和回售条款。赎回条款一般规定在可转换债券到期前发行公司可在一定条件下，按规定价格赎回未转股的债券，设立这一条款的目的是为了避免金融市场利率下降或公司股票涨幅过高时给发行公司带来的风险，但更主要的功能是迫使投资者行使其转换权。

回售条款是在可转换债券到期前，投资者在一定条件下按照规定价格将债券回售给发行公司的条款。回售条款的设立，目的在于保护投资者利益，当市场情况不利于投资者转换时，通过将可转换债券回售给发行公司，可使投资者利益得到有效保护。

3.4.2.3 发行可转换债券筹资的优缺点

▶ 1. 可转换债券筹资的优点

(1) 有利于降低资本成本。可转换债券的利率通常低于普通债券，故在转换前可转换债券的资本成本低于普通债券；转换为股票后，又可节省股票的发行成本，从而降低股票的资本成本。

(2) 有利于筹集更多的资本。可转换债券的转换价格通常高于发行时的股票价格。因此，可转换债券转换后，其筹资额大于当时发行股票的筹资额，另外也有利于稳定公司的股价。

(3) 有利于调整资本结构。可转换债券是一种具有债权筹资和股权筹资双重性质的筹资方式。可转换债券在转换前属于发行公司的一种债务，若发行公司希望可转换债券持有人转股，还可以借助诱导，促其转换，进而借以调整资本结构。

(4) 有利于避免筹资损失。当公司的股票价格在一段时期内连续高于转换价格并超过某一幅度时，发行公司可按事先约定的价格赎回未转换的可转换债券，从而避免筹资上的损失。

▶ 2. 可转换债券筹资的缺点

(1) 转股后可转换债券筹资将失去利率较低的好处。

(2) 若确需股票筹资，但股价并未上升，可转换债券持有人不愿转股时，发行公司将承受偿债压力。

(3) 若可转换债券转股时股价高于转换价格，则发行公司遭受筹资损失。

(4) 回售条款的规定可能使发行公司遭受损失。当公司的股票价格在一段时期内连续低于转换价格并达到一定幅度时，可转换债券持有人可按事先约定的价格将所持债券回售公司，从而使发行公司受损。

3.4.3 发行认股权证筹资

▶ 1. 认股权证的特点

认股权证是由股份有限公司发行的可认购其股票的一种买入期权。它赋予持有者在一定期限内以事先约定的价格购买发行公司一定股份的权利。

对于筹资公司而言，发行认股权证是一种特殊的筹资手段。认股权证本身含有期权条款，其持有者在认购股份之前，对发行公司既不拥有债权也不拥有股权，而只是拥有股票认购权。尽管如此，发行公司可以通过发行认股权证筹得现金，还可用于公司成立时对承销商的一种补偿。

▶ 2. 认股权证的种类

在国内外的公司筹资实务中，认股权证的形式多种多样，可划分为不同种类。

(1) 长期与短期的认股权证。认股权证按允许认股的期限分为长期认股权证和短期认股权证。长期认股权证的认股期限通常持续几年，有的是永久性的。短期认股权证的认股期限比较短，一般在 90 天以内。

(2) 单独发行与附带发行的认股权证。认股权证按发行方式可分为单独发行的认股权证和附带发行的认股权证。单独发行的认股权证是指不依附于其他证券而独立发行的认股权证。附带发行的认股权证是指依附于债券、优先股、普通股或短期票据发行的认股权证。

(3) 备兑认股权证与配股权证。备兑认股权证是每份备兑证按一定比例含有几家公司的若干股份。配股权证是确认股东配股权的证书，它按股东的持股比例定向派发，赋予股东以优惠的价格认购发行公司一定份数的新股。

3. 认股权证的作用

在公司的筹资实务中，认股权证的运用十分灵活，对发行公司具有一定的作用。

(1) 为公司筹集额外的现金。认股权证不论是单独发行还是附带发行，大多都为发行公司筹集一笔额外现金，从而增强公司的资本实力和运营能力。

(2) 促进其他筹资方式的运用。单独发行的认股权证有利于将来发售股票。附带发行的认股权证可促进其所依附证券发行的效率。例如，认股权证依附于债券发行，用以促进债券的发售。

本章小结

筹资管理是企业财务管理的重要内容，本章首先概述了企业筹资，包括筹资的含义、动机、种类，筹资的渠道和方式以及资金需要量的预测方法(包括定性预测法、比率分析法和资金习性预测法)；然后，对企业的各种筹资方式进行了具体的介绍，包括投入资本、普通股、债券、长期借款、租赁、短期借款、商业信用等；最后，还介绍了优先股、可转换债券等混合性筹资方式以及认股权证筹资方式。

关键术语

企业筹资　权益性筹资　债权性筹资　普通股　债券　融资租赁　杠杆租赁　商业信用　优先股　可转换债券　认股权证

线上课堂——训练与测试

本章测试及案例分析

在线题库

第 4 章　资本成本与资本结构

教学要求

知识要点	掌握程度	相关知识
资本成本	·理解掌握资本成本的概念和性质 ·掌握资本成本的种类 ·掌握资本成本率的测算方法	·资本成本 ·个别资本成本、综合资本成本和边际资本成本率
杠杆原理	·理解成本习性的相关概念 ·理解杠杆原理及作用 ·掌握经营杠杆系数、财务杠杆系数和复合杠杆系数的计算及其应用	·成本习性、固定成本、变动成本、边际贡献和息税前利润 ·经营杠杆系数、财务杠杆系数和复合杠杆系数
资本结构	·理解掌握资本结构的含义 ·了解资本结构理论 ·了解影响资本结构的影响因素 ·了解资本结构的基本决策方法 ·了解资本结构的调整方法	·资本结构、最佳资本结构 ·比较资本成本法、无差别点分析法和公司价值比较法 ·存量调整、增量调整和减量调整

名人名言

公司的价值取决于其未来的现金流量折现，只有公司投资的回报超过资本成本时，才会创造价值。

——汤姆·科普兰

引导案例

美国通用电器公司很长时间以来一直被认为是世界上管理最好的公司之一，并且它的股东们都收到了不错的回报。在公司运营过程中，通用公司一共从投资者那里募集到了650 亿美元的资金，但是公司已经把这 650 亿美元变成了一家价值超过 3 500 亿美元的公司。通用电器公司总的资本成本估计为 11.9%，因此，为了使投资者满意，通用电器公司项目的平均回报率必须至少在 11.9%以上。而一些通用的项目被称为“内部增长点”，它是指公司开发了一种新产品或开拓了一片新市场。比如说，通用电器公司飞机发动机部门取得了全世界客机发动机 50%以上的订单；通用电器公司在西班牙新开的塑料工厂开始生产新型塑料制品，并且通过在日本建立一家新的保险公司进行业务扩张。当通用电器公司评估这些潜在的项目时，公司必须确保投资于项目的资本能带来的回报高于资本成本。

总之，企业生产经营、扩张都需要资本，并且，所使用的资本不是免费的，而是需要承担相应成本的。不同资金来源的资金成本如何测算？债务资金来源与权益资金来源相比一定就更好吗？企业是否应该选择全部使用债务融资或者全部使用权益融资呢？假如最佳的解决方案是债务和权益的组合，那么什么是最佳的组合比例呢？此外，企业在生产经营过程中，由于经营环境的不断变化，企业会面临经营风险等不同的风险，能否评估这些风险？若能，应怎样评估呢？这些都是本章要讨论的问题。

（资料来源：https：//wenku. baidu. com/view/765e497b02768e9951e7385e. html）

筹资管理需要在资本成本和财务风险之间寻求最佳平衡点。本章将介绍资本成本的概念、性质及其测算方法，杠杆作用的原理及其衡量与运用，资本结构的基本决策方法。

4.1 资本成本

4.1.1 资本成本概述

4.1.1.1 资本成本的定义、性质与构成要素

▶ 1. 资本成本的定义

在市场经济条件下，企业筹集和使用资金，往往要付出代价。企业为筹措和使用资金而付出的代价即为资本成本。本章的资本特指由债权人和股东提供的长期资本，包括长期债务资本与股权资本。

▶ 2. 资本成本的性质

(1) 资本成本是资金使用者向资金所有者和中介支付的资金使用费和资金筹措费。在商品经济条件下，资金是一种特殊的商品，企业为了取得资金的使用权，必须向资金所有者支付一定费用。资本成本是资金所有权和使用权分离的必然结果。

(2) 资本成本既具有一般产品成本的基本属性，也有不同于一般产品成本的某些特性。在企业的正常生产经营活动中，一般产品的成本是生产过程中的耗费，需要从企业的收入中加以补偿，资本成本也是企业的一种耗费，也要由企业的收益来补偿，但它是为了获得和使用资金而付出的代价，通常不直接表现为生产成本。此外，产品成本需要计算实际数，而资本成本往往只要求计算预测数，属于预测成本。

资金成本与资金时间价值既有联系，又有区别。资金成本的基础是资金时间价值，但两者在数量上是不一致的。资金成本既包括资金的时间价值，又包括投资的风险价值，此外资本成本还受资金供求关系等的影响。而资金的时间价值，除用于确定资金成本外，还广泛用于其他方面。

▶ 3. 资本成本的构成要素

资本成本从绝对量的构成来看，包括筹集资金的费用和使用资金的费用两部分，即筹

资费和用资费两部分。

（1）筹资费。筹资费是指企业在资金筹措过程中支付的各项费用，例如发行股票、债券支付的印刷费、发行手续费、律师费、资信评估费、公证费、担保费等发行费用，向银行借款支付的借款手续费等。筹资费一般是在筹措资金时一次性支付，用资过程中不再发生，一般与资金使用时间的长短无直接联系。在计算资本成本时可将筹资费用作为筹资金额的减项扣除。

（2）用资费。用资费是指企业因使用资金而支付给资金所有者的报酬，例如支付给股东的股利、支付给银行的借款利息、支付给债券持有人的债券利息等。用资费的支付是经常性的，与资金使用时间的长短相关，它是资本成本的主要构成内容。

4.1.1.2　资本成本的表达形式、种类与作用

▶ 1. 资本成本的表达形式

资本成本可以用绝对数表示，也可以用相对数表示。

（1）绝对数表示的资本成本。绝对数表示的资本成本有年资本成本和资本成本总额。年资本成本是企业为使用资本每年支付的费用数额，如每年支付的借款利息、每年支付的股利等。年资本成本中一般只包括用资费用，不包括筹资费用。资本成本总额是企业为筹集和使用资本需支付的费用总额，包括支付的筹资费和各期支付的用资费总额。如考虑资金的时间价值，则某项筹资的资本成本总额应为该项筹资所发生的全部筹资费和用资费按一定贴现率计算的现值之和。

（2）相对数表示的资本成本。相对数表示的资本成本即资本成本率，它是资本成本额与筹资总额的比率，反映一元资金的资本成本。

绝对数表示的资本成本能够反映为筹集和使用特定资金而付出的全部代价，但当筹资金额不同时，它不具有可比性。相比之下，相对数指标资本成本率用途更广泛。资本成本率一般也简称为资本成本，以下所讨论的资本成本也仅指资本成本率。

由于资本成本由筹资费与用资费两部分构成，其中，筹资费属一次性费用，而用资费是企业在资金使用期内分次发生的费用，两者具有不同的特征。所以，在计算资本成本率时应分别对待：将筹资费从筹资总额中一次性扣除，扣除后的余额为企业实际可运用的资金，企业真正能够用来进行投资的资金也只是这一部分的筹资净额；而用资费须分期计算，一般为便于比较，企业往往计算的是年资金成本率，因而用资费也按年计算。

资本成本率的一般公式可用下式表示

$$K=\frac{\text{资金使用费}}{\text{筹资实得款}}=\frac{D}{P(1-f)}=\frac{D}{P-F}\times 100\%$$

式中，K 为资本成本率，以百分率表示；D 为资金使用费；P 为筹资额；F 为筹资费用；f 为筹资费用率，即筹资费用与筹资额的比率。

▶ 2. 资本成本的种类

（1）个别资本成本率。个别资本成本率是指企业各种长期资本的成本率，如股票资本成本率、债券资本成本率、长期借款资本成本率。企业在比较各种筹资方式时，需要使用个别资本成本率。

(2) 综合资本成本率。综合资本成本率是指企业全部长期资本的成本率。企业在进行长期资本结构决策时，可以利用综合资本成本率。

(3) 边际资本成本率。边际资本成本率是指企业追加长期资本的成本率。企业在追加筹资方案的选择中，需要运用边际资本成本率。

▶ 3. 资本成本的作用

资本成本对于企业的筹资管理、投资管理，乃至整个财务管理和经营管理都有重要的作用。

(1) 资本成本是选择筹资方式、进行资本结构决策和选择追加筹资方案的依据。

个别资本成本率是企业选择筹资方式的依据。一个企业长期资本的筹集往往有多种方式可供选择，包括长期借款、发行债券、发行股票等。这些长期筹资方式的个别资本成本率的不同，可作为比较选择各种筹资方式的一个依据。

综合资本成本率是企业进行资本结构决策的依据。企业长期资本的筹资可有多个组合方案供选择。不同筹资组合的综合资本成本率的高低，可以用来比较各个筹资组合方案，是做出资本结构决策的一个依据。

边际资本成本率是选择追加筹资方案的依据。企业为了扩大生产经营规模，往往需要追加筹资。不同追加筹资方案的边际资本成本率的高低，是选择追加筹资方案的一个依据。

(2) 资本成本是评价投资项目、比较投资方案和进行投资决策的经济标准。

一般而言，一个投资项目只有当其投资收益率高于其资本成本率时，在经济上才是合算的；否则，该项目将无利可图，甚至发生亏损。因此，通常资本成本率被视为一个投资项目必须取得的“最低报酬率”或“必要报酬率”，以及是否采纳一个投资项目的“取舍率”，被作为比较选择投资方案的一个经济标准。

在企业投资评价分析中，可以将资本成本率作为折现率，用于测算各个投资方案的净现值和现值指数，以比较选择投资方案，进行投资决策。

(3) 资本成本可作为评价企业整个经营业绩的基准。

企业的整个经营业绩可以用企业全部投资的利润率与全部资本的成本率相比较来衡量，如果利润率高于成本率，则对企业经营有利；反之，则可认为对企业经营不利，需要改善企业经营管理，提高企业的利润率，降低成本率。

知识链接 4-1
企业贷款降低成本小技巧

4.1.2 资本成本的测算

4.1.2.1 个别资本成本率的测算

企业资本从性质上可分为债务资本与股权资本两大类，由于税收等因素的影响，这两类资本成本在计算上存在一定的差别。

▶ 1. 债务资本成本率的测算

债务资本成本包括长期借款成本和债券筹资成本。由于债务的利息均在税前支付，具有抵税功能，因此企业实际负担的利息为“利息×(1－税率)”。

(1) 长期借款成本。其计算公式为

$$K_L=\frac{I_L(1-T)}{L(1-f)}\times 100\%=\frac{R_L(1-T)}{(1-f)}\times 100\%$$

式中，K_L 为长期借款成本；I_L 为长期借款年利息；L 为长期借款总额，即借款本金；T 为企业所得税率；R_L 为借款年利率；f 为长期借款筹资费用率，即借款手续费率。

【例 4-1】 某企业从银行取得长期借款 100 万元，年利率为 8%，期限为 3 年，每年付息一次，到期一次还本。假定筹资费用率为 0.1%，企业所得税率为 25%，试计算借款成本。

解：

$$K_L=\frac{100\times 8\%\times(1-25\%)}{100\times(1-0.1\%)}\times 100\%=6.01\%$$

长期借款的筹资费用主要是借款手续费，一般数额很小，若忽略不计算，长期借款资本成本的计算公式就可简化为

$$K_L=R_L(1-T)$$

仍利用例 4-1 资料，长期借款成本为

$$K_L=8\%\times(1-25\%)=6\%$$

若有补偿性余额，则企业可以动用的借款筹资额应扣除补偿性余额，这时借款的实际利率和资本成本率将会上升。

【例 4-2】 承上例，若银行要求 20%的补偿性余额，借款手续费忽略不计算，试计算这笔借款的资本成本率。

解：

$$K_L=\frac{100\times 8\%\times(1-25\%)}{100\times(1-20\%)}\times 100\%=7.5\%$$

(2) 债券成本。债券成本中的利息费用也是在所得税前支付的，但是其筹资费用一般较高，因此不能忽略不计。债券的筹资费用包括申请费、注册费、印刷费、上市费以及推销费等，其中有的费用按一定的标准支付。另外，债券的发行价格有等价、溢价和折价等情况，与其面值可能存在差异。因此债券成本的测算与借款成本有所不同。

在不考虑货币的时间价值时，债券资本成本可按下列公式测算

$$K_b=\frac{I_b(1-T)}{B(1-F_b)}$$

式中，K_b 为债券资本成本率；I_b 为债券年利息；B 为债券筹资额，按发行价格确定；F_b 为债券筹资费用率。

【例 4-3】 某公司在筹资前根据市场预测，拟溢价发行总面额为 100 万元，发行价为 102 万元，票面年利率为 8%的 5 年期，每年付息一次的债券。发行费用为发行价格的 5%，公司所得税率为 25%，试计算该债券的成本。

解：

$$K_L=\frac{100\times 8\%\times(1-25\%)}{102\times(1-5\%)}\times 100\%=6.19\%$$

本例中，如果按面额平价发行，则债券的成本为

$$K_L=\frac{100\times8\%\times(1-25\%)}{100\times(1-5\%)}\times100\%=6.32\%$$

如果按98万元折价发行，则债券的成本为

$$K_L=\frac{100\times8\%\times(1-25\%)}{98\times(1-5\%)}\times100\%=6.44\%$$

由以上计算可以看出，与平价发行相比，溢价发行使得公司债券成本降低，而折价发行使得公司债券成本升高。

▶ 2. 股权资本成本率的测算

股权资本成本包括优先股成本、普通股成本、留存收益成本等。由于这类资本的使用费均从税后支付，因此不存在节税功能。

(1) 优先股成本。公司发行优先股需要支付发行费用，且优先股的股息通常是固定的，因此其计算公式为

$$K_p=\frac{D_p}{P_p(1-F_p)}$$

式中，K_p 为优先股成本；D_p 为优先股年股息；F_p 为优先股发行费率；P_p 为优先股筹资总额，按预计的发行价格计算。

【例 4-4】 某公司拟发行优先股，面值总额为200万元，固定股息率为12%，发行价格为250万元，筹资费用率为6%，试计算优先股成本。

解：

$$K_p=\frac{200\times12\%}{250\times(1-6\%)}=10.21\%$$

(2) 普通股成本。普通股和优先股一样，股利也是税后支付的，没有固定的到期日，需支付很高的发行费用，所不同的是普通股的股利一般不是固定的，它随企业的经营状况而改变。按照资本成本率实质上是投资必要报酬率的思路，普通股的资本成本率就是普通股投资的必要报酬率。其测算方法一般有股利折现模型、资本资产定价模型和债券收益率加风险报酬率三种。

1) 股利折现模型。股利折现模型的基本形式是

$$P_c=\sum_{t=1}^{\infty}\frac{D_t}{(1+K_c)^t}$$

式中，P_c 为普通股融资净额，即发行价格扣除发行费用；D_t 为普通股第 t 年的股利；K_c 为普通股投资必要报酬率，即普通股资本成本率。

运用上列模型测算普通股资本成本率，因具体的股利政策而有所不同。

如果公司采用固定股利政策，即每年分派现金股利 D 元，则

$$K_c=\frac{D}{P_c}$$

【例 4-5】 某公司新发行普通股，每股市场价格10元，发行费率为股票市价的6%，若每年股利固定为1元，长期保持不变，试计算该公司新发行普通股的成本。

解：

$$K_c=\frac{1}{10\times(1-6\%)}=10.64\%$$

如果采用固定增长股利模型，固定增长率为 g，D_1 为预计第一年的股利，则

$$K_c=\frac{D_1}{P_c}+g$$

【例 4-6】 仍按上例资料，若每年股利不固定，预计第一年的股利为 0.8 元，未来每年股利按 7%的比率增长，试计算该公司新发行普通股的成本。

解：

$$K_c=\frac{0.8}{10\times(1-6\%)}+7\%=15.51\%$$

2）资本资产定价模型。根据资本资产定价模型，普通股的资本成本被视为普通股股东对股票投资的期望收益率。可用以下公式表示

$$K_c=R_f+\beta(R_m-R_f)$$

式中，R_f 为无风险收益率；β 为股票的 β 系数；R_m 为市场股票平均收益率。

【例 4-7】 某公司普通股的 β 系数为 1.5，市场股票平均收益率为 13%，国库券收益率为 8%，试计算公司的普通股成本。

解：

$$K_c=8\%+1.5\times(13\%-8\%)=15.5\%$$

3）债券收益率加风险报酬率。从投资者的角度来看，股票投资的风险高于债券，因此股票投资的必要报酬可以在债券利率的基础上再加上股票投资高于债券投资的风险报酬率。这种测算方法比较简单，但是主观判断色彩浓厚。

【例 4-8】 某公司已发行债券的投资报酬率为 6%，现拟发行一批股票，经过分析，股票投资高于债券投资的风险报酬率为 5%，试计算该股票的资本成本率。

解：

$$K_c=6\%+5\%=11\%$$

由于普通股没有固定的到期日，股利一般也不固定，对投资者而言，投资于普通股比投资于其他方面所承担的风险更大，因而要求的投资报酬也更高。所以在各种筹资形式中，普通股的资本成本是最高的。

(3) 留存收益成本。留存收益是企业未把税后利润全部分派给股东，而将其中的一部分留存于企业形成的，它属于普通股股东所有。从表面上看，企业留用利润并未发生成本支出，但实质上股东未将利润作股利支取而留存于企业是股东对企业的追加投资，股东对这部分追加投资与原先缴纳的股本一样，也是要求有相应报酬的。所以，留存收益筹资也有成本，只是这种成本是一种机会成本。

留存收益成本的计算方法与普通股成本的计算方法基本相同，但无须考虑筹资费用。采用股利折现模型，留存收益成本的计算公式如下。

股利按固定比率长期稳定增长的企业，其留存收益成本按下式计算

$$K_s=\frac{D_1}{P_c}+g$$

式中，K_s 为留存收益成本；D_1 为普通股预计下一年股利；g 为固定股利增长率；P_C 为普通股市价。

股利保持长期稳定不变的企业，其留存收益成本按下式计算

$$K_s=\frac{D_c}{P_c}$$

式中，D_c 为普通股年股利。

利用留存收益方式筹集长期资金不需支付筹资费用，故其资本成本比普通股低。

4.1.2.2 综合资本成本的计算

企业的资本结构一般都不是单一的，企业可从多种渠道、以多种方式筹集资本，为使企业价值最大化，必须优化资本结构，综合资本成本是确定最佳资本结构的重要依据。综合资本成本是以各种资本在全部资本中所占比重为权数，对个别资本进行加权平均后确定的，也称加权平均资本成本(WACC)。其计算公式为

$$K_W = \sum_{i=1}^{n} K_i W_i$$

式中，K_w 为综合资本成本，即加权平均资本成本；K_i 为第 i 种个别资本成本；W_i 为第 i 种个别资本占全部资本的比重，即权数。

其中，$\sum W_i = 1$

在已确定个别资本成本的情况下，取得企业各种资本占全部资本的比重后，即可计算出企业的综合资本成本。

【例 4-9】 蓝天公司共有长期资本(账面价值)5 000 万元，有关资料如表 4-1 所示，试计算综合资本成本。

表 4-1 蓝天公司长期资本结构

资本来源	账面金额(万元)	权数(%)	税后资本成本(%)
银行借款	500	10	6.7
公司债券	1 500	30	10
普通股	2 500	50	15.5
留存收益	500	10	15
合计	5 000	100	

解：

$$K_w=6.7\%\times10\%+10\%\times30\%+15.5\%\times50\%+15\%\times10\%=12.92\%$$

上述综合资本成本计算中的权数是按资本的账面价值来计算确定，称为账面价值权数，其资料可以很方便地从会计报表上获得。但是，当资本的账面价值与市场价值发生严重背离时，其计算结果与实际有较大差异，容易导致筹资决策的失误。为避免这一失误，

综合资本成本的权数可以按市场价值或目标价值来确定，即采用市场价值权数或目标价值权数。

市场价值权数是按债券、股票的目前市场价格确定的权数。这样计算的加权平均资本成本能反映企业目前的实际情况，有利于筹资决策。但由于证券市场的价格变动频繁，不易确定，为弥补这一不足，也可选用平均价格。

目标价值权数是指债券、股票以未来预计的目标市场价值确定权数。这种权数能体现企业期望的资本结构，而不是像账面价值和市场价值权数那样只反映过去和现在的资本结构，所以，按目标价值权数计算的加权平均资本成本更适用于企业筹措的新资金。

4.1.2.3　边际资本成本率的测算

企业筹措新的资本用于投资，新资本每增加一个单位而增加的成本称为边际资本成本。随着新资本的增加，企业经营规模扩大，经营风险也随之增加。假若新增资本使企业的债务继续增加，新债权人考虑到财务风险，必定要求提高贷款或债券的利率，使债务成本增加；假若增资需发行新的普通股，投资者对新普通股要求的收益率一般高于老股份，以此来补偿增加的风险。因此，新增加资本超过一定的限度时，通常会引起资本成本上升，这是企业追加筹资时需考虑的问题。

边际资本成本是企业因追加筹资而对不同规模和范围的筹资组合进行比较选择时所选用的资本成本。企业新增资本有时可能只采用一种筹资方式，有时需采用多种筹资方式。在目标资本结构既定的情况下，追加资本往往需要通过多种筹资方式的组合来实现。这时，边际资本成本需按加权平均法来计算，其权数必须为市场价值权数，不应采用账面价值权数。

【例4-10】　YT公司目前拥有资本1 000万元，其中长期负债200万元，优先股50万元，普通股(含留存收益)750万元。为了满足追加投资的需要，公司拟筹措新资，试确定筹措新资的资本成本。

解：

可按下列步骤进行：

(1) 确定目标资本结构。

假定公司财务人员经分析确定目前的资本结构置于目标范围内，在今后增资时应予保持，即长期负债占20%，优先股占5%，普通股占75%。

(2) 确定各种资本的成本率。

财务人员分析了资本市场状况和企业筹资能力，认定随着企业筹资规模的增大，各种资本的成本也会发生变动。测算资料如表4-2所示。

表4-2　YT公司追加筹资的边际资本成本率测算表

资本种类	目标资本结构(%)	追加筹资数额范围(元)	个别资本成本率(%)
长期债务	20	100 000以下 100 000～400 000 400 000以上	6 7 8

续表

资本种类	目标资本结构(%)	追加筹资数额范围(元)	个别资本成本率(%)
优先股	5	25 000 以下	10
		25 000 以上	12
普通股权益	75	225 000 以下	14
		225 000～750 000	15
		750 000 以上	16

(3) 计算筹资总额分界点。

筹资总额分界点是指在某种资本成本条件下可以筹集到的资金总限度。随着企业筹集资金的增加，资金超过一定的限度时，其资本成本会随之升高。当筹资总额在分界点以内时，其原有的资本成本不变，一旦筹资总额超过分界点，其资本成本会随之增加。筹资总额分界点可根据目标资本结构和各种资本成本变化的分界点计算。其公式为

$$BP_j=\frac{TF_j}{W_j}$$

式中，BP_j 为投资总额分界点；TF_j 为第 j 种的成本分界点；W_j 为目标资本结构中第 j 种资本比例。

本例中，财务人员对 YT 公司筹资总额分界点进行测算，如表 4-3 所示。

表 4-3　YT 公司筹资总额分界点测算表

资本种类	个别资本成本率(%)	各种资本筹资范围(元)	筹资总额分界点	筹资总额范围(元)
长期债务	6	100 000 以下	$\frac{100\ 000}{0.20}=500\ 000$	500 000 以下
	7	100 000～400 000	$\frac{400\ 000}{0.20}=2\ 000\ 000$	500 000～2 000 000
	8	400 000 以上		2 000 000 以上
优先股	10	25 000 以下	$\frac{25\ 000}{0.05}=500\ 000$	500 000 以下
	12	25 000 以上		500 000 以上
普通股权益	14	225 000 以下	$\frac{225\ 000}{0.75}=300\ 000$	300 000 以下
	15	225 000～750 000	$\frac{750\ 000}{0.75}=1\ 000\ 000$	300 000～1 000 000
	16	750 000 以上		1 000 000 以上

(4) 测算边际资本成本。

根据上一步骤算出的筹资分界点，可利用数轴得出 5 个新的筹资总额范围：①300 000 元以下；②300 000～500 000 元；⑧500 000～1 000 000 元；④1 000 000～2 000 000 元；⑤2 000 000 元以上。

根据这 5 个筹资总额范围分别测算其加权平均资本成本率，即可得到各种筹资总额范围的边际资本成本率，如表 4-4 所示。

表 4-4 YT公司边际资本成本测算表

序号	筹资总额范围（元）	资本种类	目标资本结构（%）	个别资本成本率（%）	边际资本成本率（%）
1	300 000 以内	长期债务	20	6	1.20
		优先股	5	10	0.50
		普通股权益	75	14	10.5
第一个筹资总额范围的边际资本成本率＝12.20%					
2	300 000～500 000	长期债务	20	6	1.20
		优先股	5	10	0.50
		普通股权益	75	15	11.25
第二个筹资总额范围的边际资本成本率＝12.95%					
3	5 00 000～1 000 000	长期债务	20	7	1.40
		优先股	0.05	12	0.60
		普通股权益	75	15	11.25
第三个筹资总额范围的边际资本成本率＝13.25%					
4	1 000 000～2 000 000	长期债务	20	7	1.40
		优先股	5	12	0.60
		普通股权益	75	16	12.00
第四个筹资总额范围的边际资本成本率＝14.00%					
5	2 000 000 以上	长期债务	20	8	1.60
		优先股	5	12	0.60
		普通股权益	75	16	12.00
第五个筹资总额范围的边际资本成本率＝14.20%					

4.2 杠杆原理

杠杆效应是指在合适的支点上，通过使用杠杆，只用很小的力量便可产生很大的效果。财务管理中的杠杆效应，是指由于固定费用(固定成本和利息等)的存在，当业务量发生比较小的变化时，利润会产生比较大的变化。企业在取得杠杆利益的同时，也加大了收益波动的风险性，因此，在资本结构决策中，企业必须权衡杠杆利益及其相关的风险，进行合理的规划。企业的杠杆效应包括经营杠杆、财务杠杆和复合杠杆三种形式。成本习性、边际贡献和息税前利润是分析和衡量杠杆效应的基础。

4.2.1 成本习性、边际贡献和息税前利润

4.2.1.1 成本习性

成本习性又称成本性态，是指成本总额的变动与业务量总数之间的依存关系。这里的

业务量可以是生产或销售的产品数量，也可以是反映生产工作量的直接人工小时或机器工作小时等。在研究杠杆作用时，成本习性是基础。

成本的变动和业务量有着密切的关系，有一定的规律性，这种规律性是客观存在的。从成本性态上来认识和分析成本，可将成本分为固定成本和变动成本。

1. 固定成本

固定成本是指成本总额在一定时期和一定业务量范围内，不受业务量增减变动影响而保持不变的成本。例如某企业全年的财产保险费为 10 000 元，则在一年内，不管产量为多少，财产保险费固定不变。因此，这笔财产保险费就属于固定成本。固定成本通常包括按综合折旧率计算的厂房和机器设备折旧、财产税、房屋租金、财产保险费、广告费、管理人员工资等。

固定成本是就成本总量而言的。从单位业务量所含的固定成本而言，由于固定成本在一定时期和一定业务量范围内其总额保持不变。所以，随着业务量在一定范围内的增加或减少，其单位固定成本就会相应地减少或增加，即单位业务量的固定成本与业务量成反比。因此，随着业务量的变化，单位业务量的固定成本也是变化的。

固定成本通常可以进一步分为酌量性固定成本和约束性固定成本。

(1) 酌量性固定成本，是指通过企业管理当局的决策行动可以改变其数额的固定成本。这些成本项目的开支往往是在会计年度开始前，根据经营及财力等情况由企业管理当局确定的。这类成本的预算数只在某个预算期内有效，企业管理当局可以根据具体情况的变化，确定不同预算期的预算数额。如广告费、新产品研究开发费、人员培训费等。这些成本项目的开支对企业的业务经营肯定是有好处的，可以扩大产品销路，增强企业的竞争能力。但这些项目的支出数额多少并没有约束性，并非绝对不可以改变。

(2) 约束性固定成本，是指通过管理当局的决策行动无法改变其数额的成本。它是为维持企业所提供产品和服务的经营能力所必须开支的成本，所以又称经营能力成本(如厂房和机器设备的折旧、财产税、财产保险费、房屋租金、管理人员的工资等)。这类成本项目是企业业务经营所必须负担的最低成本，是维持企业基本生产能力的必要支出，具有很大程度的约束性，不可以任意减少。

固定成本的固定性是有条件的、相对的，在相关范围内，它才表现为稳定的状态。离开了这个相关范围，则没有什么固定性可言。例如，固定成本在一定的经营能力下是稳定的，当企业扩大经营能力时，就势必要扩建厂房，增添设备和扩充必要的人员、机构，从而使原属于固定成本中的折旧、大修理费和管理人员工资等相应地增加。这时的固定成本，随着经营能力的改变而发生了变动。

2. 变动成本

变动成本是指成本总额随着业务量的变动而成正比例变动的成本。例如，构成产品实体的原材料成本，其总额等于产量乘以单位产量原材料成本。在一定的技术条件下，单位产量原材料成本是固定的，原材料成本总额和产量成正比关系。因此原材料成本属于变动成本。变动成本通常包括直接材料、直接人工、包装材料以及按销售量比例计算的佣金等。

变动成本是就总业务量的成本总额而言的。若从单位业务量的变动成本来看，它又是固定的，即它并不受业务量增减变动的影响。当然，变动成本的“变动”性也不是绝对的，即变动成本总额和业务量之间的关系不一定是完全的线性联系。同固定成本相类似，变动成本的变动性也是在相关范围内才具有的。

▶ 3. 固定成本、变动成本和总成本的关系

固定成本总额与变动成本总额构成产品总成本。固定成本、变动成本和总成本之间的关系可用公式表示为

总成本＝固定成本总额＋变动成本总额

　　　＝固定成本总额＋单位变动成本×业务量

如前所述，不论固定成本还是变动成本，在相关范围内成本总额与业务量的关系都呈现为线性联系。如果用函数式来表示，则成本函数将表现为直线方程式。对于固定成本与变动成本之和的总成本来说，它与业务量的关系必然是线性的，其函数式也表现为直线方程式。

设成本总额为 y，固定成本总额为 a，业务量为 x，单位业务量变动成本为 b。则总成本的函数式为

$$y=a+bx$$

在总成本函数中，固定成本为纵轴的截距，单位变动成本为斜率，业务量为自变量。

图 4-1 反映了固定成本、变动成本和总成本之间的关系。

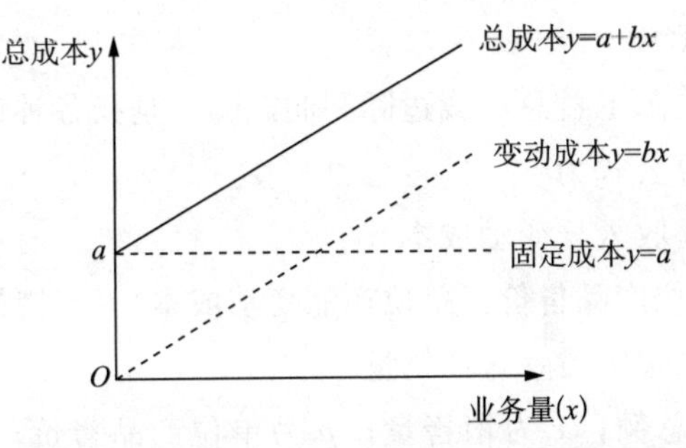

图 4-1　固定成本、变动成本和总成本示意图

▶ 4. 混合成本

混合成本虽然随着业务量变动而变动，但不成同比例变动。混合成本可分为半变动成本和半固定成本。

(1) 半变动成本。这类成本通常有一个初始量，类似于固定成本，在这个初始量的基础上随产量的增长而增长，又类似于变动成本(图 4-2)。

(2) 半固定成本。这类成本随产量的变动而呈阶梯形增长。产量在一定限度内，这种成本不变，但增长到一定限度后，就变了(图 4-3)。

化验员、质检员的工资一般都属于这种成本。假如质检员检查产品数量在 1 000 件以内工资是 1 000 元，一旦突破这个范围，在 1 000～2 000 件范围之内，工资增加 100 元。

混合成本是一种过渡性的分类，最终混合成本要分解为变动成本和固定成本。

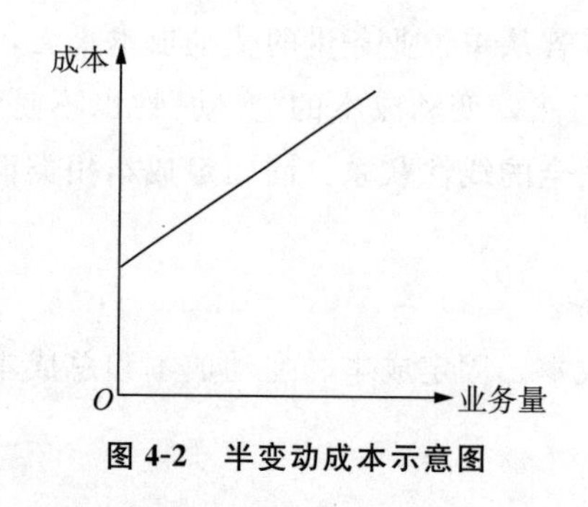

图 4-2　半变动成本示意图

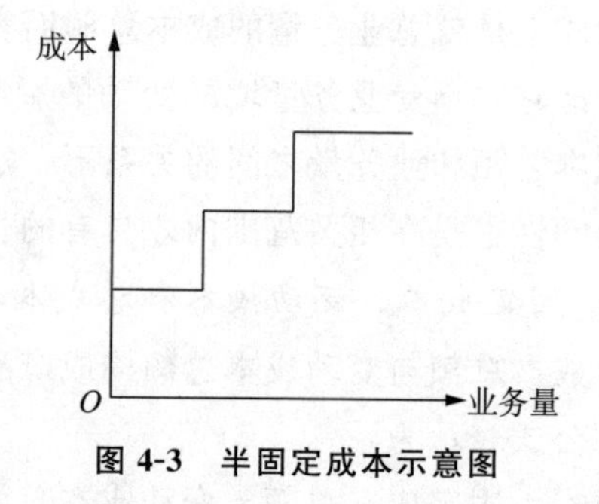

图 4-3　半固定成本示意图

4.2.1.2　边际贡献

边际贡献又称贡献毛益或边际利润，是指产品销售收入超过变动成本的余额。边际贡献通常有两种表现形式：①单位边际贡献；②边际贡献总额。

▶ 1. 单位边际贡献

单位边际贡献又称单位贡献毛益或单位边际利润，是指产品的销售单价与产品单位变动成本的差额，它反映某一种产品的盈利能力。单位边际贡献大，说明产品的盈利能力强；反之就差或无盈利能力，甚至亏损。单位边际贡献的计算公式为

单位边际贡献＝单位产品售价－单位产品变动成本

若以 m 为单位边际贡献，p 为单位产品售价，b 为单位产品变动成本，则可表示为

$$m=p-b$$

▶ 2. 边际贡献总额

边际贡献总额又称贡献毛益总额或边际利润总额，是指各种产品的销售收入总额与变动成本总额之差。其计算公式为

边际贡献总额＝销售收入－变动成本
＝(单位产品售价－单位产品变动成本)×产销量
＝单位边际贡献×产销量

若以 M 为边际贡献总额；x 为销售量；p 为单位产品售价；b 为单位产品变动成本；m 为单位边际贡献，则可表示为

$$M=px-bx=(p-b)x=mx$$

边际贡献通常是指边际贡献总额。

4.2.1.3　息税前利润

营业利润是产品销售收入补偿营业成本之后的余额，而营业成本又可分为固定成本和变动成本两部分。故有

营业利润＝销售总收入－营业成本
＝销售收入总额－(变动成本总额＋固定成本总额)
＝边际贡献－固定成本总额

负债的利息是企业的固定支付业务，与企业实现营业利润的大小没有关系。因此，上述营业成本中不包含利息支出，即营业利润是指补偿利息和所得税之前的利润(息税前利

润，EBIT)。这样息税前利润和边际贡献之间的关系可写为

$$息税前利润=边际贡献-固定成本总额$$

若以 EBIT 表示息税前利润，a 表示固定成本，则上式可表示为

$$\mathrm{EBIT}=px-bx-a=(p-b)x-a=M-a$$

可见，边际贡献并非企业的利润，只有补偿了固定成本之后的边际贡献余额才能成为企业的利润。边际贡献与息税前利润有如下关系：

当边际贡献＞固定成本总额时，息税前利润＞0，企业盈余；

当边际贡献＝固定成本总额时，息税前利润＝0，企业保本；

当边际贡献＜固定成本总额时，息税前利润＜0，企业亏损。

4.2.2　经营杠杆

▶ 1. 经营杠杆的定义

企业的营业成本按成本习性可以分为固定成本和变动成本两类。在其他条件既定的情况下，产销量的增加会降低单位固定成本，提高单位利润，从而使营业利润的增长率大于产销量的增长率。同样，产销量的减少会提高单位固定成本，降低单位利润，从而使营业利润下降率也大于产销量下降率。如果不存在固定成本，总成本随产销量变动而成比例地变化，那么，企业营业利润变动率就会同产销量变动率完全一致。这种由于存在固定成本而造成的营业利润变动率大于产销量变动率的现象，就叫做经营杠杆或营业杠杆。现以表 4-5 加以说明。

表 4-5　产品销售与利润变动分析表

年份	销售				变动成本		固定成本总额（万元）	息税前利润	
	数量	单价（万元）	金额（万元）	比基年增长(%)	单位变动成本(万元)	总额（万元）		金额（万元）	比基年增长(%)
基年	100	20	2 000		10	1 000	500	500	
1	120	20	2 400	20%	10	1 200	500	700	40%
2	80	20	1 600	−20%	10	800	500	300	−40%

从表 4-5 可见，与基年相比，当销售增长 20%时，息税前利润增长 40%，这是经营杠杆的有利作用使企业获得了更多的利益；当销售下降 20%时，息税前利润下降 40%，这是经营杠杆的不利作用给企业造成了更大的损失。

▶ 2. 经营杠杆的衡量

根据以上分析可知，只要企业存在固定成本，就存在经营杠杆作用，但不同企业经营杠杆作用的程度是不同的。下面对两家公司进行分析比较。其中 B 公司采用自动化程度较高的设备，单位变动成本较小，固定成本较高；A 公司的自动化程度较低，相应的单位变动成本较高，但固定成本较低。有关资料如表 4-6 所示。

表 4-6　A、B 两家公司生产资料　　单位：元

	A 公司	B 公司
固定成本	50 000	250 000
单位变动成本	10	5
单位售价	20	20

为了便于比较，假设 A、B 两家公司的基期销售量相同，均为 30 000 件，下面用表 4-7 分别测算两家公司预计销售量分别上升 50％和下降 50％时的情形。

表 4-7　A、B 两家公司营业杠杆利益测算表　　单位：元

基　期	A 公司	B 公司
销售收入	600 000	600 000
营业成本：		
固定成本	50 000	250 000
变动成本	300 000	150 000
营业利润	250 000	200 000
销售增长 50％	A 公司	B 公司
销售收入	900 000	900 000
营业成本：		
固定成本	50 000	250 000
变动成本	450 000	225 000
营业利润	400 000	425 000
营业利润增长率	60％	112.5％
销售下降 50％	A 公司	B 公司
销售收入	300 000	300 000
营业成本：		
固定成本	50 000	250 000
变动成本	150 000	75 000
营业利润	100 000	−25 000
营业利润增长率	−60％	−112.5％

从表 4-7 可以看出，当销售收入发生变化时，B 公司的营业利润变动幅度要大于 A 公司的营业利润变动幅度。这种差异主要是两家公司固定成本所占的比重不同所导致的。因此，需要对企业经营杠杆作用的程度进行衡量。对经营杠杆作用程度衡量的指标一般采用经营杠杆系数。

经营杠杆系数(Degree of Operating Leverage，DOL)是指企业营业利润的变动率相当于销售变动率的倍数。它反映着经营杠杆的作用程度，即销售量变动引起息税前利润(EBIT)变动的程度。其测算公式为

$$经营杠杆系数=\frac{息税前利润变动率}{产销量变动率}$$

$$DOL=\frac{\Delta EBIT/EBIT}{\Delta S/S}$$

式中，DOL为经营杠杆系数；EBIT为营业利润，即息税前利润；ΔEBIT为营业利润的变动额；S为销售量或销售额；ΔS为销售量或销售额的变动额。

为了便于计算，可将公式做如下变换：

因为 $EBIT=(p-b)Q-a$

$\Delta EBIT=\Delta Q(p-b)$

所以 $DOL=\frac{S-V}{S-V-a}=\frac{M}{M-a}=\frac{M}{EBIT}$

式中，DOL为经营杠杆系数；Q为销售数量；p为销售单价；b为单位销量的变动成本额；a为固定成本总额；S为销售额；V为变动成本总额；M为边际贡献总额；EBIT为息税前利润。

上例中当销售量为30 000单位时，A公司的经营杠杆系数为

$$DOL_A=\frac{M}{M-a}=\frac{(20-10)\times 30\ 000}{(20-10)\times 30\ 000-50\ 000}=1.2$$

B公司的经营杠杆系数为

$$DOL_B=\frac{M}{M-a}=\frac{(20-5)\times 30\ 000}{(20-5)\times 30\ 000-250\ 000}=2.25$$

A公司在销售30 000单位时的经营杠杆系数为1.2，意味着随着销售变化1%会引起息税前利润变化1.2%。若销售额增长50%，则息税前利润增长60%；B公司在销售30 000单位时的经营杠杆系数为2.25，意味着随着销售变化1%会引起息税前利润变化2.25%。若销售额增长50%，则息税前利润增长112.5%。

▶ 3. 经营杠杆与经营风险

经营风险(Business Risks)，是指与企业经营相关的风险，即企业未来经营利润或息税前利润的不确定性。企业的经营利润或息税前利润常常受到外界政治、经济、市场等因素的影响，同样也受到内部各种因素的影响，从而给企业带来经营风险。经营风险不仅各行业不同，而且同行业的不同企业也有差别，并随时间变化而变化。经营风险影响着企业的筹资能力，是决定企业资金经营决策的一个非常重要的因素。

影响企业经营风险的因素主要有以下几点。

(1) 产品需求。在其他因素保持不变时，对一个企业的产品需求越稳定，该企业经营风险就越低；反之，经营风险就越高。

(2) 产品售价。一个企业的产品如果在市场上的销售价格比较稳定，那么这个企业的经营风险相对较小；否则，经营风险就很大。

(3) 产品成本。产品成本是收入的抵减，这里的产品成本是构成产品要素的所有投入品成本(或价格)，如原料进价、人工费用等。若产品成本不稳定，会导致利润不稳定，因此产品成本变动大的，经营风险就大；反之，经营风险就小。

(4) 调整价格的能力。当产品成本变动时，若企业具有较强的调整价格的能力，经营风险就小；反之，经营风险就大。

(5) 固定成本的比重。在企业全部成本中，固定成本所占比重大，单位产品分摊的固定成本额就多。从成本习性分析看，若业务量或产品量越大，单位产品分摊的固定成本就会越小，反之相反。固定成本的这一习性及其形成的对利润波动性的影响，就是经营风险。

虽然经营杠杆本身并不是利润不稳定的根源，但是当产销量增加时，息税前利润将以经营杠杆系数的倍数的幅度增加；当产销量减少时，息税前利润将以经营杠杆系数的倍数的幅度减少。可见，经营杠杆扩大了生产和市场等不确定因素对利润变动的影响。而且经营杠杆系数越大，利润变动就越激烈，企业的经营风险就越大。所以，企业的经营杠杆系数与其经营风险有重大的关系。

一般来说，在其他因素不变的情况下，固定成本越高，经营杠杆系数越大，经营风险就越大。上例中，A 公司的经营杠杆系数比 B 公司的经营杠杆系数小，说明 A 公司的经营风险比 B 公司的经营风险小。

4.2.3 财务杠杆

▶ 1. 财务杠杆的概念

财务杠杆(Financial Leverage)，是指因债务资本和优先股中固定费用的存在而导致普通股每股收益变动率大于息税前利润变化率的现象。

企业的资金由债务、优先股和普通股组成，由于借债筹资需要支付利息，利息支付是固定的，同样优先股股利的发放基本上也是固定的。不论企业的经营状况如何，企业必须支付这些费用。因此，固定的债务利息和优先股股利支付增加了普通股股东享有企业净利润的风险性。企业利用债务或优先股筹资而给企业带来额外收益的现象称为财务杠杆效应。

▶ 2. 财务杠杆的衡量

只要企业的筹资方式中存在固定财务支出的债务和优先股，就存在财务杠杆的作用。但不同的企业或同一个企业在不同资金结构下，财务杠杆作用的程度是不同的，因此，需要对财务杠杆进行衡量。对财务杠杆进行衡量的指标一般为财务杠杆系数，也称为财务杠杆作用度。

所谓财务杠杆系数(Degree of Financial Leverage，DFL)，是指息税前利润变化所引起的普通股每股利润(EPS)的变化程度，即财务杠杆系数等于普通股每股利润的变动率相对于息税前利润变动率的倍数。计算公式为

$$\text{财务杠杆系数}=\frac{\text{普通股每股利润变动率}}{\text{息税前利润变动率}}$$

$$\mathrm{DFL}=\frac{\Delta \mathrm{EPS}/\mathrm{EPS}}{\Delta \mathrm{EBIT}/\mathrm{EBIT}}$$

式中，DFL 为财务杠杆系数；EBIT 为营业利润，即息税前利润；ΔEBIT 为营业利润的变动额；EPS 为普通股每股税后利润额，即每股盈余；ΔEPS 为普通股每股税后利润变动额，即每股盈余变动额。

为了便于计算，可将公式变换如下。

设债务利息为 I，企业所得税率为 T，有

$$\mathrm{EPS}=\frac{(\mathrm{EBIT}-I)\times(1-T)}{N}$$

$$\Delta\mathrm{EPS}=\frac{\Delta\mathrm{EBIT}\times(1-T)}{N}$$

因此，$$\mathrm{DFL}=\frac{\dfrac{\Delta\mathrm{EPS}}{\mathrm{EPS}}}{\dfrac{\Delta\mathrm{EBIT}}{\mathrm{EBIT}}}=\frac{\dfrac{\dfrac{\Delta\mathrm{EBIT}\times(1-T)}{N}}{\dfrac{(\mathrm{EBIT}-I)\times(1-T)}{N}}}{\dfrac{\Delta\mathrm{EBIT}}{\mathrm{EBIT}}}=\frac{\mathrm{EBIT}}{\mathrm{EBIT}-I}$$

同理可以推得，当企业存在优先股时，财务杠杆系数的计算公式为

$$\mathrm{DFL}=\frac{\dfrac{\Delta\mathrm{EPS}}{\mathrm{EPS}}}{\dfrac{\Delta\mathrm{EBIT}}{\mathrm{EBIT}}}=\frac{\dfrac{\dfrac{\Delta\mathrm{EBIT}\times(1-T)}{N}}{\dfrac{(\mathrm{EBIT}-I)\times(1-T)-D}{N}}}{\dfrac{\Delta\mathrm{EBIT}}{\mathrm{EBIT}}}=\frac{\mathrm{EBIT}}{\mathrm{EBIT}-I-\dfrac{D}{1-T}}$$

式中，D 为优先股股利。

【例 4-11】 大华公司各种资本结构下的财务杠杆系数计算如表 4-8 所示。

表 4-8　不同资本结构下的财务杠杆系数

项　目	结　构			
	结构(1) 0∶100	结构(2) 20∶80	结构(3) 50∶50	结构(4) 80∶20
息税前利润(EBIT)(万元)	30	30	30	30
利息率(%)	10	10	10	10
利息额(I)(万元)	0	2	5	8
税前利润(EBIT－I)(万元)	30	28	25	22
财务杠杆系数(DFL)	1.0	1.07	1.2	1.36

从表 4-8 的计算可以看出，企业总资金中借款的比重越大，财务杠杆系数就越大。说明随着借款的增加，每增加 1 元息税前利润而相应增加的自有资金税后利润越来越多。比如，结构(3)的财务杠杆系数 1.2，意味着随着息税前利润变化 1%会引起自有资金报酬率变化 1.2%。即自有资金税后利润的增长是息税前利润增长的 1.2 倍。

当企业的息税前利润较多，增长幅度较大也较稳定时，适当地利用负债，发挥财务杠杆作用，可以增加投资者的报酬率，增加企业的价值。

▶ 3. 财务杠杆和财务风险

财务风险(Finance Risk)，也称融资风险或筹资风险，是指企业筹资活动给企业和普通股股东所增加的风险，尤其是指通过使用债务和优先股(财务杠杆)，从而增加普通股股

东的风险。影响财务风险的因素主要有以下几个方面。

(1) 利率水平的变动。如果市场利率水平较低，有利于降低企业的财务费用；利率水平高，使企业的负担加重，利润就会下降。因此，如果市场利率波动较大，企业的财务风险就会增加。仍以例 4-11 中结构(3)为例，如果利息率由 10%上升为 12%，则财务杠杆系数变为

$$\mathrm{DFL}=\frac{30}{30-6}=1.25$$

(2) 资金供求的变化。如果市场上资金供应比较充裕，企业可以随时筹集到资金；反之，若市场资金比较紧张，企业不仅面临市场利率升高的风险，而且还会遇到筹不到资金的可能。

(3) 获利能力的变化。如果企业经营状况比较稳定，获得的息税前利润完全能支付债务的利息，企业的财务风险相对较小；如果企业销售状况不稳定，加之有较大的经营杠杆，有可能造成息税前利润不能支付债务利息的局面，则企业的财务风险较大。

虽然经营杠杆本身并不是税后利润不稳定的根源，但是当息税前利润增加时，自有资金报酬率将以财务杠杆系数的倍数的幅度增加；当息税前利润减少时，自有资金报酬率将以财务杠杆系数的倍数的幅度减少。可见，财务杠杆扩大了生产和市场等不确定因素对自有资金报酬率变动的影响。而且财务杠杆系数越大，自有资金报酬率变动就越激烈，企业的财务风险就越大。

典型案例 4-1
默克多巧妙的
负债经营手段

一般来说，在其他因素不变的情况下，企业的借入资金越多，财务杠杆系数越大，财务风险也就越大。

4.2.4 复合杠杆

▶ 1. 复合杠杆的概念

复合杠杆(Combined Leverage)又称联合杠杆或总杠杆(Total Leverage)，是由经营杠杆和财务杠杆组合形成的总杠杆。

从前面分析可知，由于生产中固定成本的存在，产生经营杠杆作用，使得企业较小的销售额变化能引起较大的息税前利润的变化；由于资本结构中对债务性质资本的利用，存在着固定的利息或股息支出，产生财务杠杆作用，使得息税前利润的变化引起普通股每股利润更大比率的变化。如果企业同时存在经营杠杆和财务杠杆，这两种杠杆的组合使得企业销售额的微小变化引起普通股每股利润的大幅度变化。这就是复合杠杆的作用。

▶ 2. 复合杠杆作用的衡量

根据以上分析可知，只要企业存在固定成本，就存在经营杠杆的作用；只要企业的筹资方式中存在固定财务支出的债务和优先股，就存在财务杠杆的作用。两者共同作用就产生了复合杠杆。但不同的企业或同一个企业在不同资金结构和销售规模下复合杠杆作用的程度是不同的。因此，需要对复合杠杆进行衡量。对复合杠杆进行衡量的指标一般采用复合杠杆系数或称复合杠杆作用度、联合杠杆系数或称联合杠杆作用度、综合杠杆系数或称

综合杠杆作用度。

复合杠杆系数(Degree of Combined Leverage，DCL)又称总杠杆系数(DTL)，是指产销量变化引起的每股利润的变化程度。即复合杠杆系数等于普通股每股利润的变动率相对于产销量变动率的倍数，其计算公式为

$$复合杠杆系数=\frac{普通股每股利润变动率}{产销量变动率}$$

$$DTL=\frac{\frac{\Delta EPS}{EPS}}{\frac{\Delta Q}{Q}}$$

式中，DTL为复合杠杆系数；ΔEPS为普通股每股税后利润的变动额；EPS为普通股每股税后利润；ΔQ为产销量变动；Q为产销量。

为简化计算，复合杠杆系数又可转换为

$$DTL=\frac{\frac{\Delta EPS}{EPS}}{\frac{\Delta Q}{Q}}=\frac{\frac{\Delta EPS}{EPS}}{\frac{\Delta EBIT}{EBIT}}\times\frac{\frac{\Delta EBIT}{EBIT}}{\frac{\Delta Q}{Q}}=DFL\times DOL$$

▶ 3. 复合杠杆和企业风险

知识链接4-2
为什么日本公司如此具有竞争力

在复合杠杆的作用下，当企业的产销量形势较好时，投资者的报酬(税后净利润)会大幅度地上升；当企业的产销量形势不好时，投资者的报酬(税后净利润)会大幅度地下降。这种放大作用是由于经营杠杆和财务杠杆共同作用的结果。企业的复合杠杆系数越大，税后利润的变动幅度就越大。

由于复合杠杆作用而使企业的税后利润(投资者的报酬率)大幅度变动所造成的风险称为复合风险。其他因素不变的情况下，复合杠杆系数越大，复合风险就越大；复合杠杆系数越小，复合风险就越小。

4.3 资本结构

4.3.1 资本结构的含义

资本结构是指企业资本的构成及其比例关系。它有广义和狭义之分，广义的资本结构，是指企业全部资本的构成，包括长期资本，也包括短期资本。而狭义的资本结构仅指长期资本的构成。本节讨论的资本结构是指狭义的资本结构。

4.3.2 资本结构理论

资本结构理论是关于公司资本结构、公司综合资本成本率与公司价值之间关系的理论。它是财务理论的重要内容，也是资本结构决策的重要理论基础。

▶ 1. 资本结构的 MM 理论

现代资本结构理论是由美国财务管理学家莫迪格莱尼(France Modigliani)和米勒(Mertor Miller)于 1958 年创建的。在无税收、资本可以自由流通、充分竞争、预期报酬率相同的证券价格相同、完全信息、利率一致、高度完善和均衡的资本市场等一系列假定之下，MM 理论提出了两个重要命题。

命题 I：无论企业有无债权资本，其价值(普通股资本与长期债权资本的市场价值之和)等于公司所有资产的预期收益额按适合该公司风险等级的必要报酬率予以折现。其中，企业资产的预期收益额相当于企业扣除利息、税收之前的预期盈利即息税前利润，企业风险等级相适应的必要报酬率相当于企业的加权资本成本率。

命题 II：利用财务杠杆的公司，其股权资金成本率随着筹资额的增加而提高。因为便宜的债务给公司带来的财务杠杆利益会被股权资金成本率的上升而抵消，所以，公司的价值与其资本结构无关。因此，在没有企业和个人所得税的情况下，任何企业的价值，不论其有无负债，都等于经营利润除以适用于其风险等级的收益率。风险相同的企业，其价值不受有无负债及负债程度的影响。

修正的 MM 资本结构理论提出，有债务的企业价值等于有相同风险但无债务企业的价值加上债务的节税利益。因此，在考虑所得税的情况下，由于存在税额抵税效应，企业价值会随负债程度的提高而增加，股东也可获得更多价值。于是，负债越多，企业价值也会越大。

▶ 2. 权衡理论

MM 理论是在完美资本市场的一系列严格假设条件下得出资本结构与企业价值之间的关系。在有税的 MM 理论下，企业负债越多，企业价值越大。但现实情况是，如果使用过多的债务，会陷入财务困境，出现财务危机甚至破产。企业陷入困境后会引起各种直接成本和间接成本。因此，负债在为企业带来抵税收益的同时也给企业带来了陷入财务困境的成本。所谓权衡理论，就是在强调平衡债务利息的抵税收益与财务困境成本的基础上，实现企业价值最大化时的最佳资本结构。此时所确定的债务比率是债务抵税收益的边际价值等于增加的财务困境成本的现值。

▶ 3. 代理理论

资本结构的决策中，不完全契约，信息不对称以及经理、股东与债权人之间的利益冲突将影响投资项目的选择，特别是在企业陷入财务困境时，更容易引起过度投资与投资不足问题，导致发生债务代理成本。债务代理成本损害了债权人的利益，降低了企业价值，最终将由股东承担这种损失。然而，债务在产生代理成本的同时，也会伴生相应的代理收益。债务的代理收益将有利于减少企业的价值损失或增加企业价值，具体表现为债权人保护条款引入、对经理人提升企业业绩的激励措施以及对经理随意支配现金流浪费企业资源的约束等。因此，代理理论认为企业的价值受利息抵税收益、财务困境成本、代理成本和代理收益的影响。

▶ 4. 优序融资理论

优序融资理论是当企业存在融资需求时，首先选择内源融资，其次会选择债务融资，最后选择股权融资。优序融资理论解释了当企业内部现金流不足以满足净经营性长期资产总投资的资金需求时，更倾向于债务融资而不是股权融资。优序融资理论揭示了企业筹资时对不同筹资方式选择的顺序偏好。

4.3.3　资本结构的影响因素

1. 最佳资本结构

按资本的属性划分，企业的长期资本分为长期负债资本和权益资本两大类。长期负债资本和权益资本各占多大比例，是企业筹资决策的核心问题。企业应综合考虑有关影响因素，运用适当的方法确定企业的最佳资本结构，并在今后的追加筹资活动中加以保持。所谓最佳资本结构是指企业在一定期间内，使加权平均资本成本最低、企业价值最大时的资本结构。其判断标准有三个：

(1) 有利于最大限度地增加所有者财富，能使企业价值最大化；

(2) 企业加权平均资本成本最低；

(3) 资产保持适宜的流动，并使资本结构具有弹性。

其中，加权资本成本最低是其主要标准。

2. 影响资本结构最优化的因素

在企业筹资决策中，要使资本结构最优化，需综合考虑以下一些重要因素对资本结构的影响。

(1) 资本成本。由于债务利率通常低于股票股利率，再加上利息的抵税作用，使负债资本成本明显低于权益资本成本。因此，资本结构中，适度提高负债资本的比重可降低企业的综合资本成本；降低负债资本的比例会使综合资本成本上升。

(2) 企业风险。经营风险和财务风险构成了企业的总风险，提高负债比重会增加企业的财务风险，进而使企业的总风险扩大。因此，对经营风险较高的企业，应降低负债比重，以保持财务稳定，降低企业总风险；而对经营风险较低的企业，可适当提高负债比重，充分利用财务杠杆作用获取更多的收益。

(3) 企业所有者和管理人员的态度。企业所有者对企业控制权的态度，会影响企业筹资方式的选择。如果企业的控制权掌握在少数股东手里，他们为了确保对企业的控制权不被稀释或旁落他人，就会尽可能以负债筹资方式来增加资本，而不会采用发行新股方式增资，从而会形成较高的负债比率。企业管理者对风险的态度也是影响企业资本结构的重要因素，激进型的管理者，可能会为了获得较多的财务杠杆收益而安排较高的负债比重；反之，稳健型的管理者在筹资决策中为减少财务风险，可能会尽量降低负债的比重。

(4) 行业差异及企业特点。由于不同行业的经营方式不同，从而在资本结构上也存在很大差别。一般而言，工业企业的负债率较低，而流通企业及房地产开发企业的负债率较高。在同一行业的不同企业也有各自的经营特点，其资本结构也不可能完全处于同一水准。企业在筹资决策中应以其所处行业资本结构的一般水准为参照，根据本企业的特点，分析本企业与同行业中其他企业的差异，合理确定本企业的资本结构。

(5) 企业发展状况。处于成长中的企业，由于经营规模的迅速扩张，需投放大量的资金，往往倾向于增加负债资本；经营稳定的企业，其发展速度放慢，不会再增加负债资本，对资本的补充一般通过利润留存来实现；而陷于经营萎缩状态的企业，一般需采取各种办法，尽可能降低负债资本比重，以减少财务杠杆不利作用造成的损失。

(6) 企业获利能力。获利能力强的企业，可利用较多的利润留存来满足增资的需要，一般无须使用大量的债务资本；而获利能力弱的企业，不能通过留存利润来满足增资需要，发行股票对投资者也没有吸引力，只能通过高利率发行债券或向银行贷款筹集资金。

(7) 贷款人的态度和评信机构的影响。企业在进行较大规模的负债筹资时，一般需征求贷款人的意见和向信用评级机构咨询。如果企业的负债过高，则贷款人可能会提高新增贷款的利率，或拒绝向企业提供新增贷款的要求。同样，如果企业的负债过高，信用评级机构可能会降低企业的信用等级，这样会影响企业的筹资能力，提高企业的资本成本。

(8) 所得税率。负债利息有抵税作用，因此，较高的所得税率会刺激筹资者更多地采用负债筹资方式；如果所得税率很低，负债筹资的抵税利益不明显，则筹资者将会更多考虑权益筹资方式。

最优资本结构包括两层含义：第一层是指次优资本结构，第二层是指理想的最优资本结构。平时我们所讲的最优资本结构，都是指理想的最优资本结构。理想的最优资本结构是企业长期的、持续的追求目标。理想的最优资本结构是一个具体的数值，而不是一个区间。但是，受各种因素的制约，企业并不能在任何时刻都能达到理想的最优资本结构。并且，受认知能力的限制，关于理想最优资本结构的决定依据与取值，人们还没有达到充分认识的地步。理想资本结构是一个在理论上存在，但是在现实中却非常难以达到的资本结构。我们通过公司理财，努力接近这个目标即可。

4.3.4 资本结构决策方法

从 4.3.3 节的分析可以看出，负债筹资具有节税、降低资本成本、使净资产收益率不断提高等的杠杆作用和功能，因此，对外负债是企业采用的主要筹资方式。但是，随着负债筹资比例的不断扩大，负债利率趋于上升，企业破产风险加大。因此，如何找出最佳的负债点(即最佳资本结构)，使得负债筹资的优点得以充分发挥，同时又避免其不足，是筹资管理的关键。财务管理上将最佳负债点的选择称为资本结构决策。

资本结构的决策方法主要有比较资本成本法、无差别点分析法和公司价值比较法。其中常用的是比较资本成本法和无差别点分析法。

4.3.4.1 比较资本成本法

比较资本成本法是通过计算不同资本结构的加权平均资本成本，并以此为标准，选择加权平均资本成本最低的资本结构。它以资本成本高低作为确定最佳资本结构的唯一标准，在理论上与股东或企业价值最大化相一致，在实践上简单实用。其决策过程包括：

(1) 确定各方案的资本结构；

(2) 确定各结构下的加权资本成本；

(3) 进行比较，选择加权资本成本最低的结构为最优结构。

【例 4-12】 大伟公司拟筹资 1 000 万元，现有 A，B，C 三种筹资方案可供选择，如

表 4-9 所示。

表 4-9　A，B，C 三种方案下的资本结构

筹资方式	A方案		B方案		C方案	
	筹资额（万元）	资金成本（%）	筹资额（万元）	资金成本（%）	筹资额（万元）	资金成本（%）
长期借款	80	6	100	7	160	7.5
公司债券	200	8	300	9	240	8.5
优先股	120	12	200	12	100	12
普通股	600	15	400	15	500	15
合计	1 000	—	1 000	—	1 000	—

计算各方案的综合资本成本(WACC)

$$\text{WACC}(A)=\frac{80}{1\ 000}\times 6\%+\frac{200}{1\ 000}\times 8\%+\frac{120}{1\ 000}\times 12\%+\frac{600}{1\ 000}\times 15\%=12.52\%$$

$$\text{WACC}(B)=\frac{100}{1\ 000}\times 7\%+\frac{300}{1\ 000}\times 9\%+\frac{200}{1\ 000}\times 12\%+\frac{400}{1\ 000}\times 15\%=11.8\%$$

$$\text{WACC}(C)=\frac{160}{1\ 000}\times 7.5\%+\frac{240}{1\ 000}\times 8.5\%+\frac{100}{1\ 000}\times 12\%+\frac{500}{1\ 000}\times 15\%=11.94\%$$

经过计算与比较，方案 B 的资本成本最低，因此，选择 B 方案的资本结构最为可行。

4.3.4.2　无差别点分析法

无差别点分析法，也称为息税前利润—每股利润分析法(EBIT-EPS 分析法)，它是利用每股收益无差别点的分析来选择和确定负债与权益间的比例或数量关系。每股收益无差别点是指两种或两种以上筹资方案下普通股每股收益相等时的息税前利润点，也称作息税前利润平衡点。运用这种方法，根据每股收益无差别点，可以分析判断在什么情况下可利用债务筹资来安排及调整资本结构，进行资本结构决策。

【例 4-13】 某公司目前拥有资本 1 600 万元，其中，债券 600 万元(年利率 8%)，普通股 800 万元(80 万股)，优先股 200 万元(10 万股，年股利固定为 2 元)。假设所得税税率 25%。该公司准备追加筹资 400 万元，有下列两种方案可供选择：

(1) 发行债券 400 万元，年利率 10%，面值发行；

(2) 发行普通股 40 万股，每股发行价格 10 元。

如果增资后该公司预计的息税前利润率可达 20%，试确定该公司最佳的筹资方案。

解：

根据题意，可列表进行分析，如表 4-10 所示。

表 4-10　预计增资后每股盈余　　单位：元

项　　目	增加负债(方案 1)	增加股权资本(方案 2)
资产总额	20 000 000	20 000 000

续表

项　　目	增加负债(方案 1)	增加股权资本(方案 2)
其中：负债	10 000 000	6 000 000
股权资本	10 000 000	1 4 000 000
息税前利润(利润率 20%)	4 000 000	4 000 000
减：利息	880 000	480 000
税前利润	3 120 000	3 520 000
减：所得税(25%)	780 000	880 000
优先股股利	200 000	200 000
普通股盈余	2 140 000	2 440 000
普通股每股盈余	2.68	2.03

由表 4-10 计算可得，当息税前利润率为 20%时，发行债券的每股盈余(2.68)较发行普通股的每股盈余(2.03)高，发行债券筹资比发行股票筹资可行。

表 4-10 是在预计息税前利润率为 20%(即息税前利润为 400 0000 元)时计算出来的，如果预计息税前利润 1 500 000 元或 4 500 000 元，情况会怎样呢？息税前利润达到多少时，采用两种方案是无差别的？这可以通过计算来确定。其计算公式为

$$\frac{(\mathrm{EBIT}-I_1)(1-T)-D_1}{N_1}=\frac{(\mathrm{EBIT}-I_2)(1-T)-D_2}{N_2}$$

式中，EBIT 为息税前利润平衡点，即无差别点；I_1、I_2 为两种增资方案下的年利息；D_1、D_2 为两种增资方案下的优先股股利；N_1、N_2 为两种增资方案下的发行在外普通股股数。

将有关数据代入公式

$$\frac{(\mathrm{EBIT}-88)\times(1-25\%)-20}{80}=\frac{(\mathrm{EBIT}-48)\times(1-25\%)-20}{120}$$

求得

$$\mathrm{EBIT}=194.67\text{ 万元}$$

这一计算结果表明以下几点：

(1) 当预计息税前利润等于 194.67 万元时，选择发行债券筹资与选择发行普通股筹资都是一样的；

(2) 当预计息税前利润大于 194.67 万元时，则发行债券筹资更为有利；

(3) 当预计息税前利润小于 194.67 万元时，则发行普通股筹资更为有利。

以上结果如图 4-4 所示。

对于非股份公司，在计算净资产收益率的无差别点时，只需考虑将上述公式中的分母的“发行在外普通股股数”改为“股权资本总额”，并在分子中去掉“优先股股利”项即可，用公式表示，即

$$\frac{(\text{EBIT}-I_1)(1-T)}{C_1}=\frac{(\text{EBIT}-I_2)(1-T)}{C_2}$$

式中，C_1、C_2 为两种增资方式下的股权资本总额。

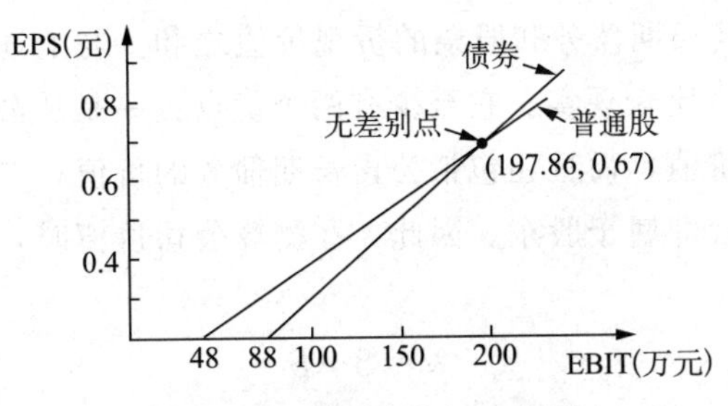

图 4-4　无差别点分析示意图

其计算原理类同，不再举例。

无差别点分析确定最佳资本结构，以每股盈余(或税后净资产收益率)最大为分析起点，它直接将资本结构与企业财务目标、企业市场价值等相关因素结合起来，是企业在追加筹资时经常采用的一种决策方法。

上述所介绍的两种方法，虽然集中地考虑了资本成本与财务杠杆效应，但没有考虑资本结构弹性、财务风险大小及其相关成本因素，因此在具体应用时需审慎鉴别、灵活应用。

4.3.4.3　公司价值比较法

公司价值比较法是在充分反映公司财务风险的前提下，以公司价值的大小为标准，经过测算确定公司最佳资本结构的方法。从根本上讲，公司财务管理的目标在于追求公司价值的最大化或股价最大化，该方法与比较资本成本法和无差别点分析法相比，更加充分虑了公司的财务风险和资本成本等因素的影响，更加符合财务管理的目标，但其测算原理及测算过程较复杂，通常用于资本规模较大的上市公司。

▶ 1. 公司价值的测算

在公司价值的内容及其确定问题上，目前主要有以下三种认识。

(1) 公司价值等于其未来净收益(或现金流量)按照一定折现率折现的价值，即公司未来净收益的折现值。用公式表示如下

$$V=\frac{\text{EAT}}{K}$$

式中，V 为公司的价值，即未来净收益的折现值；EAT 为公司未来的年净收益，即公司的年税后收益；K 为公司未来净收益的折现率。

这种方法计算虽然比较合理，但对于公司未来的净收益及公司未来净收益的折现率因素无法确定。因此这种方法在实践中运用得比较少。

(2) 公司价值是其股票的现行市场价值。根据这种认识，公司股票的现行市场价值按其现行市场价格来计算，故有其客观合理性，但也存在两个问题：一是公司股票价格受各种因素的影响，其市场价格波动较大，每个交易日都有不同的价格，公司的股票究竟按哪个交易日的市场价格来计算，这个问题还没有得到解决；二是公司价值的内容是否只包含

股票的价值，是否还应包括长期债务的价值，而这两者之间又是相互影响的。如果公司的价值只包括股票的价值，那么就无须进行资本结构的决策，这种测算方法也就不能用于资本结构决策。

(3) 公司价值等于其长期债务和股票的折现价值之和。与上述两种测算方法相比，这种测算方法比较合理，也比较现实。它至少有两个优点：一是从公司价值的内容来看，它不仅包括了公司股票的价值，而且还包括公司长期债务的价值；二是从公司净收益的归属来看，它属于公司所有者即属于股东。因此，在测算公司价值时，这种测算方法用公式表示为

$$V=S+B$$

式中，S 为股权价值，B 为长期债务价值。

▶ 2. 公司资本成本的测算

在公司价值测算的基础上，如果公司的全部长期资本由长期债务和普通股组成，则公司的全部资本成本，即加权平均资本成本，可按下列公式测算。

$$K_w=K_b\left(\frac{B}{V}\right)(1-T)+K_s\left(\frac{S}{V}\right)$$

加权平均资本成本＝税前债务资本成本×债务资本比重×(1－税率)＋权益资本成本×权益资本比重

式中，K_w 为公司加权平均资本成本；K_b 为公司长期债务税前资本成本；K_s 为公司权益资本成本。

▶ 3. 最佳资本结构的确定

运用上述原理测算公司的总价值和加权平均资本成本，就可以以公司价值最大化为目标进行比较，从而确定公司的最佳资本结构。

【例 4-14】 某公司年息税前盈余为 500 万元，资金全部由普通股资本组成，股票账面价值 2 000 万元，所得税税率 40%。该公司认为目前的资本结构不够合理，准备用发行债券购回部分股票的办法予以调整。经咨询调查，目前的债务利率和权益资本的成本情况如表 4-11 所示。

表 4-11 不同债务水平对公司债务资本成本和权益资本成本的影响

债券的市场价值 B(万元)	税前债务资本成本 K_b(%)	股票 β 值	无风险报酬率 R(%)	平均风险股票必要报酬率 R_m(%)	权益资本成本 K_s(%)
0	—	1.20	10	14	14.8
200	10	1.25	10	14	15
400	10	1.30	10	14	15.2
600	12	1.40	10	14	15.6
800	14	1.55	10	14	16.2
1 000	16	2.10	10	14	18.4

根据表 4-11 的资料，运用前述公司资本成本的测算方法，计算出筹借不同金额债务时公司的价值和公司资本成本，如表 4-12 所示。

表 4-12　公司市场价值和资本成本

债券的市场价值 B(万元)	股票的市场价值 S(万元)	公司的市场价值 V(万元)	税前债务资本成本 K_b(%)	权益资本成本 K_s(%)	加权平均资本成本 K_w(%)
0	2 534	2 534	—	14.8	14.80
200	2 400	2 600	10	15	14.42
400	2 270	2 670	10	15.3	14.05
600	2 058	2 658	12	15.6	14.11
800	1 796	2 596	14	16.2	14.44
1 000	1 386	2 386	16	18.4	15.72

(1) 当债务为 0 时：

$$V=净利润/K_s=(500-0)\times(1-25\%)/14.8\%\approx 2\ 534(万元)$$

$$V=2\ 534(万元)$$

$$K_w=K_s=14.8\%$$

(2) 当债务为 200 万元时：

$$S=(500-200\times10\%)\times(1-25\%)/15\%=2\ 400(万元)$$

$$B=200(万元)$$

$$V=200+2\ 400=2\ 600(万元)$$

$$K_w=K_b\times W_b+K_s\times W_s=10\%\times200/2\ 600\times(1-25\%)+15\%\times2\ 400/2\ 600\approx14.42\%$$

从表 4-11 中可以看到，在没有债务的情况下，公司的总价值就是其原有股票的市场价值。当公司用债务资本部分地替换权益资本时，一开始公司总价值上升，加权平均资本成本下降；在债务达到 400 万元时，公司总价值最高，加权平均资本成本最低；债务超过 400 万元后，公司总价值下降，加权平均资本成本上升。因此，债务为 400 万元时的资本结构是该公司的最佳资本结构。

4.3.5　资本结构的调整

企业资本结构由于成本过高、风险过大、弹性不足或约束过严等原因，需要进行资本结构调整。企业调整资本结构的方法主要有以下几种：

▶ 1. 存量调整

在不改变现有资产规模的基础上，根据目标资本结构要求，对现有资本结构进行调整。存量调整的方法有债转股、股转债；增发新股偿还债务；调整现有负债结构，如与债权人协商将长短期负债转换；调整权益资本结构，如以资本公积转增股本。

典型案例 4-2
彬彬：企业资本扩张及资本结构调整

▶ 2. 增量调整

通过追加筹资量，以增加总资产的方式来调整资本结构。其主要途径是从外部取得增量资本，如发行新债、举借新贷款、进行融资租赁、发行新股票等。

▶ 3. 减量调整

通过减少资产总额的方式来调整资本结构。其主要途径包括提前归还借款、收回发行在外的可提前收回债券、股票回购减少公司股本、进行企业分立等。

本章小结

资本成本是指企业为筹集和使用资本而付出的代价，通常包括资本筹资费用和资本使用费用两部分。资本成本又可以分为个别资本成本、加权平均资本成本和边际资本成本。个别资本成本是企业单项融资方式的资本成本，一般用于比较和评价各种融资方式；加权平均资本成本是对个别资本成本进行加权平均而得到的结果，一般用于资本结构决策；边际资本成本是指企业新筹集部分资本的成本，一般用于追加筹资决策。

财务管理中的杠杆通常有三种形式：经营杠杆、财务杠杆和复合杠杆。当企业存在固定成本时，就存在经营杠杆效应；在固定成本不变的情况下，经营杠杆系数说明了销售增加(或减少)所引起息税前利润增加(或减少)的幅度。在其他因素不变的情况下，固定成本越大，经营杠杆系数越大，经营风险也越大，反之越小。财务杠杆系数是企业息税前利润增长对每股收益的影响程度；在资本总额、息税前利润相同的情况下，负债比率越高，财务杠杆系数越高，财务风险越大。当企业同时存在固定成本和利息等固定费用支出时，就存在复合杠杆效应。复合杠杆系数越大，复合风险越大，反之越小。

资本结构理论是现代财务管理理论的重要内容，也是资本结构决策的理论基础，主要有早期资本结构理论、现代资本结构理论。这些理论在资本结构与公司价值关系方面存在两种观点，即资本结构与公司价值有关和资本结构与公司价值无关。现代资本结构理论主要观点是资本结构与公司价值有关，但表述的角度存在差异。最佳资本结构是指在适度财务风险的条件下，使企业加权平均资本成本最低，同时使企业价值最大的资本结构。确定企业的最佳资本结构的方法有比较资本成本法、无差别点法和公司价值比较法等评价方法。

企业调整资本结构的方法主要有：存量调整、增量调整和减量调整。

关键术语

资本成本　综合资本成本　固定成本　变动成本　边际贡献　息税前利润　经营杠杆　财务杠杆　复合杠杆　资本结构　最佳资本结构

线上课堂——训练与测试

本章测试及案例分析

在线题库

第5章　项目投资管理

教学要求

知识要点	掌握程度	相关知识
企业投资概述	·了解企业投资的分类 ·理解项目投资的概念、种类和程序	·企业投资 ·项目投资 ·项目计算期 ·资金投入方式
现金流量	·理解掌握现金流量的含义 ·掌握现金流量的构成及确定	·现金流量 ·初始的现金流量 ·营业的现金流量 ·终结的现金流量
项目投资决策方法	·理解掌握项目投资决策方法 ·熟悉项目投资决策方法的应用	·净现值、现值指数、内含报酬率 ·投资回收期、平均报酬率
项目投资评价方法的具体应用	·熟悉独立项目投资决策方法 ·理解互斥项目投资决策方法 ·了解资本限量的投资决策方法	·独立项目 ·互斥项目投资 ·资本限量

名人名言

公司的价值取决于未来的现金流量折现，只有公司投资的回报超过资本成本时，才会创造价值。

——汤姆·科普兰

引导案例

截至2018年收官，微软股票价报101.57美元，市值达到7 798亿美元，将苹果(市值7 491亿美元)、亚马逊(市值7 344亿美元)甩在了身后。这也是微软自2002年以来首次以全球市值最高的上市公司的身份结束一年的表现。然而，这个世界最耀眼的公司之一，却曾经在手机业务上折戟沉沙，不得不在损失了差不多540亿元人民币后黯然退出。

2013年7月，微软以近72亿美元收购诺基亚大部分手机业务。此后，微软先后为手机业务进行了两次资产减记，2015年减记76亿美元，2016年5月26日，再次减记9.5亿美元，两次合计85.5亿美元。2016年5月18日，微软宣布以3.5亿美元价格将诺基亚功能手机相关业务出售给富士康子公司富智康和芬兰公司 HMD Global。除去出售给富士康等的3.5亿美元，微软在手机项目上的亏损，三年累积达82亿美元(约合538亿元人民币)!

大约在2016年10月，微软法国公司的负责人 Vahé Torossian 接受了法国报纸 *Le Point* 的采访，这位高管的原话是："我们对于 Windows 手机的战略是关注企业市场，我们已经退出了大众主流市场。"这意味着，微软正式承认，在大众消费手机市场失败了!

差不多相同时间，另一个著名的中国房地产公司恒大集团也跨界失败，在亏损40亿元后退出快消品行业而专注于房地产业。2013年11月，恒大宣布，将推出一款高端矿泉水产品——"恒大冰泉"长白山天然矿泉水。2016年9月28日，恒大宣布出售恒大冰泉、乳制品、粮油等业务，退出快消品业务，其中恒大冰泉以18亿元出售。恒大集团的恒大冰泉项目，在2013、2014、2015年1—5月累计亏损达40亿元，让国内商界震动。同期微软做手机、超过500亿元人民币的亏损额差不多也是恒大冰泉亏损总额的10倍，令业界震惊。

微软做手机，是微软+诺基亚的强强联合，相比恒大跨界进军快消领域更有优势，微软和诺基亚移动部门合作，本是强强联手，有很强的优势，可是结果仍然成了败局，幸运的是，微软在投资失败后，没有对企业造成不可接受的损失，2018年微软仍强势登顶全球市值最高公司。可见，企业投资新项目必须充分估量项目的成功可能性，并将风险控制在企业可以承受的范围内。

(资料来源：节选自 https：//www.ebrun.com/20161031/199126.shtml)

从以上案例中可看到中外两大著名企业退出快消品项目和手机项目的无奈，以及巨额损失的痛心，那么它又给我们何种启迪？是否应该责怪企业当初的盲目进入呢？避免投资损失的关键是事先的可行性研究。项目可行性研究的内容十分广泛，其中经济效益的可行性研究是关键。

5.1　项目投资概述

5.1.1　企业投资的意义与分类

5.1.1.1　企业投资的意义

企业投资是企业投入财力，以期在未来获取收益的一种行为。企业投资有广义和狭义之分。狭义的企业投资主要是指对外投资，包括购买债券、购买股票以及其他各种金融工具的投资；而广义的企业投资，则是指资金的运用，是指为了获取预期收益或其他经营目的而投放或垫付一定量资金，从事某项经营活动的行为。因此，财务管理中的投资，包括购置生产设备、兴建工厂、建造新生产线、改造设备等固定资产的投资，也包括购买政府公债、企业股票、公司债券等有价证券的投资。在市场经济条件下，企业能否把筹集到的资金投放到收益高、回收快、风险小的项目上，对企业的生存和发展是十分重要的。

(1) 企业投资是实现财务管理目标的基本前提。企业要实现财务管理目标，只有通过各种有利的投资行为获得利润。企业应当采取各种措施增加利润，降低风险。而企业要获得利润，必须将所筹集的资金用于内部或外部投资，从而通过直接或间接地运用于生产经营活动而获得资金的增值。

(2) 企业投资是发展生产的必要手段。企业要维持简单再生产，就需要及时更新设备，以保证生存的基础；同时，企业要生存发展，就必须投入生产经营所需的资源，使生产经营活动得以持续；企业要扩大再生产，就必须添置固定资产，增加物质资源、人力资源的投资。因此，企业投资是发展生产的必要手段。

(3) 企业投资是降低风险的重要方法。企业投资是有风险的，但合理的投资组合可以降低风险。企业将资金投向生产经营的薄弱环节，可以使生产经营能力配套平衡，形成良好的综合生产能力，从而提高抗御风险的能力。企业通过合理的多元化经营，可以分散风险，提高投资安全性。

5.1.1.2 企业投资的分类

对企业投资进行科学的分类，有利于分清投资的性质，按不同的特点和要求进行投资决策，加强投资管理。

▶ 1. 短期投资与长期投资

按投资回收时间的长短可划分为短期投资和长期投资两类。

(1) 短期投资(即流动资产投资)指一年以内可以收回的投资。包括现金、应收账款、存货、短期有价证券等。其特点是时间短、变现能力强等。

(2) 长期投资指一年以上才能收回的投资，包括固定资产、无形资产及长期证券投资等。

由于许多企业的长期投资主要是固定资产投资，其特点是耗资巨大、收回期长、难以变现、风险大。所以，长期投资有时专指固定资产投资，也称项目投资。

▶ 2. 直接投资和间接投资

按投资活动与企业本身生产经营活动的关系，企业投资可以划分为直接投资和间接投资。

(1) 直接投资是指将资金投放于形成生产经营能力的实体性资产，直接谋取经营利润的企业投资。通过直接投资，购买和配置劳动力、劳动资料和劳动对象等具体生产要素，直接兴建企业、开展生产经营活动。

(2) 间接投资是指将资金投放于股票、债券等权益性资产的企业投资。之所以称其为间接投资，是因为股票、债券的发行方，在筹集到资金后，再把这些资金投放于形成生产经营能力的实体性资产，取得经营利润。间接投资方不直接介入具体生产经营过程，通过获取股利或利息收入，分享直接投资的经营利润。

▶ 3. 对内投资和对外投资

按投资的方向可分为对内投资和对外投资两类。

(1) 对内投资又称内部投资，是指在本企业范围内的资金投放，用于购买和配置各种生产经营所需的经营性资产，包括维持性投资和扩张性投资。

(2) 对外投资是指向本企业范围以外的其他单位的资金投放。对外投资以现金、无形资产等资产形式，通过联合投资、合作经营、换取股权、购买金融资产等投资方式，向企业外部其他单位投放资金。

对内投资都是直接投资，对外投资主要是间接投资，也可能是直接投资，特别是企业间的横向经济联合中的联营投资。

▶ 4. 独立投资和互斥投资

按投资项目之间的相互关联关系可划分为独立投资和互斥投资。

(1) 独立投资是相容性投资，各投资项目之间互不关联、互不影响，可以同时并存。独立投资项目决策考虑的是方案本身是否满足某种决策标准。只要无资金限制，各个项目自身经济上可行，便可进行采纳。

(2) 互斥投资是非相容性投资，各个投资项目之间相互关联、相互替代，必有取必有舍，不能同时并存。因此，互斥投资项目决策考虑的是各方案之间的排斥性，也许每个方案都是可行方案，但互斥决策需要从中选择最优方案。

从以上分类可见，企业投资具有多种含义，但本章中的投资主要指企业对内的长期直接投资，即项目投资，也称资本性投资或资本预算。

5.1.2　项目投资的类型及主体

企业投资按照其内容不同可分为项目投资、证券投资和其他投资等类型。本章所介绍的项目投资是一种以特定项目为对象，直接与新建项目或更新改造项目有关的长期投资行为。

▶ 1. 项目投资的类型

工业企业项目投资主要可分为以新增生产能力为目的的新建项目和以恢复或改善生产能力为目的的更新改造项目两大类。前者属于外延式扩大再生产的类型，后者属于内涵式扩大再生产的类型。

新建项目按其涉及内容还可进一步细分为单纯固定资产投资项目和完整工业投资项目。单纯固定资产投资项目简称固定资产投资，其特点为在投资中只包括为取得固定资产而发生的垫支资本投入而不涉及周转资本的投资。完整工业投资项目则不仅包括固定资产投资，而且还涉及流动资金投资，甚至包括其他长期资产项目(如无形资产、递延资产)的投资。因此，不能将项目投资简单地等同于固定资产投资。

▶ 2. 项目投资的主体

投资主体是各种投资人的统称，是具体投资行为的主体。从企业项目投资的角度看，其直接投资主体就是企业本身。但是，由于企业项目投资具体使用的资金分别来源于企业所有者和债权人，他们也必然会从不同的角度关心企业具体项目投资的成败。因此，在进行项目投资决策时，还应当考虑到他们的要求，分别从自有资金提供者和借入资金投资者的立场上分析问题，提供有关的信息。为了简化，本章主要从企业投资主体的角度研究项目投资问题。

5.1.3 计算期的构成和资金投入方式

▶ 1. 项目计算期的构成

项目计算期是指投资项目从投资建设开始到最终清理结束整个过程所经历的全部时间，即该项目有效持续期间。完整的项目计算期包括建设期和生产经营期。其中建设期(记作 s，$s\geqslant 0$)的第 1 年初(记作第 0 年)称为建设起点；建设期的最后一年末(第 s 年)称为投产日；项目计算期的最后一年末(记作第 n 年)称为终结点；从投产日到终结点之间的时间间隔称为生产经营期(记作 p)，生产经营期包括试产期和达产期(完全达到设计生产能力)。项目计算期、建设期和生产经营期之间有以下关系

$$n=s+p$$

▶ 2. 原始总投资、投资总额和资金投入方式

原始总投资是反映项目所需现实资金的价值指标。从项目投资的角度看，原始总投资等于企业为使项目完全达到设计生产能力、开展正常经营而投入的全部现实资金。

投资总额是反映项目投资总体规模的价值指标，它等于原始总投资与建设期资本化利息之和。建设期资本化利息是指在建设期发生的与购建项目所需的固定资产、无形资产等长期资产有关的借款利息。

从时间特征上看，投资主体将原始总投资注入具体项目的投入方式包括一次投入和分次投入两种形式。一次投入方式是指投资行为集中一次发生在项目计算期第一个年度的年初或年末；如果投资行为涉及两个或两个以上年度，或虽然只涉及一个年度但同时在该年的年初和年末发生，则属于分次投入方式。

5.1.4 投资的决策程序

固定资产项目投资的特点决定了其投资具有较大的风险，一旦决策失误，就会严重影响企业的财务状况和现金流量，甚至会使企业走向破产。因此，项目投资必须按特定的程序，运用科学的方法进行可行性分析，以保证决策的正确有效。项目投资决策的一般程序包括以下几个步骤。

▶ 1. 提出投资项目

企业的各级管理人员都可根据国家投资法律法规、宏观经济形势和企业发展战略提出新的投资项目。企业的高级管理人员提出的投资项目一般是大规模的战略性投资，其方案一般由生产、市场、财务等各方面专家组成的专门小组作出。企业中层、基层人员提出的，主要是战术性投资项目，其方案由主管部门组织人员拟定。

▶ 2. 评价投资项目的财务可行性

可行性研究需要从投资战略是否符合企业的发展战略、是否有可靠的资金来源、能否取得稳定的投资收益、投资风险是否处于可控或可承担范围内、投资活动的技术可行性、市场容量与前景等几个方面进行论证。而财务可行性评价，主要是计算有关项目的预计收

入和成本，预测投资项目的现金流量，运用科学的投资评价方法，把各项目投资按优劣顺序进行排序，完成评价报告，请上级批准。

▶ 3. 投资项目的决策

投资项目评价后，企业领导者要作出资本投资决策(Capital Investment Decision)，又称资本预算决策(Capital Budgeting Decision)。企业要按照规定的权限和程序对投资项目进行决策审批，项目投资要通过分级审批，集体决策来进行，决策者应与方案制定者适当分离。重点审查投资方案是否可行、投资项目是否符合投资战略目标和规划、是否具有相应的资金能力、投入资金能否按时收回、预计收益能否实现，以及投资和并购风险是否可控等。投资额较小的项目，一般中层经理就有决策权；重大投资项目，应当报经董事会或股东(大)会批准。投资方案需要经过有关管理部门审批的，应当履行相应的报批程序。

▶ 4. 投资项目的执行

决定对某项目进行投资后，应积极筹措资金，实施投资。在投资项目执行过程中，必须加强对投资项目的管理，密切关注投资项目的市场条件和政策变化，准确做好投资项目的会计记录和处理。企业应定期组织投资效益分析，发现异常情况的，应当及时报告并妥善处理。同时，在项目实施中，还必须根据各种条件，准确对投资的价值进行评估，根据投资项目的公允价值进行会计记录。如果发生投资减值，应及时提取减值准备。

▶ 5. 投资项目的再评价

投资项目在具体执行过程中，还应注意审查原来的决策是否正确、合理。一旦出现新的情况，就要随时根据变化的情况作出新的评价。如果情况发生重大变化，原来投资决策已变得不合理，那么，就要对投资决策是否中途停止作出决策，以避免更大的损失。

典型案例 5-1
马云：密切关注资本的获得和应用

5.2　现金流量

在投资决策中，无论是把资金投在公司内部形成各种资产，还是投向公司外部形成联营投资，都需要用特定指标对投资的可行性进行分析，这些指标的计算都是以投资项目的现金流量为基础的。因此，现金流量是评价投资方案是否可行时必须事先计算的一个基础性数据。在项目投资决策中，评价项目盈利的财务指标不再是利润，而是现金流量。既然现金流量成为企业投资分析的中心环节，那么，如何估算现金流量就是项目投资决策的首要问题。

5.2.1　决策中使用现金流量的原因

现金流量是指企业现金流入与流出的数量，企业进行投资会引起未来一定时期内现金流量的变化。现金收入称为现金流入量，现金支出称为现金流出量，现金流入量与现金流出量相抵后的余额，称为现金净流量(Net Cash Flow，NCF)。流入量大于流出量，净流量为正值；反之，净流量为负值。值得注意的是，这时的“现金”是广义的现金，它不仅包括各种货币资金，而且还包括项目需要投入的企业现有的非货币资源的变现价值，如厂房、设备和材料等的变现价值，而不是其账面价值。

对于投资项目的决策来说，其决策依据是投资方案的现金流量而不是期间利润。只有投资方案的现金流入大于现金流出，该方案才是可行的投资方案，这是因为传统的财务会计按权责发生制计算企业的收入和成本，并以收入减去成本后的利润作为收益，用来评价企业的经济效益。在长期投资决策中则不能以按这种方法计算的收入和支出作为评价项目经济效益高低的基础，而应以现金流入作为项目的收入，以现金流出作为项目的支出，以净现金流量作为项目的净收益，并在此基础上评价投资项目的经济效益。投资决策之所以要以按收付实现制计算的现金流量作为评价项目经济效益的基础，主要有以下两方面原因。

▶ 1. 采用现金流量有利于科学地考虑资金的时间价值因素

科学的投资决策必须认真考虑资金的时间价值，这就要求在决策时一定要弄清每笔预期收入款项和支出款项的具体时间，因为不同时间的资金具有不同的价值。因此，在衡量方案优劣时，应根据各投资项目寿命周期内各年的现金流量，按照资本成本，结合资金的时间价值来确定。而利润的计算并不考虑资金收付的时间，它是以权责发生制为基础的。

利润与现金流量的差异具体表现在以下几个方面：

(1) 购置固定资产付出大量现金时不计入成本；

(2) 将固定资产的价值以折旧或折耗的形式逐期计入成本时，却又不需要付出现金；

(3) 计算利润时不考虑垫支的流动资产的数量和回收的时间；

(4) 只要销售行为已经确定，就计算为当期的销售收入，尽管其中有一部分并未于当期收到现金；

(5) 项目寿命终了时，以现金的形式回收的固定资产残值和垫支的流动资金在计算利润时也得不到反映。

可见，要在投资决策中考虑时间价值的因素，就不能用利润来衡量项目的优劣，而必须采用现金流量。

▶ 2. 采用现金流量才能使投资决策更符合客观实际情况

在长期投资决策中，应用现金流量能更科学、更客观地评价投资方案的优劣。而利润则明显地存在不科学、不客观的成分，原因如下。

(1) 利润的计算没有一个统一的标准，在一定程度上要受存货估价、费用摊配和不同折旧计提方法的影响。因而，净利的计算比现金流量的计算有更大的主观随意性，以此作为决策的主要依据不太可靠。

(2) 利润反映的是某一会计期间“应计”的现金流量，而不是实际的现金流量。若以未实际收到现金的收入作为收益，具有较大风险，容易高估投资项目的经济效益，存在不科学、不合理的成分。

5.2.2 现金流量的构成

按照现金流量的发生时间，投资活动的现金流量又可以分为初始现金流量、营业现金流量和终结现金流量。因为使用这种分类方法计算现金流量比较方便，所以下面将详细分析这三种现金流量所包括的主要内容。

1. 初始现金流量

初始现金流量是指投资项目开始时(主要发生在项目建设过程中)发生的现金流量，主要包括以下几个方面：

(1) 固定资产投资支出，如设备买价、运输费、安装费、建筑费等。

(2) 垫支的营运资本又称铺底营运资本，是指项目投产前后分次或一次投放于流动资产上的资本增加额。

(3) 原有固定资产的变价收入，是指固定资产更新时原有固定资产变卖所得的现金净流量。

(4) 其他费用，是指与投资项目有关的筹建费用、职工培训费用等。

(5) 所得税费用，是指固定资产重置时变价收入的税赋损益。引起所得税多缴的部分视为现金流出，形成节税的部分视为现金流入。

项目建设期发生的现金流量大多为现金流出量(也不排除有少量流入的可能)，它们可以是一次性发生的，也可以是分次发生的。

2. 营业现金流量

营业现金流量，又称经营现金流量，是指投资项目投入使用后，在经营使用期内由于生产经营所带来的现金流入和现金流出的数量。营业现金流量一般以年为单位进行计算。这里，现金流入一般是指营业现金收入。现金流出是指营业现金支出和缴纳的税金。如果一个投资项目的每年销售收入等于营业现金收入，付现成本(指不包括折旧的成本)等于营业现金支出，那么，年营业净现金流量(NCF)可用下列公式计算为：

每年营业现金净流量＝年营业收入－年付现成本－所得税
＝年营业收入－(营业成本－折旧＋所得税)
＝年营业收入－营业成本－所得税＋折旧
＝利润＋折旧

或

每年营业现金净流量＝(营业收入－营业成本)(1－税率)＋折旧
＝(营业收入－付现成本－折旧)(1－税率)＋折旧
＝营业收入(1－税率)－付现成本(1－税率)－折旧(1－税率)＋折旧
＝营业收入(1－税率)－付现成本(1－税率)＋折旧×税率

3. 终结现金流量

终结现金流量是指项目完结时所发生的现金流量，项目终结的“年份”具有双重含义，它既是项目经营使用期的最后年份，同时也是项目终了的年份。因此，终结现金流量既包括营业现金流量，又包括非营业现金流量。非营业现金流量包括固定资产的残值收入或变价收入及税赋损益、垫支营运资本的回收、停止使用的土地的变价收入等。

【例 5-1】 大华公司准备购入一设备以扩充生产能力。现有甲、乙两个方案可供选择。甲方案需投资 10 000 元，使用寿命为 5 年，采用直线法计提折旧，5 年后设备无残值，5 年中每年销售收入为 6 000 元，每年的付现成本为 2 000 元。乙方案需投资 12 000 元，采用直线折旧法计提折旧，使用寿命也为 5 年，5 年后有残值收入 2 000 元。5 年中每年的销售收入为 8 000 元，付现成本第 1 年为 3 000 元，以后随着设备陈旧，逐年将增加修理费 400 元，另需垫支营运资金 3 000 元，假设所得税税率为 25%。试计算两个方案的现金流量。

解：

为计算现金流量，必须先计算两个方案每年的折旧额。

甲方案每年折旧额＝10 000/5＝2 000(元)

乙方案每年折旧额＝(12 000－2 000)/5＝2 000(元)

下面先分别计算两个方案的营业现金流量，如表 5-1 所示，然后结合初始现金流量和终结现金流量编制两个方案的全部现金流量表，如表 5-2 所示。

表 5-1　投资项目的营业现金流量　　单位：元

年　份	1	2	3	4	5
甲方案：					
销售收入(1)	6 000	6 000	6 000	6 000	6 000
付现成本(2)	2 000	2 000	2 000	2 000	2 000
折旧(3)	2 000	2 000	2 000	2 000	2 000
税前利润(4) (4)＝(1)－(2)－(3)	2 000	2 000	2 000	2 000	2 000
所得税(5)＝(4)×25%	500	500	500	500	500
税后净利(6)＝(4)－(5)	1 500	1 500	1 500	1 500	1 500
营业现金流量(7) (7)＝(1)－(2)－(5)	3 500	3 500	3 500	3 500	3 500
乙方案：					
销售收入(1)	8 000	8 000	8 000	8 000	8 000
付现成本(2)	3 000	3 400	3 800	4 200	4 600
折旧(3)	2 000	2 000	2 000	2 000	2 000
税前利润(4) (4)＝(1)－(2)－(3)	3 000	2 600	2 200	1 800	1 400
所得税(5)＝(4)×25%	750	650	550	450	350
税后净利(6)＝(4)－(5)	2 250	1 950	1 650	1 350	1 050
营业现金流量(7) (7)＝(1)－(2)－(5)	4 250	3 950	3 650	3 350	3 050

表 5-2　投资项目的现金流量　　单位：元

年　份	0	1	2	3	4	5
甲方案：						
固定资产投资	−10 000					
营业现金流量	3 500	3 500	3 500	3 500	3 500	
现金流量合计	−10 000	3 500	3 500	3 500	3 500	3 500
乙方案：						
固定资产投资	−12 000					
营运资金垫支	−3 000					
营业现金流量		4 250	3 950	3 650	3 350	3 050
固定资产残值						2 000
营运资金回收						3 000
现金流量合计	−15 000	4 250	3 950	3 650	3 350	8 050

在表 5-1 和表 5-2 中，$t=0$ 代表第一年年初，$t=1$ 代表第一年年末，$t=2$ 代表第二年年末……在现金流量的计算中，为了简化计算，一般都假定各年投资在年初一次进行，各年营业现金流量在各年年末一次发生，并假设终结现金流量是最后一年年末发生的。

知识链接 5-1
投资决策的重要性

5.3　项目投资决策方法

项目投资决策的基本方法一般有两类：一类是贴现(折现)的分析评价方法，即考虑了时间价值和风险价值因素的评价方法，主要包括净现值法、现值指数法和内含报酬率法；另一类是非贴现(折现)的分析评价方法，即未考虑时间价值和风险价值因素的评价方法，主要包括投资回收期法、平均报酬率法。

5.3.1　折现现金流量方法

贴现(折现)分析评价指标的使用，体现了折现现金流量的思想，即把未来现金流量折现，使用现金流量的现值计算各种指标，并据以进行决策。

5.3.1.1　净现值法

净现值(Net Present Value，NPV)是指投资项目(方案)在整个建设和使用期限内未来现金流入量的现值与未来现金流出量的现值之差，或称为各年现金净流量现值的代数和。

▶ 1. 净现值的计算公式

净现值的计算涉及两个主要参数：一是项目的现金流量(前已述及)；二是折现率。根据这两个主要参数，即可计算项目的净现值，其计算公式如下：

$$NPV=\left[\frac{NCF_1}{(1+K)^1}+\frac{NCF_2}{(1+K)^2}+\cdots+\frac{NCF_n}{(1+K)^n}\right]-C=\sum_{t=1}^{n}\frac{NCF_t}{(1+K)^t}-C$$

另外一种表达：

$$NPV=\sum_{t=0}^{n}\frac{CFAT_t}{(1+K)^t}$$

式中，NPV 表示净现值；NCF_t 表示第 t 年的净现金流量；K 表示折现率(资本成本或投资必要报酬率)；n 表示项目使用年限；C 表示初始投资额；$CFAT_t$ 表示第 t 期现金流量。

▶ 2. 净现值的计算步骤

第一步，计算每年的营业净现金流量。

第二步，计算未来现金流量的总现值。即将每年的营业净现金流量折算成现值。如果每年的 NCF 相等，则按年金法折算成现值；如果每年的 NCF 不相等，则先对每年的 NCF 进行折现，然后加以合计。

第三步，计算净现值。

【例 5-2】 仍以前面所举大华公司的资料为例(表 5-1 和表 5-2)，来说明净现值的计算。假设资本成本为 10%，甲方案每年的 NCF 相等，计算如下：

$NPV_{甲}$ = 未来现金流量的总现值 − 初始投资额

$= NCF\times(P/A,\ i,\ n)-10\ 000$

$=3\ 500\times3.791-10\ 000$

$=3\ 268.5$(元)

乙方案每年的 *NCF* 不相等，则

$NPV_{乙}=4\ 250\times909+3\ 950\times826+3\ 650\times751+3\ 350\times683+8\ 050\times621-15\ 000$

$=17\ 154.2-15\ 000$

$=2\ 154.2$(元)

▶ 3. 净现值法的决策标准

在只有一个备选方案的决策中，如果方案的净现值大于零，表明该项目的投资收益大于资本成本，则该项目是可行的；如果方案的净现值小于零，则应放弃该项目。在有多个备选方案的互斥选择决策中，应选择净现值最大者。从计算中我们可以看出，甲方案的净现值大于乙方案的净现值，故大华公司应选用甲方案。

▶ 4. 净现值法的利与弊

净现值法的优点是此法充分考虑了时间价值、风险价值和项目有效期全部现金流量，能够反映投资项目的收益；其取舍标准也最好地体现了企业价值最大化的基本目标。

净现值法的不足在于：①确定折现率比较困难；②对于经济寿命不等的项目，用净现值难以评估其优劣；③对于初始投资额不等的项目，用净现值难以评估其优劣；④它不能揭示各个投资方案本身可能达到的实际收益率是多少，而内含报酬率则弥补了这一缺陷。

5.3.1.2 现值指数法

现值指数(Profitability Index，PI)又称获利指数，是指投资项目未来现金流入量的现值与现金流出量的现值的比率，或是投资项目未来报酬的总现值与初始投资额的现值之比。

▶ 1. 现值指数的计算公式

$$PI=\left[\frac{NCF_1}{(1+K)^1}+\frac{NCF_2}{(1+K)^2}+\cdots+\frac{NCF_n}{(1+K)^n}\right]\Big/C$$

即 $$PI=\frac{\text{未来现金流量的总现值}}{\text{初始投资额}}$$

如果投资是多期完成的，则计算公式为

$$PI=\frac{\text{未来现金流入的总现值}}{\text{现金流出的总现值}}$$

▶ 2. 现值指数的计算步骤

第一步，计算未来现金流量的总现值。这与计算净现值时所采用的方法相同。

第二步，计算现值指数，即根据未来现金流量的总现值和初始投资额之比计算现值指数。

【例 5-3】 仍以前面所举大华公司的资料为例(表 5-1 和表 5-2)，来说明现值指数的计算。

$$PI_{甲}=\frac{\text{未来现金流量的总现值}}{\text{初始投资}}=\frac{13\ 268.5}{10\ 000}=1.33$$

$$PI_{乙}=\frac{\text{未来现金流量的总现值}}{\text{初始投资}}=\frac{17\ 154.2}{15\ 000}=1.14$$

▶ 3. 现值指数法的决策标准

若项目或方案的现值指数 PI≥1，表明项目的收益率大于或等于预定的折现率，则应接受该项目或方案；反之，若项目或方案的现值指数 PI<1，表明项目的收益率小于预定的折现率，则应放弃。本例中，甲、乙两方案的现值指数均大于 1，故两个方案均可以进行投资，但是由于甲方案的现值指数更高，故应采用甲方案。

▶ 4. 现值指数法的利与弊

现值指数法的优点是：充分考虑了货币的时间价值和风险价值；它以相对数来表示，反映了投资的效率，即 1 元投资可望获得的现值收益。

与净现值(NPV)评价标准相比，这两种标准使用相同的信息评价投资项目，得出的结论常常是一致的，但在投资规模不同的互斥项目的选择中，则有可能得出不同的结论，这时应以净现值作为选择标准。

5.3.1.3 内含报酬率法

内含报酬率(Internal Rate of Return，IRR)又称内含收益率，是指能够使投资项目的未来现金流入量现值和流出量现值相等(净现值为零)时的折现率，它反映了投资项目的真实收益。目前越来越多的企业使用该项指标对投资项目进行评价。内含报酬率应满足下面公式：

$$NPV=\left[\frac{NCF_1}{(1+r)^1}+\frac{NCF_2}{(1+r)^2}+\cdots+\frac{NCF_n}{(1+r)^n}\right]-C=0$$

即
$$\sum_{t=1}^{n}\frac{NCF_t}{(1+r)^t}-C=0$$

式中，NCF_t 表示第 t 年的净现金流量；r 表示内含报酬率；n 表示项目使用年限；C 表示初始投资额。

▶1. 内含报酬率的计算

(1) 每年的 NCF 相等时，则按下列步骤计算：

第一步，计算年金现值系数。

$$年金现值系数=\frac{初始投资额}{每年 NCF}$$

第二步，查年金现值系数表，在相同的期数内，找出与上述年金现值系数相邻近的较大和较小的两个折现率。

第三步，根据上述两个邻近的折现率和已求得的年金现值系数，采用插值法计算出该投资方案的内含报酬率。

(2) 如果每年的 NCF 不相等，则需要按下列步骤计算：

第一步，先预估一个折现率，并按此折现率计算净现值。如果计算出的净现值为正数，则表示预估的折现率小于该项目的实际内含报酬率，应提高折现率，再进行测算；如果计算出的净现值为负数，则表明预估的折现率大于该方案的实际内含报酬率，应降低折现率，再进行测算。经过如此反复测算，找到净现值由正到负并且比较接近于零的两个折现率。

第二步，根据上述两个邻近的折现率用插值法，计算出方案的实际内含报酬率。

【例 5-4】 仍以前面所举大华公司的资料为例(表 5-1 和表 5-2)，来说明内含报酬率的计算方法。由于甲方案的每年 NCF 相等，因而可采用如下方法计算内含报酬率。

$$年金现值系数=\frac{初始投资额}{每年 NCF}=\frac{10\ 000}{3\ 500}=2.857$$

查年金现值系数表，甲方案的内含报酬率应该在 22%～23%之间，现用插值法计算如下

折现率	年金现值系数
22%	2.864
?%(x)	2.857
23%	2.804

$$\frac{2.864-2.857}{22\%-x}=\frac{2.857-2.804}{x-23\%}$$

$$x=22.12\%$$

甲方案的内含报酬率=22.12%

乙方案的每年 NCF 不相等，因而必须逐次进行测算，测算过程如表 5-3 所示。

表 5-3 乙方案内含报酬率的测算过程

时间(t)	NCF_t(元)	测试 15%		测试 16%	
		复利现值系数 $PVI_{11\%,t}$	现值(元)	复利现值系数 $PVIF_{12\%,t}$	现值(元)
0	−15 000	1.00	−15 000	1.00	−15 000
1	4 250	0.869 6	3 695.80	0.862 1	3 663.93
2	3 950	0.756 1	2 986.60	0.743 2	2 935.64
3	3 650	0.657 5	2 399.88	0.640 7	2 338.56
4	3 350	0.571 8	1 915.53	0.552 3	1 850.21
5	8 050	0.497 2	4 002.46	0.476 1	3 832.61
NPV	—	—	0.26	—	−379.07

在表 5-3 中，先按 15%的折现率进行折算，净现值为 0.26，大于 0，说明所选用的折现率偏低因此调高折现率，以 16%进行第二次测算，净现值变为负数，说明该项目的内含报酬率一定在 15%～16%之间。

折现率	净现值
15%	0.26
?%(y)	0
16%	−379.07

$$\frac{15\%-y}{0.26}=\frac{15\%-16\%}{0.26-(-379.07)}$$

$$y=15.001\%$$

乙方案的内含报酬率＝15.001%

▶ 2. 内含报酬率法的决策标准

内含报酬率法的决策标准是，在只有一个备选方案的采纳与否决策中，如果计算出的内含报酬率大于或等于公司的资本成本或必要报酬率，就采纳；反之，则拒绝。在有多个备选方案的互斥选择决策中，选择内含报酬率超过资本成本或必要报酬率最多的投资项目。由计算可知，甲方案的内含报酬率较高，故甲方案效益比乙方案好。

▶ 3. 内含报酬率法的利与弊

内含报酬率法考虑了资金的时间价值，反映了投资项目的真实报酬率，概念也易于理解。

但这种方法的计算过程比较复杂，特别是对于每年 NCF 不相等的投资项目，一般要经过多次测算才能算出。在互斥项目的选择中，利用这一标准有时会得出与净现值不同的结论，这时应以净现值作为选项标准。

知识链接 5-2 行业基准收益率的确定

5.3.2 非折现现金流量方法

非折现现金流量指标的评价方法主要有投资回收期法和平均报酬率法。

5.3.2.1 投资回收期法

▶ 1. 投资回收期的计算

投资回收期(Payback Period，PP)是指通过项目的现金净流量计算的回收初始投资额所需要的时间，即代表收回投资所需的年限。一般以年为单位。回收期越短，方案越有利。在初始投资一次支出，且每年的净现金流量(NCF)相等时，投资回收期可按下列公式计算

$$投资回收期=\frac{原始投资额}{每年\ NCF}$$

如果每年净现金流量(NCF)不相等，那么，计算回收期要根据每年年末尚未回收的投资额加以确定。

【例 5-5】 ABC 公司欲进行一项投资，初始投资额 10 000 元，项目为期 5 年，每年净现金流量有关资料如表 5-4 所示，试计算该方案的投资回收期。

表 5-4 ABC 公司投资回收期的计算表

年份	每年净现金流量(元)	年末尚未回收的投资额(元)
1	3 000	7 000
2	3 000	4 000
3	3 000	1 000
4	3 000	0
5	3 000	—

解：

从表 5-4 中可以看出，由于该项目每年的净现金流量均为 3 000 元，因此

$$该项目的投资回收期=\frac{10\ 000}{3\ 000}=3+\frac{1\ 000}{3\ 000}\approx 3.33(年)$$

▶ 2. 投资回收期法的决策标准

用投资回收期法进行项目评价的决策标准是：如果项目的投资回收期小于基准回收期(公司自行确定或根据行业标准确定)，则该项目可以接受；反之，则应放弃。在实务分析中，一般认为投资回收期小于项目周期的一半时方为可行。

▶ 3. 投资回收期法的利与弊

投资回收期法是最早用于评估项目投资决策的方法，曾一度被广泛运用。该法计算简便直观，且容易为决策人所理解。

其缺点在于：它不仅忽视了时间价值和风险，而且也没有考虑回收期以后的现金流量。事实上，具有战略意义的项目投资往往早期收益较低，而中后期收益较高。回收期法

优先考虑急功近利的项目，可能导致放弃长期成功的方案。因此，在项目评价时，投资回收期只能作为一个辅助标准，必须和其他标准相结合，以判断项目的可行性。

5.3.2.2　平均报酬率法

▶ 1. 平均报酬率的计算

平均报酬率(Average Rate of Return，ARR)是投资项目寿命周期内平均的年投资报酬率，也称平均投资报酬率。平均报酬率有多种计算方法，其中最常见的计算公式为

$$平均报酬率(ARR)=\frac{平均现金流量}{原始投资额}\times 100\%$$

【例 5-6】 仍以前面所举大华公司的资料为例(表 5-1 和表 5-2)，来说明平均报酬率的计算。

$$ARR_{甲}=\frac{3\ 500}{10\ 000}\times 100\%=35\%$$

$$ARR_{乙}=\frac{(4\ 250+3\ 950+3\ 650+3\ 350+8\ 050)\div 5}{15\ 000}\times 100\%=31\%$$

▶ 2. 平均报酬率法的决策标准

在采用平均报酬率这一指标时，应事先确定一个企业要求达到的平均报酬率，或称必要平均报酬率。在进行决策时，只有高于必要平均报酬率的方案才能入选。而在有多个互斥方案的选择中，则选用平均报酬率最高的方案。

▶ 3. 平均报酬率法的利与弊

平均报酬率法的优点是简明、易算、易懂。

其主要缺点是：①没有考虑资金的时间价值，第一年的现金流量与最后一年的现金流量被看作具有相同的价值，所以，有时会做出错误的决策；②必要平均报酬率的确定具有很大的主观性。

5.3.3　项目投资评价方法的比较分析

在 20 世纪 50 年代以前，企业在进行投资项目评价时，一般都以非贴现的现金流量评价方法为主，50 年代以后，贴现现金流量的评价方法开始受到重视，并且在资本预算决策中发挥着越来越大的作用，至 70 年代，贴现现金流量评价方法已经占据主导地位。

5.3.3.1　非贴现与贴现指标的比较

(1) 非贴现指标把不同时间上的现金收入和支出当作毫无差异的资金进行对比，忽略了货币的时间价值因素。这是不科学的。而贴现指标则是把不同时间点收入或支出的现金按同一的贴现率折算到同一时间点上，使不同时期的现金具有可比性，有利于作出正确的投资决策。

(2) 非贴现指标中的投资回收期只能反映投资的回收速度，不能反映投资的主要目标现金净流量的多少。同时，回收期没有考虑时间价值因素，因而夸大了投资的回收速度。

(3) 投资回收期、会计收益率等非贴现指标对寿命不同、资本投入时间不同和提供收益时间不同的投资方案缺乏鉴别能力。而贴现法指标则可以通过净现值、内含报酬率和获

利指数等指标，有时还可以通过净现值的年均化方法进行综合分析，从而作出正确合理的决策。

(4) 非贴现指标的会计收益率等指标没有考虑货币的时间价值，因而夸大了项目的盈利水平。而贴现指标中的内含报酬率是以预计的现金流量为基础，考虑了货币的时间价值以后计算的真实收益率。

(5) 在运用投资回收期这一指标时，标准回收期是方案取舍的依据，但标准回收期一般都是以经验或主观判断为基础来确定的，缺乏客观依据。而贴现指标中的净现值和内含报酬率等指标实际上都是以企业的资本成本为取舍依据的，任何企业的资本成本都可以通过计算得到，因此，这一取舍标准相对符合客观实际。

正因为非贴现现金流量评价标准中存在着固有的缺陷，所以才会逐渐被贴现现金流量评价方法所取代。

5.3.3.2 不同贴现指标的比较

各种贴现指标相对非贴现指标有其优越性，但贴现指标也存在一定的缺陷，因此，在应用时哪个贴现指标更好一些呢?

▶ 1. 净现值与内含报酬率的比较

在多数情况下，运用净现值法和内含报酬率法得出的结论是相同的。但在如下两种情况下，就会产生差异。

(1) 初始投资不一致，一个项目的初始投资大于另一个项目的初始投资时，规模较小的项目的内含报酬率可能较大但净现值可能较小。在这种互斥项目之间进行选择，实际上就是在更多的财富和更高的内含报酬率之间的选择，一般情况下，决策者会选择财富。

(2) 现金流入的时间不一致，一个在最初几年流入的较多，另一个在最后几年流入的较多。

尽管是在这两种情况下使二者产生了差异，但引起差异的原因是共同的，即两种方法假定，企业用投资期产生的现金流量进行再投资时，会产生不同的报酬率。净现值法假定产生的现金流入量重新投资，会产生相当于企业资本成本的报酬率；而内含报酬率法却假定现金流入重新投资，产生的报酬率与此项目特定的内含报酬率相同。

【例 5-7】 假设有两个项目 D 和 E，它们的初始投资不一致，详细情况如表 5-5 所示。

表 5-5 项目投资指标计算表

指标		项目 D	项目 E
初始投资(元)	第 0 年	110 000	10 000
营业现金流量(元)	第 1 年	50 000	5 050
	第 2 年	50 000	5 050
	第 3 年	50 000	5 050

续表

指　标	项目D	项目E
净现值(NPV)(元)	6 100	1 726
内含报酬率(IRR)(%)	17.28%	24.03%
现值指数(PI)	1.06	1.17
企业的资本成本	$K=14\%$	

按照不同的贴现率计算项目D和项目E的净现值，如表5-6所示。

表5-6　不同贴现率情况下的净现值计算表　　单位：元

贴现率(%)	NPV_D	NPV_E
0	40 000	5 150
5	26 150	3 751
10	14 350	2 559
15	4 150	1 529
20	−4 700	635
25	−12 400	−142

将表5-6中不同的贴现率绘制成净现值图，如图5-1所示：

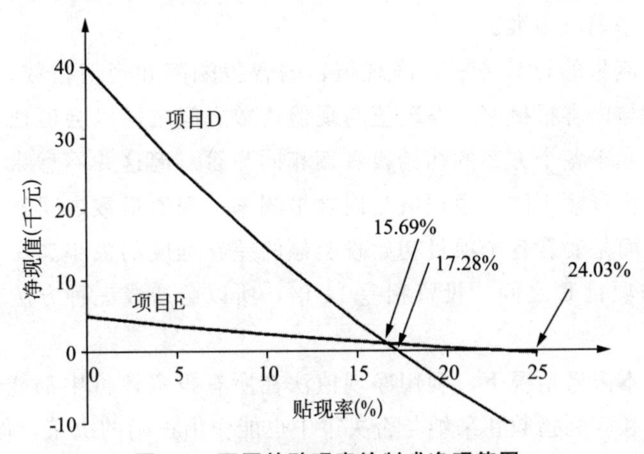

图5-1　不同的贴现率绘制成净现值图

从表5-5和表5-6可以看出，如果按内含报酬率法应拒绝项目D而采纳项目E，如果用净现值法则应采纳项目D而拒绝项目E。产生上述差异的根本原因是内含报酬率法假定项目D前两期产生的现金流量(第1年和第2年的50 000元)若进行再投资，则会产生与17.28%相等的报酬率，而项目前两年的现金流量(第一年和第二年的5 050元)若进行再投资则得到24.03%的报酬率；与此相反，净现值法假定前两期产生的现金流量若进行再投资的报酬率应当与贴现率相等，则本例中是14%，即资本成本。本例中两个项目的报酬率相交于16.59%，则项目D虽然投资较多，但净现值也较高，可为企业带来较多的财富，是较优的项目。而当资本成本大于16.59%时，不论净现值法还是内含报酬率法都会得出项目E优于项目D的结论。

也就是说，在没有资本限量的情况下净现值法总是正确的，而内含报酬率法有时却会作出错误的决策，因而，在无资本限量的情况下，净现值法是一个比较好的方法。

除此之外，净现值法和内含报酬率法的结论可能不同的另一种情况即非常规项目，如出现多重内含报酬率的投资项目。对这种项目应该进行净现值的计算并依赖净现值作出判断。所以净现值规则优于其他规则。

▶ 2. 净现值与现值指数的比较

净现值和现值指数使用的是相同的信息，用以评价投资项目的优劣，结论常常是一致的，但有时也会产生分歧。上例中的项目D和项目E(这两个项目的初始投资不一致)，在资金成本为14%时，项目D有净现值6 100元，现值指数为1.06，项目E有净现值1 726元，现值指数为1.17。如果用净现值法，则应选用项目D，如果利用现值指数，则应选用项目E。

当初始投资不同时，净现值和现值指数就会产生差异。由于净现值是用各期现金流量现值减初始投资，而获利指数使用现金流量现值除以初始投资，因而，评价的结果可能会产生不一致。

最高的净现值符合企业的最大利益。也就是说，净现值越高，企业的收益越大。而获利指数只反映投资回收的程度，不反映投资回收的多少。因此，在没有资本限量的情况下的互斥选择决策中，应选用净现值较大的投资项目。也就是说，当现值指数与净现值得出不同结论时，应以净现值为准。

比较贴现现金流量的评价方法，净现值、内含报酬率和现值指数，可以发现，净现值与内含报酬率，净现值与现值指数之间之所以会出现差异，共同的原因在于各个方案的初始投资额相同与否。但这并不意味着，只要项目初始投资额不同，净现值与内含报酬率、现值指数之间就一定会出现差异，而是要看各个项目初始投资额的差异程度的大小。在本例中的项目D与项目E之间，投资相差11倍，所以会造成三种方法评价结果的背离。

知识链接5-3 如何理性操作一个项目

总之，在无资本限量情况下，利用净现值法在所有投资评价中都能作出正确的决策；而利用内含报酬率和获利指数在采纳与否决策中也能作出正确的决策，但在互斥选择决策中有时会做出错误的决策。因而，在这三种评价方法中，净现值法是最好的评价方法。

5.4 项目投资评价方法的具体应用

项目投资决策的关键，就是合理选择适当的决策方法，利用投资决策指标作为决策的标准，作出最终的投资决策。项目投资决策方法的运用范围较广，本节主要介绍独立项目、互斥项目和资本限额项目决策方法的运用。对于项目风险分析等相关其他问题在以后的中级财务管理中再介绍。

5.4.1 独立项目投资决策

所谓独立项目(Independent Project)是指一组相互独立、互不排斥的项目，在独立项目中，选择某一项目并不排斥选择另一项目。例如，假设麦当劳打算在一个偏远的小岛上开设一家餐厅，这个方案是否被采纳都不会受到其他开设新餐厅的投资决策的影响，它们是相互独立的。

独立项目的决策是指对待定投资项目采纳与否的决策，这种投资决策可以不考虑任何其他投资项目是否得到采纳和实施；这种投资的收益与成本也不会因其他项目的采纳与否而受影响，即项目的取舍只取决于项目本身的经济价值。从财务的角度看，两种独立性投资所引起的现金流量是不相关的。

对于独立项目的决策，可运用投资回收期、平均报酬率及净现值、现值指数、内含报酬率等任何一个合理的标准进行分析，决定项目的取舍。只要运用得当，一般都能作出正确的决策。评价方案财务可行性的要点有以下几个方面。

▶ 1. 判断方案是否完全具备财务可行性的条件

如果某一投资方案的所有评价指标均处于可行区间，即同时满足以下条件时，则可以断定该投资方案无论从哪个方面看都具备财务可行性，或完全具备可行性。这些条件是：①净现值 NPV≥0；②现值指数 PI≥1；③内含报酬率 IRR≥基准折现率；④投资回收期≤基准回收期(公司自行确定或根据行业标准确定)或投资回收期≤项目周期的一半；⑤平均报酬率 ARR≥基准平均报酬率(事先给定)。

▶ 2. 判断方案是否完全不具备财务可行性的条件

如果某一投资项目的评价指标均处于不可行区间，即同时满足以下条件时，则可以断定该投资项目无论从哪个方面看都不具备财务可行性，或完全不具备可行性，应当彻底放弃该投资方案。这些条件是：①NPV＜0；②PI＜1；③IRR＜基准折现率；④PP＞基准回收期(公司自行确定或根据行业标准确定)或投资回收期＞项目周期的一半；⑤ARR＜基准平均报酬率。

▶ 3. 判断方案是否基本具备财务可行性的条件

如果在评价过程中发现某项目的主要贴现指标处于可行区间，但非贴现指标处于不可行区间，则可以断定该项目基本上具有财务可行性。

▶ 4. 判断方案是否基本不具备财务可行性的条件

如果在评价过程中发现某项目的主要贴现指标处于不可行区间，即便非贴现指标处于可行区间，也可以断定该项目基本上不具有财务可行性。

5.4.2 互斥项目投资决策

所谓互斥项目(Mutually Exclusive Investments)是指在一组项目中，采用其中某一项目意味着放弃其他项目时，这一组项目被称为互斥项目。例如，项目 A 是在你所拥有的一块地皮上建一幢公寓楼，项目B是决定在同样的一块地皮上建一座电影院。你可以选择A也可以选择B，或者两者同时放弃，唯独不能同时采纳项目A和项目B。

在进行互斥项目的投资决策分析时，选择最优投资项目的基本方法有以下几种。

1. 排列顺序法

在排列顺序法中，全部待选项目可分别根据它们各自的NPV或PI或IRR按降级顺序排列，然后进行项目挑选，通常选其大者为最优。通常情况下，按上述三个评价标准对互斥项目进行排序选择的结果是一致的，但在某些情况下也会得出不一致的结论，即出现排序矛盾。在这种情况下，通常应以净现值作为选择标准。

2. 增量收益分析法

增量收益分析法又称差量分析法，是指在对互斥项目进行投资决策时，可根据其现金流量的增量计算增量净现值、增量现值指数或增量内含报酬率，并以其任意标准进行项目的选择。其判断标准是：如果增量净现值大于零，或增量现值指数大于1，或增量内含报酬率大于资本成本，则增量投资在经济上是可行的。

对于投资规模不同的互斥项目，如果增量NPV＞0，或增量PI＞1，或增量IRR＞WACC(综合资本成本)，则投资额大的项目较优；反之，投资额小的项目较优。

对于旧设备是否更新的选择，通常是站在新设备的角度进行分析，如果增量NPV＞0，或增量PI＞1，或增量IRR＞资本成本，则应选择设备更新；反之，则应继续使用旧设备。

【例5-8】 某公司正在考虑以一台技术更先进、效率更高的新设备来取代现有的旧设备，有关资料如下：旧设备原购置成本10万元，已使用5年，估计还可以使用5年，已提折旧5万元，假定使用期满后无残值，如果现在出售可得价款4万元，每年付现成本8万元；新设备的购置成本为11万元，估计可用5年，期满后有残值1万元。使用新设备后，每年付现成本为5万元。

假定该公司按直线法折旧，所得税税率为50%，资本成本为15%，销售收入保持不变。

下面我们站在新设备的角度进行旧设备继续使用与更新的增量分析，其分析结果如表5-7所示。

表5-7 增量现金流量表

项　　目	第0年(元)	第1～4年(元)	第5年(元)
初始投资	−65 000		
销售收入		0	0
付现成本节约额		30 000	30 000
折旧费		−10 000	−10 000
税前利润		20 000	20 000
所得税		−10 000	−10 000

续表

项　目	第0年(元)	第1～4年(元)	第5年(元)
税后净利		10 000	10 000
经营现金流量		20 000	20 000
终结现金流量			10 000
现金净流量	－65 000	20 000	30 000

其中，初始投资额＝新设备购置成本＋旧设备变现收入＋旧设备出售损失减税

旧设备出售损失＝旧设备变现收入－旧设备账面价值

＝40 000－(100 000－50 000)＝－10 000(元)

旧设备出售损失减税＝旧设备出售损失×所得税税率

＝10 000×50%＝5 000(元)

初始投资额＝－110 000＋40 000＋5 000＝－65 000(元)

根据表5-7中的数据，可以计算增量净现值如下：

增量净现值＝20 000×(P/A，15%，4)＋30 000×(P/F，15%，5)－65 000＝7 010(元)

结论：由于增量NPV＞0，故应以新设备替代旧设备。

3. 总费用现值法

总费用现值法是指通过计算各备选项目的全部费用的现值来进行项目选择的一种方法。这种方法一般适用于收入相同、计算期相同的项目之间的选择，其选择标准是以总费用现值较小者为最佳。

【例5-9】 在【例5-8】中，可先通过编制重置投资项目实际现金流量表，进而计算总费用的现值。实际现金流量表如表5-8所示。

表5-8　重置投资项目实际现金流量表

项　目	旧设备	设　备
初始投资		
设备购置支出	0	－110 000
旧设备变现收入	－40 000	0
旧设备变现损失减税	－5 000	0
现金流出合计	－45 000	－110 000
经营现金流量(1～5年)		
税后经营成本	－40 000	－25 000
折旧减税	5 000	10 000
现金流出合计	－35 000	－15 000
终结现金流量(第5年)	0	10 000

旧设备费用总额现值＝45 000＋35 000×(P/A，15％，5)＝162 320(元)

新设备费用总额现值＝110 000＋15 000×(P/A，15％，5)－10 000×(P/F，15％，5)
＝155 310(元)

计算结果表明，由于以新设备取代旧设备可节约费用现值 7 010 元(162 320－155 310)，故应选择设备更新，这一结果与增量净现值法的判断相同。

▶ 4. 年均费用法

由于旧设备尚可使用年限与新设备寿命往往是不同的，使之难以通过两个方案的总成本进行比较来判别它们的优劣，因此，在收入不发生变化的情况下，新旧设备在比较时亦采用年均费用法。

平均年费用＝未来现金流出的总现值÷年金现值系数

【例 5-10】 某企业有一旧设备打算进行更新，假设该企业所得税为 0，即不考虑税收效应，资本成本率为 15％，其他有关数据如表 5-9 所示。试问该企业是否应作出更新的决策。

表 5-9　新、旧设备分析测算表

项　　目	旧 设 备	新 设 备
原值(元)	2 200	2 400
预计使用年限(年)	6	10
已经使用年限(年)	4	0
最终残值(元)	200	300
变现价值(元)	600	2 400
年运行成本(元)	700	400

解：

根据平均年费用＝未来现金流出的总现值÷年金现值系数，分别计算新旧设备的平均年费用。

$$旧设备平均年费用=\frac{600+700\times(P/A,15\%,6)-200\times(P/F,15\%,6)}{(P/A,15\%,6)}$$

$$=\frac{600+700\times3.784-200\times0.432}{3.784}=836(元)$$

$$新设备平均年费用=\frac{2\,400+400\times(P/A,15\%,10)-300\times(P/F,15\%,10)}{(P/A,15\%,10)}$$

$$=\frac{2400+400\times5.019-300\times0.247}{5.019}=863(元)$$

通过计算，旧设备平均年费用低于新设备，因此不宜进行更新。

▶ 5. 最小公倍寿命法和年均净现值法

大部分投资项目决策都会涉及两个或两个以上寿命不同的投资项目的选择问题。由于项目的寿命不同，就不能对它们的净现值、内含报酬率和现值指数进行直接比较。为了使指标的对比更加合理，必须考虑对相同年度内的两个项目的净现值进行比较，或是对两个项目的年均净现值进行比较，这便出现了进行合理比较的两种基本方法——最小公倍寿命法和年均净现值法。

【例 5-11】 公司要在两个投资项目中选取一个。半自动化的 A 项目需要 160 000 元的初始投资，每年产生 80 000 元的净现金流量，项目的使用寿命为 3 年，3 年后必须更新且无残值；全自动化的 B 项目需要初始投资 210 000 元，使用寿命为 6 年，每年产生 64 000 元的净现金流量，6 年后必须更新且无残值。企业的资金成本为 16%，试问，公司应选择哪个项目呢？

解：

(1) 最小公倍寿命法

最小公倍寿命法就是求出两个项目使用年限的最小公倍数。对于上述的案例中公司的 A 项目和 B 项目来说，它们的最小公倍寿命为 6 年。对于项目 B，本身就必须按 6 年计算其净现值；而 A 项目需要假设在项目到期之前还要进行一次投资，将两次投资的现金流量进行合计计算净现值。

根据本例资料进行计算分析。

1) 计算 A 项目的 NPV。

首先，编制 A 项目的现金流量表，如表 5-10 所示。

表 5-10　投资项目 A 的现金流量表

第 N 年	0	1	2	3	4	5	6
第 0 年投资的现金流量(元)	−160 000	80 000	80 000	80 000			
第 3 年投资的现金流量(元)				−160 000	80 000	80 000	80 000
两次投资合并的现金流量(元)	−160 000	80 000	80 000	−80 000	80 000	80 000	80 000

其次，计算 A 项目的 NPV

$NPV_A = 80\ 000 \times (P/A, 16\%, 3) - 160\ 000 + [80\ 000 \times (P/A, 16\%, 3) - 160\ 000] \times (P/F, 16\%, 3) = 19\ 680 + 19\ 680 \times (P/F, 16\%, 3) = 32\ 294$(元)

2) 计算 B 项目的 NPV。

$NPV_B = 64\ 000 \times (P/A, 16\%, 6) - 210\ 000$

$= 64\ 000 \times 3.685 - 210\ 000 = 25\ 840$(元)

比较 A 项目的净现值大于 B 项目的净现值，应选择半自动化的项目 A。

(2) 年均净现值法

年均净现值法是把项目的净现值转化为项目每年的平均净现值。它的计算公式是

$$ANPV = NPV \div (P/A, i, n)$$

式中，ANPV 为年均净现值；NPV 为净现值；$(P/A, i, n)$ 为年金现值系数。

仍以【例 5-11】为例进行计算：

A 项目：$ANPV_A$ =19 680÷(P/A，16%，3)

=19 680÷2.246=8 762.24(元)

B 项目：$ANPV_B$ =25 840÷(P/A，16%，6)

=25 840÷3.685=7 012.21(元)

从计算结果可见，A 项目优于 B 项目，其结论与最小公倍寿命法一致。

5.4.3 资本限量投资决策

资本限量的意思是由于没有足够的资金，公司不能投资于所有可接受的项目。也就是说，有很多获利项目可供投资，但企业可筹集到的资金有一定的限度。这种情况在许多公司都存在。尤其在以内部融资为经营策略或外部融资受到限制的企业经常发生。

资本限量的决策评价方法通常主要结合现值指数和净现值进行分析。

▶ 1. 使用现值指数法的步骤

(1) 计算所有项目的现值指数，不能漏掉任何项目，并要列出每一个项目的初始投资。

(2) 接受 PI≥1 的项目，如果所有可接受的项目都有足够的资金，则说明资本没有限量，这一过程即可完成。

(3) 如果资金不能满足所有 PI≥1 的项目，那么就要对第二步进行修正，这一修正的过程是：对所有项目在资本限量内进行各种可能的组合，然后计算出各种组合的加权平均获利指数。

(4) 接受加权平均现值指数最大的组合。

▶ 2. 使用净现值法的步骤

(1) 计算所有项目的净现值，并列出每一个项目的初始投资。

(2) 接受 NPV≥0 的项目，如果所有可接受的项目都有足够的资金，则说明资本没有限量，这一过程即可完成。

(3) 如果资金不能满足所有 NPV≥0 的项目，那么就要对第二步进行修正，这一修正的过程是：对所有项目在资本限量内进行各种可能的组合，然后计算出各种组合的净现值总额。

(4) 接受净现值总额最大的组合。

【例 5-12】 某公司准备投资的 5 个项目的资料，如表 5-11 所示。若该企业的资本限量为 400 000 元，请问怎样组合使企业资本的效益最大？

表 5-11　该公司 5 个项目的初始投资、净现值和现值指数

投资项目	初始投资(元)	现值指数	净现值(元)
A_1	120 000	1.56	67 000
B_1	150 000	1.53	79 500

续表

投资项目	初始投资(元)	现值指数	净现值(元)
B_2	300 000	1.37	111 000
C_1	125 000	1.17	21 000
C_2	100 000	1.18	18 000

解：

为了选出最优的项目，必须列出资本限量内所有可能的项目组合。为此，可以通过列表来计算所有可能的项目组合的加权平均现值指数和净现值合计数。选出最大加权平均现值指数或净现值合计数的项目组合，如表 5-12 所示。

表 5-12　项目组合的加权平均现值指数和净现值合计数

项目组合	初始投资(元)	加权平均现值指数	净现值合计(元)
$A_1B_1C_1$	395 000	1.420	1 675 000
$A_1B_1C_2$	370 000	1.412	164 500
A_1B_1	270 000	1.367	146 500
A_1C_1	245 000	1.221	88 000
A_1C_2	220 000	1.213	85 000
B_1C_1	275 000	1.252	100 500
B_1C_2	250 000	1.244	97 500
B_2C_2	400 000	1.323	129 000

在计算项目组合 $A_1B_1C_1$ 中，有 5 000 元资金没有用完，假设公司将这 5 000 元投资于有价证券，现值指数为 1，以下同，计算过程为

$$
\begin{aligned}
\text{加权平均现值指数} &= (120\,000 \div 400\,000) \times 1.56 + (150\,000 \div 400\,000) \times 1.53 + \\
&\quad (125\,000 \div 400\,000) \times 1.17 + (5\,000 \div 400\,000) \times 1.00 = 1.420
\end{aligned}
$$

其他加权平均获利指数的计算方法与此相同。

从表 5-12 可以看出，公司应选 $A_1B_1C_1$ 项目组合。其加权平均现值指数和净现值合计均为其他各项组合中最大。

本章小结

本章在介绍项目投资的概念、类型、主体，项目计算期构成，资金投入方式和决策程序的基础上，主要介绍了现金流量的构成，包括初始现金流量、营业现金流量和终结现金流量。项目投资的基本决策方法的评价指标有两类：一类是不考虑货币时间价值的指标，叫做非折现评价指标，主要有静态投资回收期指标和平均报酬率指标；另一类是考虑了货币时间价值的指标，叫折现评价指标，主要有净现值指标、现值指数指标和内含报酬率指标。重点介绍了各种指标的计算方法、评价标准以及各指标的优缺点。最后简单介绍了投

资决策方法的应用。对于独立项目的决策，可运用投资回收期、平均报酬率及净现值、现值指数、内含报酬率等任何一个合理的标准进行分析，决定项目的取舍。当各种技术分析方法的结论发生冲突时，以净现值作为项目的评价标准是最好的选择。在互斥项目决策中，根据具体情况可以采取排列顺序法、增量收益分析法、总费用现值法或年均费用现值法进行项目决策。

关键术语

企业投资　项目投资　现金流量　净现值　现值指数　内含报酬率　投资回收期　平均报酬率　独立项目　互斥项目

线上课堂——训练与测试

本章测试及案例分析

在线题库

第6章　证券投资管理

教学要求

知识要点	掌握程度	相关知识
证券投资概述	·了解证券投资的含义、种类与目的 ·了解证券投资的风险与收益	·证券投资 ·证券种类 ·证券投资风险与收益
股票投资	·了解股票投资的目的和特征 ·掌握股票投资价值分析 ·掌握股票投资的估价 ·掌握股票投资收益率确定 ·理解股票投资的优缺点	·股票投资 ·股票的价值与估价 ·股票投资收益率 ·股票投资的优缺点
债券投资	·了解债券投资的目的、种类和特征 ·理解债券投资价值分析 ·掌握债券投资的估价 ·掌握债券投资收益率确定 ·理解债券投资的优缺点	·债券投资 ·债券的价值与估价 ·债券投资收益率 ·债券投资的优缺点
投资基金	·了解投资基金的概念、分类与特征 ·掌握投资基金的价值评估方法	·基金 ·投资基金的价值 ·投资基金的优缺点

名人名言

风险来自于你自己不知道在做些什么，股市像上帝一样，会帮助自助的人。但和上帝不一样的是，它绝对不会宽容那些不懂自己在做什么的人。

——沃伦·巴菲特

引导案例

2018年全球股市惨淡收官

本批股民或许是最惨，同时也是幸运的一行人，不足壮年便基本经历了不止一轮“牛熊”。正所谓，“回首向来萧瑟处，归去，也无风雨也无晴。”2018年A股K线图画完最后一根，有机构投资者在朋友圈如此感叹。

2018 年最后一个交易日，沪深 300 报 3 010.65 点收官，成交金额 781.45 亿元，这意味着沪深 300 指数年初至今累计跌幅达 25.31%。Wind 数据显示，截至 12 月底，A 股上市公司总数达 3 584 家，沪深两市总市值为 48.73 万亿元，2017 年底 A 股上市公司总数为 3 485家，总市值为 63.18 万亿元。这意味着，虽然上市公司数量增加 99 家，市值却减少了 14.45 万亿元。中登公司数据显示，期末投资者数量为 1.45 亿，以市值减少 14.45 万亿元计算，今年 A 股投资者人均亏损 9.97 万元。

从细分指数来看，中小盘板块跌幅最凶，中小 300 指数以－37.63%跌幅居榜首，申万中小板指数与小盘成长指数紧随其后。而跌幅最“微”的大盘价值指数、上证 50 指数分别以跌 18.03%和跌 19.83%成为榜中唯一两个跌幅小于 20%的指数。

值得注意的，从主流的观点不难看出，经过一年的“洗礼”，以散户为首的投资者似乎开始学会自省和反思：正如不要盲目追高并期待在最高点卖出一样，永远不要试图猜测市场的具体底部，而应选择在市场处于底部区间时进行试探性建仓，防范系统性风险。最重要的是，有自己的独立思考和判断。

A 股难熬，全球市场也不好过，全球跌幅排行榜前 20 中，深证成指和上证综指以 34.42%和 24.39%的跌幅居榜首，德国 DAX 指数紧随其后，跌幅逼近 20%。包括韩国综合指数、恒生指数、富时 100、日经 225、法国 CAC40 等指数年度跌幅都超过了 10%。

从黑天鹅到灰犀牛，2018 年全球市场都不算太平，就连长牛近 10 年的美股也在近期遭遇滑铁卢。

就在圣诞前夜，美股三大指数创出十年来最大单周跌幅，标普 500 和道指均跌近 10%，与道指同创 2015 年以来首个年度跌幅，纳指则创 2011 年以来首个年度下跌，堪称 1931 年大萧条以来最惨烈的冬季行情。美股平安夜收盘大跌，道琼斯工业平均指数大幅收跌 653.17 点，跌幅 2.91%，报 21 792.20 点；纳斯达克综合指数也未能幸免，收盘跌 140.08 点，跌幅 2.21%，报 6 192.92 点，与年内高点相比跌超 20%。平安夜当日“恐慌指数”VIX 狂飙逾 17%，至 35.38，创 2 月 9 日以来新高。

（资料来源：http://finance.ifeng.com/a/20190101/16653783_0.shtml）

6.1 证券投资概述

6.1.1 证券投资的含义、种类与目的

▶1. 证券投资的含义

证券是有价证券的简称，它是指票面载有一定的金额，代表相应的财产权益，可以有偿转让的凭证，如股票、债券、基金，也包括认股权证、指数期货等衍生金融工具。

证券投资是投资者将资金投资于有价证券及其衍生证券等资产，从而获取收益的一种投资行为。它是企业投资的重要组成部分。证券投资包括以下四个要素。

(1) 投资主体。投资主体即证券投资者，包括机构投资者和个人投资者。机构投资者包括政府部门、企事业单位、金融机构、社会公益基金等，个人投资者为自然人。

(2) 投资对象。投资对象即投资客体，包括股票、债券、投资基金，也包括认股权证、指数期货、期权等衍生金融工具。

(3) 投资目的。证券投资的目的是获取收益。收益即投资所得的报酬，具有不确定性。在证券市场上，收益总是和风险相伴。

(4) 投资行为。证券投资的收益与风险并存，要求投资者不仅要对不同的证券类型进行选择，还要对证券的品种进行分析。因此，证券投资既是一种具有一定风险的投资行为，又是一种复杂的智力活动。投资者要想取得投资成功，必须学习和了解投资的基本知识，熟悉和遵守投资程序，并掌握投资决策的各种方法。

▶ 2. 证券投资的种类

证券投资的分类以证券的分类为基础，按照不同的标准，证券可进行以下分类。

(1) 按证券的发行主体，可分为政府证券、金融证券和公司证券三种。政府证券是中央政府和地方政府为筹措资金而发行的证券，如国库券。金融证券是由银行或其他金融机构为筹措资金而发行的证券，如金融企业债券。公司证券是指工商企业为筹措资金而发行的证券，如企业股票、企业债券等。就风险而言，政府证券最小，金融证券次之，企业证券一般最高。

(2) 按证券所体现的权益关系分类，可分为所有权证券和债权证券两种。所有权证券是指持有人持有的代表其在发行单位所拥有的所有权的证券，拥有人对发行单位有一定的管理权和收益分配权，例如，普通股股票。债权证券是指持有人持有的代表其在发行单位拥有债权的证券，持有人拥有到期收回本息的权力，一般无权对发行单位进行管理和控制。所有权证券相对债权证券而言，风险较高、收益也大。

(3) 按证券的收益状况进行分类，可分为固定收益证券和变动收益证券两种。固定收益证券是指在证券票面上规定固定收益率的证券，如优先股的固定股息率、债券的固定利率等。变动收益证券是指票面上不规定固定的收益率，其收益状况随企业经营状况变动而变动的证券，如普通股、基金就是典型的变动收益证券。变动收益证券相对于固定收益证券来说，风险大，但收益高。

(4) 按证券到期日的长短，可分为短期证券和长期证券两种。短期证券是指将在一年内到期的证券，如短期国债、央行票据、商业票据等。长期证券是指到期日长于一年的证券，如长期国债、股票、企业债券等。短期证券相对于长期证券而言，风险较小，但报酬也低。

(5) 按证券是否上市，可分为上市证券和非上市证券。上市证券又称挂牌证券，是指在交易所注册登记，公开买卖的证券。如上市公司发行的股票、可转换债券、政府发行的国库券、基金公司发行的基金等。

(6) 按证券依据的基础，可分为基础证券和衍生证券。基础证券是指传统的金融工具，在此基础上能派生出其他的证券，如股票，债券等。衍生工具是指在传统证券基础上派生出来的证券，如备兑权证、ADR、可转换证券、认股权证等。基础证券相对于衍生证券而言，风险小，收益相对也低。

▶ 3. 证券投资的目的

(1) 提高资金使用效益，获取投资收益。企业在生产经营中，必须保留一部分现金类资产，出于预防的动机，将一部分资金短期投向证券，以调剂现金的余缺，同时获取短期投资收益；当企业有短期闲置的长期资金时，也可以投资于证券，在需要动用这部分资金时，可以随时卖出证券，收回现金，满足企业未来的财务需求；当企业在较长的时期没有大量的现金支出，也没有盈利较高的投资项目，并又有大量闲置现金时可进行长期证券投资，购买风险较小，投资回报较高的有价证券，以期获得较高的投资收益。

(2) 获得对相关企业的控制权。有些企业从战略上考虑控制另外一些企业时，可以通过股票投资来实现。如一家钢铁厂欲控股一家铁矿石公司时，可在二级市场上购买这家公司的股票，直到所拥有的股权能控制铁矿石公司为止。

6.1.2 证券投资的收益与风险

▶ 1. 证券投资的收益

证券投资收益是指投资者进行证券投资所获得的净收入，主要包括投资利润和资本利得等。

(1) 投资利润。投资利润是企业进行证券投资所获得股利、股息和利息等。股利是发行普通股的企业根据盈利状况进行利润分配时向普通股股东分配的利润，它是不稳定的。若发行公司亏损，无利可分时，购买普通股的投资者便无法获得这一部分利润。股息是发行优先股的企业向优先股股东分配的利润，它相对稳定，是优先股的面值与股息率的乘积。若是累积优先股，投资者这部分收入就更加保险。利息是发行人按债权凭证载明的利率按期支付给投资者的报酬。如国债利息、公司债券利息、商业票据利息等，这一部分投资利润最为稳定。

(2) 资本利得。即证券买卖价格的差额。证券市场的价格是波动的，当售价高于购买价时，投资者获得资本利得；若售价低于购买价时，投资者承担资本利损。不同对象的证券投资，以及投资者投资的目的，择取的投资方式不同，所获取的投资收益也会不同。

▶ 2. 证券投资的风险

证券投资风险是指投资者在证券投资过程中遭受损失或达不到预期收益的可能性。证券投资风险主要来源于以下几个方面。

(1) 证券市场的风险。所谓证券市场风险，是指因政治、经济、法律、通货膨胀、利率、投机活动、普遍的心理预期以及国际形势、各种不可抗力等因素影响证券市场价格而给证券投资者可能带来的损失。主要包括利率风险，购买力风险，心理预期风险等。

(2) 证券发行主体的风险。证券发行主体有政府、金融机构和公司。由于政府和金融机构的信用很高，政府债券和金融债券的风险系数最小。政府债券和金融债券只会受到主体以外因素的影响，如来自通货膨胀的风险。因此，证券发行主体的风险主要是证券发行公司的经营风险和违约风险。

(3) 投资者自身的风险。投资者自身的风险是指投资者投资决策失误而蒙受损失的可能性。如投资者错误判断了证券的价值，未能准确把握买卖的时机和买卖价位、缺乏投资技巧和分析技术等。具体分析，投资者的投资风险由两个因素构成：即素质不佳和信息缺乏。投资者的素质包括专业素质和心理素质。专业素质是指投资者必备的证券投资专业知识、技巧和经验，如宏观经济的基本面知识、行业经济的基本面知识、证券投资分析技术知识及专业实践经验等；心理素质主要是指投资者对证券价格波动的自我控制能力，证券投资的理念态度及对证券市场内外部环境变化的适应和洞察能力。信息缺乏是指投资者无法充足、及时地获得证券市场的相关信息，它可能源于信息本身的不畅，或获取信息的成本过高，或投资者捕捉信息的能力不足等。

在整个证券投资过程中，都蕴含着风险因素，一切回避风险的企图都是徒劳的，它是客观存在的；证券投资风险也是对投资证券行为的一种约束，但它提供了一种获取风险收益的机会，投资者必须树立风险价值观念。另外，不同对象的证券投资、不同证券投资的目的、不同的证券投资方式与技术，所面临的证券投资风险也各不相同。投资者应注重投资时机的选择和投资方式的运用，提高投资收益，降低投资风险。

典型案例 6-1
乐视网退市前后：半年亏损 110 亿元

6.2　股票投资

6.2.1　股票投资的目的与特征

股票是一种有价证券，是股份有限公司发行的，用以证明投资者的股东身份和权益，并据以获取股息和红利的凭证。进行股票投资的目的主要有两种：一是作为一般的证券投资，获取股利收入及股票买卖价差；二是利用购买某一企业的大量股票达到控制该企业目的。

股票投资具有以下四个方面的特征。

(1) 收益性。收益性是股票投资最基本的特征，它是指股票可以为持有人带来收益的特性。股票的收益包括股息、红利和资本利得等，可分为两类：第一类收益来自于股份公司。认购股票后，持有者对发行该股票的公司就享有经济权益，这种经济权益的实现形式是从公司领取股息和分享公司的红利；第二类收益来自于股票流通。股票持有者可以在股票市场上买卖股票，获得差价收益，这种差价收益称为资本利得。

(2) 风险性。股票尽管可能给股票持有者带来收益，但这种收益是不确定的，持有股票必然承担一定的风险。例如，股东是否能够获得预期的股息和红利收益取决于公司的盈利情况。此外，股票的市场价格是不断波动的，它可能小幅升降，也可能大起大落。如果股价下跌，股票持有者会因股票贬值而蒙受损失。

(3) 流动性。流动性是指股票可以自由地进行交易。我国《公司法》和《证券法》规定：股票具有流通性，即可以买卖、转让、抵押和赠予。

(4) 参与性。参与性是指股票持有人有权参与公司的重大决策制定。这种参与不一定是亲自作出决议或者指挥经营，而需要经过一定的途径，例如出席股东大会，通过选举公司董事会来实现其参与权。

6.2.2 股票投资价值分析

▶ 1. 股票的价值

有关股票的价值有不同提法，一般来说，股票的价值可分为票面价值、账面价值、清算价值和内在价值。

(1) 票面价值。股票的票面价值又称面值，是股份公司在所发行的股票票面上标明的票面金额，其作用是用来表明每一张股票所包含的资本数额。在我国上海和深圳证券交易所流通的股票的面值均为壹元，即每股1元。股票面值的作用之一是表明股票的认购者在股份公司的投资中所占的比例，是作为确定股东权利的依据；第二个作用就是在首次发行股票时，将股票的面值作为发行定价的一个依据。一般来说，股票的发行价格都会高于其面值。

(2) 账面价值。账面价值又称股票的净值或每股净资产，是用会计核算的方法计算出来的每股股票所包含的资产净值。其计算方法是用公司的净资产除以总股本，得到的就是每股的净值，它是股票投资者评估和分析上市公司实力的重要依据之一。

(3) 清算价值。清算价值是指公司清算时每一股份所代表的实际价值。从理论上讲，股票的每股清算价值应与股票的账面价值相一致，但企业在破产清算时，其财产价值是以实际的销售价格来计算的，而在进行财产处置时，其售价一般都会低于实际价值。所以股票的清算价值就会与股票的账面价值不一致。

(4) 内在价值。内在价值是指股票预期的未来现金流入的现值，它是股票的真实价值，也叫理论价值。股票的内在价值决定股票的市场价格，股票的市场价格总是围绕内在价值波动。证券的内在价值不完全等同于其市场价值。市场价值是指一项资产在交易市场上的价格，它是市场上买卖双方进行竞价后产生的双方均能接受的价格。

如果证券市场是有效率的，我们这里指的是证券市场是“半强式有效的”，即“在这个市场上，证券的价格反映了所有公开可用的信息”，那么它的内在价值与市场价值就应该是相等的。当一项资产的内在价值与市场价值不相等时，投资者的套利行为将促使其市场价值向内在价值回归。由于现实中信息不对称以及流动交易者的存在，使得证券的市场价值常常偏离于其内在价值。因此，投资者估算出一种证券的内在价值后，可以把它与证券的市场价值进行比较。如果该证券的内在价值高于其市场价值，则该证券就被低估了，则进行投资对投资者而言是有利可图的；反之，投资者则不应进行投资。

▶ 2. 影响股票投资价值的内部因素分析

股票的内在价值，是投资股票未来所获现金净流量的现值。一般来讲，影响股票投资价值的内部因素主要包括公司净资产、盈利水平、股利政策、股份分割、增资和减资以及资产重组等。

(1) 公司净资产。净资产或资产净值是总资产减去总负债后的净值，它是全体股东的权益，是决定股票投资价值的重要基准。公司经过一段时间的营运，其资产净值必然有所变动。股票作为投资的凭证，每一股代表一定数量的净值。从理论上讲，净值应与股价保持一定比例，即净值增加，股价上涨；净值减少，股价下跌。

（2）公司盈利水平。公司业绩好坏集中表现于盈利水平高低，公司的盈利水平是影响股票投资价值的基本因素之一。在一般情况下，预期公司盈利增加，可分配的股利也会相应增加，股票市场价格上涨；预期公司盈利减少，可分配的股利相应减少，股票市场价格下降。但值得注意的是，股票价格的涨跌和公司盈利的变化并不完全同时发生。

（3）公司的股利政策。股份公司的股利政策直接影响股票投资价值。在一般情况下，股票价格与股利水平成正比，股利水平越高，股票价格越高；反之，股利水平越低，股票价格越低。公司为了合理地在扩大再生产和回报股东之间分配盈利，都会有一定的股利政策。股利政策体现了公司的经营作风和发展潜力，不同的股利政策对各期股利收入有不同影响。

（4）股份分割。股份分割又称拆股、拆细，是将原有股份均等地拆成若干较小的股份。股份分割通常会刺激股价上升。股份分割前后投资者保持的公司净资产和以前一样，得到的股利也相同。但是投资者持有的股份数量增加了，因此股份分割往往比增加股利分配对股价上涨的刺激作用更大。

（5）增资和减资。公司因业务发展需要增加资本额而发行新股的行为对不同公司股票价格的影响不尽相同。一般情况下，增资可能会促使股价下跌。但对那些业绩优良，财务结构健全，具有发展潜力的公司而言，增资意味着将增加公司经营实力，会给股东带来更多回报，股价不仅不会下跌，可能还会上涨。

（6）公司资产重组。公司重组总会引起公司价值的巨大变动，其股价也随之产生剧烈的波动。

▶ 3. 影响股票投资价值的外部因素

一般来讲，影响股票投资价值的外部因素主要包括宏观经济因素、行业因素及市场因素。

（1）宏观经济因素。宏观经济走向包括经济周期，通货变动以及国际经济形势等因素；国家的货币政策、财政政策、收入分配政策及对证券市场的监管政策等都会对股票的投资价值产生实质性影响。

知识链接 6-1
股票价格指数

（2）行业因素。产业的发展状况和趋势，国家的产业政策和相关产业的发展会对该产业上市公司的股票投资价值产生重大影响。

（3）市场因素。证券市场上投资者对股票走势的心理预期会对股票价格走势产生重要的影响。市场中的散户投资者往往有从众心理，对股市产生助涨助跌的作用。

6.2.3　股票投资的估价

股票估价实际是对股票的内在价值进行评估，然后和股票市价进行比较，视其低于、高于或等于市价，决定买入、卖出或继续持有。

6.2.3.1 股利增长模型

▶ 1. 基本模型

股票的价值等于其未来现金流量的现值。股票的未来现金流量主要是股东所得的现金股利。对于永久性持有该公司股票的投资者来说，其现金的流入主要是股利流入。股票价值计算的基本模型为

$$V=\sum_{t=1}^{n}\frac{D_t}{(1+k)^t}$$

式中，V 为股票的内在价值；D_t 为第 t 期的股利；k 为估价所采用的贴现率即投资者要求的必要(最低)报酬率。

▶ 2. 零增长模型

零增长股票是指预期股利金额每年是固定的，即 $D_t=D_0$。当 t 为∞时，则股利支付过程是一个永续年金，由于永续年金的现值是由永续年金除以贴现率来决定，故该种股票的价值为

$$V=\frac{D}{R_s}$$

式中：D 为每年股利；R_s 为必要报酬率(投资者期望的最低报酬率)。

【例 6-1】 某种股票每年股利均为 4 元，投资者要求的最低报酬率为 8%，试计算该股票的价值。

解：

$$V=\frac{D}{R_s}=\frac{4}{8\%}=50(\text{元})$$

当市价低于股票价值购入时，其实际报酬率便会高于投资者所要求的最低报酬率。

在实际中，普通股的股利一般不应该是固定不变的，而应当是不断增长的。但优先股的股利基本上每年是固定的，所以，零成长模型非常适合计算优先股股票的价值。

▶ 3. 固定增长模型

由于企业是在不断发展的，股票的股利也不应当是不变的。在稳定增长的股利政策下，企业的股利可能会按一定稳定的比例上升。固定增长模型是假定股息按不变的增长率增长。假设每年股利增长率为 g，目前的股利为 D_0，则固定成长股票的价值的计算公式为

$$V=\sum_{t=1}^{\infty}\frac{D_0(1+g)^t}{(1+R_s)^t}$$

当 g 为常数时，上述公式可简化为

$$V=\frac{D_0(1+g)}{R_s-g}=\frac{D_1}{R_s-g}$$

式中，D_1 为预期第一年的股利。

如要计算股票投资的预期报酬率，则只要求出上述公式中 R_s 即可

$$R_s=\frac{D_1}{V}+g$$

【例 6-2】 某企业股票目前的股利 D_0 为 4 元，预计年增长率 g 为 3%，投资者期望的报酬率 R_s 为 8%，试计算该股票的投资价值。

解：

$$V=\frac{D_0(1+g)}{R_s-g}=\frac{4\times(1+3\%)}{8\%-3\%}=82.4(\text{元})$$

若按 82.4 元买进，则下年度预计的投资报酬率为

$$R_s=\frac{D_1}{V}+g=\frac{4.12}{82.4}+3\%=8\%$$

▶ 4. 分阶段增长模型

分阶段增长模型有二阶段增长模型、三阶段增长模型等。这里主要介绍二阶段增长模型。二阶段增长模型假定在时间 L 以前，股息以 g_1 的速度增长；在时间 L 后，股息以 g_2 的速度增长。这样就可以建立一个二阶段增长模型，即

$$V=\sum_{t=1}^{L}\frac{D_0(1+g_1)^t}{(1+R_s)^t}+\sum_{t=L+1}^{\infty}\frac{D_L(1+g_2)^{t-L}}{(1+R_s)^t}$$

计算过程包括以下三个步骤：

(1) 计算出非固定增长期间的股利现值；

(2) 找出非固定增长期结束时的股价，然后算出这一股价的现值；

(3) 将上述步骤求出的现值加在一起，所得和就是阶段性增长股票的现值。

【例 6-3】 某公司预计在未来 3 年内股利将高速增长，增长率为 12%，以后转为正常增长，增长率为 7%。该公司最近一年的股利为每股 1 元。假设投资者要求的最低报酬率为 8%，试计算该公司股票的价值。

解：

首先，计算高速增长期的股利现值，如表 6-1 所示。

表 6-1　股利现值

年　份	股利 D_t	现值系数(8%)	现值/元
1	1×(1+12%)=1.12	0.926	1.04
2	1.12×(1+12%)=1.25	0.875	1.07
3	1.25×(1+12%)=1.4	0.794	1.11
合计	合计(3 年的股利现值之和)		3.22

$$V_1=3.22(\text{元})$$

其次，计算第 3 年年末时的股票价值。

$$V_2=\frac{1.4\times(1+7\%)}{8\%-7\%}=149.8(\text{元})$$

计算其现值

$$149.8\times PVIF_{8\%,3\%}=149.8\times0.794=118.94(\text{元})$$

最后，计算股票目前的内在价值。

$$V = 3.22 + 118.94 = 122.16(\text{元})$$

6.2.3.2 每股盈余估价法

上述股利增长模型在理论上具有重要的意义，但在实际操作上比较困难，关键在于未来各期的股利收入不易估计。因此，对许多投资者和证券分析人员来说，尽管他们认为股利会影响股票的价值，但由于未来股利实际上不可能被完全正确地预测，而每股盈余估价法则是比较粗略的衡量股票价值的方法，这种方法比较简单，易于掌握。所以在评估股票的价值时，有时更倾向于采用每股盈余估价法。

每股盈余估价法，就是用市盈率乘以每股盈余所得的乘积作为普通股的价格。其计算公式为

$$\text{股票价格} = \text{股票市盈率} \times \text{该股票每股盈余}$$

这种估价方法主要来自市盈率的内涵。市盈率是股票市价和每股盈余之比，可以粗略反映股价的高低，表明投资人愿意用盈利的多少倍的货币来购买这种股票，是市场对该股票的评价。

根据证券机构或刊物提供的同类股票过去若干年的平均市盈率，乘以当前的每股盈余，可以得出股票的价值。

$$\text{股票价值} = \text{行业平均市盈率} \times \text{该股票每股盈余}$$

用它和当前市价比较，可以分析股票价格是否合理。

【例 6-4】 某公司的股票每股收益 1.5 元，市盈率为 10，行业类似股票的市盈率为 11，试计算股票价值和股票价格。

解：

$$\text{股票价值} = 11 \times 1.5 = 16.5(\text{元})$$

$$\text{股票价格} = 10 \times 1.5 = 15(\text{元})$$

计算结果表明：市场对该股票的评价略低，估价基本正常，对投资者有一定的吸引力。

6.2.4 股票投资收益率

股票投资收益率可分为短期股票投资收益率和长期股票投资收益率。

▶ 1. 短期股票投资收益率

短期股票一般持有时间较短，其收益率的计算通常不考虑时间价值因素，计算公式为

$$K = \frac{D}{P_0} + \frac{P_n - P_0}{P_0}$$

式中，K 为股票投资收益率；P_n 为股票的出售价格；P_0 为股票的购买价格；D 为股票的股利。

【例 6-5】 某公司于 2018 年 10 月 1 日以每股 50 元的价格购买 A 公司股票共计 50 000 元，2019 年 2 月每股获得现金股利 5.4 元；2019 年 3 月 1 日，该公司以每股 56 元的价格将 A 公司股票全部售出，试计算该股票的投资收益率。

解：

$$K=\frac{D}{P_0}+\frac{P_n-P_0}{P_0}=\frac{5.4}{50}+\frac{56-50}{50}=22.8\%$$

▶ 2. 长期股票投资收益率

长期股票投资收益率即股票的内部收益率，反映的是股票投资者按市场价格购买股票后预期可以得到的收益。只有内部收益率高于投资者要求的最低报酬率时，投资者才愿意购买该股票。股票的内部收益率是使股票投资上获得的未来现金流量贴现值与目前的购买价格相等(即净现值为零)时的贴现率。根据上述股票估价模型，以股票当前市场价格替代其内在价值 V，计算贴现率，就可得出不同情况下的股票投资收益率。

(1) 股票估价基本模型中的股票预期收益率。该种股票投资的预期收益率应是使下式成立的贴现率 k：

$$P_0=\sum_{t=1}^{n}\frac{D_t}{(1+k)^t}$$

式中，P_0 为股票当期的购买价格。

解上述公式时，可采用内含报酬率计算的“逐步测试法”，测试使股票内在价值大于和小于市场价格的两个贴现率，然后用插值法计算。

(2) 零增长股票的预期收益率，由公式 $P_0=\frac{D}{K}$，可得

$$K=\frac{D}{P_0}$$

【例 6-6】 某种优先股目前的市价为 60 元，每年支付固定股利 4.26 元，预期投资该优先股的收益率为多少？

解：

$$K=\frac{D}{P_0}=\frac{4.26}{60}=7.1\%$$

(3) 固定增长股票的预期收益率。由公式 $P_0=\frac{D_1}{K-g}$，可得

$$K=\frac{D_0(1+g)}{P_0}=\frac{D_1}{P_0}+g$$

(4) 非固定增长股票的预期收益率。该种股票投资的预期收益率也可采用内部收益率计算的“逐步测试法”，测试使该股内在价值大于和小于市场价格的两个贴现率，然后用插值法计算。

6.2.5 股票投资的优缺点

▶ 1. 股票投资的优点

(1) 投资收益高。股票投资是一项高风险的投资活动，股票价格变动频繁，既受宏观经济状况的影响，也受到行业、公司经营状况的影响；既承受商品市场风险，又要承受资本市场的风险等等。然而风险大，收益也高。其收益主要来自资本利得和红利所得，优质股票的价格长期趋势总是上涨的居多，只要选择得当，能取得优厚的投资回报。同时股票市场也可进行适度的投机活动，操作得当，也能带来较高的收益。

(2) 能较好地抵御通货膨胀的影响。第一，普通股股利不固定，在通货膨胀情况下，公司的产品销售价格也会上升，公司盈利增加，分红额也随之增加；第二，普通股股东是企业的所有者，通货膨胀情况下，企业的资产价格会上升，尤其是不动产，这样普通股股东的权益也随之增加。因此，与固定收益证券相比，普通股能有效地降低购买力风险。

(3) 能作为资本运作的一种手段。重组、兼并和收购是资本运作的基本方式，投资普通股能控制发行企业的生产经营状况，优化资源，整合资产，获取资本运作的相应收益。

▶ 2. 股票投资的缺点

(1) 投资风险大。这主要表现在以下几个方面。

1) 资本利得不稳定。普通股的价格受众多因素的影响，很不稳定。政治、经济、心理、投机、战争、自然灾害、企业经营状况等都会影响股价的变动，导致资本利得极不稳定。

2) 股利收入不稳定。企业经营受多种因素的影响，盈利状况不够稳定，分红多少受企业盈利状况的影响；股利不仅受发行企业盈利状况的影响，也受制于公司采取什么样的股利政策。是否分红，分红多少，一般没有法律上的强制规定。所以相对于固定收益证券而言，股利收入不够稳定。

3) 索偿权居后。企业清算时，普通股的索偿权居于债权人、优先股股东的后面，相应的投资可能得不到全额补偿，甚至一无所有。

典型案例 6-2
股神巴菲特

(2) 不易操作。投资普通股风险极大，普通投资者难以操作。投资者既要懂宏观经济、行业经济、公司基本面知识，如 GDP、CPI、财税政策走势、汇率变化趋势等，又要熟悉技术走势分析指标、熟悉电脑操作，如 K 线指标、趋势指标、超买超卖指标等；既要有稳定、随机应变的心理素质，还要有搜集、鉴别、整合各种信息并做出正确判断的能力。所以相对于实体投资而言，操作难度极大。

6.3 债券投资

6.3.1 债券投资的目的、种类与特征

▶ 1. 债券投资的目的

债券是发行者为筹措资金向投资者出具的承诺按一定利率支付利息并到期偿还本金的债权债务凭证。按投资期限长短，债券可分为短期债券和长期债券。企业进行短期债券投资的目的主要是为了合理利用暂时闲置的资金，调节现金余额，获得收益；而企业进行长期债券投资的目的主要是为了获得稳定的收益。

▶ 2. 债券投资的种类

同股票投资的分类一样，债券投资的分类应以债券的分类为基础，按发行主体不同，债券可分为中央政府债券、地方政府债券、金融债券、公司债券和国际债券。

(1) 中央政府债券，又称国债，是指中央政府为筹集财政资金，凭其信誉按照一定程序向投资者出具的，承诺在一定时期内还本付息的债权债务凭证。国债与其他债券相比，最大的特点是交易费用小、收益固定、利息免交所得税、信誉高、风险小，因此深受投资者青睐。

(2) 地方政府债券，是指地方政府为筹集财政资金，凭其信誉按照一定程序向投资者出具的，承诺在一定时期内还本付息的债权债务凭证。发行地方政府债券的目的是为当地开发公共建设项目融资，一般用于交通、通信、住宅、教育、医院和污水处理系统等地方性公共设施的建设。地方政府债券的安全性较高，被认为是安全性仅次于国债的一种债券，而且投资者购买地方政府债券所获得的利息收入一般都免交所得税，这对投资者有很大的吸引力。

(3) 金融债券，是指由银行和非银行金融机构发行的债券。一般来说，发行这种债券的金融机构都有雄厚的资本，资信度高，利率通常低于一般的企业债券，高于风险更小的政府债券和同期银行存款利率。金融债券一般为中长期债券，主要向社会公众、企业和社会团体发行。

(4) 公司债券，又称为企业债券，是指由公司发行的并承诺在一定时期内还本付息的债权债务凭证。企业债券的期限一般较长，大多为10～30年。企业债券的风险相对较大，在选择时应注重投资对象的信用等级。我国目前在沪深交易所上市的三峡债券、18铁道17债券、18溧停车债券等信用等级都为AAA级。

(5) 国际债券，是指在国际金融市场上发行和交易的债券。发行国际债券筹集资金的主要目的有：弥补发行国政府的国际收支逆差、国内财政赤字，筹集大型工程项目资金，增加大型跨国公司资本等。

▶ 3. 债券投资的特征

投资者以购买债券的方式对其他企业进行的投资，即债券投资。债券投资具有以下特征。

(1) 期限性。债券必须到期偿还，具有一定的期限性。

(2) 流动性。债券具有可及时转换为货币资金的能力。这种流动性往往受债券期限长短、发行单位的信誉、利率的形式以及债券市场发行程度等因素的影响。一般期限短、发行单位信誉高、利率的形式好的债券，其流动性较强。

(3) 风险性。债券投资具有一定的风险，这种风险主要表现在三个方面：①因债务人破产不能全部收回债券本息所遭受的损失；②因市场利率上升导致债券价格下跌所遭受的损失；③通货膨胀风险，由于债券利率固定，在出现通货膨胀时，实际利息收入下降。

(4) 收益性。债券投资者可以按规定的利息率定期获得利息收益，并有可能因市场利率下降等因素导致债券价格上升而获得债券升值收益。债券的这种收益是债券的时间价值与风险价值的反映，是对债权人暂时让渡资金使用权和承担投资风险的补偿。

6.3.2 债券投资价值分析

债券投资价值也即债券的内在价值，是投资债券未来获得现金净流量的现值。

▶ 1. 影响债券投资价值的内部因素分析

影响证券内在价值的内部因素有很多，具体如下。

(1) 期限。一般来说，在其他条件不变的情况下，债券的期限越长，其市场价格变动的可能性就越大，投资者要求的收益率补偿也越高。

(2) 票面利率。债券的票面利率越低，债券价格的易变性也就越大。在市场利率提高的时候，票面利率较低的债券的价格下降较快。但是，当市场利率下降时，它们增值的潜力也很大。

(3) 提前赎回规定。提前赎回条款是债券发行人所拥有的一种选择权。它允许债券发行人在债券到期前按约定的赎回价格部分或全部偿还债务。发行人可以在市场利率降低时发行较低利率的债券，取代原先发行的利率较高的债券，从而降低融资成本。但对投资者来说，其再投资机会受到限制，再投资利率也较低，这种风险要从价格上得到补偿。因此，具有较高提前赎回可能性的债券应具有较高的票面利率，其内在价值相对较低。

(4) 税收待遇。一般来说，免税债券的到期收益率比类似的应纳税债券的到期收益率低。另外，对资本利得税的处理方法也会影响到债券的内在价值。

(5) 流动性。流动性是指债券可以随时变现的性质。这一性质使债券具有可规避由市场价格波动而导致实际价格损失的能力。如果某种债券按市价卖出很困难，持有者会因该债券的流动性差而遭受损失，这种损失包括较高的交易成本以及资本损失，这种风险必须在债券的定价中得到补偿。因此，流动性好的债券与流动性差的债券相比，具有较高的内在价值。

(6) 信用级别。发债主体的信用级别是指债券发行人按期履行合约规定的义务，足额支付利息和本金的可靠性程度。一般来说，除政府债券以外，一般债券都有信用风险(或称违约风险)，只不过风险大小不同而已。信用级别越低的债券，投资者要求的收益率越高，债券的内在价值也就越低。

▶ 2. 影响债券投资价值的外部因素分析

(1) 基础利率。基础利率是债券定价过程中必须考虑的一个重要因素，在债券的投资价值分析中，基础利率一般是指无风险债券利率。政府债券可以看作近似的无风险债券，它风险最小，收益率也最低。一般来说，银行作为金融机构，信用度很高，银行利率应用广泛。因此，基础利率也可参照银行存款利率来确定。

(2) 市场利率。市场利率是债券利率的替代物，是投资于债券的机会成本。在市场总体利率水平上升时，债券的收益率水平也应上升，从而使债券的内在价值降低；反之，在市场总体利率水平下降时，债券的收益率水平也应下降，从而使债券的内在价值增加。

典型案例 6-3
永泰能源债券
违约案例

(3) 其他因素。影响债券定价的外部因素还有通货膨胀水平以及外汇汇率风险等。通货膨胀的存在可能使投资者从债券投资中实现的收益不足以抵补由于通货膨胀而造成的购买力损失。当投资者投资于某种外币债券时，汇率的变化会使投资者的未来本币收入受到贬值损失。这些损失的可能性都必须在债券的定价中得到体现，使债券的到期收益率增加，债券的内在价值降低。

6.3.3 债券投资的估价

债券作为一种收益稳定的有价证券，其未来的现金流入主要是利息和归还的本金。因此，债券的价值就是按投资者要求的收益率对这些现金流量进行贴现。如果投资者按照等于债券价值的价格购买了这种债券，他将获得预期的投资报酬率，即投资者要求的报酬率；如果按照小于债券价值的价格购买了债券，他将获得高于预期的投资报酬率；如果按照大于债券价值的价格购买了债券，他将获得低于预期的投资报酬率。

▶ 1. 债券估价基本模型

典型债券类型是有固定的票面利率、每期支付利息、到期归还本金的债券。美国国内的多数债券都是每半年支付利息，而多数欧洲债券通常是每年支付一次利息。这种债券的未来预期现金流就是每年支付的利息和到期时的面值。它的估价模型为

$$
\begin{aligned}
V &= \sum_{t=1}^{n} \frac{iM}{(1+k)^t} + \frac{M}{(1+k)^n} = \sum_{t=1}^{n} \frac{I}{(1+k)^t} + \frac{M}{(1+k)^n} \\
&= I \cdot \mathrm{PVIFA}_{k,n} + M \cdot \mathrm{PVIF}_{k,n}
\end{aligned}
$$

式中，V 为债券的内在价值；M 为债券的面值；n 为付息总期数；i 为债券的票面利率；I 为债券各期的利息；k 为估算债券价值所采用的贴现率即投资者所要求的必要回报率。

【例 6-7】 某企业发行面值为 1 000 元，票面利率为 8%，期限 10 年的债券，每年末付息一次。投资者要求的必要回报率为 10%，则该债券的价值为多少？

解：

$$
\begin{aligned}
V &= I \cdot \mathrm{PVIFA}_{k,n} + M \cdot \mathrm{PVIF}_{k,n} \\
&= 1\,000 \times 8\% \times \mathrm{PVIFA}_{10\%,10} + 1\,000 \times \mathrm{PVIF}_{10\%,10} \\
&= 80 \times 6.145 + 1\,000 \times 0.386 = 877.6(\text{元})
\end{aligned}
$$

▶ 2. 一次还本付息债券估价模型

我国发行的债券，多为到期一次还本付息，不计复利的债券。这种债券的未来预期现金流就是到期日的本息之和，其估价模型为

$$
V = \frac{M(1+i\times n)}{(1+k)^n} = M(1+i\times n)\mathrm{PVIF}_{k,n}
$$

【例 6-8】 某公司拟购买一家企业发行的利随本清的企业债券，该面值为 1 000 元，票面利率 8%，期限 6 年。单利计息，当前的市场利率为 10%，该债券发行价格为多少时才能进行投资？

解：

$$
\begin{aligned}
V &= M(1+i\times n)\mathrm{PVIF}_{k,n} = 1\,000 \times (1+8\%\times 6) \times \mathrm{PVIF}_{10\%,6} \\
&= 1480 \times 0.564 = 834.72(\text{元})
\end{aligned}
$$

当该债券的市场价格低于 834.72 元时企业才能进行投资。

▶ 3. 贴现债券估价模型

发行该种债券的企业，不支付利息，而以大大低于债券面值的价格出售，到期按面值

偿还。由此可见，贴现债券是一种变相支付利息的债券，这个利息就是面值与售价之间的差额。这种债券的未来现金流就是债券面值，其估价模型为

$$V=\frac{M}{(1+k)^n}=M \cdot \text{PVIF}_{k,n}$$

【例 6-9】 某公司以折价方式发行一种面值为 1 000 元的 5 年期债券，期内不计利息，到期按面值偿还。当前的市场利率为 10%时，其内在价值是多少？

解：

$$V=\frac{1\ 000}{(1+10\%)^5}=1\ 000\times 0.620\ 9=620.9(\text{元})$$

▶ 4. 永久债券估价模型

永久债券是指一种特殊的没有到期日的债券，发行人必须向债券持有人无限期地支付固定利息。在 18 世纪，英格兰就发明了这样的债券，称为“英国永久公债”，英格兰银行向持有者保证永久支付利息。美国政府也曾出售过永久公债来建造巴拿马运河。其估价模型为

$$V=\sum_{t=1}^{\infty}\frac{I}{(1+R)^t}$$

式中，V 为债券的内在价值；I 为每期支付的债券利息；R 为市场利率或投资者必要收益率。

根据永续年金的原理可知

$$V=\frac{I}{R}$$

【例 6-10】 投资者购买一种永久债券，发行者每年向投资者支付 100 元利息，且无限期支付。投资者要求的收益率为 12%，则该债券投资价值是多少？

解：

$$V=\frac{I}{R}=\frac{100}{12\%}=833.33(\text{元})$$

6.3.4 债券投资收益率

企业债券投资收益主要包括：①债券利息收入，是债券的基本收入；②债券买卖的价差收益，是债券尚未到期时投资者中途转让债券所取得的转让价(卖出价)与买入价之间的差额，当债券卖出价大于买入价时，为资本利得，相反为资本损失；③债券利息的再投资收益(适合分期付息，到期一次还本的情况)，是利用分期收到的利息进行投资于同一项目所取得的收益，按货币时间价值原理计算债券投资收益时，实际已经考虑了利息再投资收益的因素。

债券投资收益率是债券投资收益与其投入本金的比率，通常用年率表示，这里所讲的债券投资收益率是名义收益率，是不考虑时间价值与通货膨胀因素影响的收益水平，包括到期收益率与持有期收益率。

6.3.4.1 到期收益率

到期收益率是指自购入债券起、持有至到期还本止的收益率。按期限不同，债券到期

收益率可分为短期债券到期收益率和长期债券到期收益率。短期债券剩余期限在一年以内，一般不考虑货币时间价值因素，长期债券剩余期限在一年以上，需考虑货币时间价值因素，一般采用复利计算。

1. 短期债券投资到期收益率

短期债券投资到期收益率计算公式为

$$K=\frac{I+(P_n-P_0)}{P_0}$$

式中，K 为到期收益率；I 为年利息；P_0 为债券的购买价格；P_n 为债券的转让价格。

【例 6-11】 某企业投资 1 050 元购入一张面值 1 000 元、票面利率 8%、每年付息一次的债券，持有一年后以 1 075 元的价格转让，其投资收益率为多少？

解：

$$K=\frac{I+(P_n-P_0)}{P_0}=\frac{1\ 000\times 8\%+1\ 075-1\ 050}{1\ 050}=10\%$$

2. 长期债券投资到期收益率

(1) 定期付息的长期债券投资到期收益率

债券的内部收益率是使债券投资上获得的未来现金流量贴现值与目前的购买价格相等(即净现值为零)时的贴现率。根据定期付息长期债券估价模型，以债券买入价替代其内在价值 V，计算贴现率，就可得出此债券投资到期收益率。

$$P_0=\sum_{t=1}^{n}\frac{iM}{(1+k)^t}+\frac{M}{(1+k)^n}=M(P/F,k,n)+I(P/A,k,n)$$

式中，P_0 为债券的买入价。

该种债券投资到期收益率应是使上式成立的贴现率。解上述公式时，可采用内部收益率计算的“逐步测试法”，测试使该债券内在价值大于和小于市场价格的两个贴现率，然后用插值法计算。

【例 6-12】 某公司 2019 年 1 月 1 日以 1 105 元购买一张面值为 1 000 元的债券，票面利率 8%，每年 4 月 1 日计算并支付一次利息，并于 2023 年 12 月 31 日到期。该公司计划持有该债券至到期日。试计算其到期收益率。

解：

$$1\ 105=1\ 000\times(P/F，k，5)+1\ 000\times 8\%\times(P/A，k，5)$$

当 $k=6\%$ 时

$$\begin{aligned}1\ 000\times(P/F，6\%，5)+1\ 000\times 8\%\times(P/A，6\%，5)&=1\ 000\times 0.747+80\times 4.212\\&=1\ 083.96<1\ 105\end{aligned}$$

当 $k=4\%$ 时

$$\begin{aligned}1\ 000\times(P/F，4\%，5)+1\ 000\times 8\%\times(P/A，4\%，5)&=1\ 000\times 0.822+80\times 4.452\\&=1\ 178.16>1\ 105\end{aligned}$$

可知，到期收益率在 4%与 6%之间，利用插值公式计算

$$k=4\%+\frac{1\ 178.16-1\ 105}{1\ 178.16-1\ 083.96}\times(6\%-4\%)=5.55\%$$

(2) 到期一次还本付息的长期债券投资到期收益率

$P_0 = M(1+i\times n)\times(P/F, k, n)\approx 5\%$(通过复利现值系数表查得并计算)

【例 6-13】 若【例 6-12】中债券的利息计算及支付条件为单利计息，到期一次性还本付息，其他条件不变，试计算其到期收益率。

解：

$$1\,105 = 1\,000\times(1+8\%\times5)\times(P/F, k, 5)$$

$$(P/F, K, 5) = \frac{1\,105}{1\,000\times(1+8\%\times5)} = 0.789\,3$$

查复利现值系数表，得该债券的到期收益率约等于 5%，其准确值可以利用插值公式计算取得。

(3) 贴现发行债券的到期收益率

$$P_0 = M(P/F, k, n)$$

【例 6-14】 某企业发行 3 年期的贴现债券，面值为 2 000 元，现以 1 520 元出售，当前市场利率为 8%，用到期收益率指标判断此时可否购买该企业的债券?

解：

$$1\,520 = 2\,000\times(P/F, k, 3)$$

$$(P/F, k, 3) = \frac{1\,520}{2\,000} = 0.76$$

根据插值法计算得出债券的到期收益率为 9.58%，大于当前的市场利率 8%，因此可以对该债券进行投资。

6.3.4.2 持有期收益率

持有期收益率是指投资者在债券到期前出售而得到的收益，包括持有期利息收入和债券买卖价差收入。其计算公式为

$$持有期收益率 = \frac{债券年利息+(债券转让价-债券买入价)/持有年限}{债券买入价}$$

【例 6-15】 A 公司于 2013 年 1 月 1 日以 120 元的价格购买 B 公司于 2012 年发行的 10 年期公司债券，其面值为 100 元，利率为 10%，每年 1 月 1 日支付一次利息，A 公司将债券持有到 2018 年 1 月 1 日，以 140 元的价格出售，试计算该投资的持有期收益率。

解：

$$持有期收益率 = \frac{100\times10\%+(140-120)/5}{120} = 11.67\%$$

如果上述债券为一次还本付息，则持有期收益率为

$$持有期收益率 = \frac{(140-120)/5}{120} = 3.33\%$$

6.3.5 债券投资的优缺点

▶ 1. 债券投资的优点

我国债券发行有较为严格的发行条件，信用等级要求较高，大部分债券都上市交易，

因此投资债券的风险较小，安全性高。这主要表现在以下几个方面。

(1) 本金安全性高。政府债券有国家财力作保障，其本金的安全性非常高，通常视为无风险证券；金融债券的信用度较高，一般也不存在本金不能偿还的问题；企业债券也有优先求偿权或其他的保证措施，如抵押债券，偿债基金等，其本金损失的可能性也小。

(2) 利息收入稳定。债券有固定的票面利率，一般情况下，债券投资人都能获得比较稳定的利息收入。

(3) 变现性强。发行债券的企业一般都是资产条件较好，信用度高，其发行的债券一般都能在金融市场上出售或抵押，流动性强。

▶ 2. 债券投资的缺点

(1) 利率风险大。债券的利率大部分为固定利率，当后期市场利率上升时，早先发行的债券价格会下跌，甚至跌破面值，若此时转让，可能会丧失部分利息收入甚至部分本金；若不予变现，投资者又会丧失再投资的机会收益。

知识链接 6-2
投资基金的起源与发展

(2) 购买力风险较大。在通货膨胀率较高时，债券因其固定的利息收入，必然会产生购买力的损失。

(3) 没有经营管理权。投资债券是一种债权投资行为，无法对债券发行企业给予影响和控制。

6.4 投资基金

6.4.1 投资基金的概念与特征

▶ 1. 投资基金的概念

投资基金是通过发售基金单位，集中投资者的资金形成独立财产，由基金管理人管理、基金托管人托管，基金持有人持有，按其所持份额享受收益和承担风险的集合投资方式。

世界各国和地区对投资基金的称谓也不尽相同。如美国将投资基金称之为“共同基金”，英国和我国香港特别行政区称之为“单位信托基金”，日本和我国台湾地区则称之为“证券投资信托基金”。

▶ 2. 投资基金的特征

(1) 集合投资。投资基金是一种集合投资方式，即通过向投资人发行基金份额或基金单位，能够在短期内募集大量的资金用于投资。同时，在投资过程中，能够发挥资金集中的优势，有利于降低投资成本，获取投资的规模效益。

(2) 专业管理。专业管理或称专家管理，即投资基金是通过监管机构认可的专业化的投资管理机构来进行管理和运作的。这类机构由具有专门资格的专家团队组成。专业管理还表现在证券市场中的各类证券信息由专业人员进行收集、分析，各种的证券组合方案由专业人员进行研究、模拟和调整，分散投资风险的措施由专业人员进行计算、测试等。

(3) 组合投资、分散风险。投资基金有特定的投资目标、投资范围、投资组合和投资限制。投资基金在投资过程中通过科学的投资组合和投资限制，实行分散化投资，这将有利于实现资产组合的多样化，并通过不同资产和不同投资证券的相互补充，达到降低投资风险和提高收益的目的。

(4) 制衡机制。投资基金在运作中实行制衡机制，即投资人拥有所有权、管理人运作基金资产、托管人保管基金资产。这种三方当事人之间相互监督、相互制约的机制，规范着基金运作，保护了投资人的权益。

(5) 利益共享、风险共担。投资基金实行“利益共享、风险共担”，即投资人根据其持有基金单位或份额的多少，分配投资基金的收益或承担投资基金的风险。

▶ 3. 投资基金与股票、债券的区别

(1) 发行的主体不同，体现的权利关系不同。投资基金是由基金发起人发行的按契约形式发起的基金，证券持有人与发起人之间是契约关系。按公司形式发起的基金，通常组成基金公司，并由发起人(大股东)组成董事会，决定基金的发起、设立、中止以及选择管理人和托管人等事项，证券持有人成为公司股东的一员，但都不参与基金的运作。发起人与管理人、托管人之间是一种信托契约关系。

与投资基金不同，股票是股份公司发行的，持有人是股份公司的股东，有权参与公司管理，是一种股权关系；债券是由政府、银行、企业发行的，体现的是债权债务关系。

(2) 运行机制不同，投资人的经营管理权不同。通过股票筹集的资金完全由股份公司运用，股票持有人有权参与公司管理；通过债券筹集的资金，在债券有效期内，由公司使用，但所有权不变，到期后由债权人收回并自主支配；而投资基金的运行机制则有所不同。不论哪种类型的投资基金，投资人和发起人都不直接从事基金的运营，而是委托管理人进行运营。

(3) 风险程度不同。一般情况下，股票的风险大于基金。对于中小投资者而言，由于受可支配资产总量的限制，只能直接投资于少数几只股票，当其所投资的股票遭遇股市下跌或企业财务状况恶化，资本金可能会化为乌有；而基金的基本原则是组合投资，分散风险，把资金按不同比例分别投于不同期限、不同种类的有价证券，把风险降低至最低程度；债券在一般情况下，本金得到保证，收益相对固定，风险比基金要小得多。

(4) 收益情况不同。基金和股票的收益是不确定的；而债券的收益是确定的。一般情况下，基金收益高于债券。

(5) 投资回收方式不同。债券投资是有一定期限的，期满后收回本金；股票投资是无限期的，除非公司破产、进入清算，投资者不得从公司收回投资，若要收回，只能在证券交易市场上按市场价格变现。投资基金则要视所持有的基金形态不同而有所区别：封闭式基金有一定的期限，期满后投资者可按持有的份额分得相应的剩余资产，在封闭期内还可以在交易市场上变现；开放式基金一般没有期限，但投资者可随时向基金管理人要求赎回。

6.4.2　投资基金的分类

▶ 1. 按基金单位是否可增加或赎回分类

按基金单位是否可增加或赎回，投资基金分为封闭式基金和开放式基金。

封闭式基金是指基金规模在发行前已确定，在发行完毕后的规定期限内，是基金规模固定不变，投资者再要购买基金单位，只能到流通市场上从基金投资者那里购买，投资者想要变现所持基金单位，也不能要求基金管理人赎回，只能在流通市场上卖出。

开放式基金是指基金设立后，投资者可以随时申购或赎回基金单位，基金规模不固定的投资基金。在每个营业日，投资者可以向基金管理人申购基金单位，也可以要求基金管理人赎回基金单位。

封闭式基金和开放式基金的差异可以归纳为以下几点。

(1) 从基金规模看，封闭式基金的规模相对而言是固定的，在封闭期限内未经法定程序许可，不能再增加发行；而开放式基金的规模是处于变化之中的，没有规模限制，一般在基金设立一段时期后(多为 3 个月)，投资者可以随时提出认购或赎回申请，基金规模将随之增加或减少。

(2) 从基金的期限看，封闭式基金一般有明确的存续期限(我国规定不得少于 5 年)。当然，在符合一定条件的情况下，封闭式基金也可以申请延长存续期；而开放式基金一般没有固定期限，投资者可随时向基金管理人赎回基金单位。

(3) 从基金单位的交易方式看，封闭式基金单位的流通采取在证券交易所上市的办法，投资者买卖基金单位是通过证券经纪商在二级市场上进行竞价交易的方式进行的；而开放式基金的交易方式在首次发行结束后一段时间(多为 3 个月)后，投资者通过向基金管理人或中介机构提出申购或赎回申请的方式进行买卖。

(4) 从基金单位的买卖价格形成方式看，封闭式基金的买卖价格并不必然反映基金的净资产值，受市场供求关系的影响，常出现溢价或折价的现象；而开放式基金的交易价格主要取决于基金每单位净资产值的大小，不直接受市场供求的影响。

知识链接 6-3
我国公募基金发展历程

(5) 从投资基金运作的角度看，封闭式基金由于在封闭期间内不能赎回，基金规模不变，这样基金管理公司就可以制定一些长期的投资策略与规划；而开放式基金为应付投资者随时赎回基金单位变现的要求，就必须保持基金资产的流动性，要有一部分以现金资产的形式保存而不能全部用来投资或全部进行长线投资。相对封闭式基金而言，开放式基金对基金管理公司改进投资管理和客户服务的压力和动力更大。

▶ 2. 按投资风格分类

按投资风格的不同，投资基金可分为成长型基金、价值型基金和平衡型基金。

(1) 成长型基金的投资目标在于追求资本的长期成长，因此基金将资产主要投资于资信好、长期有盈余或有发展前景公司的普通股票。在股票选择上，他们主要考虑那些具有持续增长趋势行业的股票，其销售及收益增长势头强劲，一般具有如下特征：①所在的行业发展前景良好；②销售增长率和收益增长率高；③合理的市盈率；④具有较强创业能力的管理层。

（2）价值型基金主要投资于价值型的股票。所谓价值型股票，主要是指股价相对利润或现金流量来说较低的公司股票。也就是说，价值型基金寻找的是内在价值被市场低估的股票。他们一般投资于市盈率较低的传统行业，如银行产业、公共事业及能源类等，这类行业的上市公司经常受到市场的冷落，市盈率低，因此投资成本较为低廉。这类公司的特点通常包括：①规模较大的蓝筹公司；②市盈率较低；③倾向于支付高于平均水平的红利；④公司的某项有形资产或专利、专有技术、品牌、特许权等无形资产的实际价值未被市场认识或被市场低估。

（3）平衡型基金则是成长型和价值型的综合，既关心资本利得也关心股利收入，甚至还考虑未来股利的增长，但最关心的还是资本利得的潜力。这种基金同时投资于成长型股票和具有良好股利支付记录的价值型股票，其目标是获取股利收入、适度资本增值和资本保全，从而使投资者在承受相对较小风险的情况下，有可能获得较高的投资收益。因此，平衡型基金适合那些既想得到较高股利收入又希望比成长型基金更稳定的投资者以及那些相对保守的个人投资者。

▶ 3. 按组织形态分类

按组织形态的不同，投资基金分为公司型投资基金和契约型投资基金。

（1）公司型投资基金是指具有共同投资目标的投资者组成以盈利为目的的股份制投资公司，并将资产投资于特定对象的投资基金。

（2）契约型投资基金也称信托型投资基金，是指基金发起人依据其与基金管理人、基金托管人订立的基金契约，发行基金单位而组建的投资基金。

▶ 4. 按投资对象分类

按投资对象的不同，投资基金可分为股票基金、债券基金、货币市场基金、期货基金、期权基金等。

（1）股票基金是指以股票为投资对象的投资基金。

（2）债券基金是指以债券为投资对象的投资基金。

（3）货币市场基金是指以国库券、大额银行可转让存单、商业票据、公司债券等货币市场短期有价证券为投资对象的投资基金。

（4）期货基金是指以各类期货品种为主要投资对象的投资基金。

（5）期权基金是指以能分配股利的股票期权为投资对象的投资基金。

6.4.3 投资基金的价值

投资基金的估价涉及三个概念，即基金的价值、基金单位净值、基金市价。

基金的价值取决于基金净资产的现在价值。由于投资基金不断变更投资组合，未来收益较难预测，再加上资本利得是投资基金的主要收益来源，变幻莫测的证券价格使得对资本利得的准确预计非常困难，因此基金的价值主要由基金资产的现有市场价值（市价）决定。

▶ 1. 基金单位净值

基金单位净值也称为单位净资产值或单位资产净值，是在某一时点每一基金单位(或基金股份)所具有的市场价值，是评价基金价值的最直观指标。

基金单位净值是开放式基金申购份额及赎回金额计算的基础，计算公式为

$$基金单位净值=(基金资产总值-基金负债)/基金总份额$$

$$基金认购价=基金单位净值+首次认购费$$

$$基金购回价=基金单位净值-基金购回费$$

▶ 2. 基金收益率

基金收益率是反映基金增值情况的指标，它通过基金净资产的价值变化来衡量。基金净资产的价值是以市价计量的，基金资产的市场价值增加，意味着基金的投资收益增加，基金投资者的权益也随之增加。

$$基金收益率=\frac{年末持有份数\times基金单位净值年末数-年初持有份数\times基金单位净值年初数}{年初持有份数\times基金单位净值年初数}$$

式中，持有份数是指基金单位的持有份数。如果年末和年初基金单位的持有份数相同，基金收益率就简化为基金单位净值在本年内的变化幅度。

年初的基金单位净值相当于是购买基金的本金投资，基金收益率也就相当于一种简便的投资报酬率。

【例 6-16】 某开放式基金，2018 年的相关资料如表 6-2 所示。假设公司首次认购费为基金净值的 5%，不再收取赎回费。

要求：

(1) 计算年初、年末下列指标：基金净资产价值总额、基金单位净值、基金认购价、基金赎回价；

(2) 计算 2018 年基金的收益率。

表 6-2 某开放基金 2018 年相关资料

项　目	年　初	年　末
基金资产账面价值(万元)	1 000	1 200
负债账面价值(万元)	300	320
基金资产市场价值(万元)	1 500	2 000
基金单位数(万股)	500	600

解：

(1)计算年初的有关指标：

基金净资产价值总额＝基金资产市场价值－负债总额＝1 500－300＝1 200(万元)

基金单位净值＝1 200/500＝2.4(元)

基金认购价＝2.4＋2.4×5%＝2.52(元)

基金赎回价＝2.4－0＝2.4(元)

计算年末的有关指标：

基金净资产价值总额＝2 000－320＝1 680(万元)

基金单位净值＝1 680/600＝2.8(元)

基金认购价＝2.8＋2.8×5％＝2.94(元)

基金赎回价＝2.8－0＝2.8(元)

(2) 2018 年基金收益率

$$2018\text{ 年基金收益率}=\frac{600\times 2.8-500\times 2.4}{500\times 2.4}\times 100\%=40\%$$

6.4.4 投资基金的优缺点

将资金投向投资基金的最大优点是能够在不承担太大风险的情况下获得较高收益，原因如下。

(1) 投资基金具有专家理财优势。投资基金的管理人都是投资方面的专家，他们在投资前均进行多种研究，这能够降低风险，提高收益。

(2) 投资基金具有资金规模优势。我国的投资基金一般拥有资金 20 亿元以上，这种资金优势可以进行充分的投资组合，能够降低风险，提高收益。

知识链接 6-4
如何通过投资基金获取稳健收益

投资者将资金投向投资基金的缺点主要有以下几个方面。

(1) 无法获得很高的投资收益。投资基金在投资组合过程中，在降低风险的同时，也丧失了获得巨大收益的机会。

(2) 在大盘整体大幅度下降的情况下，投资基金也可能会损失较多，投资人承担较大风险。

本章小结

本章分别阐述了证券投资的概述，股票、债券和基金的概念、种类、价值评估模型、投资收益率和投资优缺点。

证券投资是投资者将资金投资于有价证券及其衍生证券等资产，从而获取收益的一种投资行为。证券投资收益主要包括债券利息红利和资本利得等。证券投资风险是指投资者在证券投资过程中遭受损失或达不到预期收益的可能性。证券投资的基本程序包括选择投资对象、开户与委托、交割与清算、过户。

股票是一种有价证券，是股份有限公司发行的，用以证明投资者的股东身份和权益，并据以获取股息和红利的凭证。进行股票投资的目的主要有两种：一是获取股利收入及股票买卖价差；二是达到控制企业的目的。股票的价值可分为票面价值、账面价值、清算价值和内在价值。股票价值评估模型主要有股利增长模型(基本模型、零增长模型、固定增长模型、分阶段增长模型)和每股盈余估价模型(又称市盈率模型)。股票投资收益率包括短期和长期投资收益率。股票投资的优缺点：投资收益高，能较好地抵御通货膨胀的影响，能作为资本运作的一种手段；但投资风险大，不易操作。

债券是发行者为筹措资金向投资者出具的承诺按一定利率支付利息并到期偿还本金的债权债务凭证。按投资期限长短，债券可分为短期债券和长期债券。企业进行短期债券投资的目的主要是为了合理利用暂时闲置的资金，调节现金余额，获得收益；而企业进行长期债券投资的目的主要是为了获得稳定的收益。按发行主体不同，债券可分为中央政府债券、地方政府债券、金融债券、公司债券和国际债券五种。债券估价有基本模型、一次还本付息债券估价模型、贴现债券估价模型、永久债券估价模型。债券投资收益率包括到期收益率与持有期收益率。债券投资的优缺点包括：本金安全高、利息收入稳定、变现性强；但利率风险大、购买力风险大、没有经营管理权。

投资基金是指通过发售基金单位，集中投资者的资金形成独立财产，由基金管理人管理、基金托管人托管、基金持有人持有，按其所持份额享受收益和承担风险的集合投资方式。投资基金可分为封闭式基金和开放式基金、公司型投资基金和契约型投资基金等。投资基金的估价涉及基金的价值、基金单位净值、基金市价等概念。投资基金的优点包括具有专家理财优势、具有资金规模优势。缺点包括无法获得很高的投资收益、可能会损失较多、投资人承担较大风险。

关键术语

证券投资　债券投资　股票投资　内在价值　公司债券　投资基金　封闭式投资基金　开放式投资基金　公司型投资基金　契约型投资基金

线上课堂——训练与测试

本章测试及案例分析

在线题库

第7章 营运资本管理

教学要求

知识要点	掌握程度	相关知识
营运资本概述	·理解营运资本的含义 ·了解短期资产的特征和分类 ·掌握短期资产的持有政策	·营运资本的含义 ·短期资产的分类 ·短期资产的特征 ·短期资产的持有政策
现金管理	·理解现金的持有动机与成本 ·掌握最佳现金持有量的确定方法 ·了解现金日常控制	·交易动机、预防动机、投机动机 ·成本模式、存货模式、随机模式 ·现金日常控制
应收账款管理	·了解应收账款的功能 ·掌握应收账款的成本与信用政策 ·掌握信用条件的决策方法 ·了解应收账款日常管理	·应收账款功能 ·机会成本、管理成本和坏账成本 ·信用标准、信用条件、收账政策 ·应收账款日常管理
存货管理	·了解存货的功能 ·掌握存货的成本 ·掌握存货最佳经济批量的确定 ·了解存货的日常控制	·存货管理功能 ·订货成本、购置成本、储存成本、缺货成本 ·经济订货量、相关成本、最佳订货批次 ·存货日常的控制

名人名言

如果一家公司的现金总是入不敷出，它就终将陷入困境。

——加布里埃尔·哈瓦维尼

引导案例

哪家企业可以做到“应收账款”长年为零？

海天味业(603288)是全国最大的调味品企业，产品涵盖酱油、调味酱、蚝油、鸡精味精等多个系列。其酱油和蚝油产品销量稳居全国第一多年。根据中金研报显示，海天占比最大的酱油品类2016年的收入规模已经接近76亿元，约为行业第二至第五之和；同时蚝油和调味酱两类品类产量规模也位居行业第一。

对一家企业来说，上下游供应商的关系，主要体现在商业债权方面。一般企业经营或多或少都会采用赊销方式，尤其是面对议价能力强的下游客户，比方说大型商超连锁店家乐福、沃尔玛、华联等超市。这类大型超市往往通过强势的渠道管控，在货款结算方面短则以月来计算，长则出现过季度甚至半年的情况。但是海天味业，面对强势的商超渠道，却可以长年做到应收账款为零！

海天味业 2013 年至 2017 年的资产负债表之流动资产部分

资产负债表	2017-12-31	2016-12-31	2015-12-31	2014-12-31	2013-12-31
流动资产					
货币资金	56.13 亿元	51.97 亿元	45.19 亿元	51.18 亿元	22.65 亿元
应收账款	246.7 万元	—	—	—	—
预付款项	1 837 万元	1 700 万元	728.0 万元	2 188 万元	2 066 万元
应收利息	379.8 万元	207.1 万元	75.33 万元	968.2 万元	49.08 万元
其他应收款	1654 万元	625.2 万元	708.6 万元	694.6 万元	540.8 万元
存货	10.41 亿元	9.399 亿元	9.999 亿元	11.54 亿元	10.13 亿元
划分为持有待售的资产	—	—	—	—	860.2 万元
其他流动资产	51.03 亿元	26.66 亿元	16.41 亿元	7.223 亿元	1.064 亿元

上表清晰的显示，这家企业从 2013 年开始到 2016 年，应收账款一直为 0 元。即使 2017 年出现了应收账款，金额也仅为 250 万元左右，占流动资产比重仅为 0.02%，几乎可以忽略。

2014 年至 2017 年海天味业流动债务汇总表

流 动 负 债	2017-12-31	2016-12-31	2015-12-31	2014-12-31	2013-12-31
应付票据	114.4 万元	2 827 万元	—	—	—
应付账款	5.549 亿元	5.469 亿元	5.848 亿元	5.992 亿元	4.639 亿元
预收款项	26.79 亿元	18.09 亿元	11.19 亿元	20.22 亿元	17.36 亿元
应付职工薪酬	3.265 亿元	3.034 亿元	2.759 亿元	2.657 亿元	2.257 亿元
应交税费	3.198 亿元	2.622 亿元	2.711 亿元	1.411 亿元	1.445 亿元
其他应付款	6.265 亿元	4.482 亿元	4.461 亿元	4.355 亿元	2.187 亿元
其他流动负债	658.8 万元	533.0 万元	679.3 万元	93.39 万元	256.4 万元

海天的资产负债表中，除了债权类科目，还有与其对应的债务类科目，主要集中在“预收账款”“应付票据”“应付账款”。如上表所述，该企业的债务科目每年合计少则 17 亿元，多则 32 亿元。

海天味业的流动资产和流动负债项目显示，企业经营中大量利用了商业债权，公司在酱油制造的上下游中具有非常明显的竞争优势，这也为企业的盈利水平提供了足够的保障。

（资料来源：节选自 http：//www. sohu. com/a/223884766 _ 545262；
https：//xueqiu. com/9962554712/42695864）

从海天味业的例子中，你可以看出公司营运资本包括哪些项目？这些项目与公司的财务表现是否密切相关？公司应收账款和应付账款、应付票据、预收账款的多少与公司的什么能力相关？

7.1 营运资本概述

7.1.1 营运资本的含义

营运资本有广义和狭义之分。广义的营运资本是指总营运资本，是指在生产经营活动中的短期资产；狭义的营运资本又称净营运资本，是指短期资产减去短期负债后的余额。通常所说的营运资本多指后者。短期负债亦即流动负债，是指需要在 1 年或者超过 1 年的一个营业周期内偿还的债务，具有成本低、偿还期短的特点。短期负债主要包括短期借款、应付票据、应付账款、应付职工薪酬、应交税费等，其主要内容在第 3 章企业筹资方式中有介绍。

7.1.2 短期资产的特征与分类

▶ 1. 短期资产的特征

短期资产，又称流动资产，是指可以在 1 年以内或超过 1 年的一个营业周期内变现或运用的资产。短期资产具有占用时间短、周转快、易变现等特点，企业拥有较多的短期资产，可在一定程度上降低财务风险。

与长期资产(长期投资、固定资产、无形资产、递延资产等资产)相比，短期资产具有以下特点。

(1) 周转期限短。流动资产一般在 1 年或超过 1 年的一个营业周期内即可变现或耗用，而且在企业的经营过程中连续反复地周转和循环。根据这一特点，说明营运资金可以通过短期筹资方式加以解决。企业拥有较多的流动资产，可在一定程度上降低财务风险。流动资产在资产负债表上主要包括货币资金、交易性金融资产、应收票据、应收账款和存货等。

(2) 物质形态和价值形态在经营中不断变化。流动资产在周转和循环过程中，物质形态和价值形态随着生产经营过程而不断周而复始地转化，在时间上具有继起性，在空间上具有并存性。

(3) 数量波动较大。流动资产的数额会随着企业内外条件的变化而变化，时高时低，非季节性企业如此，季节性企业更是如此。

(4) 项目多。流动资产的项目多而分散，“互济性”强，因此要求调度灵活，配合协调，以较低的资金占用实现较高的周转额，通过提高周转速度来提高经济效益。

(5) 变现能力强。流动资产一般都具有较强的变现能力，企业如遇到意外情况，出现资金周转不灵、现金短缺时，可以快速变现这些资产，获得现金。

(6) 投资频繁。企业经常面临流动资产投资的问题，有时会在一个月内多次追加投资。

▶ 2. 短期资产的分类

按照不同的标准，可以将短期资产划分为不同的类别。

(1) 按实物形态分类，可以将短期资产分为现金、短期金融资产、应收及预付款项和存货。

1) 现金，是指企业以各种货币形态占用的资产，包括库存现金、银行存款及其他货币资金。现金是短期资产中流动性最强的资产，可直接支用，也可以立即投入流通。拥有大量现金的企业具有较强的偿债能力和承担风险的能力。但持有现金不会带来收益或只有极低的收益，所以企业也不宜持有过多的现金。

2) 短期金融资产，是指各种准备随时变现的有价证券以及不超过 1 年的其他投资，其中主要是指有价证券投资。企业持有适量的短期金融资产，一方面能获得较好的收益；另一方面又能增强企业整体资产的流动性，降低企业的财务风险。因此，适当持有短期金融资产是一种较好的财务策略。

3) 应收及预付款项，是指企业在生产经营过程中所形成的应收而未收的或预先支付的款项，包括应收账款、应收票据、其他应收款和预付货款。在商品经济社会里，企业为加强市场竞争能力，拥有一定数量的应收及预付款项是不可避免的，企业应力求加速账款的回收，减少坏账损失。

4) 存货，是指企业在生产经营过程中为销售或者耗用而储存的各种资产，包括商品、产成品、半成品、在产品、原材料、辅助材料、低值易耗品、包装物等。存货在短期资产中所占的比重一般较大，因而加强存货的管理与控制，使存货保持在最优水平上，是财务管理的一项重要内容。

(2) 按在生产经营循环中所处的流程分类，可把短期资产划分为生产领域中的短期资产、流通领域中的短期资产以及生息领域中的短期资产。

1) 生产领域中的短期资产是指在产品生产过程中发挥作用的短期资产，如原材料、辅助材料、低值易耗品等。

2) 流通领域中的短期资产是指在商品流动过程中发挥作用的短期资产。商品流通企业的短期资产均为流通领域中的短期资产，工业企业的短期资产中的产成品、现金、外购商品等也属于流通领域中的短期资产。

3) 生息领域中的短期资产是为获取利息收入而持有的短期资产，包括定期存款、短期有价证券等短期金融资产。企业通过将短期闲置的现金资产存入银行或购买短期金融资产，可以在保持资产流动性的同时获得一定的利息收入。

7.1.3 短期资产的持有政策

由于不同类型的短期资产在流动性、盈利性和风险性上存在差异，企业既要合理确定短期资产与长期资产之间的比例关系，又要合理确定短期资产内部不同类别资产项目的比例结构。企业资产总额中短期资产和长期资产之间的比例，以及短期资产和长期资产各自的内部比例结构，又称为企业的资产组合。

7.1.3.1 影响短期资产政策的因素

企业在权衡确定短期资产的最优持有水平时，应当综合考虑以下因素。

▶ 1. 风险与收益

一般而言，持有大量的短期资产可以降低企业的风险，因为企业不能及时清偿债务时，短期资产可以迅速转化为现金，而长期资产的变现能力通常较差。但是，如果短期资产太多，大部分资金都投放在短期资产上，则会降低企业的投资收益率。因此，要对风险和收益进行认真权衡，选择最佳的短期资产水平。

▶ 2. 企业所处的行业

不同行业的经营范围不同，资产组合有较大的差异。流动资产中大部分是应收账款和存货，而这两种资产的占用水平主要取决于生产经营所处的行业。

▶ 3. 企业规模

企业规模对资产组合也有重要影响。随着企业规模的扩大，短期资产的比重有所下降，原因如下。

(1) 大企业与小企业相比，有较强的筹资能力，当企业出现不能偿付的风险时，可以迅速筹集资金，因而能承担较大风险。所以可以只使用较少的短期资产而使用更多的固定资产。

(2) 大企业因实力雄厚，机械设备的自动化水平较高，故应在固定资产上进行比较多的投资。

▶ 4. 外部融资环境

一般而言，在外部市场较为发达、融资渠道较为便利的环境下，企业为了增强整体盈利能力，通常会减少对盈利能力不强的短期资产的投资，这将使短期资产在总资产中的比重降低。

7.1.3.2 短期资产政策类型

根据短期资产和销售额之间的数量关系，可以将企业的短期资产持有政策分为以下三种，如图 7-1 所示。

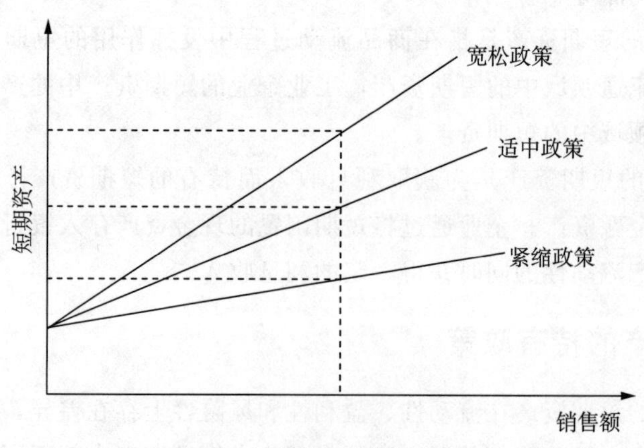

图 7-1 短期资产持有政策

▶ 1. 宽松的持有政策

宽松的持有政策要求企业在一定的销售水平上保持较多的短期资产，这种政策的特点是收益低、风险小。该政策下，企业拥有较多的现金、短期有价证券和存货，能按期支付到期债务，并且为应付不确定情况保留了大量资金，使风险大大减少；但由于现金、短期有价证券投资收益较低，加之存货占用使资金营运效率低，从而降低了企业的盈利水平。

▶ 2. 适中的持有政策

适中的持有政策要求企业在一定的销售水平上保持适中的短期资产，既不过高又不过低。流入的现金恰恰满足支付的需要，存货也恰好满足生产和销售所用。这种政策的特点是收益和风险的平衡。在企业能够比较准确地预测未来各种经济情况时，可采用该政策。

▶ 3. 紧缩的持有政策

紧缩的持有政策要求企业在一定的销售水平上保持较低的短期资产，这种政策的特点是收益高、风险大。此时企业的现金、短期有价证券、存货和应收账款等短期资产降到最低限度，可降低资金占用成本，增加企业收益；但同时也可能由于资金不足造成拖欠货款或不能偿还到期债务等不良情况，加剧企业风险。在外部环境相对稳定，企业能非常准确地预测未来的情况下，可采用该政策。

7.1.3.3 短期资产政策对企业风险和收益的影响

企业所持有的不同资产，对企业的风险和收益有不同的影响。较多地投资于短期资产，可降低企业的财务风险，这是因为当企业面临债务危机时，短期资产可迅速地转化为现金以偿还债务。但是，如果短期资产投资过多，造成流动资产的相对闲置，而固定资产却又相对不足，这就会使企业生产能力减少，从而减少企业收益。

总之，在资产总额和筹资组合都保持不变的情况下，如果长期资产减少而短期资产增加，就会减少企业的风险，但也会减少企业收益；反之，如果长期资产增加，短期资产减少，则会增加企业的风险和收益。所以，在确定资产组合时，面临风险和收益的权衡。

7.2 现金管理

对现金的定义有广义和狭义之分。狭义的现金只包括库存现金；而广义的现金是指在生产过程中暂时停留在货币形态的资金，包括库存现金、银行存款、银行本票、银行汇票等。本书所指的现金概念是广义的现金。现金是流动性最强的资产，可以用来满足生产经营开支的各种需要，也是还本付息和履行纳税义务的保证。因此，拥有足够的现金对于降低企业的风险，增强企业资产的流动性和债务的可清偿性有着重要的意义。但是，现金属于非盈利资产，持有量过多，它所提供的流动性边际效益便会随之下降。因此，企业必须合理确定现金持有量，使之不但在数量上，而且在时间上相互衔接。

7.2.1 现金管理概述

▶ 1. 持有现金的动机

企业持有一定数量的现金，往往是出于以下考虑。

(1) 交易动机。企业为满足日常业务的现金支出需要，如购买原材料、支付工资、缴纳税款、偿付到期债务、派发现金股利等，需要持有一定数额的现金。企业为满足交易动机所持有的现金余额主要取决于企业的销售水平。

(2) 预防动机。现金的流入和流出经常是不确定的，为了应付意外事件(如生产事故、坏账、自然灾害等)，企业必须持有一定的现金余额来保证生产经营的安全顺利进行。预防性现金数额的多少，取决于企业对未来现金流量预测的准确程度和企业的借款能力。

(3) 投机动机。投机动机是指为满足不寻常的投资机会而置存现金的动机。如遇到廉价原材料、价格将大幅上涨的股票等，如有足够现金置存，便可用于购买或投资，以获得意想不到的收益。投机动机现金持有量的大小往往与企业在金融市场的投资机会及企业对待风险的态度有关。

需要牢记的是，现金是一般等价物，它能与任何商品相交换。

▶ 2. 持有现金的成本

(1) 管理成本。指企业因保留现金余额而发生的管理费用，如支付给现金管理人员的工资和安全措施费用等。持有现金的管理成本一般与持有现金的数额无关，属于现金持有成本中的固定成本。

(2) 机会成本。机会成本是指当把一定的经济资源用于生产某种产品时放弃的另一些产品生产所获得的最大收益。持有现金的机会成本是指由于资金被占用在现金这种形态上而不能用于其他投资所丧失的收益。一般以有价证券的收益率表示。比如，企业一年中平均持有1万元现金，就相当于损失了1 000元的证券投资收益(假设证券投资的年收益率为10%)。显然，持有现金的机会成本与现金的持有数量密切相关，属于现金持有成本中的变动成本。

(3) 转换成本。指企业现金与有价证券转换过程中所发生的成本。如印花税、佣金、手续费、证券过户费等。该项成本可分成两种情况：①变动性转换成本，变动性转换成本与转换次数无关，与每次现金的转换数额呈线性关系，如印花税和佣金等；②固定性转换成本，固定性转换成本与转换次数有关，而与每次现金的转换数额无关，如手续费用等。

(4) 短缺成本。指现金持有量不足，不能满足业务开支需要而使企业蒙受的损失或为此付出的代价，如不能及时支付材料款而停工待料给企业造成的经济损失、不能偿还到期债务而支付的罚金、企业信誉下降导致融资成本上升等。现金短缺成本与现金持有量呈负相关关系。

▶ 3. 现金管理的内容

现金管理的内容包括编制现金收支计划，以便合理估计未来的现金需求；对日常的现金收支进行控制，力求加速收款，延缓付款；确定企业的最佳现金余额，当企业实际的现金余额与最佳的现金余额不一致时，采用短期融资或采用归还借款和投资于有价证券等策略来达到理想状况。现金管理的内容如图 7-2 所示。

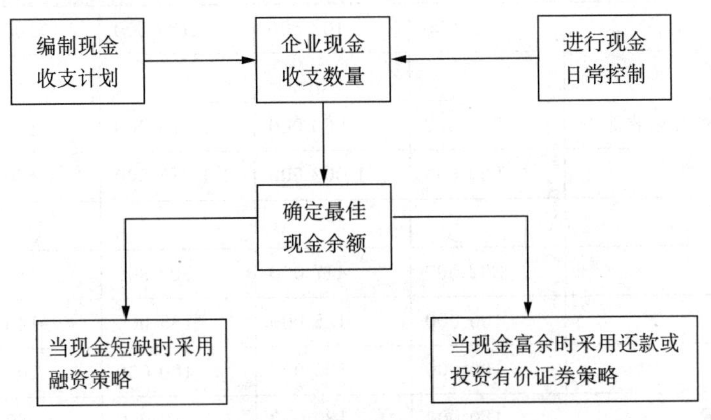

图 7-2　现金管理的内容

7.2.2　现金收支计划的编制

现金收支计划又称现金预算，现金预算就是指为实现现金管理的目标，运用一定的方法，依托企业未来的发展规划，在充分调查与分析各种影响现金收支因素的基础上，合理估测企业未来一定时期的现金收支状况，并对预期差异采取相应对策的活动。

现金预算通常按年分季或分月编制，其编制方法主要有收支预算法和调整净收益法两种。本章只介绍收支预算法。

收支预算法是目前最为流行、应用最为广泛的现金预算编制方法。其基本原理是通过将预算期内可能发生的一切现金收支分类列入现金预算表内，从而确定收支差异并采取适当财务对策。

在收支预算法下，现金预算主要分为四个步骤进行。

第一步，计算预算期内现金收入，即根据企业收入预算(包括销售收入预算、投资收入预算及其他收入预算)计算企业在预算期内所能获得的现金收入；

第二步，计算预算期内现金支出，即根据现金支出计划(包括采购原材料、支出工资、支付期间费用、支付税金等)计算企业在预算期内的现金支出；

第三步，计算现金不足或结余，即根据下列公式估算企业在预算期内的现金余缺水平。

预算期内现金结余＝预算期初现金余额＋预算期内现金流入－预算期内现金流出－预算期末现金余额

第四步，现金融通，即根据计算出的期末现金结余情况进行短期投资或融资。如果现金不足，则提前安排筹资(如向银行借款等)，若现金富余，则提前归还贷款或投资于有价证券，以增加收益。

【例 7-1】　使用收支预算法编制大通公司的收支预算表，如表 7-1 所示。

表 7-1 大通公司现金收支预算 单位：元

摘　　要	第一季度	第二季度	第三季度	第四季度	全　　年
期初现金余额	120 000	102 500	100 500	100 700	120 000
加：现金收入					
销售收入及收回应收账款	540 000	900 000	1 275 000	1 350 000	4 065 000
可动用现金合计	660 000	1 002 500	1 375 500	1 450 700	4 185 000
减：现金支出					
采购材料	232 500	417 000	522 300	487 500	1 659 300
支付工资	105 000	155 000	195 000	146 000	601 000
制造费用	100 000	100 000	100 000	100 000	400 000
销售及管理费	180 000	180 000	180 000	180 000	720 000
购置设备		160 000			160 000
支付所得税	40 000	40 000	40 000	40 000	160 000
支付股利	20 000	20 000	20 000	20 000	80 000
现金支出合计	677 500	1 072 000	1 057 300	973 500	3 780 300
收支轧抵现金结余(或不足)	−17 500	−69 500	318 200	477 200	404 700
融通资金					
向银行借款(期初)	120 000	170 000			290 000
归还借款(期末)			−200 000	−90 000	−290 000
支付利息			−17 500	−2 250	−19 750
融通资金合计	120 000	170 000	−217 500	−92 250	−19 750
短期投资				280 000	280 000
期末现金余额	102 500	100 500	100 700	104 950	104 950

从表 7-1 中可以看到，大通公司在第一、二季度出现现金不足，需要向银行借款；而在第三季度出现现金富余，用于归还银行贷款本息；第四季度也出现现金富余，首先用于归还银行贷款本息，然后用于短期投资。各季度末保持 100 000 元的现金余额，这也是该企业的最佳现金持有量。

7.2.3 最佳现金持有量的确定

所谓最佳现金持有量，就是能使持有总成本最低的现金余额。确定现金最佳持有量的方法主要包括成本分析模型、存货模型、随机模型和现金周转模型。

▶ 1. 成本分析模型

成本分析模型是根据现金的相关成本，分析预测其总成本最低时现金持有量的一种方法。这种模型下，最佳现金持有量确定的计算，可以先分别确定不同现金持有量方案下的机会成本、管理成本、短缺成本；然后比较不同方案下的现金持有总成本，以确定最佳现金持有量。

【例 7-2】 狮山公司有 A、B、C、D 四种现金持有方案，它们各自的机会成本、管理成本和短缺成本的有关资料如表 7-2 所示。

表 7-2　狮山公司的备选现金持有方案

方　案	A	B	C	D
现金持有量(元)	25 000	50 000	75 000	100 000
机会成本率(%)	12%	12%	12%	12%
管理成本(元)	10 000	10 000	10 000	10 000
短缺成本(元)	12 000	6 750	2 500	0

根据表 7-2 的资料，计算现金最佳持有量测算表如表 7-3 所示。

表 7-3　狮山公司现金最佳持有量测算表

方　案	A	B	C	D
现金持有量(元)	25 000	50 000	75 000	100 000
机会成本(元)	3 000	6 000	9 000	12 000
管理成本(元)	10 000	10 000	10 000	10 000
短缺成本(元)	12 000	6 750	2 500	0
相关总成本(元)	25 000	22 750	21 500	22 000

将以上各方案的总成本加以比较可知，C 方案的总成本最低，应选择这一方案，75 000元是狮山公司的最佳现金持有量。

成本分析模型的优点是适用范围广泛，尤其适用于现金收支波动较大的企业；缺点是企业持有现金的短缺成本较难预测。

▶ 2. 存货模型

存货模型是将存货经济订货批量模型用于确定目标现金持有量。这一模型最早由美国经济学家威廉·鲍莫(William J. Baumol)于 1952 年提出，因此又称 Baumol 模型。在这一方法下，对现金持有量的确定是建立在持有现金的成本和把有价证券转换为现金成本的基础上的。利用存货模型计算现金最佳持有量时，对短缺成本不予考虑，只对机会成本和固定性转换成本予以考虑。机会成本和固定性转换成本随着现金持有量的变动而呈现出相反的变动趋向，因而能够使现金管理的机会成本与固定性转换成本之和保持最低的现金持有量，即为最佳现金持有量。

存货模型是以下列假设为前提的：

(1) 一定时期内企业的现金总需求量可以预测；

(2) 企业的现金收入每隔一段时间发生一次，而现金支出则是在一定时期内均匀发生；

(3) 在预测期内，企业不能发生现金短缺，并可以通过出售有价证券来补充现金；

(4) 证券的利率或报酬率以及每次的固定性交易费用可以获悉。

现金余额随时间推移所呈现的规律如图 7-3 所示。

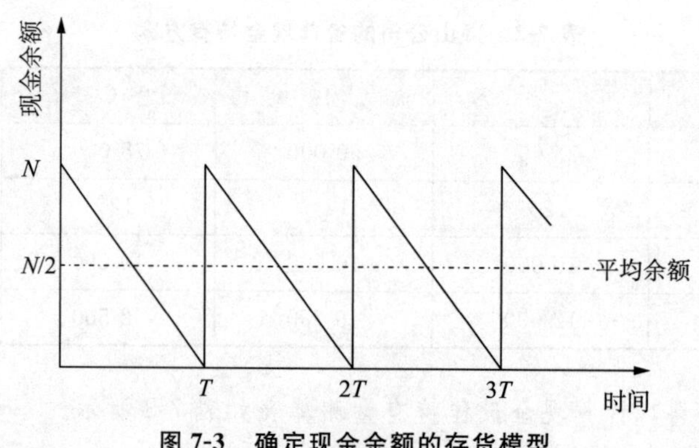

图 7-3　确定现金余额的存货模型

根据这些假设条件，企业便可利用存货模式来确定现金的最佳持有量，计算公式如下：

设 T 为一个周期内现金总需求量；b 为每次转换有价证券的固定成本；N 为最佳现金持有量(每次证券变现的数量)；i 为有价证券利息率(机会成本)；TC 为现金管理相关总成本，则

现金管理相关总成本＝持有机会成本＋固定性转换成本

即
$$TC=\frac{N}{2}i+\frac{T}{N}b$$

对此式求一阶导数，可求出令总成本 TC 最小的 N 值，得

$$N=\sqrt{\frac{2Tb}{i}}$$

图 7-4 对现金相关成本与现金持有量的关系进行了描述。

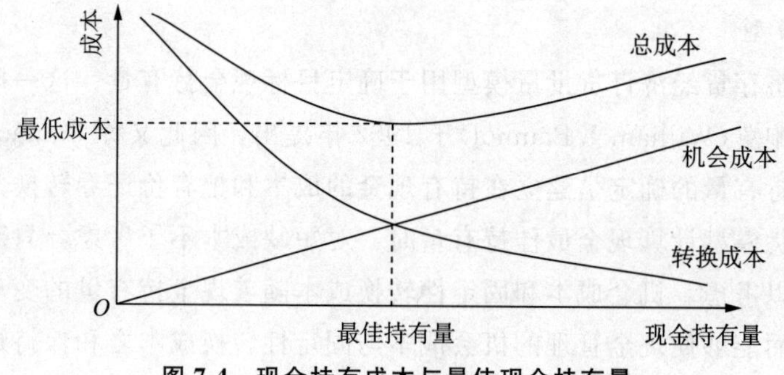

图 7-4　现金持有成本与最佳现金持有量

【例 7-3】 云山公司预计全年现金需要量为 400 000 元，现金与有价证券的每次转换固定成本为 200 元，有价证券的利息率为 10%。试计算云山公司的最佳现金余额。

解：

$$N=\sqrt{\frac{2\times 400\ 000\times 200}{10\%}}=40\ 000(\text{元})$$

3. 随机模型

随机模型也称米勒—欧尔(Miller-Orr)模型，它是由美国经济学家 Merton Miller 和 Daniel Orr 首先提出的。这一模型是企业在现金需求量难以预测的情况下进行现金持有量控制的方法。它假定企业每日的净现金流量为一随机变量，其变化近似服从正态分布，在这种情况下，企业可以根据历史经验和现实需要，测算出一个现金持有量的控制范围，即制定出现金需要量的上限和下限，将现金控制在上下限之间。这种对现金持有量的控制如图 7-5 所示。在该图中，H 代表现金持有量的上限，L 代表现金持有量的下限，Z 为最佳现金余额。当现金持有量在 H 和 L 之间变动时，表明企业的现金持有量处于一个合理的水平，无须进行调整。当现金的持有量上升至 H 时，表明企业的现金余额太多，应将数额为 $H-Z$ 的现金转换为有价证券，使现金持有量降至 Z；当现金的持有量下降至 L 时，表明企业的现金余额太少，应将数额为 $Z-L$ 的有价证券转换为现金，使现金持有量升至 Z。

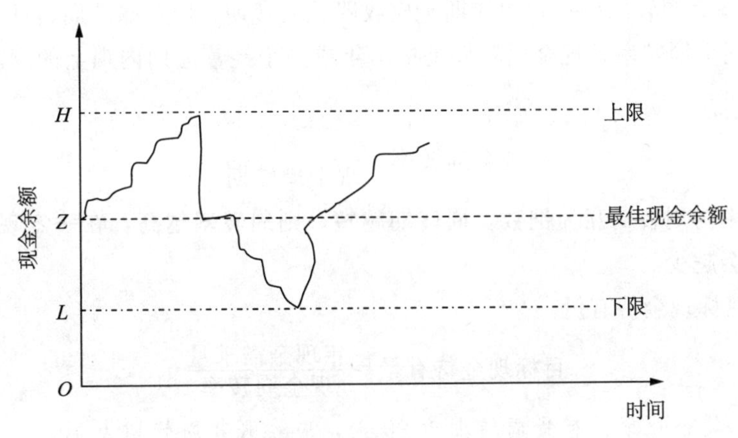

图 7-5 确定现金余额的米勒—欧尔模型

根据随机模型，最佳现金余额 Z 的计算公式为

$$Z=L+\sqrt[3]{\frac{3b\sigma^2}{4r}}$$

式中，L 代表现金持有量的下限；b 代表证券交易成本；σ 代表每日净现金流量变化的标准差；r 为有价证券的日利率。

下限 L 的确定要受到企业每日的最低现金需要、管理人员的风险承受倾向等因素影响，最低可确定为零。上限 H 的计算公式为

$$H=L+3\times\sqrt[3]{\frac{3b\sigma^2}{4r}}$$

【例 7-4】 泰山公司的日现金余额标准差为 4 800 元，每次证券交易的成本为 500 元，有价证券的日收益率为 0.06%，公司每日最低现金需要量为 5 000 元。泰山公司的现金最佳持有量和持有量上限分别为多少？

解：

现金最佳持有量为

$$Z=L+\sqrt[3]{\frac{3b\sigma^2}{4r}}=5\ 000+\sqrt[3]{\frac{3\times500\times4\ 800^2}{4\times0.06\%}}=29\ 329(\text{元})$$

现金持有量的上限为

$$H=L+3\times\sqrt[3]{\frac{3b\sigma^2}{4r}}=5\ 000+3\times\sqrt[3]{\frac{3\times500\times4\ 800^2}{4\times0.06\%}}=77\ 986(\text{元})$$

▶ 4. 现金周转模型

现金周转模型是从现金周转的角度出发，根据现金周转速度来确定最佳现金持有量的模式。现金周转模式的使用条件是：第一，公司预计期内现金总需要量可以预知；第二，现金周转天数与次数可以测算，测算结果应符合实际，保证科学与准确。该模式在运用时包括以下三个步骤。

(1) 计算现金周转期。现金周转期是指公司从购买材料支付现金至销售商品收回现金的时间，即现金周转一次所需要的天数。具体计算公式为

现金周转期＝存货周转期＋应收账款周转期－应付账款周转期

(2) 计算现金周转率。现金周转率是指 1 年或一个经营周期内现金的周转次数，其计算公式为

$$\text{现金周转率}=\frac{360}{\text{现金周转期}}$$

现金周转率与周转期互为倒数。周转期越短，则周转率越高，在一定现金需求额下，现金持有量将会越少。

(3) 计算目标现金持有量。

$$\text{目标现金持有量}=\frac{\text{年现金需求量}}{\text{现金周转率}}$$

【例 7-5】 某企业预计存货周转期为 90 天，应收账款周转期为 40 天，应付账款周转期为 30 天，预计全年需要现金 720 万元，求最佳现金余额。

知识链接 7-1
最佳现金持有量

解：

现金周转期＝90＋40－30＝100(天)

现金周转率＝360÷100＝3.6(次)

最佳现金持有量＝720÷3.6＝200(万元)

7.2.4 现金的日常控制

现金收支控制的目的在于加速资金周转，提高现金的使用效率。为达到这一目的，企业通常采用三种方法：一是尽量加速收款；二是严格控制现金支出；三是力争现金流入与流出同步。

▶ 1. 加速收款

当企业的销售实现时，并不意味着已经得到了可以自由支配的现金收入，因为企业的很多交易是通过支票、汇票或其他银行转账方式实现的。在这些情况下因企业无法立即动用销售收入，会造成企业现金短缺的被动局面。应收账款收现延迟的部分原因是企业无法控制的，比如银行的操作、邮局的效率等，但有些原因企业是可以克服的，如开户银行的选择、应收账款的信用政策等。企业应该从多方面努力加速应收账款的收现，并适当采用一些加速收款技术，例如集中银行、锁箱系统、在线支付或自动转账系统等。

▶ 2. 控制支出

现金支出控制主要包括金额上的控制和时间上的控制。企业通常采用的方法有以下两种。

(1) 延缓应付款的支付。企业在不影响自身商业信誉的前提下，应尽量推迟付款时间。如各项债务可在到期最后一天偿还，不宜提早或延迟。在结算方式上，如果能通过汇票结算则不用支票来支付货款，如果能通过支票结算则不用现金付款等方法以延迟付款时间。

(2) 使用现金浮游量。从企业开出支票，收票人收到支票并存入银行，至银行将款项划出企业账户，中间需要一段时间。现金在这段时间的占用称为现金浮游量。在这段时间里，尽管企业已开出了支票，却仍可动用在活期存款账户上的这笔资金。不过，在使用现金浮游量时，一定要控制好使用的时间，否则会发生银行存款的透支。

▶ 3. 现金流动同步化

企业的现金流入与流出一般来说是很难预测的，为了应付这种不确定性可能带来的问题，企业往往需要保留比最佳现金持有量多的现金余额。为了尽量减少企业持有现金带来的成本增加和盈利减少，企业财务人员需要提高预测和管理能力，使现金流入和流出能够合理配合，实现同步化的理想效果。现金流动同步化的实现可以使企业的现金余额减少到最小，从而减少持有成本，提高企业的盈利水平。

7.3 应收账款管理

应收账款是企业短期资产的一个重要项目。应收账款是企业因对外赊销产品、材料，提供劳务等应向购货单位或接受劳务的单位收取的款项。

7.3.1 应收账款的功能、成本与管理目标

7.3.1.1 应收账款的功能

应收账款的功能是指应收账款在企业生产经营过程中所具有的作用。应收账款具有以下功能。

▶ 1. 促进销售的功能

在激烈竞争的市场经济中，采用赊销方式为客户提供商业信用，可以扩大产品销售，

提高产品的市场占有率。通常，为客户提供的商业信用是不收利息的，所以，对于接受商业信用的企业来说，实际上等于得到一笔无息贷款，这对客户具有较大的吸引力。与现销方式相比，客户更愿意购买采用赊销方式的企业产品。因此，应收账款具有促进销售的功能。

▶ 2. 减少存货的功能

企业持有产成品存货，要增加管理费、仓储费和保险费支出；相反，赊销促进了产品销售，自然就减少了企业库存产品的数量，加快了企业存货的周转速度。因此，企业通过赊销的方式，将产品销售出去，资产由存货形态转化为应收账款的形态，这样可以节约企业的费用支出。

7.3.1.2 应收账款的成本

持有应收账款，也要付出一定的代价，这种代价即为应收账款的成本。应收账款的成本有以下几个方面。

▶ 1. 应收账款的机会成本

企业资金如果不投放于应收账款，便可用于其他投资并获得收益，如投资于有价证券便会有利息收入。这种因投放于应收账款而放弃的其他收入，即为应收账款的机会成本。应收账款的机会成本通常用投资于有价证券的收益率来表示。其计算公式为

$$\text{应收账款机会成本}=\text{应收账款占用资金}\times\text{资金成本率}$$

(1) 应收账款平均余额。其计算公式为

$$\text{应收账款平均余额}=\frac{\text{年赊销额}}{360}\times\text{平均收账天数}=\text{平均每日赊销额}\times\text{平均收账天数}$$

式中，平均收账天数一般按客户各自赊销额占总赊销额比重为权数的所有客户收账天数的加权平均数计算。

(2) 计算应收账款占用资金。其计算公式为

$$\text{应收账款占用资金}=\text{应收账款平均余额}\times\frac{\text{变动成本}}{\text{销售收入}}=\text{应收账款平均余额}\times\text{变动成本率}$$

▶ 2. 应收账款的管理成本

应收账款的管理成本是指企业因管理应收账款而发生的各项费用，包括对客户的资信调查费用、收集相关信息的费用、账簿的记录费用、收账费用及其他费用。

▶ 3. 应收账款的坏账成本

应收账款的坏账成本是指企业的应收账款因故不能收回而发生的损失。它与应收账款数量成正比，为避免发生坏账成本给企业经营活动的稳定性造成不利影响，财务制度规定企业应以应收账款余额的一定比例或按应收账款账龄等标准提取坏账准备。

7.3.1.3 应收账款的管理目标

应收账款管理的基本目标是通过应收账款管理发挥应收账款强化竞争、扩大销售的功能，同时，尽可能降低应收账款投资的机会成本、坏账损失与管理成本，最大限度地提高应收账款投资的效益。

7.3.2　应收账款政策的制定

应收账款政策又称信用政策。信用政策是企业事先权衡收益与成本而提供给客户的信誉质量要求。制定信用政策是应收账款管理的核心，是指导企业进行应收账款日常管理的基本准则。信用政策包括信用标准、信用条件和收账政策三部分。

7.3.2.1　信用标准

信用标准是指企业同意向客户提供商业信用时，客户所必须具备的最低财务能力。如果企业的信用标准比较严格，只对信誉较好的客户提供商业信用，则可以减少坏账损失，降低应收账款的机会成本和管理成本，但是，也会减少企业的销售量；反之，如果企业的信用标准比较宽松，虽然会增加销售量，但是，也会相应地增加坏账损失和应收账款的机会成本与管理成本。因此，企业必须在扩大销售与增加成本之间权衡利弊，制定一个比较合理的信用标准。

企业在制定信用标准时，是通过对客户的资信程度进行调查、分析，然后在此基础上判断客户的信用等级来决定是否给予客户信用优惠。企业通常利用定性分析和定量分析来对客户的资信程度进行评估，常见的信用评估方法有5C评估法和信用评分法。

▶ 1. 5C评估法

5C评估法是指重点分析影响信用的五个方面的一种方法。五个方面是品质(Character)、能力(Capacity)、资本(Capital)、抵押(Collateral)和状况(Conditions)，其英文的第一字母都是C，故称之为5C评估法。

(1) 品质，是指顾客的信誉，即履行偿债义务的可能性。企业必须设法了解顾客过去的付款记录，看其是否具有按期如数付债的一贯做法，与其他供货企业的关系是否良好，即顾客是否愿意尽自己的最大努力来归还贷款，这种道德因素经常被视为评价顾客信用的首要因素。

(2) 能力，是指顾客的现实偿债能力，即其流动资产的数量和质量以及与流动负债的比例。顾客的流动资产越多，其转换现金支付款项的能力就越强。同时，还应注意顾客流动资产的质量，看是否会出现存货过多时质量下降，影响其变现能力和支付能力的情况。

(3) 资本，是指顾客的财务实力和财务状况，表明顾客偿还货款的背景。主要体现在顾客的注册资本的数额、负债的水平、企业规模，以及顾客的经营情况。注册资本越多、负债水平越低、经营规模越大、经营不大出现亏损，表明顾客偿还到期债务不会存在太大的问题。

(4) 抵押，是指顾客拒付款项或无力支付款项时能被用作抵押的资产。这对于不知底细或信用状况有争议的顾客尤为重要。一旦收不到顾客的款项，则可以用抵押品抵补。如果这些顾客提供足够的抵押，就可以考虑向他们提供相应的信用。

(5) 状况，是指可能影响客户付款能力的经济环境。宏观经济或客户所处行业将来是否会出现不利的变化；在出现不利情况时，客户会采取什么态度，是排除一切困难偿还货款还是找出各种理由拖欠。关于前者，需要通过预测加以判断；关于后者，可以根据客户在遇到困难时的付款态度来加以判断。

▶ 2. 信用评分法

信用评分法是先对一系列财务比率和信用情况指标进行评分，然后进行加权平均，得出顾客综合的信用分数，并以此进行信用评估的一种定量分析方法。

进行信用评分的基本公式为

$$Y = a_1x_1 + a_2x_2 + a_3x_3 + \cdots + a_nx_n = \sum_{i=1}^{n} a_ix_i$$

式中，Y 代表企业的信用评分；a_i 代表事先拟定的对第 i 种财务比率或信用情况进行加权的权数；x_i 代表第 i 种财务比率或信用情况指标的评分。

信用评分法的主要优点是成本低且易于实施，通过简单的计算就可以发现需要注意的风险。但是，选择哪些财务比率、对哪些信用情况指标进行评分以及各指标的权数如何确定是运用此方法的关键和难点。

7.3.2.2 信用条件

前面介绍的信用标准是决定是否给予客户提供商业信用的一道门槛，只有符合要求的客户才能通过这道门槛。但是，一旦给客户提供了商业信用，就要考虑客户支付赊销款项的具体条件，这就是信用条件，包括信用期限、现金折扣和折扣期限。企业通常根据行业惯例提出信用条件，也可以根据具体条件制定信用条件，以提高市场竞争力。

信用条件可用“2/10，N/30”这样的方式表示，其含义为这笔货款必须在发票开出后30天内付清；如果10天内付款，可享受2%的现金折扣。在这里，30天为信用期限；10天为折扣期限；2%为现金折扣。

提供比较优惠的信用条件能增加销售量，但也会带来额外的负担，如会增加应收账款机会成本、坏账成本、现金折扣成本等。

现举例说明信用条件变化的影响。

【例 7-6】 某公司预计年度赊销收入净额为960万元，其信用条件是N/30，变动成本率为60%，资本成本率为10%。假定固定成本总额不变，该企业准备了三个信用条件的备选方案：A方案，维持现行“N/30”的信用条件；B方案，将信用条件放宽到“N/60”；C方案，将信用条件放宽到“N/90”。各种备选方案估计的赊销收入、坏账损失率和收账费用等有关数据如表7-4所示。

表 7-4 信用政策备选方案

项目	信用条件		
	A(N/30)	B(N/60)	C(N/90)
年赊销额(万元)	960	1 080	1 200
应收账款周转次数(次)	12	6	4
应收账款平均余额(万元)	960÷12=80	1 080÷6=180	1 200÷4=300
维持赊销业务所需的资金(万元)	80×60%=48	180×60%=108	300×60%=180
坏账损失率(%)	2%	3%	6%

续表

项　　目	信用条件		
	A(N/30)	B(N/60)	C(N/90)
坏账损失(万元)	960×2%=19.2	1 080×3%=32.4	1 200×6%=72
收账费用(万元)	12.5	14	18.5

根据上述资料，分别评价各种方案下的信用成本和收益，如表7-5所示。

表7-5　信用成本与收益比较　　单位：万元

项　　目	信用条件		
	A(N/30)	B(N/60)	C(N/90)
①年赊销额	960	1 080	1 200
②变动成本	960×60%=576	1 080×60%=648	1 200×60%=720
③信用成本前收益(①－②)	384	432	480
④信用成本：			
应收账款的机会成本	48×10%=4.8	108×10%=10.8	180×10%=18
坏账损失	19.2	32.4	72
收账费用	12.5	14	18.5
小计	36.5	57.2	108.5
⑤信用成本后收益(③－④)	347.5	374.8	371.5

根据表7-5的资料，在三种方案中，B方案收益最大，因此，在其他条件不变的情况下，应选择B方案。

【例7-7】 承前例，如果某公司采用了B方案，但为了加速应收账款的收回，打算推出新的信用条件，即“2/10，1/20，N/60”(D方案)，估计约有40%的客户将选择2%的折扣，10%的客户将选择1%的折扣，预计坏账损失率降为2%，收账费用降为10万元，假定采用D方案的年赊销额为1 100万元，根据上述资料，D方案的有关指标计算如下：

应收账款周转期＝10×40%＋20×10%＋60×50%＝36(天)

应收账款平均周转率＝360÷36＝10(次)

应收账款平均余额＝1 100÷10＝110(万元)

维持赊销业务所需要的资金＝110×60%＝66(万元)

应收账款机会成本＝66×10%＝6.6(万元)

坏账损失＝1 100×2%＝22(万元)

现金折扣＝1 100×(2%×40%＋1%×10%)＝9.9(万元)

根据上述计算结果，对两个信用条件方案对比分析如表7-6所示。

表 7-6　信用条件分析评价表　　单位：万元

项　　目	现行方案(N/60)	新方案(2/20，1/20，N/60)
年赊销额	1 080	1 100
减：现金折扣		9.9
年赊销净额	1 080	1 090.1
变动成本	1 080×60％＝648	1 100×60％＝660
信用成本前收益	432	430.1
信用成本：		
应收账款的机会成本	108×10％＝10.8	6.6
坏账损失	32.4	22
收账费用	14	10
小计	57.2	38.6
信用成本后收益	374.8	391.5

由表 7-6 的计算结果表明，公司实行新的信用条件后，收益可增加 16.7 万元，因此，应采纳 D 方案。

7.3.2.3　收账政策

收账政策是指企业为了催收已过期的应收账款所采取的一系列程序和方法的组合。企业对各种时间的应收账款，应采取不同的催账方式：对过期较短的客户，不要过多打扰；对过期稍长的客户，可措辞委婉地催收；对过期较长的客户，在去电去函的基础上，不妨派人与客户直接进行协商，彼此沟通意见达成谅解妥协；对过期很长的客户可在催款时措辞严厉，必要时提请仲裁或诉讼等。企业如果采用较积极的收账政策，可能会减少应收账款投资，减少坏账损失，但会增加收账成本。如果采用较消极的收账政策，则可能增加应收账款投资，增加坏账损失，但会减少收账费用。企业在制定收账政策时，应充分考虑应收账款的机会成本和坏账损失与收账费用之间的这种此消彼长的关系，权衡收账过程的成本与收益后再作决定。

一般而言，收账费用支出越多，坏账损失越少，但这两者并不一定存在线性关系。通常情况是：①开始花费一些收账费用，应收账款和坏账损失有小部分降低；②收账费用继续增加，应收账款和坏账损失明显减少；③收账费用达到某一限度后，应收账款和坏账损失的减少就不再明显了，这个限度称为饱和点，如图 7-6 中的点 P，它表明一定量的坏账损失是无法避免的。

7.3.3　应收账款的日常控制

企业在制定了信用政策后，为客户提供了商业信用，就不可避免地要将一定资金占用在应收账款上。对已经发生的应收账款加强日常管理，采取有力的措施进行分析、控制，有利于减少坏账损失。应收账款的日常管理通常包括应收账款账龄分析、应收账款收现率

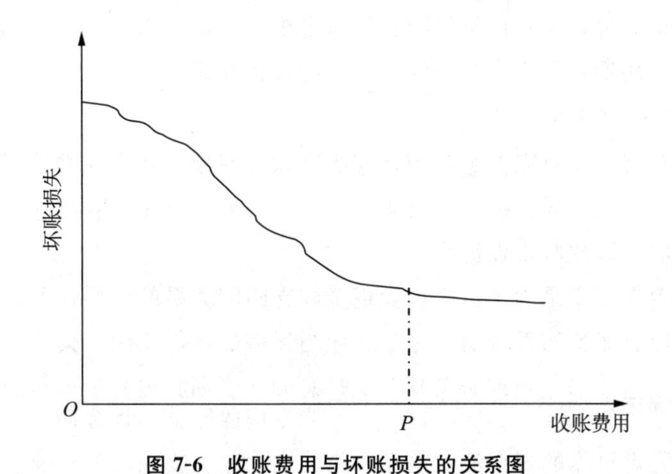

图 7-6　收账费用与坏账损失的关系图

分析和建立应收账款坏账准备制度。

▶ 1. 应收账款账龄分析

账龄分析法是根据企业已发生的应收账款时间的长短，按顺序进行排序分析。一般来说，时间越长，款项收回的可能性越小，形成坏账的可能性越大。因此，企业有必要在收账之前，对应收账款的回收情况进行全面了解，为收账政策的制定奠定基础。

应收账款回收情况分析可以通过编制账龄分析表进行。一般而言，账款的逾期时间越短，收回的可能性越大，坏账损失的程度相对越小；反之，收款的难度及坏账损失的可能性也就越大。因此，对不同拖欠时间的账款及不同信用品质的客户，企业应采取不同的收账方法，制定出经济可行的不同收账政策。对可能发生的坏账损失，需提前作准备，充分估计这一因素对企业损益的影响。对尚未过期的应收账款，也不能放松管理监督，以防止沦为新的拖欠。通过应收账款的账龄分析，提示财务人员在把过期款项视为工作侧重点的同时，有必要进一步研究与制定新的信用政策。

应收账款的账龄分析表是根据未收账款发生时间长短而编制的，其一般格式如表 7-7 所示。

表 7-7　账龄分析表

应收账款账龄	笔　数	金额(万元)	比例(%)
信用期以内	200	80	40
超过信用期 1～20 天	100	40	20
超过信用期 21～40 天	50	20	10
超过信用期 41～60 天	30	20	10
超过信用期 61～80 天	20	20	10
超过信用期 81～100 天	15	10	5
超过信用期 100 天以上	5	10	5
合计	420	200	100

利用账龄分析表可以了解以下情况：①有多少应收账款尚未超过信用期；②有多少应收账款已经超过信用期；③有多少应收账款可能成为坏账。

▶ 2. 应收账款收现率分析

由于企业当期现金支付需要量与当期应收账款收现额之间存在着非对称性矛盾，并呈现出预付性与滞后性的差异特征，这就决定了企业必须对应收账款收现水平制定一个必要的控制标准，即应收账款收现保证率。

应收账款收现保证率是为了适应企业现金收支匹配关系的需要，所确定出的有效收现的账款应占全部应收账款的百分比，是二者应当保持的最低比例。其计算公式为

$$\text{应收账款收现保证率}=\frac{\text{当期必要现金支付总额}-\text{当期其他稳定可靠的现金流入总额}}{\text{当期应收账款总计金额}}$$

式中，其他稳定可靠的现金流入总额是指从应收账款收现以外的途径可以取得的各种稳定可靠的现金流入数据，包括短期有价证券变现净额、可随时取得的银行贷款额等。

企业应定期计算应收账款实际收现率，看其是否达到了既定的控制标准，如果发现实际收现率低于应收账款收现保证率，应查明原因，采取相应措施，确保企业有足够的现金满足同期必需的现金支付要求。

▶ 3. 应收账款坏账准备制度

企业一旦采用了信用销售方式，就会发生坏账损失。对坏账进行管理就要建立坏账准备制度。其关键是合理确定计提坏账准备的比例，计提比例的确定是建立在历史经验数据的基础上的。企业通常根据以往应收账款发生坏账的比例和目前信用政策的具体情况来估计坏账准备计提比例。

我国现行财务制度规定，确认坏账损失的标准有两个：①债务人破产或死亡以其破产或遗产清偿后仍不能回收的部分；②债务人预期三年未履行义务，且有明显的证据证明今后也无法收回的应收账款。企业的应收账款只要符合以上两个条件中的任何一个条件，均应作为坏账损失处理，计入当期损益。企业的应收账款已经作为坏账损失处理之后，企业对这部分应收账款仍然具有追索权，仍然应当尽可能收回这些账款。如果追回已经作为坏账损失的应收账款，应当冲减坏账损失。

坏账准备是企业按照事先确定比率估计坏账损失，计入费用，从而提前使将要发生的损失予以补偿而建立的准备金。提取坏账准备有利于及时处理坏账，降低风险，加速资金周转，并在一定程度上解决虚盈实亏的问题。目前我国财务制度规定，坏账准备的提取采用应收账款余额比率法，即按照年末应收账款余额的3‰～5‰提取坏账准备，上市公司坏账准备的提取一般采取账龄分析法，即按照应收账款账龄不同分别确定不同的比例计提坏账准备，账龄越长，计提的比例越大，账龄越短，计提的比例越小。

7.4 存货管理

存货是指企业在生产经营过程中为销售或耗用而储备的物资，包括原料、燃料、低值

易耗品、在产品、半成品、产成品、协作件、商品等。可以分为三大类，即原材料存货、在产品存货和产成品存货。

企业存货占短期资产的比重较大(一般约为40%～60%)，而且存货是一项变现能力较差的短期资产，因此加强存货的规划与控制，使存货保持在最优水平，便成为财务管理的一项重要内容。

7.4.1 存货的功能、成本与管理目标

7.4.1.1 存货的功能

存货的功能是指存货在生产经营过程中的作用，具体包括以下两个方面。

▶ 1. 保证生产和销售的正常进行

一般来说，企业的原材料购买、生产进度安排以及产品的销售在数量上和时间上难以保持绝对的平衡。因此，持有一定的存货可使企业在生产和销售环节具有弹性，不会因物资的短缺而导致生产和销售的中断。

▶ 2. 获得规模效益

企业持有存货还可以获得规模效益。如批量采购原材料，可以得到价格优惠，也可以减少运输和采购费用；批量组织生产，可以降低调整准备成本，从而降低生产成本；批量组织销售，可以及时满足客户对产品的需求，有利于销售规模的迅速提高。

7.4.1.2 存货的成本

▶ 1. 订货成本

订货成本是指企业为组织订购存货而发生的各种费用支出，如为订货而发生的差旅费、邮资、通讯费、专设采购机构的经费等。订货成本分为变动性成本和固定性订货成本。变动订货成本与订货次数成正比，而与每次订货数量关系不大，订货次数越多，变动性订货成本越高，如采购人员的差旅费、通信费等；固定性订货成本与订货次数无关，如专设采购机构的经费支出等。

▶ 2. 购置成本

购置成本是存货成本的主要组成部分，它是构成存货本身价值的进价成本，主要包括买价、运杂费等。购置成本一般与采购数量成正比变化，它等于数量与单位采购成本的乘积。

▶ 3. 储存成本

储存成本是指企业为储存存货而发生的各种费用支出，如仓储费、保管费、搬运费、保险费、存货占用资金支付的利息费、存货残损和变质损失等。存货的储存成本也分为变动性储存成本和固定性储存成本。变动性储存成本与存货的数量有关，如存货资金的应计利息等。固定性储存成本与存货数量的多少无关，如仓库折旧、仓库职工的工资等。

▶ 4. 缺货成本

缺货成本是指因为存货不足而给企业造成的停产损失、延误发货的信誉损失及丧失销售机会的损失等。缺货成本一般难以准确计量，需要管理人员凭经验加以估计。

7.4.1.3 存货管理的基本目标

存货管理的目标是要最大限度地降低存货投资上的成本，即以最小的成本提供公司生产经营所需的存货。因而要在两者之间作出权衡，达到最佳结合。

7.4.2 存货规划

存货规划所要解决的是企业每批存货的采购量、采购次数以及与之相关的储存量等问题。进行有效的存货规划有利于维持生产的正常进行，控制存货资金的占用水平，降低企业的生产运营成本。进行存货规划的主要手段是确定经济批量。

7.4.2.1 基本经济批量模型

经济批量，又称经济订货量，是指一定时期储存成本和订货成本总和最低的采购批量。经济批量模型有许多形式，但各种形式的模型都是以基本经济批量模型为基础发展起来的。基本经济批量模型使用了以下假设条件：

(1) 企业能够及时补充存货，即需要订货时便可立即取得存货；

(2) 能集中到货，而不是陆续入库；

(3) 不允许缺货；

(4) 存货需求量稳定，并能较准确地预测，即需要量为已知的常量；

(5) 存货单价不变，不考虑现金折扣，即单价为已知的常量；

(6) 企业现金充足，不会因现金短缺而影响进货；

(7) 企业所需存货市场供应充足，不会因买不到需要的存货而影响生产经营。

基于上述假设，令 A 表示全年需要量，Q 表示每批订货量，F 表示每批订货成本，C 表示每件存货的年储存成本。则有

$$\text{订购批数}=\frac{A}{Q}$$

$$\text{平均库存量}=\frac{Q}{2}$$

$$\text{订货成本}=F\times\frac{A}{Q}$$

$$\text{储存成本}=C\times\frac{Q}{2}$$

$$\text{总成本}(T)=F\times\frac{A}{Q}+C\times\frac{Q}{2}$$

为了求出存货总成本 T 的最小值，只要对上述公式求一阶导数即可，得

$$\text{经济批量}(Q)=\sqrt{\frac{2AF}{C}}$$

$$\text{经济批数}\left(\frac{A}{Q}\right)=\sqrt{\frac{AC}{2F}}$$

$$\text{总成本}(T)=\sqrt{2AFC}$$

【例 7-8】 美达公司全年需要甲材料 3 600 千克，每次订货的成本为 200 元，每千克甲

材料的年储存成本为 4 元。试计算美达公司的经济批量。

解：

$$经济批量(Q)=\sqrt{\frac{2AF}{C}}=\sqrt{\frac{2\times3\ 600\times200}{4}}=600(千克)$$

$$经济批数\left(\frac{A}{Q}\right)=\sqrt{\frac{AC}{2F}}=\sqrt{\frac{3\ 600\times4}{2\times200}}=6(批)$$

经济批量下的最低总成本为

$$总成本(T)=\sqrt{2AFC}=\sqrt{2\times3\ 600\times200\times4}=2\ 400(元)$$

基本经济批量与相关成本之间的关系可用图 7-7 来表示。在图中，储存成本和订购成本与订货量之间具有相反的关系。订购批量越大，企业储存的存货就越多，这会使存货储存成本上升；与此同时，由于订货次数减少，总订货成本将会降低。反之，降低订货批量能够降低储存成本，但由于订货次数增加，订货成本将会上升。确定经济批量的目的，就是要寻找使这两种成本之和最小的订购批量，也即图 7-7 中的 Q^* 。

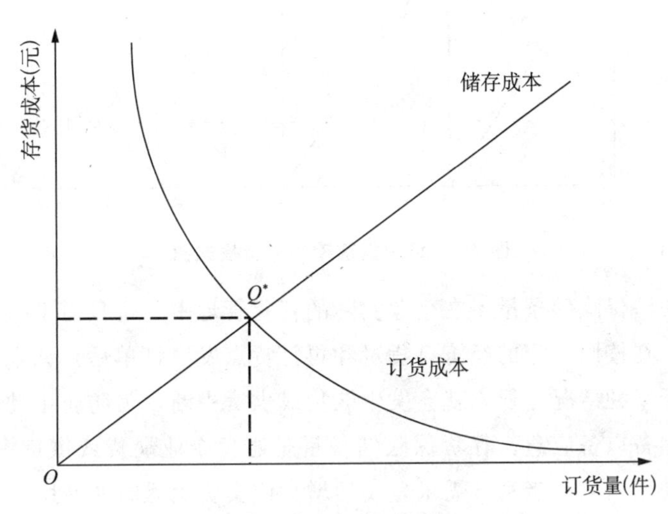

图 7-7　存货成本与订货量之间的关系

7.4.2.2　基本经济订货批量模型的扩展

经济订货批量模型是建立在一定的假设条件基础上的，而现实生活中同时满足上述假设条件的情况相当少见。为了使基本模型更接近于实际情况，具有较高的实用价值，需要适当放宽假设条件，同时改进基本模型。

▶ 1. 订货提前期与再订货点

基本经济订货批量模型中假定“需要存货时可以立即取得”一般不符合实际情况，现实中，企业从订货到收到货物往往需要若干天，为了避免停工待料，企业不能等到存货全部用完再去订货，而需要在存货用完之前提前订货。因此，企业需要计算自订货至收到货物所需的天数，此天数称为订货提前期，用 L 表示。在提前订货的情况下，企业再次发出订货单时，尚有存货的库存量，称为再订货点，用 R 表示。它的数量等于订货提前期(L)和每日平均需用量(d)的乘积，即

$$R=Ld$$

【例 7-9】 承前例，假定美达公司甲材料从订货日至收到货物的时间为 15 天，由于每日存货的需要量为 10 千克(3 600/360)，试计算再订货点。

解：

$$R=Ld=15\times10=150(\text{千克})$$

当甲材料的存货降至 150 千克时，企业应当再次订货，等到订货到达时，原有库存刚好用完。此时有关存货的每次订货批量、订货次数、订货间隔时间等并无变化，与瞬时补充时相同。订货提前期的存货模式如图 7-8 所示。

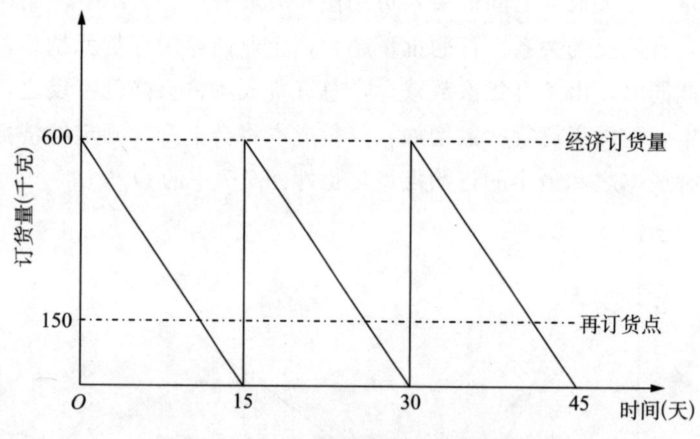

图 7-8 订货提前期的存货模式图

此外，还需关注保险储备量。在企业实际的存货管理中，每日需求量和交货时间可能发生变化。因此，在按照一定的经济订货量和再订货点发出订单后，如果需求量突然增大或者交货时间由于某种情况延迟，就会发生缺货或供货中断。为防止由此造成的损失，必须进行存货保险储备以备应急。存货保险储备量是避免企业缺货或供货中断的安全存量，在正常情况下不动用，只有当每日需求量突然增大或交货延迟时才使用。

▶ 2. 存货陆续供应和使用的经济订货批量模型

在建立基本模型时，我们假定存货一次全部入库，故存货增加时存量变化为一条垂直的直线。事实上，存货可能陆续入库，使存量陆续增加。尤其是产成品入库和在制品的转移，几乎都是陆续供应和陆续耗用的。陆续供应条件下存货波动情况如图 7-9 所示。

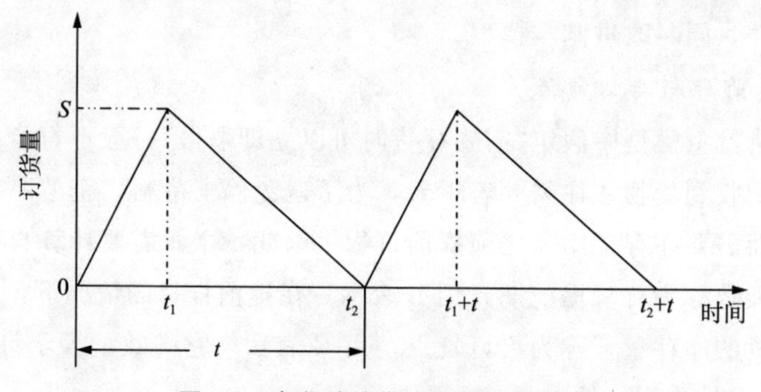

图 7-9 存货陆续供应和使用模式图

如图 7-9 所示，时间[0，t_1]为供货时间，S 为最高存量，t 为一个存货周期。

假设每日的送货量为 P，由于每批的订货量为 Q，则该批存货全部送达所需天数为 Q/P，称为送货期。

因存货每日耗用量为 d，故送货期内的全部耗用量为$\frac{Q}{P}\times d$。

由于存货边送边用，所以每批存货送完时，最高库存量已经小于 Q，即最高库存量为 $Q-\frac{Q}{P}\times d$，一个订货期内的平均存货量为$\frac{1}{2}(Q-\frac{Q}{P}\times d)$。

此时，与批量有关的存货总成本(T)为

$$总成本(T)=F\times\frac{A}{Q}+C\times\frac{1}{2}(Q-\frac{Q}{P}\times d)$$

为了求出存货总成本 T 的最小值，只要对上述公式求一阶导数即得到存货陆续供应和使用的经济订货量公式为

$$经济批量(Q)=\sqrt{\frac{2AF}{C}\times\frac{p}{p-d}}$$

相应地，存货陆续供应和使用经济批量的相关总成本为

$$总成本(T)=\sqrt{2AFC\times(1-\frac{d}{p})}$$

【例 7-10】 沙滩公司全年需要乙材料 1 800 件，每日送货量为 30 件，每日耗用量为 5 件，单位价格为 50 元，每次订货的成本为 25 元，每件乙材料的年储存成本为 4 元。试计算沙滩公司的经济批量和经济批量下的总成本。

解：

$$经济批量(Q)=\sqrt{\frac{2AF}{C}\times\frac{p}{p-d}}=\sqrt{\frac{2\times1\ 800\times25}{4}\times\frac{30}{30-5}}=164(件)$$

$$总成本\ T=\sqrt{2AFC\times(1-\frac{d}{p})}=\sqrt{2\times1\ 800\times25\times4\times\left(1-\frac{5}{30}\right)}=548(元)$$

▶ 3. 存在商业折扣的经济订货批量模型

基本模型假设存货采购单价不随批量而变动。但事实上，许多企业在销售时都有数量折扣，即对大批量采购在价格上给予一定的优惠。在这种情况下，除考虑订货成本和储存成本外，还应考虑采购成本。

【例 7-11】 承【例 7-10】的资料，假设沙滩公司一次订购超过 300 件时，可给予 2% 的批量折扣，请问应以多大批量订货?

解：

确定最优订购批量，要按以下两种情况分别计算 3 种成本的合计数。

(1) 按经济批量采购，不取得数量折扣。在不取得数量折扣，按经济批量采购的总成本合计应为

总成本＝订货成本＋储存成本＋采购成本＝548＋1 800×50＝90 548(元)

(2) 不按经济批量采购，取得数量折扣。如果想取得数量折扣，每批至少应当采购

300 件，此时 3 种成本的合计为

$$总成本=F\times\frac{A}{Q}+C\times\frac{1}{2}(Q-\frac{Q}{P}\times d)+1\ 800\times 50\times(1-2\%)$$

$$=25\times\frac{1\ 800}{300}+4\times\frac{1}{2}(300-\frac{300}{30}\times 5)+88\ 200=88\ 850(元)$$

将以上两种情况进行对比可知，订购量为 300 件时成本最低。

▶ 4. 存在缺货的经济订货批量模型

基本经济批量模型中假定不允许缺货，从而杜绝了缺货成本。但在实际生活中，经常会因供货方或运输部门的问题导致所采购的材料无法及时到达企业，发生缺货的现象，这时就需要考虑缺货成本，此时

总成本＝订货成本＋储存成本＋缺货成本

设 S 为单位缺货年均成本，利用导数求解方式，所确定的存在缺货条件下的经济批量公式为

$$经济批量(Q)=\sqrt{\frac{2AF}{C}\times\frac{p}{p-d}\times\frac{C+S}{S}}$$

最低总成本为

$$总成本(T)=\sqrt{2AFC\times(1-\frac{d}{p})\times\frac{S}{C+S}}$$

【例 7-12】 承【例 7-10】的资料，假设沙滩公司乙材料的单位缺货年均成本为 3 元，则该材料的经济批量及最低的相关总成本为多少？

解：

$$经济批量(Q)=\sqrt{\frac{2\times 1\ 800\times 25}{4}\times\frac{30}{30-5}\times\frac{4+3}{3}}=251(件)$$

$$总成本(T)=\sqrt{2\times 1\ 800\times 25\times(1-\frac{5}{30})\times\frac{3}{4+3}}=179(元)$$

7.4.3 存货控制

存货控制是指在日常生产经营过程中，按照存货计划的要求，对存货的使用和周转情况进行的组织、调节和监督。

▶ 1. 存货的归口分级控制

存货的归口分级控制，是加强存货日常管理的重要方法。这一管理方法包括以下三项内容。

(1) 在厂长经理的领导下，财务部门对存货资金实行统一管理。企业要加强对存货资金的集中、统一管理，促进供产销相互协调，实现资金使用的综合平衡，加速资金周转。财务部门的统一管理包括以下几个方面：①根据国家财务制度和企业具体情况制定企业资金管理的各种制度；②认真测算各种资金占用数额，汇总编制存货资金计划；③把有关计划指标进行分解，落实到单位和个人；④对各个单位的资金运用情况进行检查和分析，统一考核资金的使用情况。

(2)实行资金的归口管理，根据使用资金和管理资金相结合，物资管理和资金管理相结合的原则，每项资金由哪个部门使用就归哪个部门管理。各项资金归口的分工如下：①材料、燃料、包装物等资金归供应部门管理；②在产品和自制半成品占用的资金归生产部门管理；③产成品资金归销售部门管理；④工具、用具占用的资金归工具部门管理；⑤修理备件占用的资金归设备动力部门管理。

(3) 实行资金的分级管理。各归口的管理部门要根据具体情况将资金计划指标进行分解，分配给所属单位或个人，层层落实，实行分级管理。具体分解过程如下：①原材料资金计划指标可分配给供应计划、材料采购、仓库保管、整理准备等各业务组管理；②在产品资金计划指标可分配给各车间半成品库管理；③成品资金计划指标可以分配给销售、仓库保管、成品发运等各业务组管理。

▶ 2. ABC 分类管理

ABC 分类管理是意大利经济学家巴雷特于 19 世纪首创的，以后经过不断地发展和完善，现已广泛用于存货管理、成本管理和生产管理。对于一般企业来说，存货项目都很多，在这些项目中，有的价格高，有的价格低，有的数量庞大，有的寥寥无几，如果不分主次，面面俱到，对每一种存货都进行周密规划，严格控制，就抓不到重点，不能有效地控制主要存货资金。ABC 控制法就是针对这一问题而提出来的重点管理方法，运用 ABC 分类法控制存货资金，一般分为以下几个步骤。

(1) 计算每一种存货在一定时间内(一般为 1 年)的资金占用额。

(2) 计算每一种存货占用额占全部资金占用额的百分比，并按大小顺序排列，编成表格。

(3) 根据事先测定好的标准，把最重要的存货划分为 A 类，把一般存货划分为 B 类，把不重要的存货划分为 C 类。A 类存货的累计金额约占全部资金总额的 60%～80%，而其品种数约占全部品种数的 5%～15%；B 类存货的累计金额约占全部资金总额的 20%～30%，而其品种数约占全部品种数的 20%～30%；C 类存货的累计金额约占全部资金总额的 5%～15%，而其品种数约占全部品种数的 60%～80%。

(4) 对 A 类存货进行重点规划控制，对 B 类存货进行次重点管理，对 C 类存货只进行一般管理。

【例 7-13】 天山公司有 20 种存货，共占用资金 1 000 000 元，按占用资金多少顺序排列后，根据上述划分标准分成 A、B、C 三类，如表 7-8 所示。

表 7-8　天山公司存货分类控制

存货品种(用编号代替)	占用资金数额(元)	类　别	各类存货品种数量(种)	占存货品种数的比重(%)	各类存货占用资金数量(元)	占存货总资金的比重(%)
1	380 000	A	3	15	760 000	76
2	220 000					
3	160 000					

续表

存货品种(用编号代替)	占用资金数额(元)	类　　别	各类存货品种数量(种)	占存货品种数的比重(%)	各类存货占用资金数量(元)	占存货总资金的比重(%)
4	80 000	B	5	25	190 000	19
5	44 000					
6	30 000					
7	20 000					
8	16 000					
9	8 000	C	12	60	50 000	5
10	7 800					
11	7 000					
12	6 500					
13	6 000					
14	4 000					
15	3 500					
16	3 000					
17	2 700					
18	900					
19	400					
20	200					
合计	1 000 000		20	100	1 000 000	100

3. 适时制管理

适时制(just-in-time，JIT)系统是一种现代化的生产管理手段。它通过成本控制、改进送货环节和提高产品质量 3 个途径来实现增加盈利和提高公司在市场竞争中地位的战略目标。存货控制是适时制系统的一项非常重要的辅助功能。适时制存货管理最早可以追溯到 20 世纪六七十年代。日本丰田汽车公司实行适时制生产，在管理手段上采用看板管理、单元化生产等技术实行拉动式生产(pull manufacturing)，以实现在生产过程中基本上没有原材料和半成品的积压。这不仅大大降低了生产过程中的库存及资金占用，而且提高了相关生产活动的管理效率。

知识链接 7-2
ABC 分类法

适时制存货管理方式要求企业按需求引进存货，而不是按照制订的计划引进存货。存货管理中的每一步都应是为了满足生产经营所必需的。因此，适时制存货管理方式的最终目的是消灭存货，以达到成本最低。通过大幅度地缩减从接到订单到交货之间的时间，来增加企业的竞争力。经验表明，大多数使用适时制的公司至少可以使从接到订货到交货的时间缩短 90%。

(1) 材料采购方面。传统存货管理要求企业根据生产的需要外购原材料，一般是确定最佳采购批量—联系供货商—分析比较交货条件—签订合同—材料检验—入库。这种模式会造成企业的存货积压，延长企业的生产周期，同时也增加了不增值作业的次数，如搬运、检验等。在适时制下，既要求企业持有尽可能低的存货，又不允许原材料供应中断，只在需要的时间购进需要的材料，这就需要企业与供应商建立长期合作伙伴关系，即优化本企业价值链与上游(供应商)价值链的关系，促进成本的降低，从而把握成本优势。这里，作为战略合作伙伴的供应商要少而精，并尽量保持稳定。

例如克莱斯勒公司，从 1989 年开始削减供应商的数量，从原来的 25 000 家减至 11 140家，节省了大量的开支，而且采购人员的数量也减少了 30%。这样做，一方面可缩短从订货到投入生产的时间，节约时间资源，增强企业在交货日交货的能力；另一方面又可减少不增值作业次数，节约人工成本和存储成本。

(2) 生产流程方面。适时制的目标之一就是减少甚至消除从原材料的投入到产成品的产出全过程中的存货，建立起平滑而更有效的生产流程。这就需要对车间进行重新布置与整理，建立起按产品对象布置的生产单元。在这其中，工人随着零件走，逐次操作多台不同的机器。其出口处放置本单元加工完毕的产品或在产品，入口处放置待加工的原料或在产品。因此，这种无库存的生产单元在一定程度上起到仓库的作用，从而减少产品的仓储成本，达到降低产品成本的目的。同时可以通过单元内的工人数量使单元生产率与整个生产系统保持一致，避免生产出过多的剩余产品或在产品，从而实现零存货、零浪费、零废品、零误期为目标的最佳生产过程。

(3) 质量管理方面。传统的质量管理方法是依靠事后检验来保证质量，但是当库存很低甚至是零时，如果某道工序出现大量废品而没有检验出来，则会生产出大量的不合格产品，从而影响企业在交货日及时交货的能力。因此，必须从开始就把必要的工作做好，才能从根源上保证质量。这就需要企业实施全面质量管理措施，把质量管理工作从事后检验变成事前的预防。所以，适时制需要全面质量管理的支持，同时实施全面质量管理也可避免事后返工现象出现，达到节约时间资源、降低产品成本的目标。

(4) 生产系统方面。传统企业一般采用的都是推动式的生产系统，而现代企业是以销定产企业。若仍依靠规模经济将产品大量地生产出来再去推销，极有可能造成资源的大量浪费——产生存货。因此以销定产的现代企业的生产必须采用拉动式生产系统，每一工序的员工注重的只是补充后续员工耗用掉的存货。同时，拉动式生产系统可以进一步扩展到企业价值链中的与上游供应商和下游分销商的合作，即订货和销售领域。根据订单确定的最后一道工序需要生产的数量一直倒推至第一道工序需要的原料需要量，从而发出订货指令。因此，采用拉动式生产系统的企业可以使企业保持非常低的存货水平，避免存货的积压。

知识链接 7-3
存货的三次变革

本章小结

企业持有现金的动机是为了满足交易性需要、预防性需要和投机性需要。

现金控制的目标是在保证企业正常生产经营及适度资产流动性的前提下，尽量降低现金的持有量，提高资金的收益率。

最佳现金持有量可以通过成本分析模型、存货模型和随机模型来确定。

企业通常采用的现金收支控制方法包括：尽量加速收款、严格控制现金支出和力争现金流入与流出同步。

应收账款产生的原因是商业竞争和销售与收款的时间差距。

应收账款控制的目标是要在应收账款信用政策所增加的收益和该政策所增加的成本之间做出权衡，进而制定科学合理的信用政策，实现企业效益的最大化。

应收账款的信用政策是企业对商业信用进行规划和控制而确定的基本原则和行为规范，具体包括信用标准、信用条件和收账政策三方面的内容。

企业持有存货的动机主要是为了保证生产和销售的正常进行和获取规模效益。

存货控制的目标是要在存货的效益和成本之间进行利弊权衡，在充分发挥存货功能的同时尽量降低存货成本，增加企业的收益。

存货定量控制的最基本方法是经济批量控制。此外，还可通过分级归口控制、ABC控制法以及JIT等方法来控制。

关键术语

营运资本　短期资产　现金　信用标准　信用条件　经济批量　机会成本　订货成本　储存成本

线上课堂——训练与测试

本章测试及案例分析

在线题库

第8章　利润分配

教学要求

知识要点	掌握程度	相关知识
利润分配	·掌握利润分配顺序	·利润分配的内容和程序
股利理论	·了解股利理论	·股利无关理论 ·股利相关理论
股利政策及其选择	·理解股利政策的内涵、股利的评价指标 ·了解影响股利政策的因素 ·掌握常用的股利政策、股利政策的类型	·股利政策的内容 ·影响股利政策的因素 ·股利政策的类型 ·股利的发放
股票股利、股票分割与股票回购	·掌握股票股利、股票分割和股票回购的含义、性质和作用	·股票股利 ·股票分割 ·股票回购

名人名言

收益分配是公司理财的一个重要问题。

——斯蒂芬·罗斯

引导案例

高通公司和爱迪生国际的股利分配

高通公司(Qualcomm)是在美国纳斯达克(NASDAQ)上市的一家高科技公司，平均近5年来的收益增长率超过65%，但是公司股东从不赞成分红，因为股东认为他们没有比现在更好的投资机会了，并且获得了远远高于股利回报率的资本利得收益。而爱迪生国际(Edison International)公司一直将50%以上的利润用来支付股利，因为作为公用事业公司，它的成长机会有限，而且完全可能通过留存收益和发行新股满足其成长需要。随着公司的转型发展，爱迪生国际公司降低了股利，进入了高成长的非公用行业。公司究竟该采用何种股利政策？股利支付政策有一个正确与否的标准吗？这是本章要重点讨论的问题。

(资料来源：https：//wenku. baidu. com/view/55cc635d580102020740be1e650e52ea5518cede. html)

8.1 利润分配

8.1.1 利润分配程序

利润分配就是对企业所实现的经营成果进行分割与派发的活动。企业利润分配的基础是净利润，即企业缴纳所得税后的利润。利润分配既是对股东投资回报的一种形式，也是企业内部筹资的一种方式，对企业的财务状况会产生重要影响。按照我国《企业财务通则》和《公司法》等法律法规的规定，企业实现的税前利润，应首先缴纳企业所得税，税后利润应当按照下列基本程序进行分配。

▶ 1. 弥补以前年度亏损

根据现行法律法规的规定，公司发生年度亏损，可以用下一年度的税前利润弥补，下一年度税前利润不足弥补时，可以在5年内延续弥补，5年内仍然未弥补完的亏损，可以用税后利润弥补。自2018年1月1日起，当年具备高新技术企业或科技型中小企业资格的企业，其具备资格年度之前5个年度发生的尚未弥补完的亏损，准予结转以后年度弥补，最长结转年限由5年延长至10年。

▶ 2. 提取法定公积金

企业的税后利润在弥补亏损后，应当计提法定公积金。法定公积金按照税后利润扣除用于补亏利润后差额的10%提取，法定公积金达到注册资本的50%时，可不再提取。

▶ 3. 提取任意公积金

我国《公司法》规定，公司从税后利润中提取法定公积金，经股东会或股东大会决议还可以从税后利润中提取任意公积金，提取任意公积金的目的是为了让更多的利润留存于公司，用于公司今后发展的需要，另外它也能起到限制普通股利的分配、平衡各年股利分配的作用。任意公积金的计提比例没有法定要求，可由公司董事会提出方案，经股东大会审议通过后实施。

▶ 4. 向投资者分配利润

企业的利润在弥补亏损、提取法定公积金和任意公积金之后，可按相关规定进行利润分配。对于股份有限公司，可按照普通股股东所持股份的比例按同股同利的原则进行分配。

按照现行制度规定，股份有限公司依法回购后暂未转让或者注销的股份，不得参与利润分配；公司弥补以前年度亏损和提取公积金后，当年没有可供分配的利润时，一般不得向股东分配股利。

需要强调的是，上述利润分配是有顺序的，在弥补亏损之前，不能提取法定公积金，在提取法定公积金之前，不能向投资者分配利润。如果公司违背上述利润分配顺序，必须将违反规定发放的利润退还给公司。

不同所有制形式和经营方式的企业，都应遵循上述利润分配顺序，但对于股份制企业，在提取法定公积金之后，应先支付优先股股利，然后提取任意公积金，最后支付普通股股利。

8.1.2　股利的种类

股利是股份有限公司按发行的股份分配给股东的利润。股利的形式一般有现金股利、股票股利、财产股利和负债股利等。后两种形式应用较少，我国有关法律规定股份有限公司只能采用现金股利和股票股利。

▶ 1. 现金股利

现金股利是指股份公司以现金的形式放给股东的股利。发放现金股利的多少主要取决于公司的股利政策和经营业绩。现金股利是股份有限公司最常用的股利分配形式。优先股通常有固定的股息率，在公司经营正常并有足够利润的情况下，优先股的年股利额是固定的。普通股没有固定的股息率，发放现金股利的次数和金额取决于公司的股利政策和经营业绩等因素。西方国家的许多公司按季度发放现金股利，一年发放4次。我国公司一般半年或一年发放一次现金股利。

上市公司发放现金股利主要出于三个原因：投资者偏好、减少代理成本和传递公司的未来信息。现金股利的发放会对股票价格产生直接的影响，在股票除息日之后，一般来说，股票价格会下跌。例如，某公司宣布每股发放1.20元现金股利，如果除息日的前一个交易日的股票收盘价为17.65元/股，则除息日股票除权后的价格应为16.45元/股。

公司采用现金股利形式时，必须具备两个基本条件：第一，公司要有足够的未指明用途留存收益(未分配利润)；第二，公司要有足够的现金。

▶ 2. 股票股利

股票股利是指企业以股票形式发放的股利，即按股东股份的比例发放股票作为股利的一种形式。可以用于发放股票股利的，除了当年可供分配的利润外，还有公司的盈余公积金和资本公积金。它不会引起公司资产的流出或负债的增加，而只涉及股东权益内部结构的调整。例如，海信公司发放股票股利之前的股份总数为20 000万股，公司按每10股送4股的比例发放股票股利，则发放股票股利后公司的股份总数增加到28 000万股。

股票股利会增加市场上流通的股票数量，因此发放股票股利会使股票价格相应下降。如果不考虑股票市价的波动，发放股票股利后的股票价格应当按发放股票股利的比例成比例下降。例如，海信公司发放股票股利前的股价为每股21元，公司按照每10股送4股的比例发放股票股利，在除权日之后，海信公司的股票价格应降至每股15元(21/1.4)。可见，分配股票股利，一方面扩张了股本，另一方面起到了股票分割的作用。处于高速成长阶段的公司可以利用分配股票股利的方式来进行股本扩张，以使股价保持在一个合理的水平，避免因股价过高而影响股票的流动性。

对于企业来说，分配股票股利不会增加其现金流出量，因此如果企业现金紧张或者需要大量的资金进行投资，可以考虑采用股票股利形式。但是应当注意的是，一直实行稳定的股利政策的企业，因发放股票股利而扩大了股本，如果以后继续维持原有的股利水平，势必会增加未来的股利支付，这实际上向投资者暗示本企业的经营业绩在今后将大幅度增长，从而会导致股价上扬。但是如果不久后事实未能兑现，每股利润因股本扩张而被摊薄，这样就可能导致股价下跌。

发放股票股利的优点主要有：

(1) 可将现金留存公司用于追加投资，同时减少筹资费用；

(2) 股票变现能力强，易流通，股东乐于接受；

(3) 可传递公司未来经营绩效的信号，增强经营者对公司未来的信心；

(4) 便于今后配股融通更多资金和刺激股价。

8.1.3 股利的发放程序

股份公司分配股利必须遵循法定的程序，先由董事会提出分配预案，然后提交股东大会决议，股东大会决议通过分配预案之后，向股东宣布发放股利的方案，并确定股权登记日、除息(或除权)日和股利支付日等。

(1) 宣布日。宣布日就是股东大会决议通过利润分配预案并由董事会宣布发放股利的日期。在宣布分配方案的同时，要公布股权登记日、除息日和股利发放日。

(2) 股权登记日。股权登记日是有权取得本期股利的股东资格登记截止日期。由于股票是经常流动的，股权登记日是确定股东能否领取股利的日期界限。只有在股权登记日前在公司股东名册上有名的股东，才有权分享股利。而在股权登记日之后登记在册的股东，即使在股利发放之前取得的股票，也无权领取本次分配的股利。

(3) 除息日。除息日是指除去股利的日期，即领取股利的权利与股票分开的日期。在除息日前，股利权从属于股票，持有股票者即享有领取股利的权利；从除息日开始，股利权与股票相分离，新购入股票的人不能分享股利。除息日对股票的价格有明显的影响，在除息日之前的股票价格中包含本次股利，在除息日之后的股票价格中不再包含本次股利，所以股价会下降。除息日股票的开盘价为前一交易日的收盘价减去每股股利。目前先进的计算机结算系统为股票的交割过户提供了快捷的手段，股票买卖交易当天即可办理完交割过户手续，在这种交易结算条件下，除息日可确定为股权登记日的下一个工作日。

(4) 股利支付日。股利发放日，也称付息日，即向股东发放股利的日期。目前公司可以通过证券登记结算系统将股利直接划入股东在证券公司开立的资金账户。

例如，某公司 2020 年 12 月 15 日发布公告：“本公司董事会在 2020 年 12 月 15 日的会议上决定，本年度发放每股 0.5 元的股利；本公司将于 2021 年 1 月 28 日将上述股利支付给已在 2021 年 1 月 25 日登记为本公司股东的人士。”

典型案例 8-1
中石化上海石化 2017 年 A 股利润分配公告

本例中，2020 年 12 月 15 日为该公司的股利宣告日；2021 年 1 月 25 日为其股权登记日，2021 年 1 月 26 日为其除息日；2021 年 1 月 28 日则为股利支付日。

8.2 股利理论

股利政策是有关公司是否发放股利、发放多少股利、以何种形式发放以及何时发放等的方针策略。长期以来，股利政策对公司的股价或企业价值是否有影响，一直是人们探讨的内容。长期探讨的结果，形成了一系列股利政策的基本理论。根据对股利分配与公司价值、股票价格之间关系的认识不同，股利理论可分为股利无关理论和股利相关理论两大派别。

8.2.1 股利无关理论

股利无关论认为，企业的股利政策对企业价值是不产生影响的。这种理论最早由美国财务学家米勒(Miller)和莫迪格莱尼(Modigliani)于1961年在他们合作的著名论文《股利政策，增长和股票价值》中提出的，因此也被称为MM理论。

MM理论是建立在完善资本市场假设基础上的，它有如下假设：①不存在任何个人或企业所得税；②不存在股票的发行和交易费用；③公司的投资政策独立于其股利政策，即无论企业选择何种股利政策，其投资决策保持不变；④关于未来投资机会和企业利润状况，投资者和管理当局可以公平地获得相同的信息，能够作出准确的预测。

按照MM理论对完善资本市场的假设，股利支付对股东财富的影响恰好被其他筹资方式所抵销。在企业做出投资决策后，必须决定是保留利润还是先发放股利再出售与支付股利等额的新股用于投资。MM理论认为，发行新的股份后，普通股每股现值加上当期股利支付额恰好被股利支付额补偿了。在这种情况下，股东对是否支付股利就不会太感兴趣，如果公司不支付股利而投资者又希望得到现金，可以卖掉与其所需现金等额的股票。

MM理论关于股利政策无关论是以多种假设为前提的，在现实生活中，这些假设是不存在的。例如，管理者通常比外界投资者拥有更多的信息；证券发行要支付发行费用；政府对公司和个人都要征税；股票的交易要付出交易成本等。因此，关于股利政策无关的结论在现实条件下并不一定有效。

8.2.2 股利相关理论

现实生活中，完美资本市场的条件通常无法满足，如果我们逐步放宽这些假设条件，就会发现股利政策变得十分重要，公司价值和股票价格都会受到股利政策的影响，这就形成了各种股利相关理论。股利相关理论认为，在现实的市场环境下，公司的利润分配会影响公司价值和股票价格，因此，公司价值与股利政策是相关的。其代表性观点主要有以下几种。

▶ 1.“在手之鸟”理论

持这种观点的学者认为，股利收入比股票价格上涨产生的资本利得更为稳定和可靠。股利是在持续经营基础上于本期收到的，而资本利得的实现则是预期在未来发生的，且股票价格的上涨要受到诸多因素的影响，并不是企业所能左右的，具有很大的不确定性。他们认为，资本利得的风险要高于股利收入的风险。即便企业承诺在未来支付较高的股利，但其支付的时间越遥远，投资者的不确定感就越强。在这种心理的驱使下，投资者宁可花较高的价格购买能够支付股利的股票，也不愿意承受未来的不确定风险，因此导致在其他条件相同的情况下，那些能够支付股利的股票价格要高于不支付股利的股票价格。显然，股利对股票价格产生了影响。正所谓"双鸟在林，不如一鸟在手"。

▶ 2. 税收差别理论

这种理论认为，当股利与资本利得存在税收差异时，投资者往往偏好资本利得。一般来说，政府对股利征收的所得税要比对资本利得征收的所得税多，所以，企业发放高股利实质上有损于投资者的利益。基于税收差异的考虑，当企业保留盈余时，少发股利或不发股利的政策对投资者更有利。另外，资本利得的税收可以递延到股票真正出售时才支付，考虑到货币的时间价值，这种延期支付税收的特点成为资本利得的另一优点。而且，如果将已升值的有价证券赠送给慈善事业，或者有价证券的持有者去世了，资本利得所得税就可以完全避免缴纳。因此，当存在税收差异时，企业采用高股利政策会损害投资者的利益，而采用低股利政策则会抬高股价，增加企业的市场价值。

▶ 3. 信号传递理论

MM 股利无关理论假设投资者可以自由、免费地获取各种信息，并且投资者和公司管理层之间是信息对称的。但在现实生活中，投资者与公司管理层之间存在信息不对称，公司管理层拥有更多的关于公司发展前景方面的内部信息，相对来说，投资者处于信息劣势，他们对公司未来发展前景、经营状况和风险情况等方面的信息知道得较少。

信号传递理论认为，在投资者与管理层信息不对称的情况下，股利政策包含了公司经营状况和未来发展前景的信息，投资者通过对这些信息的分析来判断公司未来盈利能力的变化趋势，以决定是否购买其股票，从而引起股票价格的变化。因此，股利政策的改变会影响股票价格变化，二者存在相关性，实证研究的结果也证实了这一结论。

如果公司提高股利支付水平，等于向市场传递了利好信息，投资者会认为公司的未来盈利水平将提高，管理层对公司的未来发展前景有信心，从而购买股票引起股票价格上涨；如果公司以往的股利支付水平一直比较稳定，现在突然降低股利，就等于向市场传递了利空信息，投资者会对公司做出悲观的判断，从而出售股票导致股票价格下跌。根据信号传递理论，稳定的股利政策向外界传递了公司经营状况稳定的信息，有利于公司股票价格的稳定，因此，公司在制定股利政策时，应当考虑市场的反应，避免传递易于被投资者误解的信息。

▶ 4. 代理成本理论

当企业组织形式的发展导致所有权与经营权分离，股东与经营者之间往往会出现利益冲突，在很多情况下，经营者都会牺牲股东的利益来追求自身效益最大化。为了减少股东与经营者之间的利益冲突，降低代理成本，股东则希望将企业的剩余现金流量以股利的形式发放，以减少经营者控制企业资源的能力，经营者可自由支配的现金越少，就越难以投资净现值为负的项目。因此，代理成本理论认为企业应采用高股利政策，减少企业的自由现金流量，降低代理成本，增加企业价值。

8.3 股利政策及其选择

8.3.1 股利政策的内容

股利政策是确定公司的净利润如何分配的方针和策略。在实践中，公司的股利政策主要包括以下四项内容：

(1) 股利分配的形式，即采用现金股利还是股票股利；

(2) 股利支付率的确定；

(3) 每股股利额的确定；

(4) 股利分配的时间，即何时分配和多长时间分配一次。

8.3.2 股利政策的评价指标

投资者在购买股票进行投资时，通常会对公司的股利政策做出评价。用来评价公司股利政策的指标主要有股利支付率和股利收益率。

▶ 1. 股利支付率

股利支付率是公司年度现金股利总额与净利润的比率，或者是公司年度每股现金股利与每股净利润的比率。

股利支付率用来评价公司实现的净利润中有多少给股东分派红利，它反映了公司所采取的股利政策是高股利政策还是低股利政策。

与股利支付率相关的另一个指标是留存收益比率，用来评价公司净利润用于再投资的比例。留存收益比率是公司留存收益与净利润的比率，它与股利支付率的关系是

$$留存收益比率=1-股利支付率$$

▶ 2. 股利收益率

股利收益率是公司年度每股股利与每股价格的比率。它是投资者评价公司股利政策的又一个重要指标，它反映了投资者进行股票投资所取得的红利收益，是投资者判断投资风险、衡量投资收益的重要标准之一。较高的股利收益率说明公司股票具有较好的投资回报，投资者通常倾向于购买高股利收益率的股票。

8.3.3 影响股利政策的因素

在公司利润分配的实践中，制定股利政策会受到多种因素的影响和制约，公司必须认真审查这些因素，以便制定出适合本公司的股利政策。一般来说，影响股利政策的主要有法律因素、债务契约因素、公司自身因素、股东因素、行业因素等。

▶ 1. 法律因素

为了保护股东和债权人的利益，国家有关法律如《公司法》《证券法》等对公司的股利分

配进行了限制。影响公司股利政策的法律因素主要有以下几个方面。

(1) 资本保全约束。它规定公司不能使用资本(包括股本和资本公积)发放股利，而只能使用公司当期利润或留存收益发放股利，股利的支付不能以减少法定资本为代价。这样的限制规定是为了保全公司的股东权益资本，以维护债权人的利益。

(2) 资本积累约束。资本积累约束要求公司在分配股利之前，应当按法定的程序先提取各种公积金。我国有关法律法规明确规定，股份公司应按税后利润的10%提取法定公积金，并且鼓励企业在分配普通股股利之前提取任意公积金，只有当法定公积金累计数额已达到注册资本的50%时，才可不再提取。公司资本积累限制的法律规定，有利于提高企业的生产经营能力，增强企业抵御风险的能力，维护了债权人的利益。

(3) 偿债能力约束。这是规定公司在分配股利时，必须保持充分的偿债能力。企业分配股利不能只看利润表上净利润的数额，还必须考虑企业的现金是否充足。如果因分配现金股利而影响了公司的偿债能力或正常的经营活动，股利分配就要受到限制。

(4) 超额累积利润。对于股份公司而言，由于投资者接受股利交纳的所得税要高于进行股票交易的资本利得税，许多公司就通过积累利润使股价上涨的方式来帮助股东避税。西方各国税法都注意到这一点，从而在法律上明确规定公司不得超额累积利润，一旦公司保留盈余超过法律认可的水平，将被征额外税款。我国目前对此尚未作出规定。

▶ 2. 债务契约因素

公司作为债务人以长期借款协议、债券契约、优先股协议，以及租赁合约等形式向公司外部筹资时，债权人为了防止债务人过多发放现金股利，影响其偿债能力，会在债务契约中规定限制性条款，通常包括未来股息只能用贷款协议签订以后的新的收益支付；营运资本低于一定标准时不得支付股利；利息保障倍数低于一定标准时不得支付股利等。债务契约的限制性规定，限制了公司的股利支付，促使公司增加留存收益，扩大再投资规模，从而增强公司的经营能力，保证公司能如期偿还债务。

▶ 3. 公司自身因素

公司出于长期发展和短期经营需要，应综合考虑以下因素。

(1) 现金流量。企业在经营活动中，必须有充足的现金，否则就会发生支付困难。公司在分配现金股利时，必须考虑到现金流量，过多地分配现金股利会减少公司的现金持有量，影响未来的支付能力，甚至会出现财务困难。

(2) 举债能力。举债能力是企业在制定股利分配政策时应考虑的一个重要方面，如果企业的举债能力较强，在企业缺乏资金时，能够较容易地从资本市场上筹集到资金，则可采取较宽松的股利政策；反之，则应采取比较紧缩的股利政策，少发放现金股利。

(3) 投资机会。利润分配政策要受到企业未来投资机会的影响。主要表现在，当企业未来有良好的投资机会，且投资收益率大于投资者的期望收益率时，企业就应当考虑少发放现金股利，增加留存利润，用于再投资，这样可以加速企业的发展，增加企业未来的收益，这种股利政策往往也易于为股东所接受。反之，在企业没有良好的投资机会时，往往倾向于多发放现金股利。

(4) 资本成本。资本成本是企业选择筹资方式的基本依据。把税后收益用于再投资，同发行新股和发行债券相比，具有筹资费用低的优点。如果公司一方面大量发放现金股利，另一方面又要通过资本市场发行新股筹集资本，由于存在交易费用和所得税，这样就会增加公司的综合资本成本，也会减少股东财富。因此，在制定股利政策时，应当充分考虑到企业对资金的需求以及承担的资本成本等问题。

▶ 4. 股东因素

公司的股利分配方案必须经过股东大会决议通过才能实施，股东对公司股利政策具有举足轻重的影响。影响股利政策的股东因素主要有以下方面。

(1) 追求稳定的收入，规避风险的考虑。有的股东依赖于公司发放的现金股利维持生活，如一些退休者，他们往往要求公司能够定期支付稳定的现金股利，反对公司留用过多的利润。还有一些股东认为留用利润进行再投资，虽然会促使股票价格上升，或使以后分得更多的股利，但是所带来的收益具有较大的不确定性，还是取得现实的现金股利来得稳妥，所以出于规避风险的考虑，这些股东也倾向于多分配现金股利。

(2) 担心控制权的稀释。有的大股东持股比例较高，对公司拥有一定的控制权，他们出于对公司控制权可能被稀释的担心，往往倾向于公司少分配现金股利，多留用利润。如果公司发放了大量的现金股利，留存收益将减少，就可能造成企业未来经营资金的短缺，企业将来依靠增加投资、发行股票等方式筹资的可能性加大，而追加投资和发行新股意味着公司的控制权有旁落他人或其他公司的危险。因此，他们宁愿少分现金股利，也不愿看到自己的控制权被稀释，当他们拿不出足够的现金认购新股时，就会对分配现金股利的方案投反对票。

(3) 规避所得税。多数国家的红利所得税税率都高于资本利得所得税税率，有的国家红利所得税采用累进税率，边际税率很高。这种税率的差异会使股东更愿意采取可避税的股利政策。按照我国税法规定，自然人股东从一般公司分得的红利应按20%的比例税率全额缴纳个人所得税，而从公开发行和转让市场取得的上市公司股票，持股期限超过1年的，股息红利所得暂免征收个人所得税。持股期限在1个月以内(含1个月)的，其股息红利所得全额计入应纳税所得额；持股期限在1个月以上至1年(含1年)的，暂减按50%计入应纳税所得额。而对于股票交易获得的资本利得收益目前还没有开征个人所得税，因而对股东来说，股票上涨获得的收益比分得现金股利更具有避税功能。

▶ 5. 行业因素

不同行业的股利支付率存在系统性的差异。调查研究显示，成熟行业的股利支付率通常比新兴行业的高；公用事业的公司大多实行高股利支付率政策，而高科技行业的公司股利支付率通常较低。这说明了股利政策具有明显的行业特征。

8.3.4 股利政策的类型

如前所述，股利政策受到多种因素的影响，并且不同的股利政策也会对公司的股票价格产生不同的影响。因此对于股份公司来说，制定一个合理的股利政策非常重要。在实践中，股份公司常用的股利政策主要有剩余股利政策、固定股利或稳定增长股利政策、固定股利支付率政策和低正常股利加额外股利政策四种类型。

1. 剩余股利政策

剩余股利政策是指在企业有良好投资机会时，根据目标资本结构测算出投资所需的权益资本，先从盈余当中留用，然后将剩余的盈余作为股利予以分配。其基本步骤如下。

(1) 设定目标资本结构，即确定股权资本与债务资本的比例。在此资本结构下，综合资本成本应接近最低状态。

(2) 确定目标资本结构下投资必需的股权资本以及与现有股权资本之间的差额。

(3) 最大限度地使用税后利润以满足投资及资本结构调整对股权资本追加的需要。

(4) 对于剩余的税后利润，作为股利发放给股东。

【例 8-1】 某公司 2018 年的税后净利润为 8 000 万元，由于公司尚处于初创期，产品市场前景看好，产业优势明显。确定的目标资本结构为：负债资本为70%，股东权益资本为30%。如果 2019 年该公司有较好的投资项目，需要投资 6 000 万元，该公司采用剩余股利政策，则该公司应当如何融资和分配股利。

解：

首先，确定按目标资本结构需要筹集的股东权益资本为

$$6\,000\times30\%=1\,800(\text{万元})$$

其次，确定应分配的股利额。公司当年可供用于分配股利的盈余为 8 000 万元，可满足上述投资项目所需的权益资本数额并有剩余，剩余部分作为股利发放。当年发放的股利额为

$$8\,000-1\,800=6\,200(\text{万元})$$

因此，某公司还应当筹集负债资金

$$6\,000-1\,800=4\,200(\text{万元})$$

若公司当年流通在外的只有普通股 2 000 万股，那么每股股利为

$$6\,200\div2\,000=3.1(\text{元})$$

采用剩余股利政策，存在以下几个方面的优点：①有利于公司保持理想的资本结构，使综合资本成本降至最低；②满足企业增长而社会融资难度较大情况下对资金的需要；③在企业债务比率较高，利息负担及财务风险较大的情况下，满足投资规模扩大对资金增加的需要。

但是采用此股利政策，也存在一定的缺陷。例如，采用该政策会造成各年股利发放额不固定、忽高忽低，从而给股东以企业经营状况不稳定的感觉，也会因股利发放率过低而影响股价涨扬，导致企业市场价值被错误低估等。

2. 固定股利或稳定增长股利政策

固定股利政策是指公司在较长时期内每股支付固定股利额的股利政策。固定股利政策在公司盈利发生一般的变化时，并不影响股利的支付，而是使其保持稳定的水平；只有当公司对未来利润增长确有把握，并且这种增长被认为是不会发生逆转时，才会增加每股股利额。实行这种股利政策者都支持股利相关论，他们认为公司的股利政策会对公司股票价格产生影响，股利的发放是向投资者传递公司经营状况的某种信息。

实施固定股利政策的优点包括：①固定股利政策可以向投资者传递公司经营状况稳定

的信息；②固定股利政策有利于投资者有规律地安排股利收入和支出；③固定股利政策有利于股票价格的稳定。

但是，应当看到在公司净利润下降或现金紧张的情况下实行固定股利政策可能会给公司造成较大的财务压力，因此，这种股利政策一般适合经营比较稳定或正处于成长期、信誉一般的公司采用，但该政策很难被长期采用。

【例 8-2】 假设某公司的目标资本结构为自有资金占60%，借入资金占40%，该公司于第一会计年度实现的净利润为1 000万元，分配现金股利550万元，提取盈余公积450万元(所提盈余公积均已用于指定用途)，第二会计年度实现的净利润为900万元(不考虑计提法定盈余公积的因素)，在不考虑目标资本结构的前提下，如果公司执行固定股利政策，则第二年度应向股东分配的现金股利的是多少？

解：

第二年度应向股东分配的现金股利＝上年分配的现金股利＝550(万元)

▶ 3. 固定股利支付率政策

固定股利支付率政策，是公司确定一个股利与盈余的比率，长期按此比率支付股利的政策。在固定股利支付率政策下，各年发放的股利额随着经营业绩的变动而上下波动，它适应企业的财务支付能力。

采用固定股利支付率政策的优点包括：①使股利分配与企业盈余紧密结合，以体现多盈多分、少盈少分、不盈不分的原则；②保持股利与利润的一定比例关系，体现了投资风险与投资收益的对称性。

采用固定股利支付率政策的不足之处表现为：①公司财务压力较大，缺乏财力弹性；②确定合理的固定股利支付率难度很大。固定股利支付率政策只能适用于稳定发展的公司和公司财务状况较稳定的阶段。

【例 8-3】 某公司目前发行在外的股数为1 000万股，该公司的产品销路稳定，拟投资1 200万元，扩大生产能力50%。该公司想要维持目前50%的负债比率，并想继续执行10%的固定股利支付率政策。若该公司在2019年的税后利润为500万元，则该公司2019年为扩充上述生产能力必须从外部筹措多少权益资金？

解：

留存收益＝500×(1－10%)＝450(万元)

项目所需权益融资＝1 200×(1－50%)＝600(万元)

外部权益融资＝600－450＝150(万元)

▶ 4. 低正常股利加额外股利政策

低正常股利加额外股利政策是企业在一般年份只支付一个固定的、数额通常低于正常水平的股利，在盈利较多或不需要较多留存收益的年份，向股东增发部分额外的股利。但额外股利并不固定化，它完全视经营理财的实际情况而定。

这种股利政策的优点是股利政策具有较大的灵活性。当公司盈余较小或投资需用较多资金时，可维持适度增发股利，使股东增强对公司的信心，有利于稳定股票的价格，同时，这种股利政策可使那些依靠股利度日的股东每年至少可以得到虽然较低，但比较稳定的股利收入，从而吸引住这部分股东。低正常股利加额外股利政策，既可以维持股利的一定稳定性，又有利于优化资本结构，使灵活性与稳定性较好地相结合。

其缺点是：①股利派发缺乏稳定性；②如果公司较长时期内一直发放额外股利，股东就会误认为这是“正常股利”，一旦取消，容易给投资者造成公司“财务状况”逆转的负面印象，从而导致股价下跌。

上面所介绍的几种股利政策中，固定股利政策和低正常股利加额外股利政策是被企业普遍采用，并为广大的投资者所认可的两种基本政策。企业在进行利润分配时，应充分考虑各种政策优缺点和企业的实际情况，选择适宜的净利润分配政策。

8.4 股票股利、股票分割与股票回购

8.4.1 股票股利

1. 股票股利的性质

股票股利是公司以增发的股票作为股利的支付方式。股票股利并不直接增加股东的财富，不导致公司资产的流出或负债的增加，因而不是公司资金的使用，同时也并不因此而增加公司的财产，但会引起所有者权益各项目的结构发生变化。

【例 8-4】 某企业在发放股票股利前，股东权益情况如表 8-1 所示。

表 8-1 发放股票股利前的股东权益情况　　单位：元

项目	金额
普通股(面额 1 元，已发行 200 000 股)	200 000
资本公积	400 000
未分配利润	2 000 000
股东权益合计	2 600 000

假定该企业宣布发放 10% 的股票股利，即发放 20 000 股普通股股票，现有股东每持 10 股可得 1 股新发股票。如该股票当时市价 20 元，发放股票股利以市价计算。则

“未分配利润”划出的资金为 20×200 000×10%＝400 000(元)

“普通股”股本增加为 1×200 000×10%＝20 000(元)

“资本公积”增加为 400 000－20 000＝380 000(元)

发放股票股利后，企业股东权益各项目如表 8-2 所示。

表 8-2 发放股票股利后的股东权益情况　　单位：元

项目	金额
普通股(面额 1 元，已发行 220 000 股)	220 000
资本公积	780 000
未分配利润	1 600 000
股东权益合计	2 600 000

可见，发放股票股利，不会对企业股东权益总额产生影响，但会发生资金在各股东权益项目之间的再分配。

发放股票股利后，如果盈利总额不变，会由于普通股股数增加而引起每股盈余和每股市价的下降。但由于股东所持股份的比例不变，股东所持股票的市场价值总额仍保持不变，这可以从下面的例子中得到说明。

【例 8-5】 假定上述企业本年盈利 440 000 元，某股东持有 20 000 股普通股，发放股票股利对该股东的影响如表 8-3 所示。

表 8-3　发放股票股利后对股东的影响　　单位：元

项　目	发 放 前	发 放 后
每股收益(EPS)	440 000÷200 000=2.2	440 000÷220 000=2
每股市价	20	20÷(1+10%)≈18.18
持股比例	(20 000÷200 000)×100%=10%	(22 000÷220 000)×100%=10%
所持股总价值	20×20 000=400 000	18.18×22 000≈400 000

发放股票股利对每股收益和每股市价的影响，可以通过对每股收益、每股市价的调整直接算出

$$\text{发放股票股利后每股盈余}=\frac{EPS_0}{1+D}=\frac{2.2}{1+10\%}=2(\text{元})$$

$$\text{发放股票股利后每股市价}=\frac{M}{1+D}=\frac{20}{1+10\%}\approx 18.18(\text{元})$$

式中，EPS_0 为发放股票股利后的每股盈余；M 为发放股票股利后的每股市价；D 为股票股利发放率。

2. 股票股利的意义

(1) 股票股利对公司来讲，其意义主要有以下几点。

1) 发放股票股利可使股东分享公司的盈余而无须分配现金，不会增加其现金流出量，这使公司留存了大量现金，便于进行再投资，有利于公司长期发展。

2) 公司分配股票股利起到了股票分割的作用，可以降低每股市价，从而可以吸引更多的投资者。

3) 公司发放股票股利的市场效果具有一定的风险性，这主要是因为投资者可能会认为公司拥有良好的投资机会，进一步提高他们对公司发展的信心，从而导致公司股票价格上扬。但是，公司发放股票股利也有可能向投资者传递这样一个信号：公司资金周转遇到了困难，发放股票股利是被迫之举。因此，降低了投资者对公司发展的信心，从而导致股票价格下跌。

4) 与其他股利形式相比，公司分配股票股利扩张了股本，可以调节资本结构。

5) 发放股票股利在降低每股市价的时候，会吸引更多的投资者成为公司的股东，从而可以使股权更为分散，有效地防止公司被恶意控制。

(2) 股票股利对股东来讲，其意义主要有以下几点。

1）公司发放股票股利后，股东所持股份增加，当公司维持原有的固定股利水平时，股东则在以后的年份里可以获得更多的股利收入。

2）如果公司发放股票股利后，股票市价并不会成比例下降，这时股东可以获得股票价格相对上升所带来的好处。

3）股东在分配到股票股利后，如果需要现金的话，可以随时在资本市场上将其抛售变现，并不影响股东对现金的需求。

4）获得现金股利的个人所得税率要高于在资本市场上进行股票交易获得的资本利得的税率，因此，公司发放股票股利可以使股东避开高税率，享受到纳税上的税收利益。

5）发放股票股利通常是成长中的公司行为，因此，投资者往往认为发放股票股利预示着公司将会有较大发展，利润将大幅度增长，足以抵消增发股票带来的消极影响，这种心理会稳定股价甚至使股价略有上升。

8.4.2 股票分割

▶ 1. 股票分割的含义与作用

股票分割又称拆股，是将面额较高的股票交换成面额较低的股票，是公司管理当局将其股票分割或拆细的行为。

股票分割会导致发行在外的股票数增加，使得每股面额降低，每股盈余和每股市价下降；但公司价值不变，资本结构不会改变，股东权益总额、权益各项目的金额及其相互间的比例也不会改变。

【例 8-6】 某股份公司原有股本 20 000 万元（10 000 万股，每股面值 2 元），资本公积 40 000 万元，盈余公积 10 000 万元，未分配利润 20 000 万元，股票市价为每股 60 元。若按 1 股换成 2 股的比例进行股票分割，分割前、后的股东权益变动情况如表 8-4 所示。

表 8-4　某公司股票分割前后的股东权益变动情况　　单位：万元

股票分割前		股票分割后	
普通股（面额 2 元，10 000 万股）	20 000	普通股（面额 1 元，20 000 万股）	20 000
资本公积	40 000	资本公积	40 000
盈余公积	10 000	盈余公积	10 000
未分配利润	20 000	未分配利润	20 000
股东权益合计	90 000	股东权益合计	90 000

从表 8-4 中可看出股东权益合计没变，且股东权益结构没有发生变化。假定该公司本年实行净利润 6 000 万元，股票分割前每股收益为 0.6 元（6 000 万元÷10 000 万股），分割后每股收益为 0.3 元（6 000 万元÷10 000 万股）；每股市价也由每股 60 元下降为每股 30 元（不考虑其他因素）。

股票分割的主要作用包括：①公司通过实行股票分割以增加股票股数，降低每股市价，从而促进股票的流通和交易；②股票分割一般是成长中公司的行为，实行股票分割，有利于树立公司形象，有助于公司并购政策的实施，增加对被并购方的吸引力；③股票分割虽会导致每股收益下降，但只要股票分割后每股现金股利的下降幅度小于股票分割幅度，股东仍能多获现金股利，因此股票分割可能增加股东的现金股利，使股东感到满意。

▶ 2. 股票分割与股票股利的比较

股票分割与发放股票股利都属于股本扩张政策，二者都会使公司股票数量增加，股票价格降低，并且都不会增加公司价值和股东财富。从这些方面来看，股票分割与股票股利是十分相似的，但二者也存在以下差异。

（1）对每股面值的影响：股票分割降低了股票面值，而发放股票股利不会改变股票面值。

（2）对股东权益内部结构的影响：股票股利影响股东权益内部结构，股票分割不影响股东权益内部结构。

（3）适用情况的不同：股票分割与发放股票股利都能达到降低公司股价的目的，但一般来说，只有在股价暴涨且预期难以下降时，才采用股票分割的办法降低股价；而在公司股价上涨幅度不大时，往往通过发放股票股利将股价维持在理想的范围之内。

8.4.3　股票回购

▶ 1. 股票回购的含义与方式

股票回购，是指上市公司出资将其发行的流通在外的股票以一定价格购买回来予以注销或作为库藏股的一种资本运作方式。公司在股票回购完成后可以将所回购的股票注销，但在绝大多数情况下，公司将回购的股份作为“库藏股”保留，仍属于发行在外的股份，但不参与每股收益的计算和收益分配。库藏股日后可移作他用(如雇员福利计划、发行可转换债券等)，或在需要资金时将其出售。

股票回购的方式主要有三种：一是在市场上直接购买；二是向股东标购；三是与少数大股东协商购买。

▶ 2. 股票回购的法律规定

我国《公司法》规定，公司不得收购本公司股份，但有下列情形之一的除外。

（1）减少公司注册资本。

（2）与持有本公司股份的其他公司合并。

（3）将股份用于员工持股计划或者股权激励。

（4）股东因对股东大会作出的公司合并、分立决议持异议，要求公司收购其股份。

（5）将股份用于转换上市公司发行的可转换为股票的公司债券。

（6）上市公司为维护公司价值及股东权益所必需。

▶ 3. 股票回购的动机

在证券市场上，股票回购的动机主要有以下几点。

（1）现金股利的替代。对公司来讲，派发现金股利会对公司产生未来的派现压力，而股票回购属于非正常股利政策，不会对公司产生未来的派现压力。对股东来讲，需要现金的股东可以选择出售股票，不需要现金的股东可以选择继续持有股票。因此，当公司有富余资金，但又不希望通过派现方式进行分配的时候，股票回购可以作为现金股利的一种替代。

(2) 提高每股收益。由于财务上的每股收益指标是以流通在外的股份数作为计算基础的，有些公司为了自身形象、上市需求和投资人渴望高回报等原因，采取股票回购的方式来减少实际支付股利的股份数，从而提高每股收益指标。

(3) 改变公司的资本结构。股票回购可以改变公司的资本结构，提高财务杠杆水平。

(4) 传递公司的信息以稳定或提高公司的股价。由于信息不对称和预期差异，证券市场上的公司股票价格可能被低估，而过低的股价将会对公司产生负面影响。因此，如果公司认为公司的股价被低估时，可以进行股票回购，以向市场和投资者传递公司真实的投资价值，稳定或提高公司的股价。

(5) 巩固既定控制权或转移公司控制权。许多股份公司的大股东为了保证其所代表股份公司的控制权不被改变，往往采取直接或间接的方式回购股票，从而巩固既有的控制权。

(6) 防止敌意收购。股票回购有助于公司管理者避开竞争对手企图收购的威胁，因为它可以使公司流通在外的股份数变少，股价上升，从而使收购方获得控制公司的法定股份比例变得更为困难。

(7) 满足认股权的行使。在企业发行可转换债券、认股权证或实行经理人员股票期权计划及员工持股计划的情况下，采取股票回购的方式既不会稀释每股收益，又能满足认股权的行使。

⑻ 满足企业兼并与收购的需要。在进行企业兼并与收购时，产权交换的实现方式包括现金购买及换股两种。如果公司有库藏股，则可以用公司的库藏股来交换被并购公司的股权，这样可以减少公司的现金支出。

▶ 4. 股票回购的影响

(1)股票回购对上市公司的影响主要有以下几点。

1) 股票回购需要大量资金支付回购的成本，容易造成资金紧张，资产流动性降低，影响公司的后续发展。

2) 公司进行股票回购，无异于股东退股和公司资本的减少，在一定程度上削弱了对债权人利益的保障。

3) 股票回购可能使公司的发起人股东更注重短期利润的兑现，而忽视公司长远的发展，损害公司的根本利益。

4) 股票回购容易导致公司操纵股价。公司回购自己的股票，容易导致其利用内幕消息进行炒作，或操纵财务信息，加剧公司行为的非规范化，使投资者蒙受损失。

(2) 股票回购对股东的影响主要有以下几点。

对于投资者来说，与现金股利相比，股票回购不仅可以节约个人税收，而且具有更大的灵活性。因为股东对公司派发的现金股利没有是否接受的可选择性，而对股票回购则具有可选择性，需要现金的股东可选择卖出股票，而不需要现金的股东则可继续持有股票。

如果公司急于回购相当数量的股票，而对股票回购的出价太高，以至于偏离均衡价格，那么结果会不利于选择继续持有股票的股东，因为回购行动过后，股票价格会出现回归性下跌。

本章小结

企业净利润的分配程序通常按以下步骤进行：计算可供分配的利润；计提法定公积金；提取任意公积金；向投资者(股东)分配利润(支付股利)。

用来评价公司股利政策的指标主要有股利支付率和股利收益率。

股利的支付程序包括：股利宣告日、股权登记日、除息日和股利支付日。在制定股利政策时需要权衡来自于法律、股东、企业自身及其他限制因素。

股利政策的关键问题就是在投资决策既定的条件下研究股利对公司价值是否有影响。

根据对股利分配与公司价值、股票价格之间关系的认识不同，股利理论可分为两大派别：股利无关理论和股利相关理论。

公司发放股利受诸多因素制约。目前常用的股利政策有剩余股利政策、固定股利政策或稳定增长股利政策、固定股利支付率政策和低正常股利加额外股利政策。

股票分割与发放股票股利都能达到降低公司股价的目的，但股票股利影响股东权益内部结构，股票分割不影响股东权益内部结构。

关键术语

“在手之鸟”理论　税收差别理论　信号传递理论　股利政策　剩余股利政策　股票股利　股票分割　股票回购

线上课堂——训练与测试

本章测试及案例分析

在线题库

第9章 财务分析

教学要求

知识要点	掌握程度	相关知识
财务分析概述	·理解财务分析概念、目的 ·了解财务分析的方法 ·了解财务分析的基础	·财务分析 ·会计报表 ·比较分析、比率分析等
基本的财务比率	·掌握偿债能力、营运能力的基本指标计算和评价 ·掌握盈利能力、发展能力的基本指标计算和评价	·偿债能力 ·营运能力 ·盈利能力 ·发展能力
企业财务状况的趋势分析	·熟悉企业财务状况 ·掌握比较方法	·财务状况趋势分析 ·比较法
企业财务状况的综合分析	·了解财务比率综合评分法的基本原理 ·掌握杜邦分析法	·财务状况趋势分析 ·财务比率综合评分法 ·杜邦分析法

名人名言

财务报表有如名贵香水，只能细细地品鉴，而不能生吞活剥。

——亚伯拉罕·比尔拉夫

引导案例

1937年，麦当劳兄弟(Dick and Mac Brothers)在美国加州巴赛迪那(Pasadena)销售汉堡、热狗、奶昔等25项产品。1940年左右，他们做了个简单的财务报表分析，意外地发现80%的生意来自汉堡。虽然三明治或猪排等产品味道很好，但销售平平。麦当劳兄弟于是决定简化产品线，专攻低价且销售量大的产品。他们将产品由25项减少为9项，并将汉堡价格由30美分降低到15美分。从此之后，麦当劳的销售及获利激增，为后来发展成世界级企业奠定了基础。

(资料来源：http：//business. sohu. com/20070928/n252403616. shtml)

9.1　财务分析概述

9.1.1　财务分析的定义

财务分析是以财务报表等资料为依据，运用一定的分析方法和技术，对企业的经营和财务状况进行分析，评价企业以往的经营业绩，衡量企业现在的财务状况，预测企业未来的发展趋势，为企业正确的经营和财务决策提供依据的过程。例如，为什么有时企业销售情况良好，但利润增长却十分缓慢？为什么有时企业利润状况不错，但现金流量却不理想？什么原因造成企业的成本费用急剧上升？什么原因使企业负债比例居高不下？这些问题都要通过财务分析来进行解答。

财务分析中最重要的分析资料就是财务报表。财务报表是综合反映企业一定时期财务状况、经营成果以及现金流量情况的书面报告文件。财务报表至少应当包括下列组成部分：①资产负债表；②利润表；③现金流量表；④股东权益增减变动表；⑤附注。

财务分析是企业财务管理的一个重要组成部分，它能够帮助企业管理当局作出正确的投资决策、资金营运和融资规划，能帮助企业有效控制成本和制定合理的营销战略，还能帮助企业内外部财务信息使用者对企业作出综合的考核和评价。它是现代企业必不可少的重要管理手段。

9.1.2　财务分析的主体

财务分析的主体就是与企业存在现实或潜在的利益关系，为了特定的目的，对企业的财务状况、经营成果、现金流量状况等进行分析和评价的组织或个人。

财务分析的主体分为内部主体和外部主体。内部主体主要是指企业管理当局及相关人员，具体包括董事会成员、经理人员及企业单位内部有关职能部门的管理人员；外部主体是指与企业有着利害关系的企业外部的个人或组织，具体包括：①有着直接利害关系的外部用户：投资者、债权人(现有的、潜在的)等；②有着间接利害关系的外部用户：税务机关、政府经济管理部门、证监部门等。

财务分析的目的受财务分析主体的制约，不同的财务分析主体进行财务分析的目的是不同的。

▶ 1. 企业经营者

企业经营者进行财务分析的主要目的是全面评价企业的经营业绩、偿债能力和资产运营效率，并从中找出问题，充分挖掘内部潜力，改善经营管理，提高经济效益。在市场经济条件下，每个企业都面临着激烈的市场竞争，为了在竞争中谋求生存和发展，必须及时了解自身的状况。通过财务分析，不仅能对现有的财务状况和财务成果进行评价，更为重要的是，能找到企业管理中的薄弱环节，找出影响企业财务成果的有利因素和不利因素，挖掘潜力，使有利因素进一步得到发扬，改变不利因素的影响，促使企业经济效益得到提高。

▶ 2. 债权人

债权人作为企业资金的供给者，最为关心资金的安全和完整。相对于股东而言，债权人承担的风险较小，在清偿顺序上债权优先于所有权，但债权人不具有表决权，不能参与企业的重大投资决策。企业财务状况的好坏，尤其是偿债能力的强弱，极大地影响着债权人的资金安全和本息的收回。

债权人对财务报表进行分析的首要目的是评估企业的长、短期偿债能力，其分析重点是企业的负债结构及对偿债的保证程度。企业的偿债能力受多种因素的影响，如企业资产的运营状况、盈利能力及未来的发展潜力等，所以进行分析时也应充分考虑这些因素。债权人分析会计报表的目的，在于了解借款企业有无偿债能力。若借款企业的经营业绩好、财务状况佳，负债的收回就不成问题；若借款企业经营不佳或发生意外，负债的收回就可能很困难。因此，债权人在决定是否同某一企业发生经济关系之前，必须仔细分析债务企业的财务报表。

▶ 3. 投资者

投资者又称股东，是提供资金给公司的出资人，也是公司风险的最终承担者。由于普通股股东权益受多种因素的影响，投资者进行财务分析主要是从出资者的角度，关注企业的盈利能力和风险水平。投资者一般不直接参与企业的经营管理，对企业盈利水平和风险状况的了解只能通过真实完整的会计资料，利用科学的分析方法来进行。企业的股东(投资者)分析会计报表的目的主要在于了解企业的获利能力，以期投资能有高的回报。

▶ 4. 政府监管部门、税务机关、政府经济管理部门

他们通过财务分析了解企业遵守政府法规情况，纳税情况和市场秩序的情况，职工收入和就业状况等，以维护正常市场经济秩序、保障国家和社会利益。

▶ 5. 其他的利益相关者

除上述财务分析主体之外，企业的供应商、客户、员工、竞争对手及社会公众，都可能需要通过财务分析了解企业的相关情况，从而成为企业财务分析的主体。供应商希望与企业保持稳定的合作关系，因此希望通过财务分析了解企业的持续购买能力，在赊购的情况下，供应商又是企业的债权人，对企业的短期偿债能力十分关注；客户是企业产品的购买者，客户会关注企业能否长期持续经营下去，能否与之建立并维持长期的业务关系，能否为其提供稳定的货源；员工通常与企业存在长久、持续的关系，他们对企业的盈利能力和偿债能力比率都会予以关注；竞争对手通过对双方企业的财务进行分析，可以判断双方的相对效率与效益，找到自己的竞争优势与劣势，为提高竞争能力打下基础。

尽管企业会计信息使用者的决策目的各不相同，但进行财务分析的基本目的主要包括：评价企业过去的经营成果、判断企业的抗风险能力、衡量企业目前的财务状况和预测企业未来的发展趋势。他们所需要的会计信息主要涉及企业的偿债能力(抗风险能力)、资产营运能力和获利能力，而这三者又是相互联系、相互依存的。如果企业的资产营运能力较弱，则其获利能力就较低，就会影响未来的现金净流入；而现金净流入不多，就会影响企业的偿债能力；企业的偿债能力不足也就意味着其抗风险能力差；企业的抗风险能力

差，其短期偿债能力就低，就必然会影响到投资者的投资信心，也就面临融资（吸引保证金）困难，经营情况和获利能力也就无法得到改善，企业将面临清理破产的危险。反之，抗风险能力和获利能力强的企业，在投资者心目中有较好的信誉，也就更容易吸引投资者，会有充裕的现金净流入，按时偿还债务的能力也不成问题；企业还可以进一步扩大经营规模形成更强的获利能力，最终达到经营的良性循环。

9.1.3 财务分析的内容

▶ 1. 偿债能力分析

偿债能力是指企业偿还到期债务的能力。通过对企业的财务报表等会计资料进行分析，可以了解企业资产的流动性、负债水平以及偿还债务的能力，从而评价企业的财务状况和财务风险，为管理者、投资者和债权人提供企业偿债能力的财务信息。

▶ 2. 营运能力分析

营运能力反映了企业对资产的利用和管理能力。企业的生产经营过程就是利用资产取得收益的过程。资产是企业生产经营活动的经济资源，资产的利用和管理能力直接影响到企业的收益，它体现了企业的经营能力。对营运能力进行分析，可以了解到企业资产的保值和增值情况，分析企业资产的利用效率、管理水平、资金周转状况、现金流量情况等，为评价企业的经营管理水平提供依据。

▶ 3. 盈利能力分析

获取利润是企业的主要经营目标之一，它也反映了企业的综合素质。企业要生存和发展，必须争取获得较高的利润，这样才能在竞争中立于不败之地。投资者和债权人都十分关心企业的盈利能力，盈利能力强可以提高企业偿还债务的能力，提升企业的信誉。对企业盈利能力的分析不能仅看其获取利润的绝对数，还应分析其相对指标，这些都可以通过财务分析来实现。

▶ 4. 发展能力分析

无论是企业的管理者，还是投资者、债权人，都十分关注企业的发展能力，这关系到他们的切身利益。通过对企业发展能力进行分析，可以判断企业的发展潜力，预测企业的经营前景，从而为企业管理者和投资者进行经营决策和投资决策提供重要的依据，避免决策失误给其带来重大的经济损失。

9.1.4 财务分析的方法

财务报表的分析可以结合企业的经营环境，从不同的角度、根据不同的目的进行分析，虽然财务报表分析的形式多种多样，但其中都贯穿着比较分析的原理。基本的分析方法主要有比率分析法、比较分析法、因素分析法、趋势分析法和图表分析法等。

▶ 1. 比率分析法

比率分析法是把某些彼此存在关联的项目加以对比，计算出比率，揭示企业财务状况和经营成果的一种分析方法。在财务分析中，比率分析法应用得比较广泛，因为采用相对数指标能够把某些条件下的不可比指标变成可以比较的指标。

比率指标有相关比率、结构比率、效率比率和动态比率四种。

(1) 相关比率，是指同一时期财务报表中两项相关数值的比率。这一类比率包括：①反映偿债能力的比率，如资产负债率、流动比率等；②反映营运能力的比率，如存货周转率、应收账款周转率等；③反映盈利能力的比率，如净资产收益率、总资产报酬率等。

(2) 结构比率，是指财务报表中个别项目数值与全部项目总和的比率。这类比率揭示了部分与整体的关系，通过不同时期结构比率的比较还可以揭示其变化趋势。如存货与流动资产的比率、流动资产与全部资产的比率就属于这一类比率。

(3) 效率比率，是反映投入与产出关系的财务比率，效率比率的分子代表产出的项目，通常是各种利润数据；分母则是代表某种投入的数据，通常是资产、股东权益、成本费用等。如净利润与资产的比率、净利润与股东权益的比率、利润总额与成本费用的比率等就属于这一类比率。

(4) 动态比率，是指财务报表中某个项目不同时期的两项数值的比率。这类比率又分为定基比率和环比比率，分别以不同时期的数值为基础揭示某项财务指标的变化趋势和发展速度。

在财务分析中，比率分析法往往要与下面将要讲到的其他方法结合起来，这样才能更加全面、深入地揭示企业的财务状况、经营成果及其变动趋势。

▶ 2. 比较分析法

比较分析法是将两个或两个以上的可比数据进行对比，计算出比率或差额，揭示差异并寻找差异原因的分析方法。比较分析法是最基本的分析方法，在实际使用中十分常见。按对比的方式分有两种：一是绝对比较，通过计算，确定其增减变动数量；二是相对比较，通过计算比率，确定其变动程度，比较对象可以是结构分析中的结构百分比，也可以是各种财务比率。因此，严格地说，比较分析法并不是一个独立的分析方法，而是与其他分析方法相结合的一种辅助技术。

比较分析法必须要有比较的标准，常见的比较标准有历史标准、行业标准、预算标准、经验标准等。

▶ 3. 因素分析法

因素分析法又称因素替换法、连环替代法，是利用指数体系，从数量上确定各因素的变动对总指标的影响程度和影响额。采用这种方法的出发点在于，当有若干因素对分析对象发生影响作用时，假定其他各个因素都无变化，顺序确定每一个因素单独变化所产生的影响。

因素分析法既可以全面分析各因素对某一经济指标的影响，又可以单独分析某个因素对某一经济指标的影响，在财务分析中应用颇为广泛。

差额计算法是因素分析法的一种简化形式，它是利用各个因素的实际数与计划数之间的差额，来计算各个因素对某一经济指标的影响程度。

▶ 4. 趋势分析法

趋势分析法是将企业连续数年的财务报表，以第一年或某一年为基础，计算每一期对基期同指标的百分比，使之成为一系列具有比较性的百分比，借以显示该项目的各期上升或下降的变动趋势。这种方法所计算的结果可以提供一个明确的趋势概念，而且可以通过对过去的研究和观察，显示企业未来的发展趋势。

▶ 5. 图表分析法

图表分析法是以各种图表或表格表示企业在同一年度或不同年度内有关财务状况、经营成果及财务状况的各种关系与趋势。以图表方式进行表达使信息使用者能够迅速掌握有关财务状况和经营成果的相互关系和变动趋势。

▶ 6. 其他分析法

除了就一般目的的财务报表进行分析外，财务报表使用者还针对特殊的需要，对财务报表进行特殊分析。例如，企业为了确定最佳存货水平，要根据每次订货成本、单位存储成本、存货需求量等资料进行经济订购批量分析。

9.1.5 财务分析的基础

财务分析是以企业的会计核算资料为基础，通过对会计所提供的核算资料进行加工整理，得出一系列科学的、系统的财务指标，以便进行比较、分析和评价。这些会计核算资料包括日常核算资料和财务报告，但财务分析主要是以财务报告为基础，日常核算资料只作为财务分析的一种补充资料。

财务报告是企业向政府部门、投资者、债权人等与本企业有利害关系的组织或个人提供的，反映企业在一定时期内的财务状况、经营成果、现金流量以及影响企业未来经营发展的重要经济事项的书面文件。提供财务报告的目的在于为报告使用者提供财务信息，为他们进行财务分析、经济决策提供充足的依据。

企业的财务报告主要包括资产负债表、利润表、现金流量表、所有者权益(或股东权益)变动表、财务报表附注以及其他反映企业重要事项的文字说明。这些财务报表及附注集中、概括地反映了企业的财务状况、经营成果和现金流量情况等财务信息，对其进行财务分析，可以更加系统地揭示企业的偿债能力、营运能力、盈利能力、发展能力等财务状况。

根据我国《企业会计准则》，财务报表的格式按照一般企业、商业银行、保险公司、证券公司等企业类型分别作出不同的规定。下面主要介绍一般企业的三张基本财务报表：资产负债表、利润表和现金流量表。

▶ 1. 资产负债表

资产负债表是反映企业在某一时点的资产、负债和所有者权益这 3 个基本要素的总额及其构成的有关信息列在一个表内表示出来的会计信息表。可以说，资产负债表是企业最重要的、反映企业全部财务状况的第一主表。资产负债表的平衡关系是“资产＝负债＋所有者权益”。

资产总额包括了企业所拥有的流动资产、长期投资、固定资产、无形资产、递延资产及其他资产，资产总额反映企业资金的占用分类汇总；负债总额包括流动负债、长期负债，负债作为过去的交易或事项所产生的经济义务，必须于未来支付经济资源或提供服务偿付；所有者权益(或称业主权益)，包括股东投入股本、资本公积、盈余公积、未分配利润。

利用资产负债表，可以检查企业资本来源和运用是否合理，分析企业是否有偿还债务的能力，提供企业持续发展的资金决策依据。资产负债表的样表如表9-1所示。

表9-1 资产负债表

编制单位：ABC公司　　2020年12月31日　　单位：千元

资　　产	期末数	期初数	负债和所有者权益	期末数	期初数
流动资产：			流动负债：		
货币资金	384 028	243 012	短期借款	677 731	668 280
交易性金融资产	0	0	交易性金融负债	0	0
衍生金融资产	0	0	衍生金融负债	0	0
应收票据及应收账款	392 528	297 066	应付票据及应付账款	967 432	584 078
预付款项	198 703	219 201	预收款项	61 706	58 009
其他应收款	1 035 516	981 069	合同负债	0	0
存货	587 928	384 445	应付职工薪酬	5 127	7 586
合同资产	0	0	应交税费	64 624	9 750
持有待售资产	0	0	持有待售负债	0	0
一年内到期的非流动资产	0	0	其他应付款	177 952	148 727
其他流动资产	8 460	6 766	一年内到期的非流动负债	231 877	576 022
流动资产合计	2 607 163	2 131 559	其他流动负债	34 014	14 912
非流动资产：			流动负债合计	2 220 463	2 067 364
债权投资	0	0	非流动负债：		
其他债权投资	0	0	长期借款	543 246	380 984
长期应收款	0	0	应付债券	0	0
长期股权投资	265 827	269 676	长期应付款	0	0
其他权益工具投资	0	0	预计负债	5 444	6 491
其他非流动金融资产	0	0	递延收益	0	0
投资性房地产	0	0	递延所得税负债	8 721	46 496
固定资产	538 514	610 143	其他非流动负债	0	0
在建工程	96 977	68 384	非流动负债合计	577 411	433 971
工程物资	0	0	负债合计	2 777 874	2 501 335

续表

资　　产	期末数	期初数	负债和所有者权益	期末数	期初数
生产性生物资产	0	0	所有者权益(或股东权益)		
油气资产	0	0	实收资本(或股本)	289 781	289 781
无形资产	48 551	49 678	其他权益工具		
开发支出	19 346	0	资本公积	400 065	400 065
商誉	0	0	减：库藏股	0	0
长期待摊费用	10 899	13 086	其他综合收益		
递延所得税资产	11 301	13 410	盈余公积	60 356	43 048
其他非流动资产	0	0	未分配利润	70 502	−78 293
非流动资产合计	991 415	1 024 377	所有者权益合计	820 704	654 601
资产总计	3 598 578	3 155 936	负债和所有者权益合计	3 598 578	3 155 936

2. 利润表

利润表是依据“收入－费用＝利润”的关系，按照其重要性，将收入、费用和利润项目依次排列，并根据会计账簿日常记录的大量数据累计整理后编制而成，是一种动态报表。

运用利润表，可以分析、预测企业的经营成果和获利能力、偿债能力，分析、预测未来的现金流动状况，分析、考核经营管理人员的业绩，为利润分配提供重要依据。利润表的样表如表 9-2 所示。

表 9-2　利润表

编制单位：ABC 公司　　2020 年度　　单位：千元

项　　目	2020 年度	2019 年度
一、营业收入	2 316 444	1 798 408
减：营业成本	1 860 734	1 462 935
税金及附加	9 860	9 247
销售费用	87 603	77 122
管理费用	161 140	129 104
研发费用	40 000	20 000
财务费用	62 429	87 287
其中：利息费用	75 388	89 268
资产减值损失	35 419	0
信用减值损失	0	0
加：其他收益	0	0
投资收益	−2 259	18 686

续表

项　　目	2020 年度	2019 年度
净敞口套期收益	0	0
公允价值变动损益	0	0
资产处置收益	0	0
二、营业利润	57 000	31 399
加：营业外收入	113 903	2 253
减：营业外支出	3 359	1 402
三、利润总额	167 544	32 250
减：所得税费用	50 360	−1 496
四、净利润	117 184	33 746
五、其他综合收益的税后净额	0	0
六、综合收益总额	117 184	33 746
七、每股收益		
(一)基本每股收益(元)	0.4	0.12
(二)稀释每股收益(元)	0.4	0.12

3. 现金流量表

企业的现金流量由经营活动产生的现金流量、投资活动产生的现金流量和筹资活动产生的现金流量三部分构成。

经营活动，是指企业投资活动和筹资活动以外的所有交易和事项；投资活动，是指企业长期资产的购建和不包括在现金等价物范围的投资及其处置活动；筹资活动，是指导致企业资本及债务规模和构成发生变化的活动。

分析现金流量及其结构可以了解企业现金的来龙去脉和现金收支构成，评价企业经营状况、收现能力、筹资能力和资金实力。现金流量表的样表如表 9-3 所示。

表 9-3　现金流量表

编制单位：ABC 公司　　　　2020 年度　　　　单位：千元

项　　目	2020 年度	2019 年度
一、经营活动产生的现金流量		
销售商品、提供劳务收到现金	2 201 700	1 984 542
收到的税费返还	13 324	3 334
收到其他与经营有关的现金	193 390	122 781
经营活动现金流入小计	2 408 414	2 110 657
购买商品、接受劳务支付的现金	1 610 503	1 444 868

续表

项　　目	2020年度	2019年度
支付给职工以及为职工支付的现金	190 472	159 525
支付的各项税费	143 287	122 534
支付的其他与经营活动有关的现金	201 401	150 955
经营活动流出小计	2 145 663	1 877 882
经营活动产生的现金流量净额	262 751	232 775
二、投资活动产生的现金流量		
收回投资收到的现金	2 741	0
取得投资收益收到的现金	0	93
处置固定资产、无形资产和其他长期资产收回的现金净额	206 567	968
处置子公司及其他营业单位收到的现金净额	0	0
收到其他与投资活动有关的现金	0	0
投资活动现金流入小计	209 308	1 061
购建固定资产、无形资产和其他长期资产支付的现金	96 181	16 887
投资支付的现金	0	850
取得子公司及其他营业单位支付的净额	0	0
支付其他与投资活动有关的现金	0	23 106
投资活动现金流出小计	96 181	40 843
投资活动产生的现金流量净额	113 127	−39 782
三、筹资活动产生的现金流量		
吸收投资收到的现金	0	0
取得借款收到的现金	187 236	172 285
收到其他与投资活动有关的现金	0	41 191
筹资活动现金流入小计	187 236	213 476
偿还债务支付的现金	359 669	122 952
分配股利、利润或偿付利息支付的现金	62 429	95 964
支付其他与筹资活动有关的现金	0	8 045
筹资活动现金流出小计	422 098	226 961
筹资活动产生的现金流量净额	−234 862	−13 485
四、汇率变动对现金及现金等价物的影响	0	0
五、现金及等价物净增加额	141 016	179 508
加：期初现金及现金等价物余额	243 012	63 504
六、期末现金及现金等价物余额	384 028	243 012

续表

项　　目	2020 年度	2019 年度
补充资料：		
将净利润调整为经营活动现金流量		
净利润	117 184	33 746
加：资产减值准备	39 268	4 235
固定资产折旧、油气资产折耗、生产性生物资产折旧	67 023	79 407
无形资产摊销	1 194	1 193
长期待摊费用摊销	19 529	20 502
处置固定资产、无形资产和其他长期资产的损失(收益以“－”号填列)	－2 544	203
固定资产报废损失(收益以“－”号填列)	192	0
公允价值变动损失(收益以“－”号填列)	－27 107	11 475
财务费用(收益以“－”号填列)	62 429	87 287
投资损失(收益以“－”号填列)	－50 282	965
递延所得税资产减少(增加以“－”号填列)	0	0
递延所得税负债增加(减少以“－”号填列)	0	0
存货的减少(增加以“－”号填列)	－203 482	－76 280
经营性应收项目减少(增加以“－”号填列)	－129 411	－86 787
经营性应付项目增加(减少以“－”号填列)	368 758	153 187
其他	0	3 642
经营活动产生的现金流量净额	262 751	232 775
不涉及现金收支的重大投资和筹资活动		
债务转为资本	0	0
一年内到期的可转换债券	0	0
融资租入固定资产	0	0
现金及现金等价物净变动情况：		
现金的期末余额	384 028	243 012
减：现金的期初余额	243 012	63 504
加：现金等价物的期末余额	0	0
减：现金等价物的期初余额	0	0
现金及现金等价物净增加额	141 016	179 508

9.2　基本的财务比率

财务指标分析主要包括偿债能力分析、营运能力分析、盈利能力分析、发展能力分析和上市公司的财务比率分析。不同的分析方法会运用到不同的财务比率。为了便于说明，本节各项财务比率的计算主要以ABC公司为例，该公司的资产负债表、利润表和现金流量表如表9-1、表9-2和表9-3所示。

9.2.1　偿债能力分析

知识链接9-1
财务报表分析的发展

偿债能力是指企业偿还各种债务的能力。偿债能力分为短期偿债能力和长期偿债能力。

9.2.1.1　短期偿债能力分析

短期偿债能力是指企业偿还到期短期债务的能力，它取决于可以在近期转变为现金的流动资产的多少。如果企业短期偿债能力弱，就意味着企业的流动资产对其流动负债偿还的保障能力弱，企业的信用就可能受到损失。信用受损会削弱企业的筹资能力，增大筹资的成本，从而对企业的投资能力和获利能力产生重大的影响。因此，通过短期偿债能力分析，可以了解企业的财务状况、企业的财务风险程度、预测企业的筹资前景，是企业进行理财活动的重要参考。

▶ 1. 流动比率

企业的流动资产与流动负债的比重称为流动比率。其计算公式为

$$流动比率=\frac{流动资产}{流动负债}$$

根据表9-1资料，ABC公司2020年末流动比率计算如下：

$$流动比率=\frac{2\ 607\ 163}{2\ 220\ 463}=1.17$$

流动资产和流动负债的差，我们称之为营运资金。营运资金越多，说明不能偿还负债的风险越小。由于营运资金是个绝对数，当企业规模不同时，就难以用绝对数大小进行比较。而流动比率是个相对数，排除了企业规模不同的影响，更适合企业之间以及本企业不同历史时期的比较。流动比率越高，说明企业短期偿债能力越强，但是这个比率也不是越高越好，根据一般的商业经验，流动比率保持在2.0以上为好。流动比率高低的原因一般是通过营业周期、应收账款数额和存货的周转速度等因素进行研究。但流动资产中的存货的变现能力较弱，因此，用它反映短期偿债有一定的局限性。

在运用流动比率时，应注意以下几个问题。

(1) 虽然流动比率越高，企业偿还短期债务的流动资产保证程度越强，但这并不等于说企业已有足够的现金或存款用来偿债，也可能是由于存货积压，应收账款增多所致。

(2) 从短期债权人的角度看，自然希望流动比率越高越好。但从企业经营角度看，过

高的流动比率通常意味着企业闲置现金的持有量过多，必然造成企业机会成本的增加和获利能力的降低。企业应尽可能将流动比率维持在不使货币资金闲置的水平。

(3) 流动比率是否合理，不同行业、不同企业以及同一企业不同时期的评价标准是不同的。因此，不能用统一的标准来评价各企业流动比率合理与否。

▶ 2. 速动比率

速动比率又称酸性测试比率，是企业速动资产与流动负债的比值。所谓速动资产，是指流动资产减去变现能力较差且不稳定的存货、预付款项、一年内到期的非流动资产、其他流动资产等之后的余额。其计算公式为

$$\text{速动比率}=\frac{\text{速动资产}}{\text{流动负债}}$$

根据表 9-1 资料，ABC 公司 2020 年末速动比率计算如下：

$$\text{速动比率}=\frac{384\ 028+392\ 528+1\ 035\ 516}{2\ 220\ 463}=0.82$$

一般情况下，速动比率越高，表明企业偿还流动负债的能力越强。国际上通常认为，速动比率等于 1.0 时较为适当。如果速动比率小于 1.0，必使企业面临很大的偿债风险；如果速动比率大于 1.0，尽管债务偿还的安全性很高，但却会因企业现金及应收账款资金占用过多，可能失去了一些有利的投资和获利的机会。当然。在分析时还需要注意并不能认为速动比率较低的企业的流动负债到期绝对不能偿还。

在计算速动比率时之所以要剔除存货，是因为在流动资产中存货的变现速度最慢，它通常要经过产品的售出和账款的收回两个过程才能变现为现金；存货中可能已有损失报废但还未作处理；可能有些存货已抵押给债权人；存货估价还存在成本与市价的差异。至于预付账款也要剔除是因为预付账款本质上属于尚未收到的存货，其流动性实际上是很低的。因此将存货、预付款项等因素考虑进去的速动比率比流动比率更能准确地反映企业短期偿债能力。

▶ 3. 现金流量比率

现金流量比率是经营活动产生的现金流量净额与流动负债的比率。其计算公式为

$$\text{现金流量比率}=\frac{\text{经营活动现金流量净额}}{\text{流动负债}}$$

一般而言，该比率中的流动负债采用期末数而非平均数，因为实际需要偿还的是期末金额，而非平均金额。

根据表 9-1、表 9-3 资料，ABC 公司 2020 年现金流量比率计算如下：

$$\text{现金流量比率}=\frac{262\ 751}{2\ 220\ 463}=0.12$$

该指标反映企业实际的短期偿债能力。因为债务最终是以现金偿还，所以，该比率越高，说明企业偿还短期债务的能力越强。它比传统的衡量偿债能力的指标——流动比率和速动比率更真实，因为在计算流动比率和速动比率这两个指标的过程中，所涉及的应收账款及存货中存在着变现价值、变现能力和变现时间的问题，并且，这两个指标受人为因素的影响大，有很强的粉饰作用，因而容易使反映的结果失真。而现金流量却是一个没有任

何弹性的数据，所以，使用现金流量比率评价企业的偿债能力更为恰当。

▶ 4. 到期债务本息偿付比率

到期债务本息偿付比率是经营活动产生的现金流量净额与本期到期债务本息的比率。其计算公式为

$$到期债务本息偿付比率=\frac{经营活动现金流量净额}{本期到期债务本金+现金利息支出}$$

该指标主要衡量本年度内到期的债务本金及相关的现金利息支出可由经营活动所产生的现金来偿付的程度。该项比率越高，说明企业经营活动所生成的现金对偿付本期到期的债务本息的保障程度越高，企业的偿债能力越强。

9.2.1.2 长期偿债能力分析

长期偿债能力反映企业偿付到期长期债务的能力。企业的长期偿债能力不仅受其短期偿债能力的制约，还受企业净资产规模和获利能力的影响。

▶ 1. 资产负债率

资产负债率是负债总额与资产总额的比值。其计算公式为

$$资产负债率=\frac{负债总额}{资产总额}\times 100\%$$

根据表 9-1 资料，ABC 公司 2020 年末资产负债率计算如下：

$$资产负债率=\frac{2\ 777\ 874}{3\ 598\ 578}\times 100\%=77.19\%$$

该指标反映债权人所提供的资本占全部资本的比例，也称举债经营比率。因此，比率越大，说明在企业总资产中由债权人提供的部分越多，对债权人的保障程度越低。如果比率越小，则说明企业总资产中由债权人提供的部分较小，企业所有者权益提供的资产比例较大，债权保障程度就较高。一般认为，这个指标在 50%左右比较好。ABC 公司的资产负债率就比较高，企业偿债能力较弱，财务风险较大。

但不同的人所站的立场不同，对该指标分析的角度也就不同。债权人关心的是贷款的安全程度，因此，希望该指标值越低越好；股东关心的是全部资本利润率是否超过借入款项的利率，若超过，希望负债比例越大越好。经营者应从财务管理的角度审时度势，全面考虑，在增加的利润和增加的风险之间进行权衡，作出正确决策。

▶ 2. 产权比率

产权比率也称为资本负债率，是负债总额与所有者权益(或称股东权益)的比率。其计算公式为

$$产权比率=\frac{负债总额}{所有者权益}\times 100\%$$

根据表 9-1 资料，ABC 公司 2020 年末产权比率计算如下：

$$产权比率=\frac{2\ 777\ 874}{820\ 704}\times 100\%=338.47\%$$

该指标反映了债权人投入的资本受到股东权益保障的程度，或者说是企业清算时对债权人利益的保障程度，反映企业基本财务结构是否稳定。一般情况下，产权比率越低，表

明企业的长期偿债能力越强，债权人权益的保障程度越高，承担的风险越小，债权人越有安全感，但企业就不能充分地发挥负债的财务杠杆效应；反之，产权比率高，则是高风险、高报酬的财务结构。一般在保障债务偿还安全的前提下，应尽可能提高产权比率。从企业偿债能力和财务风险均衡的角度而言，这个指标的评价标准一般应小于或等于 1。

3. 权益乘数

权益乘数是资产总额与所有者权益(或称股东权益)的比率。其计算公式为

$$权益乘数=\frac{资产总额}{所有者权益}$$

当然，也可以用资产平均总额与股东权益平均总额计算。

根据表 9-1 资料，ABC 公司 2020 年末权益乘数计算如下：

$$权益乘数=\frac{3\ 598\ 578}{820\ 704}=4.38$$

权益乘数越大，说明股东投入的资本在资产中所占比重越小，偿债能力越差；反之，偿债能力越强。

4. 有形净值债务率

有形净值债务率是企业负债总额与有形净值的百分比。有形净值是股东权益减去无形资产净值后的净值。其计算公式为

$$有形净值债务率=\frac{负债总额}{股东权益-无形资产净值}\times 100\%$$

根据表 9-1 资料，ABC 公司 2020 年末有形净值债务率计算如下：

$$有形净值债务率=\frac{2\ 777\ 874}{820\ 704-48\ 551}\times 100\%=359.76\%$$

净值债务率实质上是产权比率指标的延伸，该指标不考虑无形资产包括商誉、商标、专利权和非专利技术等的价值，因为这些无形资产不一定能用来还债，所以该指标更为谨慎、保守地反映在企业清算时债权人投入资本受到股东权益的保障程度。从长期偿债能力来讲，该指标越低偿债能力越强。

5. 利息保障倍数

利息保障倍数也称已获利息倍数，是指企业息税前利润与利息费用的比率，用以衡量偿付借款利息的能力。其计算公式为

$$利息保障倍数=\frac{利润总额+利息费用}{利息费用}=\frac{息税前利润}{利息费用}$$

式中，分子的“利息费用”是指计入本期利润表中财务费用的利息费用，分母的“利息费用”是指本期的全部应付利息，不仅包括计入利润表中财务费用的利息费用，还包括计入资产负债表固定资产等成本的资本化利息。

根据表 9-2 资料，假定本期资本化利息为 0，ABC 公司 2020 年利息保障倍数计算如下：

$$利息保障倍数=\frac{167\ 544+75\ 388}{75\ 388}=3.22(倍)$$

利息保障倍数不仅反映了企业经营收益为所需支付的债务利息的倍数关系，而且反映了获利能力对负债利息偿付的保证程度，国际上通常认为该指标等于3比较适当。一般情况下，利息保障倍数越高，表明企业长期偿债能力越强。从长期来看，若要维持正常偿债能力，利息保障倍数至少应大于1。该指标可以与同行业平均水平进行比较，同时也可以与企业过去进行比较，并选择最低指标年度的数据作为标准。

结合该指标企业可以测算长期负债与营运资金的比率，其计算公式为

$$长期负债与营运资金比率=\frac{长期负债}{流动资产-流动负债}$$

一般情况下，长期负债不应超过营运资金，这会使得长期债权人和短期债权人感到贷款有安全保障。

▶ 6. 现金负债总额比率

现金负债总额比率是经营活动产生的现金流量净额与负债总额的比率。其计算公式为

$$现金负债总额比率=\frac{经营活动现金流量净额}{负债总额}\times 100\%$$

根据表9-1、表9-3资料，ABC公司2020年现金负债总额比率计算如下：

$$现金负债总额比率=\frac{262\ 751}{2\ 777\ 874}\times 100\%=9.46\%$$

该指标对资产负债率这个传统衡量偿债能力的指标而言，是一个重要的补充，它比较直接、明了地反映了企业当期经营理财活动所获取的现金流量对企业偿还全部负债能力的影响。该指标越高，表明偿债能力越大。并且，在实际融资活动中，企业的经营现金净流量如果能够按时偿付利息，则企业便可以借新债还旧债，维持甚至超过原有的债务规模。所以该指标也可以客观地衡量企业的举债能力。

现金负债总额比率的倒数反映企业用经营活动产生的现金流量净额偿还全部负债所需的时间，也称为债务偿还期。债务偿还期越短，企业偿债能力越强。

9.2.1.3 影响企业偿债能力的其他因素

在分析企业偿债能力时，除了用上述财务比率指标以外，还应考虑到以下因素对企业偿债能力的影响，这些因素既可影响企业的短期偿债能力，也可影响企业的长期偿债能力。

▶ 1. 或有事项

或有事项是指过去的交易或事项形成的一种状态，其结果须通过未来不确定事项的发生或不发生予以证实。或有事项分为或有资产和或有负债。或有资产是指过去交易或事项形成的潜在资产，其存在要通过未来不确定事项的发生或不发生予以证实。产生或有资产会提高企业的偿债能力；产生或有负债会降低企业的偿债能力。因此，在分析企业的财务报表时，必须充分注意有关或有项目的报表附注披露，以了解未在资产负债表上反映的或有项目，并在评价企业长期偿债能力时，考虑或有项目的潜在影响。同时，应关注有否资产负债表日后的或有事项。

▶ 2. 租赁活动

企业在生产经营活动中，可以通过财产租赁的方式解决急需的设备。通常财产租赁有

两种形式，即融资租赁和经营租赁。融资租赁是由租赁公司垫付资金，按承租人要求购买设备，承租人按合同规定支付租金，所购设备一般于合同期满转归承租人所有的一种租赁方式。因而企业通常将融资租赁视同购入固定资产，并把与该固定资产相关的债务作为企业负债反映在资产负债表中。

不同于融资租赁，企业的经营租赁不在资产负债表上反映，只出现在报表附注和利润的租金项目中。当企业经营租赁量比较大，期限比较长或具有经常性时，则其租赁虽不包括在负债中，但对企业的偿债能力也会产生较大的影响。因此，必须考虑这类经营租赁对企业债务结构的影响。

▶ 3. 担保责任

在经济活动中，企业可能会以本企业的资产为其他企业提供法律担保，如为其他企业银行借款进行担保。这种担保责任，在被担保人没有履行合同时，就有可能成为企业的债务，增加企业的债务负担，但是，这种担保责任在会计报表中并未得到反映，因此，在进行财务分析时，必须考虑到企业是否有巨额的法律担保责任。

9.2.2 营运能力分析

营运能力是指通过企业生产经营资金周转速度的有关指标所反映出来的企业资金利用的效率。它表明企业管理人员经营管理、运用资金的能力和企业生产占用资金的能力。企业生产占用资金周转的速度越快，表明企业资金利用的效果越好，效率越高，企业管理人员经营能力越强。

▶ 1. 营业周期

营业周期是指从取得存货开始到销售存货并收回现金为止的这一阶段。营业周期的长短取决于存货周转天数和应收账款周转天数。如图 9-1 所示，其计算公式为

营业周期＝存货周转天数＋应收账款周转天数

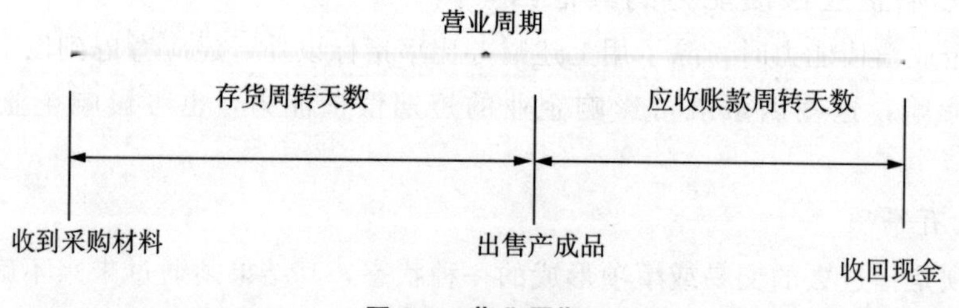

图 9-1　营业周期

把存货周转天数和应收账款周转天数加在一起计算出来的营业周期，指的是需要多长时间能将期末存货全部变为现金(图 9-1)。一般情况下，营业周期短，说明资金周转速度快；营业期长，说明资金周转速度慢。

▶ 2. 存货周转天数

存货的周转速度一般用存货周转率或存货周转天数反映。存货周转率是衡量和评价企业购入存货、投入生产、销售产品和收回现金等各环节管理状况的综合性指标。它是营业成本和平均存货的比值。用时间表示的存货周转率就是存货周转天数。其计算公式为

$$存货周转率=\frac{营业成本}{平均存货}$$

$$平均存货=\frac{期初余额+期末余额}{2}$$

$$存货周转天数=\frac{360}{存货周转率}$$

根据表 9-1、表 9-2 资料，ABC 公司 2020 年存货周转率、存货周转天数计算如下：

$$存货周转率=\frac{1\ 860\ 734}{(384\ 445+587\ 928)\div 2}\approx 3.83(次)$$

$$存货周转天数=\frac{360}{3.83}\approx 94.00(天)$$

在流动资产中，存货所占的比重一般比较大，存货的流动性将直接影响到企业资产的流动性。一般来讲，存货的周转速度越快，存货的占用水平越低，资产流动性越强。提高存货周转率可以提高企业的变现能力，而存货周转速度越慢则变现能力越差。

存货周转速度的快慢，可以反映出企业采购、储存、生产、销售各环节管理工作状况的好坏，而且对企业的偿债能力及获利能力产生决定性的影响。因此，存货分析的目的是在保证生产经营连续性的同时，尽可能少占用资金，提高资金的使用效率，增强企业短期偿还能力，促进企业管理水平的提高。

▶ 3. 应收账款周转天数

反映应收账款周转速度的指标有应收账款周转率、应收账款周转天数。应收账款周转率就是年度内应收账款转为现金的平均次数。用时间表示的应收账款周转速度就是应收账款周转天数，也叫平均应收账款回收期。它表示企业从取得应收账款的权利到收回款项转换为现金所需要的时间。其计算公式为

$$应收账款周转率=\frac{营业收入}{应收账款平均余额}$$

$$应收账款平均余额=\frac{期初余额+期末余额}{2}$$

$$应收账款周转天数=\frac{360}{应收账款周转率}$$

公式中的应收账款采用财务报表中的“应收票据及应收账款”项目数据，因为应收票据是销售形成的应收款项的另一种形式；如果计提了坏账准备，应将提取的坏账准备予以加回。

根据表 9-1、表 9-2 资料，假定年初、年末坏账准备均为 0，ABC 公司 2020 年应收账款周转率、应收账款周转天数计算如下：

$$应收账款周转率=\frac{2\ 316\ 444}{(297\ 066+392\ 528)\div 2}\approx 6.71\ (次)$$

$$应收账款周转天数=\frac{360}{6.72}\approx 53.57(天)$$

应收账款周转率反映了企业应收账款变现速度的快慢及管理效率的高低，周转率高表明：①收账迅速，账龄较短；②资产流动性强，短期偿债能力强；③可以减少收账费用和

坏账损失。一般情况下，在一定时期内应收账款周转次数越多，周转一次所用的天数就越少，说明应收账款收回的速度越快，资产运营的效率越高。否则，企业的营运资金就会过多地呆滞在应收账款上，影响正常的资金周转。应收账款周转率也反映了企业的信用政策，如果企业的信用政策比较宽松，其应收账款额就会比较高，周转率较低。

影响该指标正确计算的因素主要有：第一，季节性经营的企业使用这个指标时不能反映实际情况；第二，大量使用分期付款结算方式；第三，大量地使用现金结算的销售；第四年末大量销售或年末销售大幅度下降。这些因素都会对该指标的计算结果产生较大的影响。应收账款周转率的评价还应和企业历史资料以及同行业水平进行比较；并结合应收账款变化与增加的收入和增加的成本进行对比，确定合理的应收账款政策。

▶ 4. 流动资产周转率

流动资产周转率是营业收入与平均流动资产的比值。其计算公式为

$$流动资产周转率=\frac{营业收入}{平均流动资产}$$

$$平均流动资产=\frac{期初余额+期末余额}{2}$$

$$流动资产周转天数=\frac{360}{流动资产周转率}$$

根据表 9-1、表 9-2 资料，ABC 公司 2020 年流动资产周转率、流动资产周转天数计算如下：

$$流动资产周转率=\frac{2\ 316\ 444}{(2\ 131\ 559+2\ 607\ 163)\div 2}\approx 0.98(次)$$

$$流动资产周转天数=\frac{360}{0.98}\approx 367.35(天)$$

在一定时期内，流动资产周转次数越多，表明以相同的流动资产完成的周转额越多，流动资产利用效果越好。否则，流动资产周转速度慢，需要补充流动资产参加周转，就形成了资金浪费，降低了企业资金的盈利能力。

▶ 5. 固定资产周转率

固定资产周转率是营业收入与固定资产平均净值的比率。其计算公式为

$$固定资产周转率=\frac{营业收入}{固定资产平均净值}$$

$$固定资产平均净值=\frac{期初净值+期末净值}{2}$$

根据表 9-1、表 9-2 资料，ABC 公司 2020 年固定资产周转率计算如下：

$$固定资产周转率=\frac{2\ 316\ 444}{(610\ 143+538\ 514)\div 2}\approx 4.03(次)$$

固定资产周转率是衡量企业利用现有的厂房、建筑物和机器设备等固定资产来形成销售收入的重要指标。固定资产周转率越高，表明企业固定资产利用充分，也能表明企业固定资产投资得当，固定资产结构合理，能够充分发挥效率。用固定资产周转率这个指标时，应注意通货膨胀的因素。通货膨胀使以前购买的固定资产的价值严重低估，资产的时

价大大超过其账面价值，所以分析时要考虑到这一点。

▶ 6. 总资产周转率

总资产周转率是营业收入与平均资产总额的比率。其计算公式为

$$总资产周转率=\frac{营业收入}{平均资产总额}$$

$$平均资产总额=\frac{期初余额+期末余额}{2}$$

根据表9-1、表9-2资料，ABC公司2020年总资产周转率计算如下：

$$总资产周转率=\frac{2\ 316\ 444}{(3\ 155\ 936+3\ 598\ 578)\div 2}\approx 0.69(次)$$

该指标用来分析企业全部资产的使用效率，一般与企业以前年度比较或同行业平均水平或先进水平比较，如果偏低，说明企业利用全部资产进行经营的效率较低，最终会影响企业的盈利能力。总资产周转率越高，表明企业全部资产的使用效率越高。

总之，各项资产的周转指标经常和反映盈利能力的指标结合使用，以说明企业盈利能力及原因。

9.2.3 盈利能力分析

企业盈利能力是指企业利用经济资源获取收益的能力。盈利能力的分析，一般是将企业投入的经济资源与经济资源所产出的收益相对比，揭示单位经济资源的产出收益的水平。盈利能力是企业经营与财务政策和决策的最终结果。

▶ 1. 营业毛利率

营业毛利率是营业毛利占营业收入的比例，其中营业毛利是营业收入与营业成本的差。其计算公式为

$$毛利=营业收入-营业成本$$

$$营业毛利率=\frac{毛利}{营业收入}\times 100\%$$

根据表9-2资料，ABC公司2020年销售净利率计算如下：

$$营业毛利率=\frac{2\ 316\ 444-1\ 860\ 734}{2\ 316\ 444}\times 100\%\approx 19.67\%$$

营业毛利率，表示每1元营业收入扣除营业成本后，有多少钱可以用于弥补各项期间费用和形成利润。毛利是净利润的基础，没有较高的毛利率，就不可能使营业净利润提高。一个企业能否实现利润，首先要看其营业毛利的实际情况。营业毛利率越高，表明产品的盈利能力越强。

将营业毛利率与行业水平进行比较，可以反映企业产品的市场竞争地位。那些营业毛利率高于行业水平的企业意味着实现一定的收入占用了更少的成本，表明它们在资源、技术或劳动生产率方面具有竞争优势。而那些营业毛利率低于行业水平的企业则意味着在行业中处于竞争劣势。此外，将不同行业的营业毛利率进行横向比较，也可以说明行业间盈利能力的差异。

▶ 2. 营业净利率

营业净利率是指企业净利润与营业收入的比例。其计算公式为

$$营业净利率=\frac{净利润}{营业收入}\times 100\%$$

根据表 9-2 资料，ABC 公司 2020 年销售净利率计算如下：

$$营业净利率=\frac{117\ 184}{2\ 316\ 444}\times 100\%\approx 5.06\%$$

公式中的净利润是指企业的税后利润。该指标反映每 1 元营业收入能带来的净利润的多少，表示营业收入的收益水平。营业净利率越高说明企业获取净利润的能力越强。从公式可见营业净利率与净利润成正比，与营业收入成反比，事实上营业收入也是利润的基础，只有在增加营业收入时降低成本费用才能有效提高盈利能力。

▶ 3. 资产净利率

资产净利率也叫总资产净利率，是一定时期的净利润与平均资产总额之间的比率。其计算公式为

$$资产净利率=\frac{净利润}{平均资产总额}\times 100\%$$

$$平均资产总额=\frac{期初余额+期末余额}{2}$$

根据表 9-1、表 9-2 资料，ABC 公司 2020 年资产净利率计算如下：

$$资产净利率=\frac{117\ 184}{(3\ 155\ 936+3\ 598\ 578)\div 2}\times 100\%\approx 3.47\%$$

资产净利率反映企业一定时期的平均资产总额创造净利润的能力，表明企业资产利用的综合经济效益。该指标值高，说明企业的资产利用效率越高，企业利用经济资源的能力越强，表明企业在增加收入和节约资金两个方面做得很好。利用该指标可以与企业历史资料、与计划、与同行业平均水平或先进水平进行对比，分析经营中存在的问题，提高销售利润率，加速资金周转。影响该指标值高低的因素有产品价格、单位成本的高低、产品的产量和销售的数量、资金占用量的大小。

▶ 4. 净资产收益率

净资产收益率也叫权益净利率或权益报酬率，是企业一定时期净利润与平均净资产的比率。其计算公式为

$$净资产收益率=\frac{净利润}{平均净资产}\times 100\%$$

$$平均净资产=\frac{期初净资产+期末净资产}{2}$$

根据表 9-1、表 9-2 资料，ABC 公司 2020 年净资产收益率计算如下：

$$净资产收益率=\frac{117\ 184}{(654\ 601+820\ 704)\div 2}\times 100\%\approx 15.89\%$$

净资产收益率反映企业所有者权益的投资报酬率，这个指标有很强的综合性。该指标越高，说明企业的获利能力越强。该指标的分母也可以用“年末股东权益”，采用中国证监

会发布的《公开发行股票公司信息披露的内容与格式标准第二号：年度报告的内容和格式》中规定的公式

$$净资产收益率=\frac{净利润}{年末股东权益}\times 100\%$$

因为新股东在增加股份时要超过面值缴入资本并获得与原股东同等的地位，期末的股东对本年利润有同等的权利。

▶ 5. 营业收入收现比率

营业收入收现比率是销售商品、提供劳务收到的现金与营业收入的比率。其计算公式为

$$营业收入收现比率=\frac{销售商品、提供劳务收到的现金}{营业收入}$$

根据表 9-2、表 9-3 资料，ABC 公司 2020 年营业收入收现比率计算如下：

$$营业收入收现比率=\frac{2\ 201\ 700}{2\ 316\ 444}\approx 0.95$$

该指标反映每 1 元营业收入中，实际收到现金有多少。若该比率等于 1，表明企业的收现能力很好，基本不存在应收账款；若该比率大于 1，表明企业不但收回了本期的销货款和劳务费，甚至也收回了前期的应收款，表明企业经营情况良好，应收账款管理也很到位；若该比率小于 1，则表明企业不能收回当期的全部销货款和劳务费，这是当前在企业中普遍存在的情况，一方面可能是由于企业的经营特点所决定(例如其赊销比例较大)，一方面也可能是由于企业应收账款管理不善造成。可见，在该比率的分析中应结合企业的应收账款占用情况以及企业的信用政策松紧程度综合分析。

▶ 6. 营业成本付现比率

营业成本付现比率是购买商品、接受劳务支付的现金与营业成本的比率，其计算公式为

$$营业成本付现比率=\frac{购买商品、接受劳务支付的现金}{营业成本}$$

根据表 9-2、表 9-3 资料，ABC 公司 2020 年营业成本付现比率计算如下：

$$营业成本付现比率=\frac{1\ 610\ 503}{1\ 860\ 734}\approx 0.87$$

该指标反映每 1 元营业成本中有多少实际支付了现金，它分为三种情况：若该比率接近或等于 1，表明企业购货和接受劳务都基本上支付了现金，没有形成负债；若该比率大于 1，表明企业本期支付的现金大于其营业成本，企业不仅支付了本期的货款和劳务费，也清偿了前期债务，负债相应减少，这样不仅减轻了以后的偿债负担，还可以为企业树立一个良好的形象，为今后经营活动提供信誉保证，但如果不必要地流出过量的现金，也可能反映企业管理不善而造成资源的浪费；若该比率小于 1，说明企业本期付出的现金少于其营业成本，本期固然可以为企业节约现金流出，但却造成了以后的债务负担，还可能影响企业的信誉度。因此，此比率以适度为好。

▶ 7. 盈利现金比率

盈利现金比率是经营活动现金流量净额与净利润的比率，其计算公式为

$$盈利现金比率=\frac{经营活动现金流量净额}{净利润}$$

根据表 9-2、表 9-3 资料，ABC 公司 2020 年盈利现金比率计算如下：

$$盈利现金比率=\frac{262\ 751}{117\ 184}=2.24$$

在一般情况下，该比率数值越大，企业盈利质量就越高，说明企业的经营状况和经营效益也越好，同时也说明企业的收账政策较为严格，能保证企业大部分应收账款及时收回，经营现金流入大于现金流出。反之，如果比率太小(小于 1 时)，说明本期净利润中尚存在未实现现金的收入，会计利润可能受到人为操纵或存在大量应收账款。在这种情况下，即使企业盈利，也随时可能发生现金短缺现象。当然，在实际分析时，我们还应该结合企业的折旧政策，分析折旧因素对经营活动现金净流量的影响。

9.2.4 发展能力分析

企业发展能力通常是指企业未来生产经营活动的发展趋势和发展潜能。企业的发展能力主要通过自身的生产经营活动，不断地增长销售收入、不断地增加资金投入和不断地创造利润形成的。

9.2.4.1 营业收入增长指标

▶ 1. 营业收入增长率

营业收入增长率反映的是相对化的营业收入增长情况，与绝对量的营业收入增长额相比，消除了企业规模的影响，更能反映企业的发展情况。其计算公式为

$$营业收入增长率=\frac{本年营业收入增长额}{上年营业收入}\times 100\%$$

$$本年营业收入增长额=本年营业收入-上年营业收入$$

利用该指标分析企业发展能力时应注意以下几点。

(1) 该指标是衡量企业经营状况和市场占有能力、预测企业经营业务拓展趋势的重要指标，也是衡量企业增长增量和存量资本的重要前提。不断增加的营业收入，是企业生存的基础和发展的条件。

(2) 该指标大于 0 表示企业本年的营业收入有所增长，指标值越高，表明增长速度越快。

(3) 在实际分析时应结合企业历年的销售水平、企业市场占有情况、行业未来发展及其他影响企业发展的潜在因素进行潜在性预测；或结合企业前三年的营业收入增长率作出趋势性分析判断。

(4) 分析中可以用其他类似企业、企业历史水平及行业平均水平作为比较标准。

(5) 指标值受增长基数影响，因此分析中还要使用增长额和三年营业收入平均增长率等指标进行综合判断。

▶ 2. 三年营业收入平均增长率

三年营业收入平均增长率是为消除营业收入短期异常波动的影响，反映企业较长时期

的营业收入增长情况而采用的分析指标。其计算公式为

$$\text{三年营业收入平均增长率}=\left(\sqrt[3]{\frac{\text{本年营业收入总额}}{\text{三年前年度营业收入总额}}}-1\right)\times 100\%$$

9.2.4.2 资产增长指标

▶ 1. 总资产增长率

资产是企业用于取得收入的资源，也是企业偿还债务的保障。资产增长是企业发展的一个重要方面，发展性高的企业一般能保持资产的稳定增长。总资产增长率和三年平均资产增长率的计算公式为

$$\text{总资产增长率}=\frac{\text{本年总资产增长额}}{\text{年初资产总额}}\times 100\%$$

$$\text{本年总资产增长额}=\text{年末资产总额}-\text{年初资产总额}$$

$$\text{三年平均资产增长率}=\left(\sqrt[3]{\frac{\text{年末资产额}}{\text{三年前年末资产总额}}}-1\right)\times 100\%$$

总资产增长率越高，说明企业本年内资产规模扩张的速度越快，但应注意资产规模扩张的质与量之间的关系以及企业的后续发展能力，避免盲目扩张。

三年平均资产增长率指标消除了资产短期波动的影响，反映了企业较长时期内的资产增长情况。

利用该指标分析企业发展能力时应注意企业间的可比性问题：

(1) 不同企业的资产使用效率不同，为保持净收益的同幅度增长，资产使用效率低的企业需要更大幅度的资产增长；

(2) 不同企业采取的发展策略会体现为资产增长率的不同；

(3) 会计处理方法的不同会影响资产增长率(影响资产的账面价值)；

(4) 受历史成本原则的影响，资产总额反映的只是资产的取得成本而非现时价值；

(5) 由于一些重要资产无法体现在资产总额中(如人力资产，某些非专利技术)，使得该指标无法反映企业真正的资产增长情况。

▶ 2. 固定资产成新率

固定资产成新率是企业当期平均固定资产净值同固定资产原值的比率，反映了企业所拥有的固定资产的新旧程度，体现了企业固定资产更新的快慢和持续发展的能力。

$$\text{固定资产成新率}=\frac{\text{平均固定资产净值}}{\text{平均固定资产原值}}\times 100\%$$

该指标高表明企业的固定资产比较新，可以为企业服务较长时间，对扩大再生产的准备比较充足，发展的可能性较大。

利用该指标分析时应注意以下几个问题：

(1) 应剔除企业应提未提折旧对固定资产真实情况的影响；

(2) 进行企业间比较时，注意不同折旧方法对指标的影响；

(3) 该指标受周期影响大，评价时应注意企业所处周期阶段这一因素。

9.2.4.3 资本增长指标

▶ 1. 资本增长率

较多的资本增长是企业发展强盛的标志，是企业扩大再生产的源泉，是评价企业发展潜力的重要指标。资本增长率是企业本年净资产增长额同年初净资产的比率，反映企业净资产当年的变动水平。其计算公式为

$$资本增长率=\frac{本年净资产增长额}{年初净资产数}\times 100\%$$

该指标体现了企业资本的保全和增长情况。该指标越高，表明企业资本增长越多，应付风险和持续发展的能力越强。

▶ 2. 三年平均资本增长率

资本增长率指标有一定的滞后性，仅反映当期情况；为反映企业资本保全增值的历史发展情况，了解企业的发展趋势，需要计算连续几年的资本增长情况。三年平均资本增长率计算公式为

$$三年平均资本增长率=\left(\sqrt[3]{\frac{年末净资产额}{三年前年末净资产总额}}-1\right)\times 100\%$$

该指标越高，表明企业所有者权益得到的保障程度越大，企业可以长期使用的资金越充裕，抗风险和连续发展的能力越强。

利用该指标分析时应注意所有者权益各类别的增长情况。实收资本的增长一般源于外部资金的进入，表明企业具备了进一步发展的基础，但并不表明企业过去具有很强的发展和积累能力；留存收益的增长反映企业通过自身经营积累了发展后备资金，既反映企业在过去经营中的发展能力，也反映了企业进一步发展的后劲。

9.2.5 上市公司的财务比率分析

▶ 1. 每股收益

每股收益也叫每股净收益，是指本年净收益与年末发行在外的普通股股份总数的比值，计算公式为

$$每股收益=\frac{净利润}{年末发行在外的普通股股份总额}$$

根据表 9-2 资料，假定 ABC 公司发行在外的普通股股数为 292 960 千股，并且没有优先股，则该公司 2020 年普通股每股收益为

$$每股收益=\frac{117\ 184}{292\ 960}=0.4$$

每股收益是评价一家上市公司经营业绩以及比较不同公司运行状况的十分重要的财务比率。它反映普通股的获利水平，每股收益越高，说明公司的获利能力越强。在分析时可以在公司间进行比较以评价该公司的相对的盈利能力；也可以进行不同时期的比较，反映该公司盈利能力的变化趋势等等。

在使用该指标时应注意以下几个问题：

（1）每股收益不反映股票所含有的风险；

（2）股票是一个“份数”概念，不同股票的每一股在经济上不等量，它们所含有的净资产和市价不同，即换取每股收益的投入量不同，限制了每股收益的公司间的比较；

（3）每股收益多，不一定意味着多分红，还要看公司的分配政策。

▶ 2. 市盈率

市盈率是指普通股每股市价为每股收益的倍数。其计算公式为

$$市盈率(倍)=\frac{普通股每股市价}{普通股每股收益}$$

假定ABC公司发行在外的普通股市价为9元，则该公司2020年市盈率为

$$市盈率(倍)=\frac{9}{0.4}=22.5$$

该指标反映投资人对每股净利润所愿意支付的价格，可以用来估计股票的投资报酬和风险。在市价确定的情况下，每股收益越高，市盈率越低，投资风险越小；反之亦然。在每股收益确定的情况下，市价越高，市盈率越高，风险越大；反之亦然。从横向比较，高市盈率说明公司能够获得社会信赖，具有良好的前景；反之亦然。

使用市盈率应注意以下几个问题。

（1）该指标不能用于不同行业公司的比较。一般新兴行业市盈率普遍较高，而成熟供应的市盈率普遍较低，这并不说明后者股票没有投资价值。

（2）每股收益很小时，市价不会降至零，很高的市盈率往往不能说明任何问题。

（3）净利润受会计政策的影响，从而使公司间的比较受到限制。

（4）市价变动的影响因素很多，因此观察市盈率的长期趋势很重要。

▶ 3. 每股股利

每股股利是股利总额与年末普通股股份总数的比值。其计算公式为

$$每股股利=\frac{股利总额}{年末普通股股份总数}$$

股利总额指分配给普通股现金股利的总额。每股股利的高低，不仅取决于公司获利能力的强弱，还取决于公司的股利政策和现金是否充裕。倾向于分配现金股利的投资者，应当比较分析公司历年的每股股利，从而了解公司的股利政策。

▶ 4. 股票获利率

股票获利率是普通股每股股利与普通股每股市价的比值。其计算公式为

典型案例9-1
贵州茅台主要会计数据和财务指标

$$股票获利率=\frac{普通股每股股利}{普通股每股市价}\times 100\%$$

假定ABC公司2020年度分配的普通股每股股利0.8元，则该公司股票获利率为

$$股票获利率=\frac{0.8}{9}\times 100\%\approx 8.89\%$$

股票投资人的收益来源有两个：一是取得股利；二是取得股价上涨的收益。投资人估

计股价将上涨，才会接受较低的股票获利率，但若预期股价不能上升，股票获利率就成了衡量股票投资价值的主要依据。当公司采用非常稳健的股利政策，留有大量的净利润用以扩充时，该指标的投资价值是非常保守的估计。因此该指标主要应用于非上市公司，它们持有股票的主要动机是获得稳定的股利收益。

9.3 企业财务状况的趋势分析

企业财务状况的趋势分析就是将两期或连续数期财务报告中相同指标进行对比，确定其增减变动的方向、数额和幅度，以说明企业财务状况或经营成果的变动趋势的一种方法。

9.3.1 比较财务报表

比较财务报表是比较企业连续几期财务报表的数据，分析其增减变化的幅度及其变化的原因，来判断企业财务状况的发展趋势。表 9-4 是甲企业利润表的比较。

表 9-4 甲企业 2016—2018 年利润表分析 单位：万元

项 目	2016 年	2017 年	2018 年	2017 年比 2016 年		2018 年比 2017 年	
				差额	增长率/%	差额	增长率/%
一、营业收入	6 542	8 257	9 335.4	1715	26.22%	1 078.4	13.06%
减：营业成本	3 028	3 710	4 190.4				
税金及附加	365	562	676				
销售费用	886	1 255	1 370				
管理费用	622	812	1 050				
财务费用	278	308	325				
加：投资收益	58	68	63				
二、营业利润	1 421	1 678	1 787	257	18.09%	109	6.50%
加：营业外收入	11	9.8	8.5				
减：营业外支出	9	5.4	15.5				
三、利润总额	1 423	1 682.4	1 780	259.4	18.23%	97.6	5.80%
减：所得税	256	508.4	556				
四、净利润	1 167	1 174	1 224	7	0.60%	50	4.26%

从上述计算数据可见，该企业收入和利润总额的增长均呈下降趋势，净利润增长呈上升趋势，这是因为 2017 年该企业所得税增长(因该企业不享受所得税优惠政策)使 2017 年

净利润增长较低。企业应更好地搞好增收节支工作，才能使企业的净利润有较大幅度增长。

9.3.2　比较百分比财务报表

比较百分比财务报表是将财务报表的数据用百分比来表示，以此来比较不同年份的各项百分比的变化，判断企业财务状况的发展趋势。表 9-5 是甲企业百分比利润表的比较。

表 9-5　甲企业 2016—2018 年的比较百分比利润表

项　　目	2016 年	2017 年	2018 年
一、营业收入	100.00％	100.00％	100.00％
减：营业成本	46.29％	44.93％	44.89％
税金及附加	5.58％	6.81％	7.24％
销售费用	13.54％	15.20％	14.68％
管理费用	9.51％	9.83％	11.25％
财务费用	4.25％	3.73％	3.48％
加：投资收益	0.89％	0.82％	0.67％
二、营业利润	21.72％	20.32％	19.14％
加：营业外收入	0.17％	0.12％	0.09％
减：营业外支出	0.14％	0.07％	0.17％
三、利润总额	21.75％	20.38％	19.07％
减：所得税	3.91％	6.16％	5.96％
四、净利润	17.84％	14.22％	13.11％

从甲企业的比较百分比利润表可以看出，尽管企业营业成本在营业收入中的比重有所下降，但因税金及附加的增长，使得营业利润并没有呈现出增长的趋势。甲企业的营业利润、利润总额和净利润在营业收入中的比重都呈下降的趋势，从报表中可以看出，销售费用和管理费用增长是造成这种下降的原因之一。

9.3.3　比较财务比率

比较财务比率是将企业连续几个会计期间的财务比率进行对比，从而分析财务状况的发展趋势。这种方法实际是比率分析法与比较分析法的结合。表 9-6 是甲企业 2016—2018 年几种主要财务比率的比较。从甲企业的几种主要财务比率的比较可以看出，甲企业近 3 年的流动比率和速动比率略有增加，资产负债率呈下降趋势，这说明甲企业偿债能力有所增强。应收账款周转率和存货周转率都有所增长，说明该企业的销售情况良好。值得注意的是该企业的三项获利能力指标都呈下降的趋势，

知识链接 9-2
怎么看财务报表

说明企业的获利能力在下降。

表 9-6 甲企业 2016—2018 年几项财务比率动态比较表

项　　目	2016 年	2017 年	2018 年
流动比率	1.91	1.90	1.98
速动比率	1.25	1.26	1.29
资产负债率	51%	48%	46%
应收账款周转率(次)	11.89	12.09	12.72
存货周转率(次)	6.48	6.57	6.60
总资产周转率(次)	2.06	2.07	2.05
资产净利率	33.89%	32.35%	30.36%
净资产收益率	64.85%	63.80%	57.19%
营业净利率	17.70%	14.11%	13.21%

9.4 企业财务状况的综合分析

财务分析的目的是为了全面、准确地揭示与披露企业的财务与经营状况，进而对企业的经济效益的优劣做出系统的、合理的评价。因此，仅仅对某一项财务比率指标进行分析是达不到这个目的，而且各项财务比率之间存在着内在联系，所以，要将各项指标有机地联系起来进行综合的分析，这样更有助于对企业财务与经营状况作出全面合理的评价。常用的综合分析方法有财务比率的综合评分法和杜邦分析法两种。

9.4.1 财务比率的综合评分法

▶ 1. 财务比率的综合评分法的含义

财务比率的综合评分法，又称沃尔比重评分方法，是美国银行家亚历山大·沃尔提出来的。它是通过选择一系列能够反映企业各方面财务状况的财务比率，通过对这些财务比率打分得出综合得分，从而对企业的综合财务状况作出评价的一种方法。

亚历山大·沃尔在其 1928 年出版的《信用晴雨表研究》和《财务报表比率分析》中提出了信用能力指数的概念，他选择了 7 个财务比率即流动比率、产权比率、固定资产比率、存货周转率、应收账款周转率、固定资产周转率和自有资金周转率，分别给定各指标的比重，然后确定标准比率(以行业平均数为基础)，将实际比率与标准比率相比，得出相对比率，将此相对比率与各指标比重相乘，得出总评分。

沃尔比重评分法从理论上讲有一个明显的问题，就是未能证明为什么要选择这 7 个指标而不是更多或更少些，或者选择别的财务比率，以及未能证明每个指标所占比重的合理性。这个问题至今仍然没有从理论上得到解决。

沃尔比重评分法从技术上讲也有一个问题，就是某一个指标严重异常时，会对总评分产生不合逻辑的重大影响。这个问题是由财务比率与其比重相“乘”引起的。财务比率提高一倍，评分增加100%；而降低一半，其评分只减少50%。尽管沃尔的方法在理论上还有待证明，在技术上也不完善，但它还是在实践中被应用。

▶ 2. 财务比率综合评分法的程序

(1) 正确选择评价指标，这些指标包括偿债能力、营运能力、盈利能力。

(2) 根据各财务比率的重要程度，确定财务指标的重要性系数，各项财务比率的标准评分值之和应等于100分。

(3) 确定各项财务比率评分值的上限和下限，以减少个别指标异常对总分造成不合理的影响。

(4) 确定各项财务比率的标准值，通常可以用行业的平均水平并经过调整后确定。

(5) 计算企业各项财务比率的实际值。

(6) 计算出各项财务比率实际值与标准值的比率，即相对比率，相对比率等于财务比率的实际值除以标准值的比值。

(7) 计算出各项财务比率的实际得分。即相对比率与标准评分值的乘积，每项财务比率得分都不得超过上限或低于下限。然后将各财务比率得分加总得到企业财务状况的综合得分。

如果综合得分接近100分，说明企业财务状况良好，符合或高于行业平均水平。如果综合得分远低于100分，说明企业的财务状况存在问题，财务能力较差。

例如，乙企业是一家中型电力企业，2020年的财务状况评分的结果如表9-7所示。

表9-7　乙企业2020年财务比率综合评价表

财务比率	比重	标准比率	实际比率	相对比率	评分
	1	2	3	4＝3÷2	5＝1×4
流动比率	25	2.0	2.33	1.17	29.25
净资产/负债	25	1.5	0.88	0.59	14.75
资产/固定资产	15	2.5	3.33	1.33	19.95
销售成本/存货	10	8	12	1.50	15.00
销售额/应收账款	10	6	10	1.67	16.70
销售额/固定资产	10	4	2.66	0.67	6.70
销售额/净资产	5	3	1.63	0.54	2.70
合计	100				105.05

需要注意的是，表中给出的标准比率实际上是一个平均的标准比率，对于不同的行业，标准比率是不一样的，企业可以从一些统计报告、行业报告中获得，或者向一些专业机构购买。实际比率可以根据企业的财务报告来计算，相对比率就等于实际比率与标准比率之比。相对比率与权重之积就是该项指标的得分，所有指标的分数之和就是企业绩效考

核的得分。

根据表 9-7，该企业综合得分为 105.05，超过了 100 分，说明该企业的财务状况是优良的。

9.4.2 杜邦财务指标分析体系

杜邦财务指标分析体系是一种比较实用的财务比率分析体系，因其首先由美国杜邦公司的经理创造出来，故称之为杜邦财务分析体系。杜邦分析法是一种利用各个主要财务比率之间的内在联系，建立财务比率分析的综合模型，来综合地分析和评价企业财务状况和经营业绩的方法。采用杜邦分析图将有关分析指标按内在联系加以排列，从而直观地反映出企业的财务状况和经营成果的总体面貌。

杜邦财务指标分析系统有几个重要的财务比率关系，即

净资产收益率＝总资产净利率×权益乘数(或称为平均权益乘数)

式中：

总资产净利率＝营业净利率×总资产周转率(称为杜邦等式)

权益乘数＝资产总额÷所有者权益＝1÷(1－资产负债率)

＝平均资产总额÷平均所有者权益总额

营业净利率＝净利润÷营业收入

总资产周转率＝营业收入÷资产总额

资产负债率＝负债总额÷资产总额

杜邦分析是对企业财务状况进行的综合分析，它通过几种主要的财务指标之间的关系，直观地反映出企业的财务状况。杜邦分析体系提供了以下几方面的财务信息。

(1) 净资产收益率是一个综合性极强的财务比率，它是杜邦分析系统的核心。它反映所有者投入资本的获利能力，同时反映企业筹资、投资、资产运营等活动的效率。决定净资产收益率高低的因素有三个方面——权益乘数、营业净利率和总资产周转率。这三个比率分别反映了企业的负债比率、盈利能力比率和资产管理比率。总资产净利率反映了企业经营活动的效率，权益乘数反映企业筹资情况，即资金来源结构。

根据表 9-1、表 9-2、表 9-3 资料，以 ABC 公司为例，2020 年该公司杜邦财务分析系统如图 9-2 所示。

(2) 营业净利率反映了企业净利润与营业收入的关系，它的高低取决于营业收入与成本总额的高低。要想提高营业净利率，一是要扩大营业收入，二是要降低成本费用。扩大营业收入既有利于提高营业净利率，又有利于提高总资产周转率。降低成本费用是提高营业净利率的一个重要因素，从杜邦分析图可以看出成本费用的基本结构是否合理，从而找出降低成本费用的途径和加强成本费用控制的办法。如果企业财务费用支出过高，就要进一步分析其负债比率是否过高；如果管理费用过高，就要进一步分析其资产周转情况等等。

(3) 影响总资产周转率的一个重要因素是资产总额。资产总额由流动资产与长期资产组成，它们的结构合理与否将直接影响资产的周转速度。一般来说，流动资产直接体现企

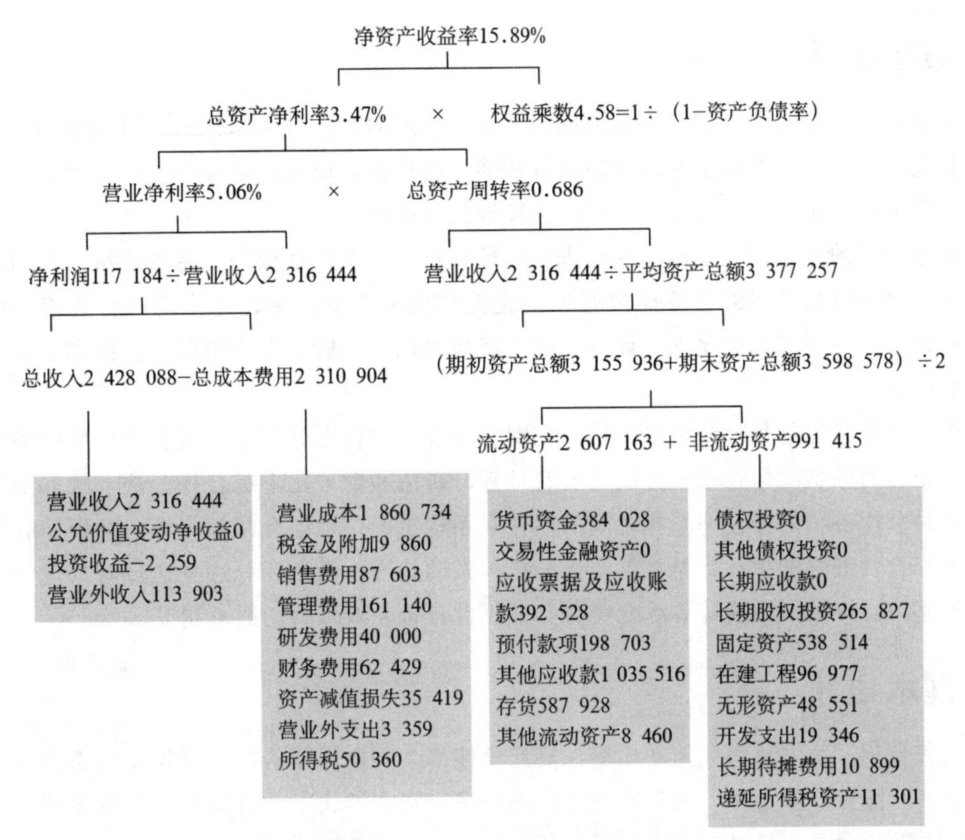

图 9-2 2020 年 ABC 公司杜邦财务分析系统(单位：千元)

业的偿债能力和变现能力，而长期资产则体现了企业的经营规模、发展潜力。两者之间应该有一个合理的比例关系。如果发现某项资产比重过大，影响资金周转，就应深入分析其原因。例如企业持有的货币资金超过业务需要，就会影响企业的盈利能力；如果企业占有过多的存货和应收账款，则既会影响盈利能力，又会影响偿债能力。因此，还应进一步分析各项资产的占用数额和周转速度。

典型案例 9-2
某企业财务
数据分析

(4) 权益乘数是反映资本结构的指标，它主要受资产负债率影响。负债比例越大，权益乘数就越高，说明企业利用财务杠杆作用大，但企业面临的风险也大，因此企业应全面权衡收益和风险，确定最佳资本结构，为提高股东收益、维持企业持续稳定发展提供保障。

知识链接 9-3
企业获利能力

总之，从杜邦体系中可以看出，企业的获利能力涉及生产经营活动的方方面面，只有协调好系统中每个因素之间的关系，才能使净资产收益率达到最大，从而实现企业价值的最大化。

本章小结

财务分析是以财务报表等资料为依据，运用一定的分析方法和技术，对企业的经营和财务状况进行分析，评价企业以往的经营业绩，衡量企业现在的财务状况，预测企业未来的发展趋势，为企业正确的经营和财务决策提供依据的过程。

财务分析的方法主要有比率分析法、比较分析法、因素分析法、趋势分析法、图表分析法等。财务分析常用的财务比率有评价企业偿债能力的比率、评价资产营运能力的比率、评价企业盈利能力的比率、评价企业发展能力以及分析上市公司股票价格和股利分配等方面的比率。

企业财务状况趋势分析可以通过比较财务报表、比较百分比财务报表及比较财务比率进行。企业财务状况综合分析方法主要有杜邦分析法和财务比率综合评分法。杜邦财务分析体系是利用各种财务比率指标之间的内在联系构建的一个综合指标体系，净资产收益率是一个综合性最强的指标，是杜邦财务分析体系的核心；沃尔评分法是通过对选定的多项财务比率进行评分，然后计算综合得分，并据此评价企业综合的财务状况。

关键术语

财务分析　流动比率　速动比率　资产负债率　利息保障倍数　应收账款周转率　存货周转率　净资产收益率　三年平均资产增长率　资本增长率　每股收益　市盈率　杜邦分析法　综合分析

线上课堂——训练与测试

本章测试及案例分析

在线题库

附 录

附录 A 复利终值系数表

期数	1%	2%	3%	4%	5%	6%	7%	8%	9%	10%	11%	12%	13%	14%	15%
1	1.010 0	1.020 0	1.030 0	1.040 0	1.050 0	1.060 0	1.070 0	1.080 0	1.090 0	1.100 0	1.110 0	1.120 0	1.130 0	1.140 0	1.150 0
2	1.020 1	1.040 4	1.060 9	1.081 6	1.102 5	1.123 6	1.144 9	1.166 4	1.188 1	1.210 0	1.232 1	1.254 4	1.276 9	1.299 6	1.322 5
3	1.030 3	1.061 2	1.092 7	1.124 9	1.157 6	1.191 0	1.225 0	1.259 7	1.295 0	1.331 0	1.367 6	1.404 9	1.442 9	1.481 5	1.520 9
4	1.040 6	1.082 4	1.125 5	1.169 9	1.215 5	1.262 5	1.310 8	1.360 5	1.411 6	1.464 1	1.518 1	1.573 5	1.630 5	1.689 0	1.749 0
5	1.051 0	1.104 1	1.159 3	1.216 7	1.276 3	1.338 2	1.402 6	1.469 3	1.538 6	1.610 5	1.685 1	1.762 3	1.842 4	1.925 4	2.011 4
6	1.061 5	1.126 2	1.194 1	1.265 3	1.340 1	1.418 5	1.500 7	1.586 9	1.677 1	1.771 6	1.870 4	1.973 8	2.082 0	2.195 0	2.313 1
7	1.072 1	1.148 7	1.229 9	1.315 9	1.407 1	1.503 6	1.605 8	1.713 8	1.828 0	1.948 7	2.076 2	2.210 7	2.352 6	2.502 3	2.660 0
8	1.082 9	1.171 7	1.266 8	1.368 6	1.477 5	1.593 8	1.718 2	1.850 9	1.992 6	2.143 6	2.304 5	2.476 0	2.658 4	2.852 6	3.059 0
9	1.093 7	1.195 1	1.304 8	1.423 3	1.551 3	1.689 5	1.838 5	1.999 0	2.171 9	2.357 9	2.558 0	2.773 1	3.004 0	3.251 9	3.517 9
10	1.104 6	1.219 0	1.343 9	1.480 2	1.628 9	1.790 8	1.967 2	2.158 9	2.367 4	2.593 7	2.839 4	3.105 8	3.394 6	3.707 2	4.045 6
11	1.115 7	1.243 4	1.384 2	1.539 5	1.710 3	1.898 3	2.104 9	2.331 6	2.580 4	2.853 1	3.151 8	3.478 5	3.835 9	4.226 2	4.652 4
12	1.126 8	1.268 2	1.425 8	1.601 0	1.795 9	2.012 2	2.252 2	2.518 2	2.812 7	3.138 4	3.498 5	3.896 0	4.334 5	4.817 9	5.350 3
13	1.138 1	1.293 6	1.468 5	1.665 1	1.885 6	2.132 9	2.409 8	2.719 6	3.065 8	3.452 3	3.883 3	4.363 5	4.898 0	5.492 4	6.152 8
14	1.149 5	1.319 5	1.512 6	1.731 7	1.979 9	2.260 9	2.578 5	2.937 2	3.341 7	3.797 5	4.310 4	4.887 1	5.534 8	6.261 3	7.075 7
15	1.161 0	1.345 9	1.558 0	1.800 9	2.078 9	2.396 6	2.759 0	3.172 2	3.642 5	4.177 2	4.784 6	5.473 6	6.254 3	7.137 9	8.137 1
16	1.172 6	1.372 8	1.604 7	1.873 0	2.182 9	2.540 4	2.952 2	3.425 9	3.970 3	4.595 0	5.310 9	6.130 4	7.067 3	8.137 2	9.357 6
17	1.184 3	1.400 2	1.652 8	1.947 9	2.292 0	2.692 8	3.158 8	3.700 0	4.327 6	5.054 5	5.895 1	6.866 0	7.986 1	9.276 5	10.761 3
18	1.196 1	1.428 2	1.702 4	2.025 8	2.406 6	2.854 3	3.379 9	3.996 0	4.717 1	5.559 9	6.543 6	7.690 0	9.024 3	10.575 2	12.375 5
19	1.208 1	1.456 8	1.753 5	2.106 8	2.527 0	3.025 6	3.616 5	4.315 7	5.141 7	6.115 9	7.263 3	8.612 8	10.197 4	12.055 7	14.231 8
20	1.220 2	1.485 9	1.806 1	2.191 1	2.653 3	3.207 1	3.869 7	4.661 0	5.604 4	6.727 5	8.062 3	9.646 3	11.523 1	13.743 5	16.366 5
21	1.232 4	1.515 7	1.860 3	2.278 8	2.786 0	3.399 6	4.140 6	5.033 8	6.108 8	7.400 2	8.949 2	10.803 8	13.021 1	15.667 6	18.821 5
22	1.244 7	1.546 0	1.916 1	2.369 9	2.925 3	3.603 5	4.430 4	5.436 5	6.658 6	8.140 3	9.933 6	12.100 3	14.713 8	17.861 0	21.644 7
23	1.257 2	1.576 9	1.973 6	2.464 7	3.071 5	3.819 7	4.740 5	5.871 5	7.257 9	8.954 3	11.026 3	13.552 3	16.626 6	20.361 6	24.891 5
24	1.269 7	1.608 4	2.032 8	2.563 3	3.225 1	4.048 9	5.072 4	6.341 2	7.911 1	9.849 7	12.239 2	15.178 6	18.788 1	23.212 2	28.625 2
25	1.282 4	1.640 6	2.093 8	2.665 8	3.386 4	4.291 9	5.427 4	6.848 5	8.623 1	10.834 7	13.585 5	17.000 1	21.230 5	26.461 9	32.919 0
26	1.295 3	1.673 4	2.156 6	2.772 5	3.555 7	4.549 4	5.807 4	7.396 4	9.399 2	11.918 2	15.079 9	19.040 1	23.990 5	30.166 6	37.856 8
27	1.308 2	1.706 9	2.221 3	2.883 4	3.733 5	4.822 3	6.213 9	7.988 1	10.245 1	13.110 0	16.738 6	21.324 9	27.109 3	34.389 9	43.535 3
28	1.321 3	1.741 0	2.287 9	2.998 7	3.920 1	5.111 7	6.648 8	8.627 1	11.167 1	14.421 0	18.579 9	23.883 9	30.633 5	39.204 5	50.065 6
29	1.334 5	1.775 8	2.356 6	3.118 7	4.116 1	5.418 4	7.114 3	9.317 3	12.172 2	15.863 1	20.623 7	26.749 9	34.615 8	44.693 1	57.575 5
30	1.347 8	1.811 4	2.427 3	3.243 4	4.321 9	5.743 5	7.612 3	10.062 7	13.267 7	17.449 4	22.892 3	29.959 9	39.115 9	50.950 2	66.211 8

期数	16%	17%	18%	19%	20%	21%	22%	23%	24%	25%	26%	27%	28%	29%	30%
1	1.160 0	1.170 0	1.180 0	1.190 0	1.200 0	1.210 0	1.220 0	1.230 0	1.240 0	1.250 0	1.260 0	1.270 0	1.280 0	1.290 0	1.300 0
2	1.345 6	1.368 9	1.392 4	1.416 1	1.440 0	1.464 1	1.488 4	1.512 9	1.537 6	1.562 5	1.587 6	1.612 9	1.638 4	1.664 1	1.690 0
3	1.560 9	1.601 6	1.643 0	1.685 2	1.728 0	1.771 6	1.815 8	1.860 9	1.906 6	1.953 1	2.000 4	2.048 4	2.097 2	2.146 7	2.197 0
4	1.810 6	1.873 9	1.938 8	2.005 3	2.073 6	2.143 6	2.215 3	2.288 9	2.364 2	2.441 4	2.520 5	2.601 4	2.684 4	2.769 2	2.856 1
5	2.100 3	2.192 4	2.287 8	2.386 4	2.488 3	2.593 7	2.702 7	2.815 3	2.931 6	3.051 8	3.175 8	3.303 8	3.436 0	3.572 3	3.712 9
6	2.436 4	2.565 2	2.699 6	2.839 8	2.986 0	3.138 4	3.297 3	3.462 8	3.635 2	3.814 7	4.001 5	4.195 9	4.398 0	4.608 3	4.826 8
7	2.826 2	3.001 2	3.185 5	3.379 3	3.583 2	3.797 5	4.022 7	4.259 3	4.507 7	4.768 4	5.041 9	5.328 8	5.629 5	5.944 7	6.274 9
8	3.278 4	3.511 5	3.758 9	4.021 4	4.299 8	4.595 0	4.907 7	5.238 9	5.589 5	5.960 5	6.352 8	6.767 5	7.205 8	7.668 6	8.157 3
9	3.803 0	4.108 4	4.435 5	4.785 4	5.159 8	5.559 9	5.987 4	6.443 9	6.931 0	7.450 6	8.004 5	8.594 8	9.223 4	9.892 5	10.604 5
10	4.411 4	4.806 8	5.233 8	5.694 7	6.191 7	6.727 5	7.304 6	7.925 9	8.594 4	9.313 2	10.085 7	10.915 3	11.805 9	12.761 4	13.785 8
11	5.117 3	5.624 0	6.175 9	6.776 7	7.430 1	8.140 3	8.911 7	9.748 9	10.657 1	11.641 5	12.708 0	13.862 5	15.111 6	16.462 2	17.921 6
12	5.936 0	6.580 1	7.287 6	8.064 2	8.916 1	9.849 7	10.872 2	11.991 2	13.214 8	14.551 9	16.012 0	17.605 3	19.342 8	21.236 2	23.298 1
13	6.885 8	7.698 7	8.599 4	9.596 4	10.699 3	11.918 2	13.264 1	14.749 1	16.386 3	18.189 9	20.175 2	22.358 8	24.758 8	27.394 7	30.287 5
14	7.987 5	9.007 5	10.147 2	11.419 8	12.839 2	14.421 0	16.182 2	18.141 4	20.319 1	22.737 4	25.420 7	28.395 7	31.691 3	35.339 1	39.373 8
15	9.265 5	10.538 7	11.973 7	13.589 5	15.407 0	17.449 4	19.742 3	22.314 0	25.195 6	28.421 7	32.030 1	36.062 5	40.564 8	45.587 5	51.185 9
16	10.748 0	12.330 3	14.129 0	16.171 5	18.488 4	21.113 8	24.085 6	27.446 2	31.242 6	35.527 1	40.357 9	45.799 4	51.923 0	58.807 9	66.541 7
17	12.467 7	14.426 5	16.672 2	19.244 1	22.186 1	25.547 7	29.384 4	33.758 8	38.740 8	44.408 9	50.851 0	58.165 2	66.461 4	75.862 1	86.504 2
18	14.462 5	16.879 0	19.673 3	22.900 5	26.623 3	30.912 7	35.849 0	41.523 3	48.038 6	55.511 2	64.072 2	73.869 8	85.070 6	97.862 2	112.455 4
19	16.776 5	19.748 4	23.214 4	27.251 6	31.948 0	37.404 3	43.735 8	51.073 7	59.567 9	69.388 9	80.731 0	93.814 7	108.890 4	126.242 2	146.192 0
20	19.460 8	23.105 6	27.393 0	32.429 4	38.337 6	45.259 3	53.357 6	62.820 6	73.864 1	86.736 2	101.721 1	119.144 6	139.379 7	162.852 4	190.049 6
21	22.574 5	27.033 6	32.323 8	38.591 0	46.005 1	54.763 7	65.096 3	77.269 4	91.591 5	108.420 2	128.168 5	151.313 7	178.406 0	210.079 6	247.064 5
22	26.186 4	31.629 3	38.142 1	45.923 3	55.206 1	66.264 1	79.417 5	95.041 3	113.573 5	135.525 3	161.492 4	192.168 3	228.359 6	271.002 7	321.183 9
23	30.376 2	37.006 2	45.007 6	54.648 7	66.247 4	80.179 5	96.889 4	116.900 8	140.831 2	169.406 6	203.480 4	244.053 8	292.300 3	349.593 5	417.539 1
24	35.236 4	43.297 3	53.109 0	65.032 0	79.496 8	97.017 2	118.205 0	143.788 0	174.630 6	211.758 2	256.385 3	309.948 3	374.144 4	450.975 6	542.800 8
25	40.874 2	50.657 8	62.668 6	77.388 1	95.396 2	117.390 9	144.210 1	176.859 3	216.542 0	264.697 8	323.045 4	393.634 4	478.904 9	581.758 5	705.641 0
26	47.414 1	59.269 7	73.949 0	92.091 8	114.475 5	142.042 9	175.936 4	217.536 9	268.512 1	330.872 2	407.037 3	499.915 7	612.998 2	750.468 5	917.333 3
27	55.000 4	69.345 5	87.259 8	109.589 3	137.370 6	171.871 9	214.642 4	267.570 4	332.955 0	413.590 3	512.867 0	634.892 9	784.637 7	968.104 4	1 192.533 3
28	63.800 4	81.134 2	102.966 6	130.411 2	164.844 7	207.965 1	261.863 7	329.111 5	412.864 2	516.987 9	646.212 4	806.314 0	1 004.336 3	1 248.854 6	1 550.293 3
29	74.008 5	94.927 1	121.500 5	155.189 3	197.813 6	251.637 7	319.473 7	404.807 2	511.951 6	646.234 9	814.227 6	1 024.018 7	1 285.550 4	1 611.022 5	2 015.381 3
30	85.849 9	111.064 7	143.370 6	184.675 3	237.376 3	304.481 6	389.757 9	497.912 9	634.819 9	807.793 6	1 025.926 7	1 300.503 8	1 645.504 6	2 078.219 0	2 619.995 6

附录 B 复利现值系数表

期数	1%	2%	3%	4%	5%	6%	7%	8%	9%	10%	11%	12%	13%	14%	15%	16%	17%	18%	19%	20%	21%	22%	23%	24%	25%	26%	27%	28%	29%	30%
1	0.9901	0.9804	0.9709	0.9615	0.9524	0.9434	0.9346	0.9259	0.9174	0.9091	0.9009	0.8929	0.8850	0.8772	0.8696	0.8621	0.8547	0.8475	0.8403	0.8333	0.8264	0.8197	0.8130	0.8065	0.8000	0.7937	0.7874	0.7813	0.7752	0.7692
2	0.9803	0.9612	0.9426	0.9246	0.9070	0.8900	0.8734	0.8573	0.8417	0.8264	0.8116	0.7972	0.7831	0.7695	0.7561	0.7432	0.7305	0.7182	0.7062	0.6944	0.6830	0.6719	0.6610	0.6504	0.6400	0.6299	0.6200	0.6104	0.6009	0.5917
3	0.9706	0.9423	0.9151	0.8890	0.8638	0.8396	0.8163	0.7938	0.7722	0.7513	0.7312	0.7118	0.6931	0.6750	0.6575	0.6407	0.6244	0.6086	0.5934	0.5787	0.5645	0.5507	0.5374	0.5245	0.5120	0.4999	0.4882	0.4768	0.4658	0.4552
4	0.9610	0.9238	0.8885	0.8548	0.8227	0.7921	0.7629	0.7350	0.7084	0.6830	0.6587	0.6355	0.6133	0.5921	0.5718	0.5523	0.5337	0.5158	0.4987	0.4823	0.4665	0.4514	0.4369	0.4230	0.4096	0.3968	0.3844	0.3725	0.3611	0.3501
5	0.9515	0.9057	0.8626	0.8219	0.7835	0.7473	0.7130	0.6806	0.6499	0.6209	0.5935	0.5674	0.5428	0.5194	0.4972	0.4761	0.4561	0.4371	0.4190	0.4019	0.3855	0.3700	0.3552	0.3411	0.3277	0.3149	0.3027	0.2910	0.2799	0.2693
6	0.9420	0.8880	0.8375	0.7903	0.7462	0.7050	0.6663	0.6302	0.5963	0.5645	0.5346	0.5066	0.4803	0.4556	0.4323	0.4104	0.3898	0.3704	0.3521	0.3349	0.3186	0.3033	0.2888	0.2751	0.2621	0.2499	0.2383	0.2274	0.2170	0.2072
7	0.9327	0.8706	0.8131	0.7599	0.7107	0.6651	0.6227	0.5835	0.5470	0.5132	0.4817	0.4523	0.4251	0.3996	0.3759	0.3538	0.3332	0.3139	0.2959	0.2791	0.2633	0.2486	0.2348	0.2218	0.2097	0.1983	0.1877	0.1776	0.1682	0.1594
8	0.9235	0.8535	0.7894	0.7307	0.6768	0.6274	0.5820	0.5403	0.5019	0.4665	0.4339	0.4039	0.3762	0.3506	0.3269	0.3050	0.2848	0.2660	0.2487	0.2326	0.2176	0.2038	0.1909	0.1789	0.1678	0.1574	0.1478	0.1388	0.1304	0.1226
9	0.9143	0.8368	0.7664	0.7026	0.6446	0.5919	0.5439	0.5002	0.4604	0.4241	0.3909	0.3606	0.3329	0.3075	0.2843	0.2630	0.2434	0.2255	0.2090	0.1938	0.1799	0.1670	0.1552	0.1443	0.1342	0.1249	0.1164	0.1084	0.1011	0.0943
10	0.9053	0.8203	0.7441	0.6756	0.6139	0.5584	0.5083	0.4632	0.4224	0.3855	0.3522	0.3220	0.2946	0.2697	0.2472	0.2267	0.2080	0.1911	0.1756	0.1615	0.1486	0.1369	0.1262	0.1164	0.1074	0.0992	0.0916	0.0847	0.0784	0.0725
11	0.8963	0.8043	0.7224	0.6496	0.5847	0.5268	0.4751	0.4289	0.3875	0.3505	0.3173	0.2875	0.2607	0.2366	0.2149	0.1954	0.1778	0.1619	0.1476	0.1346	0.1228	0.1122	0.1026	0.0938	0.0859	0.0787	0.0721	0.0662	0.0607	0.0558
12	0.8874	0.7885	0.7014	0.6246	0.5568	0.4970	0.4440	0.3971	0.3555	0.3186	0.2858	0.2567	0.2307	0.2076	0.1869	0.1685	0.1520	0.1372	0.1240	0.1122	0.1015	0.0920	0.0834	0.0757	0.0687	0.0625	0.0568	0.0517	0.0471	0.0429
13	0.8787	0.7730	0.6810	0.6006	0.5303	0.4688	0.4150	0.3677	0.3262	0.2897	0.2575	0.2292	0.2042	0.1821	0.1625	0.1452	0.1299	0.1163	0.1042	0.0935	0.0839	0.0754	0.0678	0.0610	0.0550	0.0496	0.0447	0.0404	0.0365	0.0330
14	0.8700	0.7579	0.6611	0.5775	0.5051	0.4423	0.3878	0.3405	0.2992	0.2633	0.2320	0.2046	0.1807	0.1597	0.1413	0.1252	0.1110	0.0985	0.0876	0.0779	0.0693	0.0618	0.0551	0.0492	0.0440	0.0393	0.0352	0.0316	0.0283	0.0254
15	0.8613	0.7430	0.6419	0.5553	0.4810	0.4173	0.3624	0.3152	0.2745	0.2394	0.2090	0.1827	0.1599	0.1401	0.1229	0.1079	0.0949	0.0835	0.0736	0.0649	0.0573	0.0507	0.0448	0.0397	0.0352	0.0312	0.0277	0.0247	0.0219	0.0195
16	0.8528	0.7284	0.6232	0.5339	0.4581	0.3936	0.3387	0.2919	0.2519	0.2176	0.1883	0.1631	0.1415	0.1229	0.1069	0.0930	0.0811	0.0708	0.0618	0.0541	0.0474	0.0415	0.0364	0.0320	0.0281	0.0248	0.0218	0.0193	0.0170	0.0150
17	0.8444	0.7142	0.6050	0.5134	0.4363	0.3714	0.3166	0.2703	0.2311	0.1978	0.1696	0.1456	0.1252	0.1078	0.0929	0.0802	0.0693	0.0600	0.0520	0.0451	0.0391	0.0340	0.0296	0.0258	0.0225	0.0197	0.0172	0.0150	0.0132	0.0116
18	0.8360	0.7002	0.5874	0.4936	0.4155	0.3503	0.2959	0.2502	0.2120	0.1799	0.1528	0.1300	0.1108	0.0946	0.0808	0.0691	0.0592	0.0508	0.0437	0.0376	0.0323	0.0279	0.0241	0.0208	0.0180	0.0156	0.0135	0.0118	0.0102	0.0089
19	0.8277	0.6864	0.5703	0.4746	0.3957	0.3305	0.2765	0.2317	0.1945	0.1635	0.1377	0.1161	0.0981	0.0829	0.0703	0.0596	0.0506	0.0431	0.0367	0.0313	0.0267	0.0229	0.0196	0.0168	0.0144	0.0124	0.0107	0.0092	0.0079	0.0068
20	0.8195	0.6730	0.5537	0.4564	0.3769	0.3118	0.2584	0.2145	0.1784	0.1486	0.1240	0.1037	0.0868	0.0728	0.0611	0.0514	0.0433	0.0365	0.0308	0.0261	0.0221	0.0187	0.0159	0.0135	0.0115	0.0098	0.0084	0.0072	0.0061	0.0053
21	0.8114	0.6598	0.5375	0.4388	0.3589	0.2942	0.2415	0.1987	0.1637	0.1351	0.1117	0.0926	0.0768	0.0638	0.0531	0.0443	0.0370	0.0309	0.0259	0.0217	0.0183	0.0154	0.0129	0.0109	0.0092	0.0078	0.0066	0.0056	0.0048	0.0040
22	0.8034	0.6468	0.5219	0.4220	0.3418	0.2775	0.2257	0.1839	0.1502	0.1228	0.1007	0.0826	0.0680	0.0560	0.0462	0.0382	0.0316	0.0262	0.0218	0.0181	0.0151	0.0126	0.0105	0.0088	0.0074	0.0062	0.0052	0.0044	0.0037	0.0031
23	0.7954	0.6342	0.5067	0.4057	0.3256	0.2618	0.2109	0.1703	0.1378	0.1117	0.0907	0.0738	0.0601	0.0491	0.0402	0.0329	0.0270	0.0222	0.0183	0.0151	0.0125	0.0103	0.0086	0.0071	0.0059	0.0049	0.0041	0.0034	0.0029	0.0024
24	0.7876	0.6217	0.4919	0.3901	0.3101	0.2470	0.1971	0.1577	0.1264	0.1015	0.0817	0.0659	0.0532	0.0431	0.0349	0.0284	0.0231	0.0188	0.0154	0.0126	0.0103	0.0085	0.0070	0.0057	0.0047	0.0039	0.0032	0.0027	0.0022	0.0018
25	0.7798	0.6095	0.4776	0.3751	0.2953	0.2330	0.1842	0.1460	0.1160	0.0923	0.0736	0.0588	0.0471	0.0378	0.0304	0.0245	0.0197	0.0160	0.0129	0.0105	0.0085	0.0069	0.0057	0.0046	0.0038	0.0031	0.0025	0.0021	0.0017	0.0014
26	0.7720	0.5976	0.4637	0.3607	0.2812	0.2198	0.1722	0.1352	0.1064	0.0839	0.0663	0.0525	0.0417	0.0331	0.0264	0.0211	0.0169	0.0135	0.0109	0.0087	0.0070	0.0057	0.0046	0.0037	0.0030	0.0025	0.0020	0.0016	0.0013	0.0011
27	0.7644	0.5859	0.4502	0.3468	0.2678	0.2074	0.1609	0.1252	0.0976	0.0763	0.0597	0.0469	0.0369	0.0291	0.0230	0.0182	0.0144	0.0115	0.0091	0.0073	0.0058	0.0047	0.0037	0.0030	0.0024	0.0019	0.0016	0.0013	0.0010	0.0008
28	0.7568	0.5744	0.4371	0.3335	0.2551	0.1956	0.1504	0.1159	0.0895	0.0693	0.0538	0.0419	0.0326	0.0255	0.0200	0.0157	0.0123	0.0097	0.0077	0.0061	0.0048	0.0038	0.0030	0.0024	0.0019	0.0015	0.0012	0.0010	0.0008	0.0006
29	0.7493	0.5631	0.4243	0.3207	0.2429	0.1846	0.1406	0.1073	0.0822	0.0630	0.0485	0.0374	0.0289	0.0224	0.0174	0.0135	0.0105	0.0082	0.0064	0.0051	0.0040	0.0031	0.0025	0.0020	0.0015	0.0012	0.0010	0.0008	0.0006	0.0005
30	0.7419	0.5521	0.4120	0.3083	0.2314	0.1741	0.1314	0.0994	0.0754	0.0573	0.0437	0.0334	0.0256	0.0196	0.0151	0.0116	0.0090	0.0070	0.0054	0.0042	0.0033	0.0026	0.0020	0.0016	0.0012	0.0010	0.0008	0.0006	0.0005	0.0004

附录 C 年金终值系数表

期数	1%	2%	3%	4%	5%	6%	7%	8%	9%	10%	11%	12%	13%	14%	15%
1	1.000 0	1.000 0	1.000 0	1.000 0	1.000 0	1.000 0	1.000 0	1.000 0	1.000 0	1.000 0	1.000 0	1.000 0	1.000 0	1.000 0	1.000 0
2	2.010 0	2.020 0	2.030 0	2.040 0	2.050 0	2.060 0	2.070 0	2.080 0	2.090 0	2.100 0	2.110 0	2.120 0	2.130 0	2.140 0	2.150 0
3	3.030 1	3.060 4	3.090 9	3.121 6	3.152 5	3.183 6	3.214 9	3.246 4	3.278 1	3.310 0	3.342 1	3.374 4	3.406 9	3.439 6	3.472 5
4	4.060 4	4.121 6	4.183 6	4.246 5	4.310 1	4.374 6	4.439 9	4.506 1	4.573 1	4.641 0	4.709 7	4.779 3	4.849 8	4.921 1	4.993 4
5	5.101 0	5.204 0	5.309 1	5.416 3	5.525 6	5.637 1	5.750 7	5.866 6	5.984 7	6.105 1	6.227 8	6.352 8	6.480 3	6.610 1	6.742 4
6	6.152 0	6.308 1	6.468 4	6.633 0	6.801 9	6.975 3	7.153 3	7.335 9	7.523 3	7.715 6	7.912 9	8.115 2	8.322 7	8.535 5	8.753 7
7	7.213 5	7.434 3	7.662 5	7.898 3	8.142 0	8.393 8	8.654 0	8.922 8	9.200 4	9.487 2	9.783 3	10.089 0	10.404 7	10.730 5	11.066 8
8	8.285 7	8.583 0	8.892 3	9.214 2	9.549 1	9.897 5	10.259 8	10.636 6	11.028 5	11.435 9	11.859 4	12.299 7	12.757 3	13.232 8	13.726 8
9	9.368 5	9.754 6	10.159 1	10.582 8	11.026 6	11.491 3	11.978 0	12.487 6	13.021 0	13.579 5	14.164 0	14.775 7	15.415 7	16.085 3	16.785 8
10	10.462 2	10.949 7	11.463 9	12.006 1	12.577 9	13.180 8	13.816 4	14.486 6	15.192 9	15.937 4	16.722 0	17.548 7	18.419 7	19.337 3	20.303 7
11	11.566 8	12.168 7	12.807 8	13.486 4	14.206 8	14.971 6	15.783 6	16.645 5	17.560 3	18.531 2	19.561 4	20.654 6	21.814 3	23.044 5	24.349 3
12	12.682 5	13.412 1	14.192 0	15.025 8	15.917 1	16.869 9	17.888 5	18.977 1	20.140 7	21.384 3	22.713 2	24.133 1	25.650 2	27.270 7	29.001 7
13	13.809 3	14.680 3	15.617 8	16.626 8	17.713 0	18.882 1	20.140 6	21.495 3	22.953 4	24.522 7	26.211 6	28.029 1	29.984 7	32.088 7	34.351 9
14	14.947 4	15.973 9	17.086 3	18.291 9	19.598 6	21.015 1	22.550 5	24.214 9	26.019 2	27.975 0	30.094 9	32.392 6	34.882 7	37.581 1	40.504 7
15	16.096 9	17.293 4	18.598 9	20.023 6	21.578 6	23.276 0	25.129 0	27.152 1	29.360 9	31.772 5	34.405 4	37.279 7	40.417 5	43.842 4	47.580 4
16	17.257 9	18.639 3	20.156 9	21.824 5	23.657 5	25.672 5	27.888 1	30.324 3	33.003 4	35.949 7	39.189 9	42.753 3	46.671 7	50.980 4	55.717 5
17	18.430 4	20.012 1	21.761 6	23.697 5	25.840 4	28.212 9	30.840 2	33.750 2	36.973 7	40.544 7	44.500 8	48.883 7	53.739 1	59.117 6	65.075 1
18	19.614 7	21.412 3	23.414 4	25.645 4	28.132 4	30.905 7	33.999 0	37.450 2	41.301 3	45.599 2	50.395 9	55.749 7	61.725 1	68.394 1	75.836 4
19	20.810 9	22.840 6	25.116 9	27.671 2	30.539 0	33.760 0	37.379 0	41.446 3	46.018 5	51.159 1	56.939 5	63.439 7	70.749 4	78.969 2	88.211 8
20	22.019 0	24.297 4	26.870 4	29.778 1	33.066 0	36.785 6	40.995 5	45.762 0	51.160 1	57.275 0	64.202 8	72.052 4	80.946 8	91.024 9	102.443 6
21	23.239 2	25.783 3	28.676 5	31.969 2	35.719 3	39.992 7	44.865 2	50.422 9	56.764 5	64.002 5	72.265 1	81.698 7	92.469 9	104.768 4	118.810 1
22	24.471 6	27.299 0	30.536 8	34.248 0	38.505 2	43.392 3	49.005 7	55.456 8	62.873 3	71.402 7	81.214 3	92.502 6	105.491 0	120.436 0	137.631 6
23	25.716 3	28.845 0	32.452 9	36.617 9	41.430 5	46.995 8	53.436 1	60.893 3	69.531 9	79.543 0	91.147 9	104.602 9	120.204 8	138.297 0	159.276 4
24	26.973 5	30.421 9	34.426 5	39.082 6	44.502 0	50.815 6	58.176 7	66.764 8	76.789 8	88.497 3	102.174 2	118.155 2	136.831 5	158.658 6	184.167 8
25	28.243 2	32.030 3	36.459 3	41.645 9	47.727 1	54.864 5	63.249 0	73.105 9	84.700 9	98.347 1	114.413 3	133.333 9	155.619 6	181.870 8	212.793 0
26	29.525 6	33.670 9	38.553 0	44.311 7	51.113 5	59.156 4	68.676 5	79.954 4	93.324 0	109.181 8	127.998 8	150.333 9	176.850 1	208.332 7	245.712 0
27	30.820 9	35.344 3	40.709 6	47.084 2	54.669 1	63.705 8	74.483 8	87.350 8	102.723 1	121.099 9	143.078 6	169.374 0	200.840 6	238.499 3	283.568 8
28	32.129 1	37.051 2	42.930 9	49.967 6	58.402 6	68.528 1	80.697 7	95.338 8	112.968 2	134.209 9	159.817 3	190.698 9	227.949 9	272.889 2	327.104 1
29	33.450 4	38.792 2	45.218 9	52.966 3	62.322 7	73.639 8	87.346 5	103.965 9	124.135 4	148.630 9	178.397 2	214.582 8	258.583 4	312.093 7	377.169 7
30	34.784 9	40.568 1	47.575 4	56.084 9	66.438 8	79.058 2	94.460 8	113.283 2	136.307 5	164.494 0	199.020 9	241.332 7	293.199 2	356.786 8	434.745 1

期数	16%	17%	18%	19%	20%	21%	22%	23%	24%	25%	26%	27%	28%	29%	30%
1	1.000 0	1.000 0	1.000 0	1.000 0	1.000 0	1.000 0	1.000 0	1.000 0	1.000 0	1.000 0	1.000 0	1.000 0	1.000 0	1.000 0	1.000 0
2	2.160 0	2.170 0	2.180 0	2.190 0	2.200 0	2.210 0	2.220 0	2.230 0	2.240 0	2.250 0	2.260 0	2.270 0	2.280 0	2.290 0	2.300 0
3	3.505 6	3.538 9	3.572 4	3.606 1	3.640 0	3.674 1	3.708 4	3.742 9	3.777 6	3.812 5	3.847 6	3.882 9	3.918 4	3.954 1	3.990 0
4	5.066 5	5.140 5	5.215 4	5.291 3	5.368 0	5.445 7	5.524 2	5.603 8	5.684 2	5.765 6	5.848 0	5.931 3	6.015 6	6.100 8	6.187 0
5	6.877 1	7.014 4	7.154 2	7.296 6	7.441 6	7.589 2	7.739 6	7.892 6	8.048 4	8.207 0	8.368 4	8.532 7	8.699 9	8.870 0	9.043 1
6	8.977 5	9.206 8	9.442 0	9.683 0	9.929 9	10.183 0	10.442 3	10.707 9	10.980 1	11.258 8	11.544 2	11.836 6	12.135 9	12.442 3	12.756 0
7	11.413 9	11.772 0	12.141 5	12.522 7	12.915 9	13.321 4	13.739 6	14.170 8	14.615 3	15.073 5	15.545 8	16.032 4	16.533 9	17.050 6	17.582 8
8	14.240 1	14.773 3	15.327 0	15.902 0	16.499 1	17.118 9	17.762 3	18.430 0	19.122 9	19.841 9	20.587 6	21.361 2	22.163 4	22.995 3	23.857 7
9	17.518 5	18.284 7	19.085 9	19.923 4	20.798 9	21.713 9	22.670 0	23.669 0	24.712 5	25.802 3	26.940 4	28.128 7	29.369 2	30.663 9	32.015 0
10	21.321 5	22.393 1	23.521 3	24.708 9	25.958 7	27.273 8	28.657 4	30.112 8	31.643 4	33.252 9	34.944 9	36.723 5	38.592 6	40.556 4	42.619 5
11	25.732 9	27.199 9	28.755 1	30.403 5	32.150 4	34.001 3	35.962 0	38.038 8	40.237 9	42.566 1	45.030 6	47.638 8	50.398 5	53.317 8	56.405 3
12	30.850 2	32.823 9	34.931 1	37.180 2	39.580 5	42.141 6	44.873 7	47.787 7	50.895 0	54.207 7	57.738 6	61.501 3	65.510 0	69.780 0	74.327 0
13	36.786 2	39.404 0	42.218 7	45.244 5	48.496 6	51.991 3	55.745 9	59.778 8	64.109 7	68.759 6	73.750 6	79.106 6	84.852 9	91.016 1	97.625 0
14	43.672 0	47.102 7	50.818 0	54.840 9	59.195 9	63.909 5	69.010 0	74.528 0	80.496 1	86.949 5	93.925 8	101.465 4	109.611 7	118.410 8	127.912 5
15	51.659 5	56.110 1	60.965 3	66.260 7	72.035 1	78.330 5	85.192 2	92.669 4	100.815 1	109.686 8	119.346 5	129.861 1	141.302 9	153.750 0	167.286 3
16	60.925 0	66.648 8	72.939 0	79.850 2	87.442 1	95.779 9	104.934 5	114.983 4	126.010 8	138.108 5	151.376 6	165.923 6	181.867 7	199.337 4	218.472 2
17	71.673 0	78.979 2	87.068 0	96.021 8	105.930 6	116.893 7	129.020 1	142.429 5	157.253 4	173.635 7	191.734 5	211.723 0	233.790 7	258.145 3	285.013 9
18	84.140 7	93.405 6	103.740 3	115.265 9	128.116 7	142.441 3	158.404 5	176.188 3	195.994 2	218.044 6	242.585 5	269.888 2	300.252 1	334.007 4	371.518 0
19	98.603 2	110.284 6	123.413 5	138.166 4	154.740 0	173.354 0	194.253 5	217.711 6	244.032 8	273.555 8	306.657 7	343.758 0	385.322 7	431.869 6	483.973 4
20	115.379 7	130.032 9	146.628 0	165.418 0	186.688 0	210.758 4	237.989 3	268.785 3	303.600 6	342.944 7	387.388 7	437.572 6	494.213 1	558.111 8	630.165 5
21	134.840 5	153.138 5	174.021 0	197.847 4	225.025 6	256.017 6	291.346 9	331.605 9	377.464 8	429.680 9	489.109 8	556.717 3	633.592 7	720.964 2	820.215 1
22	157.415 0	180.172 1	206.344 8	236.438 5	271.030 7	310.781 3	356.443 2	408.875 3	469.056 3	538.101 1	617.278 3	708.030 9	811.998 7	931.043 8	1 067.279 6
23	183.601 4	211.801 3	244.486 8	282.361 8	326.236 9	377.045 4	435.860 7	503.916 6	582.629 8	673.626 4	778.770 7	900.199 3	1 040.358 3	1 202.046 5	1 388.463 5
24	213.977 6	248.807 6	289.494 5	337.010 5	392.484 2	457.224 9	532.750 1	620.817 4	723.461 0	843.032 9	982.251 1	1 144.253 1	1 332.658 6	1 551.640 0	1 806.002 6
25	249.214 0	292.104 9	342.603 5	402.042 5	471.981 1	554.242 2	650.955 1	764.605 4	898.091 6	1 054.791 2	1 238.636 3	1 454.201 4	1 706.803 1	2 002.615 6	2 348.803 3
26	290.088 3	342.762 7	405.272 1	479.430 6	567.377 3	671.633 0	795.165 3	941.464 7	1 114.633 6	1 319.489 0	1 561.681 8	1 847.835 8	2 185.707 9	2 584.374 1	3 054.444 3
27	337.502 4	402.032 3	479.221 1	571.522 4	681.852 8	813.675 9	971.101 6	1 159.001 6	1 383.145 7	1 650.361 2	1 968.719 1	2 347.751 5	2 798.706 1	3 334.842 6	3 971.777 6
28	392.502 8	471.377 8	566.480 9	681.111 6	819.223 3	985.547 9	1 185.744 0	1 426.571 9	1 716.100 7	2 063.951 5	2 481.586 0	2 982.644 3	3 583.343 8	4 302.947 0	5 164.310 9
29	456.303 2	552.512 1	669.447 5	811.522 8	984.068 0	1 193.512 9	1 447.607 7	1 755.683 5	2 128.964 8	2 580.939 4	3 127.798 4	3 788.958 3	4 587.680 1	5 551.801 6	6 714.604 2
30	530.311 7	647.439 1	790.948 0	966.712 2	1 181.881 6	1 445.150 7	1 767.081 3	2 160.490 7	2 640.916 4	3 227.174 3	3 942.026 0	4 812.977 1	5 873.230 6	7 162.824 1	8 729.985 5

附录D　年金现值系数表

期数	1%	2%	3%	4%	5%	6%	7%	8%	9%	10%	11%	12%	13%	14%	15%	16%	17%	18%	19%	20%	21%	22%	23%	24%	25%	26%	27%	28%	29%	30%
1	0.990 1	0.980 4	0.970 9	0.961 5	0.952 4	0.943 4	0.934 6	0.925 9	0.917 4	0.909 1	0.900 9	0.892 9	0.885 0	0.877 2	0.869 6	0.862 1	0.854 7	0.847 5	0.840 3	0.833 3	0.826 4	0.819 7	0.813 0	0.806 5	0.800 0	0.793 7	0.787 4	0.781 3	0.775 2	0.769 2
2	1.970 4	1.941 6	1.913 5	1.886 1	1.859 4	1.833 4	1.808 0	1.783 3	1.759 1	1.735 5	1.712 5	1.690 1	1.668 1	1.646 7	1.625 7	1.605 2	1.585 2	1.565 6	1.546 5	1.527 8	1.509 5	1.491 5	1.474 0	1.456 8	1.440 0	1.423 5	1.407 4	1.391 6	1.376 1	1.360 9
3	2.941 0	2.883 9	2.828 6	2.775 1	2.723 2	2.673 0	2.624 3	2.577 1	2.531 3	2.486 9	2.443 7	2.401 8	2.361 2	2.321 6	2.283 2	2.245 9	2.209 6	2.174 3	2.139 9	2.106 5	2.073 9	2.042 2	2.011 4	1.981 3	1.952 0	1.923 4	1.895 6	1.868 4	1.842 0	1.816 1
4	3.902 0	3.807 7	3.717 1	3.629 9	3.546 0	3.465 1	3.387 2	3.312 1	3.239 7	3.169 9	3.102 4	3.037 3	2.974 5	2.913 7	2.855 0	2.798 2	2.743 2	2.690 1	2.638 6	2.588 7	2.540 4	2.493 6	2.448 3	2.404 3	2.361 6	2.320 2	2.280 0	2.241 0	2.203 1	2.166 2
5	4.853 4	4.713 5	4.579 7	4.451 8	4.329 5	4.212 4	4.100 2	3.992 7	3.889 7	3.790 8	3.695 9	3.604 8	3.517 2	3.433 1	3.352 2	3.274 3	3.199 3	3.127 2	3.057 6	2.990 6	2.926 0	2.863 6	2.803 5	2.745 4	2.689 3	2.635 1	2.582 7	2.532 0	2.483 0	2.435 6
6	5.795 5	5.601 4	5.417 2	5.242 1	5.075 7	4.917 3	4.766 5	4.622 9	4.485 9	4.355 3	4.230 5	4.111 4	3.997 5	3.888 7	3.784 5	3.684 7	3.589 2	3.497 6	3.409 8	3.325 5	3.244 6	3.166 9	3.092 3	3.020 5	2.951 4	2.885 0	2.821 0	2.759 4	2.700 0	2.642 7
7	6.728 2	6.472 0	6.230 3	6.002 1	5.786 4	5.582 4	5.389 3	5.206 4	5.033 0	4.868 4	4.712 2	4.563 8	4.422 6	4.288 3	4.160 4	4.038 6	3.922 4	3.811 5	3.705 7	3.604 6	3.507 9	3.415 5	3.327 0	3.242 3	3.161 1	3.083 3	3.008 7	2.937 0	2.868 2	2.802 1
8	7.651 7	7.325 5	7.019 7	6.732 7	6.463 2	6.209 8	5.971 3	5.746 6	5.534 8	5.334 9	5.146 1	4.967 6	4.798 8	4.638 9	4.487 3	4.343 6	4.207 2	4.077 6	3.954 4	3.837 2	3.725 6	3.619 3	3.517 9	3.421 2	3.328 9	3.240 7	3.156 4	3.075 8	2.998 6	2.924 7
9	8.566 0	8.162 2	7.786 1	7.435 3	7.107 8	6.801 7	6.515 2	6.246 9	5.995 2	5.759 0	5.537 0	5.328 2	5.131 7	4.946 4	4.771 6	4.606 5	4.450 6	4.303 0	4.163 3	4.031 0	3.905 4	3.786 3	3.673 1	3.565 5	3.463 1	3.365 7	3.272 8	3.184 2	3.099 7	3.019 0
10	9.471 3	8.982 6	8.530 2	8.110 9	7.721 7	7.360 1	7.023 6	6.710 1	6.417 7	6.144 6	5.889 2	5.650 2	5.426 2	5.216 1	5.018 8	4.833 2	4.658 6	4.494 1	4.338 9	4.192 5	4.054 1	3.923 2	3.799 3	3.681 9	3.570 5	3.464 8	3.364 4	3.268 9	3.178 1	3.091 5
11	10.367 6	9.786 8	9.252 6	8.760 5	8.306 4	7.886 9	7.498 7	7.139 0	6.805 2	6.495 1	6.206 5	5.937 7	5.686 9	5.452 7	5.233 7	5.028 6	4.836 4	4.656 0	4.486 5	4.327 1	4.176 9	4.035 4	3.901 8	3.775 7	3.656 4	3.543 5	3.436 5	3.335 1	3.238 8	3.147 3
12	11.255 1	10.575 3	9.954 0	9.385 1	8.863 3	8.383 8	7.942 7	7.536 1	7.160 7	6.813 7	6.492 4	6.194 4	5.917 6	5.660 3	5.420 6	5.197 1	4.988 4	4.793 2	4.610 5	4.439 2	4.278 4	4.127 4	3.985 2	3.851 4	3.725 1	3.605 9	3.493 3	3.386 8	3.285 9	3.190 3
13	12.133 7	11.348 4	10.635 0	9.985 6	9.393 6	8.852 7	8.357 7	7.903 8	7.486 9	7.103 4	6.749 9	6.423 5	6.121 8	5.842 4	5.583 1	5.342 3	5.118 3	4.909 5	4.714 7	4.532 7	4.362 4	4.202 8	4.053 0	3.912 4	3.780 1	3.655 5	3.538 1	3.427 2	3.322 4	3.223 3
14	13.003 7	12.106 2	11.296 1	10.563 1	9.898 6	9.295 0	8.745 5	8.244 2	7.786 2	7.366 7	6.981 9	6.628 2	6.302 5	6.002 1	5.724 5	5.467 5	5.229 3	5.008 1	4.802 3	4.610 6	4.431 7	4.264 6	4.108 2	3.961 6	3.824 1	3.694 9	3.573 3	3.458 7	3.350 7	3.248 7
15	13.865 1	12.849 3	11.937 9	11.118 4	10.379 7	9.712 2	9.107 9	8.559 5	8.060 7	7.606 1	7.190 9	6.810 9	6.462 4	6.142 2	5.847 4	5.575 5	5.324 2	5.091 6	4.875 9	4.675 5	4.489 0	4.315 2	4.153 0	4.001 3	3.859 3	3.726 1	3.601 0	3.483 4	3.372 6	3.268 2
16	14.717 9	13.577 7	12.561 1	11.652 3	10.837 8	10.105 9	9.446 6	8.851 4	8.312 6	7.823 7	7.379 2	6.974 0	6.603 9	6.265 1	5.954 2	5.668 5	5.405 3	5.162 4	4.937 7	4.729 6	4.536 4	4.356 7	4.189 4	4.033 3	3.887 4	3.750 9	3.622 8	3.502 6	3.389 6	3.283 2
17	15.562 3	14.291 9	13.166 1	12.165 7	11.274 1	10.477 3	9.763 2	9.121 6	8.543 6	8.021 6	7.548 8	7.119 6	6.729 1	6.372 9	6.047 2	5.748 7	5.474 6	5.222 3	4.989 7	4.774 6	4.575 5	4.390 8	4.219 0	4.059 1	3.909 9	3.770 5	3.640 0	3.517 7	3.402 8	3.294 8
18	16.398 3	14.992 0	13.753 5	12.659 3	11.689 6	10.827 6	10.059 1	9.371 9	8.755 6	8.201 4	7.701 6	7.249 7	6.839 9	6.467 4	6.128 0	5.817 8	5.533 9	5.273 2	5.033 3	4.812 2	4.607 9	4.418 7	4.243 1	4.079 9	3.927 9	3.786 1	3.653 6	3.529 4	3.413 0	3.303 7
19	17.226 0	15.678 5	14.323 8	13.133 9	12.085 3	11.158 1	10.335 6	9.603 6	8.950 1	8.364 9	7.839 3	7.365 8	6.938 0	6.550 4	6.198 2	5.877 5	5.584 5	5.316 2	5.070 0	4.843 5	4.634 6	4.441 5	4.262 7	4.096 7	3.942 4	3.798 5	3.664 2	3.538 6	3.421 0	3.310 5
20	18.045 6	16.351 4	14.877 5	13.590 3	12.462 2	11.469 9	10.594 0	9.818 1	9.128 5	8.513 6	7.963 3	7.469 4	7.024 8	6.623 1	6.259 3	5.928 8	5.627 8	5.352 7	5.100 9	4.869 6	4.656 7	4.460 3	4.278 6	4.110 3	3.953 9	3.808 3	3.672 6	3.545 8	3.427 1	3.315 8
21	18.857 0	17.011 2	15.415 0	14.029 2	12.821 2	11.764 1	10.835 5	10.016 8	9.292 2	8.648 7	8.075 1	7.562 0	7.101 6	6.687 0	6.312 5	5.973 1	5.664 8	5.383 7	5.126 8	4.891 3	4.675 0	4.475 6	4.291 6	4.121 2	3.963 1	3.816 1	3.679 2	3.551 4	3.431 9	3.319 8
22	19.660 4	17.658 0	15.936 9	14.451 1	13.163 0	12.041 6	11.061 2	10.200 7	9.442 4	8.771 5	8.175 7	7.644 6	7.169 5	6.742 9	6.358 7	6.011 3	5.696 4	5.409 9	5.148 6	4.909 4	4.690 0	4.488 2	4.302 1	4.130 0	3.970 5	3.822 3	3.684 4	3.555 8	3.435 6	3.323 0
23	20.455 8	18.292 2	16.443 6	14.856 8	13.488 6	12.303 4	11.272 2	10.371 1	9.580 2	8.883 2	8.266 4	7.718 4	7.229 7	6.792 1	6.398 8	6.044 2	5.723 4	5.432 1	5.166 8	4.924 5	4.702 5	4.498 5	4.310 6	4.137 1	3.976 4	3.827 3	3.688 5	3.559 2	3.438 4	3.325 4
24	21.243 4	18.913 9	16.935 5	15.247 0	13.798 6	12.550 4	11.469 3	10.528 8	9.706 6	8.984 7	8.348 1	7.784 3	7.282 9	6.835 1	6.433 8	6.072 6	5.746 5	5.450 9	5.182 2	4.937 1	4.712 8	4.507 0	4.317 6	4.142 8	3.981 1	3.831 2	3.691 8	3.561 9	3.440 6	3.327 2
25	22.023 2	19.523 5	17.413 1	15.622 1	14.093 9	12.783 4	11.653 6	10.674 8	9.822 6	9.077 0	8.421 7	7.843 1	7.330 0	6.872 9	6.464 1	6.097 1	5.766 2	5.466 9	5.195 1	4.947 6	4.721 3	4.513 9	4.323 2	4.147 4	3.984 9	3.834 2	3.694 3	3.564 0	3.442 3	3.328 6
26	22.795 2	20.121 0	17.876 8	15.982 8	14.375 2	13.003 2	11.825 8	10.810 0	9.929 0	9.160 9	8.488 1	7.895 7	7.371 7	6.906 1	6.490 6	6.118 2	5.783 1	5.480 4	5.206 0	4.956 3	4.728 4	4.519 6	4.327 8	4.151 1	3.987 9	3.836 7	3.696 3	3.565 6	3.443 7	3.329 7
27	23.559 6	20.706 9	18.327 0	16.329 6	14.643 0	13.210 5	11.986 7	10.935 2	10.026 6	9.237 2	8.547 8	7.942 6	7.408 6	6.935 2	6.513 5	6.136 4	5.797 5	5.491 9	5.215 1	4.963 6	4.734 2	4.524 3	4.331 6	4.154 2	3.990 3	3.838 7	3.697 9	3.566 9	3.444 7	3.330 5
28	24.316 4	21.281 3	18.764 1	16.663 1	14.898 1	13.406 2	12.137 1	11.051 1	10.116 1	9.306 6	8.601 6	7.984 4	7.441 2	6.960 7	6.533 5	6.152 0	5.809 9	5.501 6	5.222 8	4.969 7	4.739 0	4.528 1	4.334 6	4.156 6	3.992 3	3.840 2	3.699 1	3.567 9	3.445 5	3.331 2
29	25.065 8	21.844 4	19.188 5	16.983 7	15.141 1	13.590 7	12.277 7	11.158 4	10.198 3	9.369 6	8.650 1	8.021 8	7.470 1	6.983 0	6.550 9	6.165 6	5.820 4	5.509 8	5.229 2	4.974 7	4.743 0	4.531 2	4.337 1	4.158 5	3.993 8	3.841 4	3.700 1	3.568 7	3.446 1	3.331 7
30	25.807 7	22.396 5	19.600 4	17.292 0	15.372 5	13.764 8	12.409 0	11.257 8	10.273 7	9.426 9	8.693 8	8.055 2	7.495 7	7.002 7	6.566 0	6.177 2	5.829 4	5.516 8	5.234 7	4.978 9	4.746 3	4.533 8	4.339 1	4.160 1	3.995 0	3.842 4	3.700 9	3.569 3	3.446 6	3.332 1

参考文献

[1] 财政部注册会计师考试委员会．财务成本管理[M]．北京：经济科学出版社，2018.
[2] 荆新，王化成，刘俊彦．财务管理学[M]．北京：中国人民大学出版社，2018.
[3] 荆新，王化成，刘俊彦．财务管理学学习指导书[M]．北京：中国人民大学出版社，2018.
[4] 梁国萍，徐新华．财务管理学[M]．北京：中国财政经济出版社，2017.
[5] 张思强，卞继红，陈素琴．财务管理：理论与实务[M]．北京：中国农业大学出版社，2018.
[6] 许慧．财务管理学[M]．杭州：浙江大学出版社，2016.
[7] 乔世震，王满．财务管理基础[M]．大连：东北财经大学出版社，2010.
[8] 张涛．财务管理基础[M]．北京：中国财政经济出版社，2018.
[9] 李红娟，朱殿宁，伍海琳．财务管理习题集[M]．成都：西南财经大学出版社，2017.
[10] 财政部会计资格评价中心．财务管理[M]．北京：经济科学出版社，2018.
[11] 陆正飞．财务管理[M]．大连：东北财经大学出版社，2010.
[12] 姚海鑫．财务管理[M]．北京：清华大学出版社，2013.
[13] 张先治，陈友邦．财务分析[M]．大连：东北财经大学出版社，2017.
[14] 刘玉平．财务管理学[M]．北京：中国人民大学出版社，2015.
[15] 薛玉莲，李全中，方拥军．财务管理学[M]．3 版．北京：首都经济贸易大学出版社，2018.
[16] 谷祺，刘淑莲．财务管理[M]．大连：东北财经大学出版社，2007.
[17] 杨蕊，黄森，赵艳丽．财务管理学[M]．北京：清华大学出版社，2017.
[18] 张新民，钱爱民．财务报表分析[M]．北京：中国人民大学出版社，2014.
[19] 刘淑莲．财务管理[M]．大连：东北财经大学出版社，2017.
[20] 秦志敏，牛彦秀．财务管理习题与案例[M]．大连：东北财经大学出版社，2017.
[21] 赵立韦．财务管理理论与实务[M]．成都：西南财经大学出版社，2018.
[22] 江希和．财务管理[M]．北京：北京师范大学出版社，2018.
[23] 曲远洋，吕超．财务管理[M]．上海：上海财经大学出版社，2017.
[24] 崔飚，黄辉．财务管理案例[M]．北京：经济科学出版社，2018.
[25] 尤金·F. 布里格姆，乔尔·F. 休斯顿．财务管理[M]．14 版．张敦力，杨快，赵纯祥，等译．北京：机械工业出版社，2018.
[26] 弗兰克·J. 法博齐．投资管理学[M]．2 版．周刚，王化斌，张宗梁，等译．北京：

经济科学出版社，1999.

[27] 斯蒂芬·A. 罗斯，伦道夫·W. 威斯特菲尔德等. 公司理财[M]. 11版. 吴世农，沈艺峰，王志强，等译. 北京：机械工业出版社，2017.

[28] 彼德·阿特勒尔. 财务管理基础[M]. 3版. 赵银德，张华，译. 北京：机械工业出版社，2004.

[29] 罗伯特·C. 希金斯. 财务管理分析[M]. 8版. 沈艺峰，等译. 北京：北京大学出版社，2009.

[30] 詹姆斯·C. 范霍恩，小约翰·M. 瓦霍维奇. 现代企业财务管理[M]. 11版. 郭浩，译. 北京：经济科学出版社，2002.

[31] 尤金·F. 布瑞翰，乔尔·F. 休斯敦. 财务管理基础[M]. 5版. 胡玉明，赖红宁，译. 大连：东北财经大学出版社，2011.

教师服务

感谢您选用清华大学出版社的教材！为了更好地服务教学，我们为授课教师提供本书的教学辅助资源，以及本学科重点教材信息。请您扫码获取。

教辅获取

本书教辅资源，授课教师扫码获取

v

样书赠送

财务管理类重点教材，教师扫码获取样书

清华大学出版社

E-mail: tupfuwu@163.com
电话：010-83470332 / 83470142
地址：北京市海淀区双清路学研大厦 B 座 509

网址：http://www.tup.com.cn/
传真：8610-83470107
邮编：100084

教师服务

感谢您选用清华大学出版社的教材！为了更好地服务教学，我们为授课教师提供本书的教学辅助资源，以及本学科重点教材信息。请您扫码获取。

教辅获取

本书教辅资源，授课教师扫码获取

样书赠送

财务管理类重点教材，教师扫码获取样书

清华大学出版社

E-mail: tupfuwu@163.com
电话：010-83470332 / 83470142
地址：北京市海淀区双清路学研大厦B座509

网址：http://www.tup.com.cn/
传真：8610-83470107
邮编：100084